基于水土交融的土木、水利与海洋工程专业系列教材
国家重点研发计划项目课题"城市供水和排水管网精准维护与功能提升技术及装备"（编号：2022YFC3801005）
广东省"珠江人才计划"引进创新创业团队项目"市政管网灾害防控理论和关键技术"（编号：2021ZT09G087）

非开挖管道
修复更新技术
（第2版）

马保松　主编

TRENCHLESS PIPELINE
REHABILITATION AND RENEWAL TECHNOLOGY
(2ND EDITION)

人民交通出版社股份有限公司

北京

内 容 提 要

本书是在总结编者长期科研成果和国内、国外大量地下管道非开挖修复更新工程经验的基础上，参考国际和国内各类先进标准和相关理论编写而成。本书的主要特点是理论和实践并重、先进性和实用性相结合。

本书共分为17章和1个附录，内容涵盖了当前常用的地下管道检测、评估和非开挖管道修复更新工程技术，具体包括地下管道的检测和评估技术、管道预处理技术、穿插法和改进穿插法管道修复技术、原位固化法管道修复技术、碎（裂）管法管道更新技术、喷涂法管道修复技术、螺旋缠绕法管道修复技术、管片与短管内衬法修复技术、薄壁不锈钢内衬法管道修复技术、刚性锚固塑料内衬法管道修复技术、热塑成型法管道修复技术、管道局部修复技术和检查井修复技术等。

本书可供市政管道工程、石油管道工程、给排水工程、环境工程、地质工程等领域的设计人员、管理人员、研究人员、工程技术人员等参考，也可供高等院校相关专业师生学习使用。

图书在版编目（CIP）数据

非开挖管道修复更新技术/马保松主编. —2版. —北京：人民交通出版社股份有限公司，2024.2
ISBN 978-7-114-18754-4

Ⅰ.①非… Ⅱ.①马… Ⅲ.①管道维修—技术 Ⅳ.①U178

中国国家版本馆 CIP 数据核字（2023）第 072906 号

Fei Kaiwa Guandao Xiufu Gengxin Jishu

书　名：	**非开挖管道修复更新技术（第2版）**
著 作 者：	马保松
责任编辑：	李　梦
责任校对：	赵媛媛
责任印制：	刘高彤
出版发行：	人民交通出版社股份有限公司
地　　址：	（100011）北京市朝阳区安定门外外馆斜街3号
网　　址：	http://www.ccpcl.com.cn
销售电话：	（010）59757973
总 经 销：	人民交通出版社股份有限公司发行部
经　　销：	各地新华书店
印　　刷：	北京印匠彩色印刷有限公司
开　　本：	787×1092　1/16
印　　张：	23.25
字　　数：	540 千
版　　次：	2014年8月　第1版 2024年2月　第2版
印　　次：	2024年2月　第2版　第1次印刷　总第3次印刷
书　　号：	ISBN 978-7-114-18754-4
定　　价：	88.00 元

（有印刷、装订质量问题的图书，由本公司负责调换）

第 2 版编写委员会

主　编：马保松　　　　　中山大学

副主编：方宏远　　　　　郑州大学
　　　　Mohammad Najafi　得克萨斯大学（美国）
　　　　黄　胜　　　　　中山大学
　　　　曾　聪　　　　　中国地质大学（武汉）
　　　　孔耀祖　　　　　武汉中地大非开挖研究院有限公司

编　委（按姓氏拼音为序）：
　　　　安关峰　　　　　广州市市政集团有限公司
　　　　何春良　　　　　中山大学
　　　　惠二青　　　　　长江生态环保集团有限公司
　　　　廖宝勇　　　　　安越环境科技股份有限公司
　　　　林沛元　　　　　中山大学
　　　　陆学兴　　　　　北京北排建设有限公司
　　　　马　冲　　　　　两山工程技术（武汉）有限公司
　　　　倪芃芃　　　　　中山大学
　　　　舒　彪　　　　　中南大学
　　　　孙跃平　　　　　上海管丽建设工程有限公司
　　　　遆仲森　　　　　安越环境科技股份有限公司
　　　　谢　武　　　　　新疆鼎立非开挖工程有限公司
　　　　闫雪峰　　　　　中国地质大学（武汉）
　　　　郁片红　　　　　上海市城市建设设计研究总院
　　　　　　　　　　　　（集团）有限公司
　　　　赵继成　　　　　北京北排建设有限公司
　　　　赵　鹏　　　　　郑州安源工程技术有限公司
　　　　赵　伟　　　　　石普贸易（上海）有限公司
　　　　郑洪标　　　　　武汉中仪物联技术股份有限公司

第1版编写委员会

主　编：马保松　　　　中国地质大学（武汉）

副主编：逯仲森　　　　厦门市安越非开挖工程技术有限公司
　　　　　徐效华　　　　河南中拓石油工程技术股份有限公司
　　　　　孔耀祖　　　　武汉中地管通非开挖科技有限公司

编　委（按姓氏拼音为序）：
　　　　　安关峰　　　　广州市市政集团有限公司
　　　　　何　善　　　　杭州诺地克科技有限公司
　　　　　李佳川　　　　上海誉帆环境科技有限公司
　　　　　廖宝勇　　　　厦门市安越非开挖工程技术有限公司
　　　　　吕士健　　　　中国城市建设研究院有限公司
　　　　　孙跃平　　　　管丽环境技术（上海）有限公司
　　　　　田中凯　　　　武汉市城市排水发展有限公司
　　　　　王明岐　　　　河北肃安实业集团有限公司
　　　　　吴　瑛　　　　迈佳伦（天津）国际工贸有限公司
　　　　　吴忠诚　　　　中国京冶工程技术有限公司
　　　　　许　珂　　　　陶氏化学（中国）有限公司
　　　　　颜学贵　　　　成都市兴蓉投资有限公司
　　　　　曾　聪　　　　中国地质大学（武汉）
　　　　　张煜伟　　　　上海市排水管理处
　　　　　周长山　　　　山东柯林瑞尔管道工程有限公司

作者简介

马保松，男，1998年在吉林大学获地质工程专业博士学位，现任中山大学土木工程学院教授、博士生导师、中山大学百人计划领军人才、俄罗斯自然科学院院士、中美联合非开挖工程研究中心主任。曾先后在德国波鸿鲁尔大学（Ruhr University Bochum）、美国密西根州立大学（Michigan State University）和得克萨斯大学阿灵顿校区（The University of Texas at Arlington）做访问学者，深入研修非开挖工程理论和技术。

作者长期专注于非开挖工程理论和技术的创新与应用研究，先后主持国家重点研发项目课题、广东省"珠江人才计划"引进创新创业团队项目、水体污染控制与治理国家科技重大专项研究课题、国家自然科学基金项目、港珠澳大桥拱北隧道大型顶管管幕相关科研课题等50余项。主持编制国际标准 Plastics Piping Systems for Renovation of Underground Water Supply Networks Part 11: Lining with Inserted Hoses（ISO 11298-11）、国家标准《非开挖修复用塑料管道 总则》（GB/T 37862—2019）、行业标准《城镇排水管道非开挖修复更新工程技术规程》（CJJ/T 210—2014）等各类标准10余部，参编国家标准3部；主编出版《非开挖工程学》《顶管和微型隧道技术》《顶管施工技术及验收规范》等著作6部；发表学术论文120余篇，其中被SCI、EI检索30余篇。获得国际非开挖技术协会2011年度"国际非开挖学术研究奖"（NO-DIG AWARD: Academic Research）和广东省科技进步奖、湖北省科技进步奖、上海市科技进步奖等省部级科技奖10余项。作者于2004年首次开设并主讲的《非开挖工程学》课程被教育部评为"国家双语教学示范课程"。

作者积极参与和促进行业发展，目前主要兼任以下社会职务：
1. 国际非开挖技术研究院院长
2. 国际地下物流学会（ISUFT）常务理事

3. ISO/TC138/SC8 非开挖管道修复专家组专家及 WG7 工作组召集人
4. 国家标准化管理委员会全国塑料制品标准技术委员会 SC3 委员
5. 住房和城乡建设部市政给水排水标准化技术委员会委员
6. 中国城镇供水排水协会设施更新与修复专业委员会副主任委员
7. 中国石油工程建设协会管道非开挖穿越专业委员会副主任委员
8. 中国岩石力学与工程学会地下空间分会常务理事
9. 中国岩石力学与工程学会地下物流专业委员会常务理事
10. 中国工程建设标准化协会管道结构委员会委员
11. 国际期刊《Tunnelling and Underground Space Technology》编委
12. 中文核心期刊《隧道建设》《地下空间工程学报》和《地质科技通报》编委

第 2 版前言

截至 2020 年底,我国城镇地下市政管线总长度已超过 450 万 km,其中已有 53 万 km 达到设计使用寿命,年久失修,主要存在以下重大病害和风险:

(1) 城市地下管网建设质量低下,满足不了基本的功能需求。

(2) 供水、燃气和热力管网爆裂事故频发,造成严重的人员伤亡和经济损失。

(3) 城市排水管网渗漏严重,污水处理厂进水浓度普遍不达标,管道引起的地面塌陷事故非常普遍,这也是黑臭水体污染的主要根源。

(4) 供水管网漏损严重,造成极大的水资源浪费;管网腐蚀结垢、供水水质二次污染严重,水质经常不达标,给城镇居民生命健康安全造成巨大隐患。

(5) 城市地下排水管网建设标准低,功能无法保障,是发生城市内涝的一个重要原因。

我国城市地下管线存在的这些问题已引起国家有关方面的高度重视。为保障城市地下生命线的安全、有效运行,国家相关部门相继出台了一系列的政策、法规,以促进地下生命线的建设和更新改造工作。2014 年来,国务院和住建部等多部委多次发文,要求加大对市政管网的更新改造力度。2021 年 1 月,住房和城乡建设部印发的《关于加强城市地下市政基础设施建设的指导意见》指出,到 2023 年底前,基本完成设施普查,摸清底数,掌握存在的隐患风险点并限期消除,地级及以上城市建立和完善综合管理信息平台;到 2025 年底前,基本实现综合管理信息平台全覆盖,城市地下市政基础设施建设协调机制更加健全,城市地下市政基础设施建设效率明显提高,安全隐患及事故明显减少,城市安全韧性显著提升。党的十九届五中全会通过的《中共中央关于制定国民经济和社会发展第十四个五年规划和二〇三五年远景目标的建议》第 14 条指出,构建系统完备、高效实用、智能绿色、安全可靠的现代化基础设施体系;第 31 条指出,推进以人为核心的新型城镇化……推进城市生态修复、功能完善工程……强化基本公共服务保障；第 36 条指出，治理城乡生活环境，推进城镇污水管网全覆盖，基本消除城市黑臭水体。城市地下市政管网种类繁多，病害程度和形式也复杂多样，现有技术在排水管网修复更新工程中应用较多，但是针对同样数量巨大的给水管网、燃气管网和热力管网，由于运行条件更加复杂，对技术要求更高，而且国内外在这类压力管道灾害防控的核心技术——非开挖修复更新技术的研究基本上才刚刚起步，远远不能满足市场的巨大和迫切需求。

非开挖工程技术是利用微开挖或不开挖方式对"地下生命线系统"进行设计、施工、探测、修复和更新、资产评估和管理的一门新技术，被广泛应用于穿越公路、铁路、建筑物、河流以及在闹市区、古迹保护区、农作物和环境保护区等不允许或不便开挖的条件下进行燃气、电力、给排水管道，通信、有线电视线路，天然气管道等的铺设、更新、修复以及管理和评价等，被联合国环境规划署（United Nations Environment Programme，简写 UNEP）批准为地下设施的环境友好技术（Environmentally Sound Technology，简写 EST）。所以，非开挖管道修复更新技术是解决城镇管网病害问题的"微创技术"，是城市更新中管网更新的最佳技术选择。

本书在《非开挖管道修复更新技术》第 1 版的基础上，在管道检测评估一章中增加了电法测漏检测技术、管中探地雷达检测技术和智能球（Smart Ball）检测技术；在管道预处理一章中增加了机器人清淤技术；在管片与短管内衬法修复技术一章中增加了 3S 模块法、短管内衬法的相关内容；在管道局部修复技术一章中增加了不锈钢快速锁法；全面更新了检查井修复技术一章；新增热塑成型法管道修复技术和刚性锚固塑料内衬法管道修复技术两章内容。

本书在编写过程中，中山大学、郑州大学、得克萨斯大学地下设施研究与教育中心、中国地质大学（武汉）、武汉中地大非开挖研究院有限公司、广州市市政集团有限公司、长江生态环保集团有限公司、安越环境科技股份有限公司、北京北排建设有限公司、两山工程技术（武汉）有限公司、中南大学、上海管丽建设工程有限公司、新疆鼎立非开挖工程有限公司、上海市城市建设设计研究总院（集团）有限公司、石普贸易（上海）有限公司、郑州安源工程技术有限公司、路易斯安那理工大学非开挖技术中心（TTC）、德国萨泰克斯公司等单位提供了很多有价值的素材，在此对这些单位的大力支持深表感谢。

博士生何春良等为本书的顺利完稿和出版做了大量的工作，协助整理书稿并对全书进行了校对和格式编排，没有他们的无私奉献，书稿将无法按期完成。

在上述单位和个人的慷慨相助下，本书最终得以付梓问世，以飨读者。如果拙作能供广大同行在工作中参考借鉴并有所助益，将是编者由衷的心愿。

本书能够得以完成并顺利出版，还离不开中山大学的经费资助和中山大学土木工程学院领导和同事们的关心和支持、人民交通出版社股份有限公司相关编辑的大力帮助，编者在此表示诚挚的感谢。

最后，将本书献给我亲爱的家人们，感谢他们对我事业一贯的无私奉献和理解支持。

由于编者学识的限制，书中挂一漏万在所难免，并定多谬误和不周，敬请各位读者不吝赐教。

马保松
中山大学珠海校区
2023 年 3 月

第1版前言

非开挖工程技术是利用微开挖或不开挖方式对"地下生命线系统"进行设计、施工、探测、修复和更新、资产评估和管理的一门新技术，被广泛应用于穿越公路、铁路、建筑物、河流以及在闹市区、古迹保护区、农作物和环境保护区等不允许或不便开挖条件下进行燃气、电力、给排水管道，通信、有线电视线路，天然气管道等的铺设、更新、修复以及管理和评价等，被联合国环境规划署（United Nations Environment Programme，简写 UNEP）批准为地下设施的环境友好技术（Environmentally Sound Technology，简写 EST）。

我国在非开挖工程领域起步较晚，相关的参考文献还不全面、不系统，为使读者更好地了解非开挖工程技术体系，掌握非开挖工程技术的基本理论，了解非开挖工程技术领域的工程前沿，作者在其2008年出版的《非开挖工程学》和2004年出版的《顶管和微型隧道技术》的基础上，吸收非开挖工程领域最新的理论成果和工程经验，编著出版"非开挖工程技术系列丛书"，该丛书将包括《非开挖管道修复更新技术》《顶管和微型隧道技术》和《水平定向钻管道敷设技术》三本书。

《非开挖管道修复更新技术》是该系列丛书的第一本，本书的主要成果来源于作者承担的中华人民共和国科学技术部"水体污染控制与治理"国家科技重大专项中"城镇排水管道非开挖修复更新工程技术规程"专题（2009ZX07318-008-007-005）、武汉市科技局项目"武汉市地下生命线工程灾变机理及非开挖防治技术研究"、主编的住房和城乡建设部行业标准《城镇排水管道非开挖修复更新工程技术规程》（CJJ/T 210—2014）以及作为重要参编单位的住房和城乡建设部行业标准《城镇给水管道非开挖修复更新工程技术规程》（CJJ/T 244—2016，编辑注）。

在本书编写过程中，曾分别得到中国城市建设研究院、武汉市城市排水发展有限公司、管丽环境技术（上海）有限公司、杭州市排水有限公司、成都市兴蓉投资有限司、河南中拓石油工程技术股份有限公司、上海市排水管理处、山东柯林瑞尔管道工程有限公司、河北肃安实业集团有限公司、上海乐通管道工程有限公司、陶氏化学（中国）有限公司、杭州诺地克科技有限公司、广州市市政集团有限公司、武汉中地管通非开挖科技有限公司、天津盛象塑料管业有限公司、迈佳伦（天津）国际工贸有限公司、中国京冶工程技术有限公司、厦门市安越非开挖工程技术有限公司以及美国得克萨斯大学地下设施研究与教育中心（CUIRE）、路易斯安那工业大学非开挖技术中心（TTC）、Insituform 公司、菲尔公司、3M 公司、德国萨泰克斯公司等单位的大力支持，它们为本书的编写提供了很多有价值的素材，在此深表感谢。

  研究生李长俊、周维为本书的顺利完稿和出版做了大量的工作。李长俊协助整理并撰写了第 11 章，周维协助整理了第 13 章书稿并对全书进行了校对和格式编排，没有他们的无私奉献，书稿将无法按期完成。

  正是由于编者们的共同努力以及上述单位和个人的慷慨相助，使本书最终得以付梓问世，以飨读者。拙作若能供广大同行在工作中参考借鉴并有所助益，是编者们由衷的心愿。

  本书能够得以完成并顺利出版，还得益于中国地质大学（武汉）相关职能部门的大力支持、中国地质大学（武汉）工程学院的领导和同事们的理解和支持、人民交通出版社土木与轨道交通出版中心的大力帮助，作者谨在此表示诚挚的感谢。

  最后，将本书献给我亲爱的家人们，感谢他们对我事业一贯的无私奉献和理解支持。

  由于笔者学识的限制，书中挂一漏万在所难免，并定有谬误和不周，敬请各位读者不吝赐教。

马保松

中国地质大学（武汉）

中美联合非开挖工程研究中心

2014 年 2 月

目录

第1章 绪论···001
1.1 我国地下管网发展概述···001
1.2 我国市政管网的主要病害···002
1.3 非开挖管道修复技术发展概述···012
本章参考文献···016

第2章 管道病害类型及形成机理···018
2.1 管道渗漏···018
2.2 管流阻塞···023
2.3 管位偏移···026
2.4 机械磨损···027
2.5 管道腐蚀···030
2.6 管道变形···040
2.7 管道裂纹、管道破裂和管道坍塌···043
2.8 管道破坏状况总结···048
本章参考文献···051

第3章 管道检测技术···053
3.1 电视检测技术···053
3.2 潜望镜检测技术···053
3.3 声呐检测技术···054
3.4 管道扫描评估技术（SSET）···054
3.5 管道全景量化检测技术···057
3.6 电法测漏检测技术···058
3.7 管中探地雷达检测技术···059
3.8 弹性波检测技术···059
3.9 智能球检测技术···060
3.10 系缆式给水管道检测机器人···061

3.11 管道渗漏检查技术 ································· 063
3.12 典型管道检查设备 ································· 063
本章参考文献 ··· 073

第4章 管道评估技术 ···································· 074
4.1 管道缺陷类型及等级划分 ························· 074
4.2 排水管道评估方法 ································· 083
4.3 排水管道缺陷智能识别方法 ···················· 087
本章参考文献 ··· 091

第5章 管道预处理技术 ································ 093
5.1 管道预处理要求 ···································· 093
5.2 管道预处理的主要方法 ··························· 093
5.3 管道基础注浆处理技术 ··························· 109
5.4 管道预处理的特殊措施 ··························· 112
本章参考文献 ··· 113

第6章 穿插法管道修复技术 ························· 114
6.1 穿插法简介 ·· 114
6.2 穿插法设计 ·· 117
6.3 穿插法施工 ·· 121
6.4 穿插软管内衬法 ···································· 127
本章参考文献 ··· 130

第7章 改进穿插法管道修复技术 ·················· 131
7.1 改进穿插法用聚乙烯管材 ······················· 131
7.2 折叠内衬法 ·· 138
7.3 缩径内衬法 ·· 144
本章参考文献 ··· 146

第8章 原位固化法管道修复技术 ·················· 147
8.1 原位固化法简介 ···································· 147
8.2 材料及其性能 ······································· 149
8.3 原位固化法内衬管设计 ··························· 151
8.4 原位固化法施工 ···································· 164
8.5 Tyfo®复合材料管道修复系统 ··················· 176

8.6　原位固化法管道修复案例 ·· 179
本章参考文献 ·· 182

第9章　碎（裂）管法管道更新技术 ·· 184
9.1　碎（裂）管法简介 ·· 184
9.2　碎（裂）管法内衬管材性能 ··· 188
9.3　碎（裂）管法施工工艺 ··· 196
9.4　碎（裂）管法施工对周围环境的影响 ··································· 202
9.5　施工准备工作 ·· 210
9.6　施工作业 ·· 212
本章参考文献 ·· 216

第10章　喷涂法管道修复技术 ·· 218
10.1　水泥砂浆喷涂技术 ·· 218
10.2　离心喷筑砂浆内衬管技术 ·· 223
10.3　CSL喷涂技术 ·· 232
10.4　双管喷涂技术 ·· 233
10.5　结构性树脂喷涂修复技术 ·· 234
本章参考文献 ·· 238

第11章　螺旋缠绕法管道修复技术 ··· 239
11.1　螺旋缠绕法简介 ·· 239
11.2　设计计算 ·· 244
11.3　施工工艺 ·· 247
11.4　带状型材管道接口严密性压力测试方法 ······························· 250
本章参考文献 ·· 252

第12章　管片与短管内衬法修复技术 ·· 253
12.1　管片内衬法 ··· 253
12.2　短管穿插法 ··· 259
本章参考文献 ·· 263

第13章　薄壁不锈钢内衬法管道修复技术 ······································· 265
13.1　薄壁不锈钢内衬法简介 ··· 265
13.2　薄壁不锈钢内衬法设计 ··· 268
13.3　薄壁不锈钢内衬法施工 ··· 268

    13.4　给水管道薄壁不锈钢内衬层耐负压试验研究……271
    本章参考文献……279

第14章　刚性锚固塑料内衬法管道修复技术……281
    14.1　刚性锚固塑料内衬法简介……281
    14.2　刚性锚固塑料内衬法设计……284
    14.3　刚性锚固塑料内衬法施工……285
    14.4　刚性锚固塑料内衬法管道修复案例……288
    本章参考文献……290

第15章　热塑成型法管道修复技术……291
    15.1　热塑成型法管道修复技术简介……291
    15.2　热塑成型法内衬管设计……296
    15.3　热塑成型法施工……303
    15.4　热塑成型法给水管道修复案例……305
    15.5　热塑成型法排水管道修复案例……307
    本章参考文献……308

第16章　管道局部修复技术……310
    16.1　不锈钢发泡筒修复技术……310
    16.2　PVC六片管筒修复技术……312
    16.3　点状CIPP修复技术……313
    16.4　不锈钢快速锁修复技术……315
    16.5　化学稳定法……319
    16.6　机器人修复技术……324
    本章参考文献……326

第17章　检查井修复技术……328
    17.1　概述……328
    17.2　离心喷筑法检查井修复技术……332
    17.3　检查井模筑法原位更新技术……343
    17.4　原位固化内衬修复技术……346
    本章参考文献……348

附录……350

第1章 绪　　论

1.1　我国地下管网发展概述

城市是现代文明的重要载体，党的十九届五中全会审议通过的《中共中央关于制定国民经济和社会发展第十四个五年规划和二〇三五年远景目标的建议》首次提出"实施城市更新行动"，为我国新型城镇化建设指明了前进方向。随着国家社会经济高速发展，我国区域一体化与新型城镇化进展深度与广度实为历史罕见，城市地下管网开发也如火如荼地进行，相关科学技术是解决新型城镇化、城市集群化土地受限、城市内涝等城市病的关键手段。

市政管网主要包括城镇供水管网、排水管网、燃气管网和热力管网等，其作为城市基础设施重要组成部分，是城市赖以生存和发展的物质基础，是保障城市正常和高效运转，保证城市经济、社会健康可持续发展的重要条件，堪称城市的地下"生命线"。

目前，我国城镇化率已超过60%，现代城市的飞速发展带来了城市规模的不断扩大，我国逐步进入风险社会，城市公共安全问题日趋突出，给市政管网系统的高效建设和安全运营维护提出了更高要求。

"十三五"期间，全国城市（含县城）市政基础设施固定资产总投资年平均2.25万亿元，其中供水设施年均732亿元，排水设施年均1760亿元，燃气设施年均469亿元，供热设施年均622亿元。截至2020年底，全国城市（含县城）供水、排水、燃气、供热、综合管廊等五项市政设施建设投资共计4989亿元，占全国城市（含县城）市政设施固定资产投资总额26168亿元的19%。其中按行政区域划分：城市3950.2亿元，县城1039.6亿元；按行业划分：供水设施981.7亿元，排水设施2675.7亿元，燃气设施318.3亿元，供热设施523.6亿元，如图1-1所示。

老旧管网的灾变问题日益严重，给我国的城市安全带来了巨大挑战。按照市政管网的铺设年代划分，20世纪80年代及以前敷设的市政管道占比2.27%，20世纪80~90年代铺设的市政管道占比3.60%，20世纪90年代至2000年铺设的市政管道占比11.22%，2001—2010年铺设的市政管道占比26.70%，2011—2020年铺设的市政管道占比56.22%。

2000年前铺设的城市市政管网总长度已达53万km，其中：供水管道25.5万km，排水管道14.2万km，燃气管道8.9万km，供热管道4.4万km。这些管网很多已到使用年限，造成城市供水管网漏水、爆管事故频发，保守估计，全国每年因供水管网漏损、爆管造成的经济损失可达100亿元。城市排水管网因年久失修、接头开裂，发生渗水、漏水现象较为普遍，严重污染城市地下水和周围环境；城市燃气管网因管道腐蚀和接头破裂，造成燃气泄漏和爆炸事故时有发生，对人民生命财产构成严重威胁；热力管网因超期服役、年久失修，影响了供热的安全与质量，加大了能源浪费和污染物排放量。

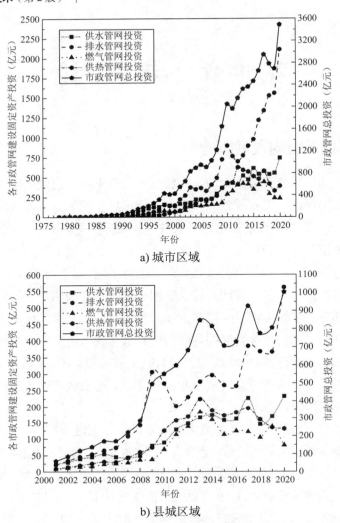

图 1-1 我国历年市政管网投资变化趋势

虽然"十二五""十三五"期间,全国各地先后对部分市政管网进行了更新改造,取得了显著成效,有效遏制了市政管网跑、冒、滴、漏、爆和水体污染等问题,但仍有大量市政管网亟待更新改造,尤其是一些城市的市政管网基础设施建设距离绿色、低碳和循环理念要求差距很大,由此引起的城市内涝、水体黑臭、地下管线安全事故频发,各类"城市病"呈现出集中爆发、叠加显现的趋势,严重影响城市居民居住生活环境,给我国的城市安全带来了巨大挑战。为此,2021年住房和城乡建设部印发《关于加强城市地下市政基础设施建设的指导意见》,该《意见》指出,到2023年底前,基本完成设施普查,摸清底数,掌握存在的隐患风险点并限期消除。

1.2 我国市政管网的主要病害

1.2.1 我国供水管网主要病害综述

城市供水管网是市政设施必不可少的组成部分。根据《城市供水统计年鉴 2020》,截至 2020 年底，全国供水管道总长度达到 128 万 km，我国历年市政管网的总长度变化趋势如图 1-2 所示。在供水管网管材方面，由最初的混凝土管、钢筋混凝土管、钢管和球墨铸铁管逐渐发展出性能高、耐腐蚀、环保的新型管材，如聚乙烯管、钢骨架聚乙烯复合管、薄壁不锈钢管、预应力钢筒混凝土管等。

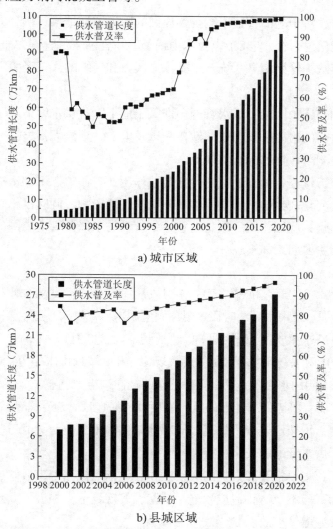

a) 城市区域

b) 县城区域

图 1-2 我国历年供水普及率和供水管道总长度变化趋势

由于很多城区管网老化破损，我国市政供水管网漏损率严重超标，2020 年全国城市和县城公共供水总量为 693.19 亿 m^3，漏损水量为 91.95 亿 m^3，综合漏损率为 13.26%，其中城市公共供水总量为 586.45 亿 m^3，漏损水量为 78.54 亿 m^3，综合漏损率为 13.39%。供水管网运行管理和调度技术难度较高，漏损、爆管事故容易发生，对人民生活、工业生产、城市交通以及社会安定造成严重的不利影响，同时也带来巨大的经济损失。近年来，城市供水管道爆管、泄漏事故频发，供水管网能否安全运行逐渐成为政府和企业关注的重点。

我国城市市政供水管网面临的主要问题如下：

（1）管道老化现象严重：部分地区管道使用年限过长、年久失修，造成管内结垢、水质变差，这些老化的管道极易发生破损渗漏甚至爆管，造成区域停水、地面塌陷，影响了交通秩序甚至危害人民生命财产安全。

（2）统计信息不全，管理水平落后：目前很多先进的检测仪器、维护设备和管理手段陆续被用在地下管线管理中，很大程度上提升了供水管道的管理水平。但是部分城市不能及时更新管网数据，对于老旧管道不能得到详细的数据统计结果。部分大中型城市已经建立起来了管网地理信息系统（GIS）以及水力模型，在管网运行管理方面取得了一定效果，但是很多中小城市缺少管网信息系统，主要依靠人力和传统的人工经验进行管理，缺乏预防事故的能力。

（3）管道检测与维护困难：供水管网多埋藏于地下，且供水管道属于压力管道，带压检测具有困难。目前的检测手段为破坏性检测以及电磁、声波无损检测，尚缺少对供水管网风险进行综合检测与评估的标准与规范。

供水管网在运行过程中面临的威胁包括荷载作用，工作状态下的水流压力、水锤、气锤等作用，在温度变化较大的区域还面临着冻土荷载的影响，同时供水管网在运行过程中还面临着腐蚀的影响，腐蚀作用一般是由管道中流动的水以及管道周围的土壤引起的。影响供水管网运行的主要因素如下。

1）铺设管理

（1）水锤威胁：在主干管和连接管中，水压高，流速大，不同方向水流碰撞易产生水锤现象，导致管道破裂。在用水高峰时段，用户大量用水，管内的水压主要表现为动压，此时管道所受静压得以迅速释放，压降明显，管道所受径向拉应力随之减小；反之，在用水低谷时段，大量用户停止用水，管内的水压主要表现为静压，接近供水压力，管道所受径向拉应力随之增加。故在不同用水时段，管道处在不同的径向拉应力状态下，当水的扩张压力强度大于管道上一些薄弱管段诸如腐蚀点的抗拉强度时，易造成管道穿孔或横向断裂。

（2）施工问题：承插口连接不规范，局部地基处理不到位，无试压验收，施工质量差等问题严重影响了供水管道的安全运行。

（3）管理因素：主要指管理人员的失误操作，包括对渗漏等事故隐患未做及时处理修复等。日常巡检和听漏不及时，造成渗漏、暗漏、发现延迟，加大了漏水损失，甚至小型漏水事故演变为大型爆管事故。

2）人类活动以及工程建设

（1）在管段附近开挖管渠、管沟、打桩、堆土等第三方施工可能会对供水管网造成直接或间接的破坏。

（2）管道附近的交通运输情况：车辆不规范行驶，随意驶入人行道撞压管道；公路边乱堆乱放货物；在管道埋设上方搭建临时建筑物，超出管道荷载极限，致使管道破坏。

3）地质因素

主要指地质灾害、冻融循环等因素对管道的应力影响。土体对管道的长期不利作用可能会造成管道的破坏，引起突发事件。寒冷地区可能会发生冰冻隆胀，由于泥土中形成冰或冰晶体，水分结冰导致土体膨胀，对管道产生了垂直或反向压力，管道应力随时间的变化而呈周期性的变化，从而使管道所受的温变应力小于其允许应力，经历长时间的运行后发生疲劳破坏。滑坡、崩塌、地震等地质灾害也会导致管道承受的荷载增大，或位移超过允许限度，造成管道失效。

4）管网腐蚀

腐蚀是导致管网老化的重要因素，可分为内腐蚀和外腐蚀两类。供水管道内腐蚀主要指电化学腐蚀和微生物腐蚀。管道内腐蚀影响水质，加剧了管道腐蚀，降低了管道的有效过水断面面积，加速了管道老化过程，降低了管道强度。2012 年以来我国开始实行新的供水水质检测标准，现有城市供水管网中约有 42% 的管道水质不能满足标准要求，特别是长期使用严重锈蚀的钢管及铸铁管，水质普遍较差，很难满足饮用水卫生的标准要求（图 1-3）。

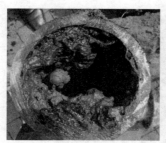 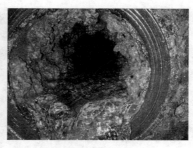

图 1-3　供水管道内部结垢堵塞现象

1.2.2　我国排水管网主要病害综述

市政排水工程指城市生活污水、工业废水、大气降水（含雨、雪水）径流和其他弃水的收集、输送、净化、利用和排放。我国 2000 年以前建设的排水管网总长度为 14.2 万 km。截至 2020 年底，我国市政排水管网总长度达到 102.7 万 km。我国城市和县城历年排水管网里程如图 1-4 所示。

由于历史的原因，20 世纪 90 年代之前建造的排水管道建设标准比较低下，并且施工质量参差不齐，再加上后期的运营过程中，管理和维护措施不到位，在对这些排水管道进行检测时发现管道内部出现了大量的腐蚀、渗漏、破裂、变形、淤积及不均匀沉降等结构性和功能性缺陷，如图 1-5 所示。

总体来看，目前我国排水管网主要存在如下一些较为严重的问题：

1）排水管网的建设质量参差不齐

排水管网的建设标准较低、管材质量不能满足设计寿命要求、施工不规范，例如：

（1）混凝土管道的标号偏低，管道的产品质量较差，抗渗和抗压等主要指标部分未达到标准要求。

（2）埋地管道的结构设计方法较为落后，大量的雨污管道采用承插式的刚性连接方式，导致这些管道承受地震冲击和不均匀沉降的能力偏低。

（3）管道施工过程中管道基础、回填土未按要求压实处理。

上述这些埋地管道存在的问题，直接影响了管道的质量，在远未达到设计使用年限时已出现包括渗漏、开裂、局部破损和不均匀沉降导致的管节错位等结构性和功能性缺陷。

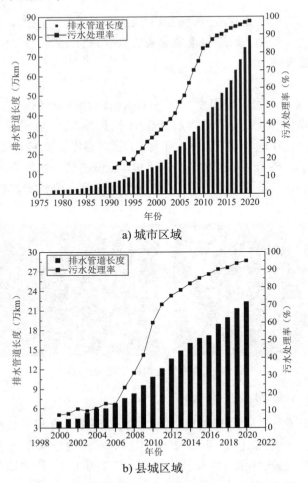

图 1-4 我国历年污水处理率和排水管道总长度变化趋势

2）排水管网运营维护管理方法落后

排水管网建成后，没有及时对管网的信息进行统计。地下管网的信息缺失，也直接导致管网缺少维护，出现各种功能性和结构性问题，影响管网的正常使用功能。

3）城市内涝频发

上述排水管道存在的典型问题，给城市的安全带来严重影响。排水管道出现淤积、变形和错口等问题会导致管道的排量不足，当出现较大降雨时，容易形成城市内涝灾害。

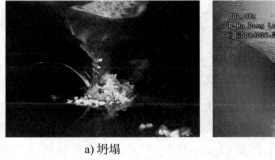

图 1-5

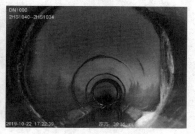

c) 腐蚀、淤积　　　　　　　　　　d) 渗漏

图 1-5　排水管道存在的典型缺陷

近年来我国很多城市多次出现因雨水及污水管道缺陷或排量不足导致的城市内涝，造成巨大的经济损失，给城市居民的生命安全带来严重威胁。如 2012 年 7 月 21 日，北京遭遇特大暴雨，立交桥通道等多处地势较低的地段积水深度达 3m 以上，造成 70 多人死亡，直接经济损失 116 亿元；据 2015 年统计数据，我国已有 154 个城市因为雨污管道排量不足，在暴雨季节发生内涝灾害，总计受灾人口超过 255 万人，直接经济损失高达 81 亿元。2010 年广州市两场降雨量超过 100mm 的大暴雨，导致城区出现大面积的洪涝灾害，很多街道、商铺、停车场等区域被水淹没，局部深度甚至可达 5m 以上，造成的经济损失超 10 亿元（图 1-6）。

图 1-6　广州市暴雨后的城市内涝情况

在刚刚过去的 2021 年河南重大洪涝灾害中，郑州市总共遇难 292 人，失踪 47 人，其中因地下室、车库、地下管网等地下空间溺亡 39 人，巨量车辆被淹，造成巨大人员伤亡和财产损失，郑州市直接经济损失 532 亿元（图 1-7）。

图 1-7　河南郑州 7.20 特大暴雨灾害

排水管道出现渗漏等问题，一方面会导致地下水进入管道内部，增加污水厂的污水处理量，造成污水处理厂超负荷运转，增加污水处理成本。还会造成管周土体流失，路基土体逐渐被掏空，形成地下空洞，导致地表沉降甚至诱发地面塌陷（图 1-8），对城市安全构成重大威胁。另一方面污水外渗造成地下水、土体及河流湖泊等污染，加剧黑臭水体等问题。

图 1-8 管道渗漏导致的地面塌陷

1.2.3 我国供热管网主要病害综述

据统计，截至 2020 年底，我国城市和县城区域热力管道铺设总长度达到 51 万 km，新管铺设的增长率逐年增加（图 1-9）。

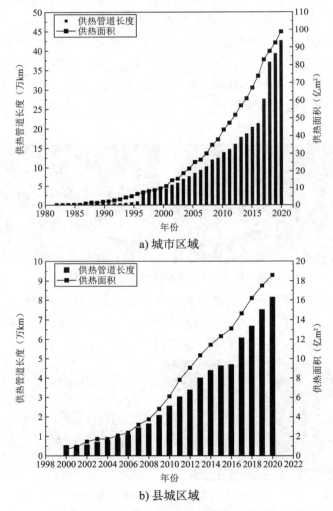

a) 城市区域

b) 县城区域

图 1-9 我国历年供热面积和供热管道总长度变化趋势

热力管网在运行中主要出现以下几个方面的问题。

（1）施工质量因素

弯头、补偿器、三通、固定墩的管道固定节等焊接部位的保温防腐工作，需要在施工现场挖出的沟槽内就地进行，现场环境比室内环境差，加大了手工操作难度，并且施工现场的环境温度不稳定，对聚乙烯防腐套管之间的焊接质量及聚氨酯发泡的质量造成不利影响。事实证明，直埋管道泄漏事件中，有95%以上是由于有腐蚀性的地下水或湿气进入保温防腐层，对管道及附件的外壁造成腐蚀引发的。

（2）补偿器因素

受敷设场地和沟槽空间的限制，直埋管道无法实现用自然补偿的方式吸收管道的胀缩变形，只能使用波纹或套筒等类型的补偿器，而波纹或套筒补偿器本身就是最容易出现泄漏的管道附件，再加上其动静活动部位的保温防腐层很容易被拉裂，因此将补偿器埋入地下，相当于埋下了泄漏的种子。事实证明，当热水供暖系统供水压力为0.6MPa，温度为95℃左右运行时，若一次网管道的波纹或套筒补偿器长期处在水位与其齐平的检查井内时，则在直埋管道泄漏事件中，有30%左右的泄漏部位是补偿器。补偿器安全运行的时间一般在五年以内。

（3）管道腐蚀老化

直埋管道只能沿着道路的车行道外侧开挖的沟槽敷设，如果敷设地带的地下水位高，再遇上污水沟、自然沉降井等污水渗流地点，并且此处管道的防腐质量没有可靠保证，地下水将透过防腐保温层对管道外壁造成腐蚀，运行中的管壁温度越高，腐蚀的速度越快。研究表明，当供暖系统供水压力为0.6MPa，温度为95℃左右运行时，一次网管道长期处在水位低于管道底平面的砂土地带里，若固定墩固定节部位的保温防腐质量不过关，地下的水汽将通过保温防腐层对固定墩内的管段造成腐蚀。若此部位管段的材质为Q235B，壁厚为8mm时，其安全运行时间一般在8年以内。

供热管网老化、维修不及时会影响供热的安全与质量，加大能源浪费程度和增加污染物排放量。由于热力管网开始供暖后水温、水压不断升高，老旧供热管道薄弱环节和隐患在冬季集中爆发，部分用户供暖无法得到保障，事故发生量逐年增加。据相关报道，兰州市供热管网长度共计5000余km，其中有超过3000km的管网已经老化，亟待改造。2013年12月6日，郑州市紫荆山路与顺河路交叉口一条1994年铺设的供热管道爆裂，水柱及蒸汽烟雾喷出几十米高，多辆汽车被坠落碎石砸中，约20万m^2用户供热受到影响。2021年1月5日，河南郑州一条使用了26年的供热主管道发生爆管事故，造成1死1伤，周围区域37万m^2用户供暖受到影响（图1-10）。究其原因，导致管道失效并不单纯是管道老化作用，还存在其他因素的影响，但从事故发生的规模来看，老旧管道破坏的概率高、规模大、影响范围广。全国各地供热管道爆管事故频繁发生，造成了巨大经济损失和人员伤亡。而我国有4.4万km热力管道已服役20余年，给市政管网安全运行埋下巨大安全隐患。

图1-10　热力管道爆管事故

1.2.4 我国燃气管网主要病害综述

随着城市化进程的加快，城市燃气事业蓬勃发展，燃气管网已经成为城市基础设施建设的重要组成部分。根据住房和城乡建设部公布的《2020 年城市建设统计年鉴》显示，截至 2020 年底，我国城市天然气管道长度 85 万 km，人工煤气管道长度 9860km，液化石油气管道长度 4010km，总长度达 86.44 万 km，燃气普及率达到 97.87%，惠及全国 5.3 亿人口。1978—2020 年我国市政燃气普及率和燃气管道总长度的变化趋势如图 1-11 所示。

城市作为人口、建筑物、物质财富和精神财富的高度集中的有机功能体，一旦发生事故，将造成大量的人员伤亡和巨大财产损失。据中国城市燃气协会的统计数据表明，城市燃气事故现已成为继交通、火灾、建筑事故之后的又一城市事故高发点。

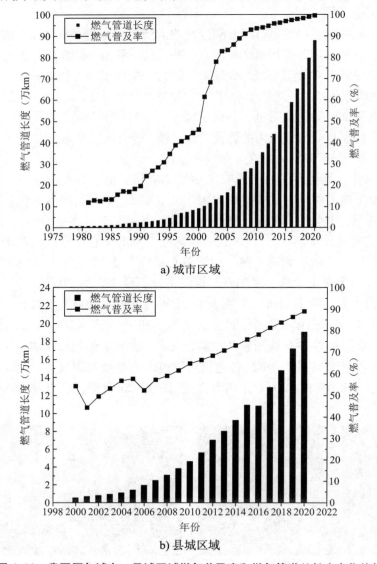

图 1-11 我国历年城市、县城区域燃气普及率和燃气管道总长度变化趋势

笔者在2020年全年共搜集到媒体报道的国内（不含港澳台）燃气及燃气相关事故数量为668起（图1-12），其中燃气事故615起，造成92人死亡，560人受伤，死亡3人及以上的较大事故7起，事故分布在29个省份、251个城市；与燃气相关的交通运输事故53起，其中天然气［含液化天然气（LNG）和压缩天然气（CNG）］交通运输事故44起，造成2人死亡、10人受伤，液化石油气交通运输事故9起，造成20人死亡、187人受伤。

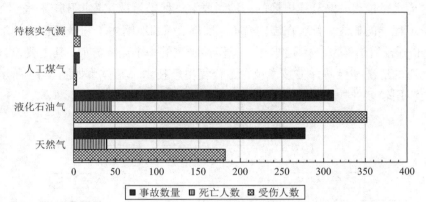

燃气类型	天然气	液化石油气	人工煤气	待核实气源
事故数量（起）	278	312	7	22
死亡人数（人）	40	45	3	5
受伤人数（人）	182	352	4	8

图1-12　2020年气源事故及人员伤亡数量

2021年6月13日6时30分许，湖北省十堰市张湾区艳湖社区菜市场发生"6·13"特大天然气爆炸事故（图1-13），造成26人死亡、138人受伤（其中37人重伤），初步分析事故发生原因为发生燃气泄漏的管道于2013年由水煤气置换为天然气，但由于水煤气腐蚀性较强，且管道敷设在河道内，又与污水管沟相邻，管道受到严重腐蚀，这可能是造成管道断裂的重要原因。

此外，2013年11月22日10时25分，位于山东省青岛经济技术开发区的中国石油化工股份有限公司管道储运分公司东黄输油管道泄漏原油进入市政排水暗渠，在形成密闭空间的暗渠内，油气积聚遇火花发生爆炸（图1-14），造成62人死亡、136人受伤，直接经济损失达7.5亿元。

图1-13　十堰"6·13"特大天然气爆炸事故

图1-14　山东省青岛市"11·22"中石化东黄输油管道泄漏爆炸

1.3 非开挖管道修复技术发展概述

1.3.1 非开挖管道修复技术的概念及作用

关于"非开挖技术"一词,国际上将其定义为利用微开挖或不开挖技术对地下管线、管道和地下电缆进行铺设、修复或更换的一门科学。马保松教授在《非开挖工程学》一书中提出了非开挖工程学的概念,首次在国内全面、准确、详细地阐述了非开挖技术的学科性质及研究范畴。非开挖管道修复技术是非开挖工程学研究的一个重要方向,其主要包含两方面的内容,即管道的清洗和检测评估技术及管道修复更新技术,其体系如图1-15所示。本节将介绍在国内应用较多的检测评估及管道非开挖修复更新技术。

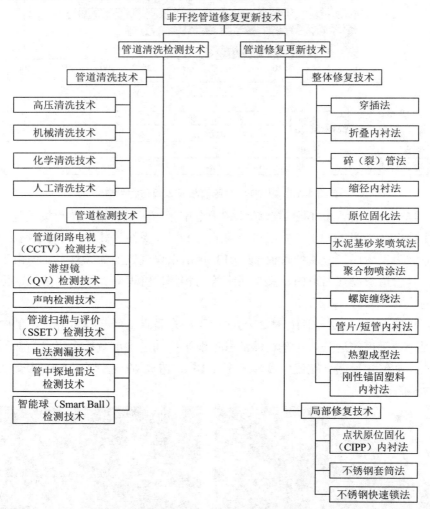

图1-15 非开挖管道修复技术框架示意图

非开挖管道修复技术倡导检测-评估-修复的管理模式,基本思想是要求对管道进行定期清洗、检测,查清管道内部的状况,并根据管道评估标准对其状况进行评估,根据评估结果制定处理方案,而非等到管道出现问题后再进行修复处理。此举措可确保管道始终处于良好的运行状态，杜绝事故的发生。因此，非开挖管道修复技术可以很好地解决现有管道中老化、腐蚀、渗漏、接口脱节、变形等问题，从而延长管道使用寿命，减少次生灾害的发生。

1.3.2　国际非开挖管道修复技术发展现状

非开挖管道修复技术最早在英国开始应用，主要包括管道内部检测技术、清洗技术和管道修复技术等。

管道内部检测技术一般分为管道闭路电视检测技术（Close Circuit Television，CCTV）、声呐与超声波检测技术、聚焦电极渗漏定位仪与扫描电镜检测技术、潜望镜（Quick View）检测技术、管道检测机器人与多重传感器技术。国际先进的检测技术主要有澳大利亚的管道检测快速评估技术（Pipeline Inspection Rapid Assessment Techniques，PIRAT）、德国的管道机器人检测系统 MAKRO（MAKRO 为检测机器人的名称）和多重传感器技术（Sewer Assessment with Multisensors，SAM）以及日本的管道扫描与评价技术（The Sewer Scanner and Evaluation Technology，SSET）。Balama 和 Pure Technology 公司共同开发的 P-wave®（Polar Wave）预应力混凝土管道（PCCP）检测技术，整合光纤监视系统、CCTV、声呐和超声波检测等技术于一体，以满足不同材质管道的检测。CCTV、声呐技术和激光技术等多种技术结合的多传感器机器人管道检测评价技术将成为该领域今后发展的主要方向。

非开挖管道修复使用的成品管材基本上都是聚乙烯（PE）和聚氯乙烯（PVC）材料，其表面光滑，可塑性强，便于管道的修复更换。穿插法、折叠内衬法、缩径内衬法、碎（裂）管法均使用该类管材，但非增强塑料管道在强化原有管道结构上效果并不明显。这种成品热塑性管在管道修复或者更换过程中需要开挖一定深度的工作坑，施工前需对管道进行连接，连接后管道的摆放对施工现场场地也有一定要求，这些问题限制了其在繁华城镇中的应用。

19 世纪 70 年代，英国工程师 Eric Wood 发明了 Insituform® 的管道修复方法，即原位固化法（Cured-in-Place Pipe）解决了上述问题，该工艺将浸渍热固性树脂的纤维或毛毡制成的软管在原管道中经循环热水或蒸汽固化，并与原管道形成管中管的结构，增强了原有管道的结构强度。目前该工艺已被广泛使用且发展较为成熟。

Vollmar Jonasson 将玻璃纤维编制成内衬管进行原位固化修复，该原位固化工法被称为 Inpipe®。Luke S. Lee and Michael Baumert 通过计算安全可靠度的方法对玻璃纤维增强材料管道修复后的长期性能进行了评估，评估结果表明玻璃纤维增强内衬材料修复管道后与用钢管进行修复管道后的质量和安全性相当。Inpipe® 内衬管是在拉入紫外光灯链产生的紫外光作用下固化，紫外光灯链的拉入速度可根据树脂的反射指数和软管材料的不同进行调整。紫外光发出能量的衰减速度与紫外光灯源与接收表面的距离的平方成正比，因此研发一种特殊的紫外光灯源的阵型对于大直径或非圆形管道的修复至关重要。

由于玻璃纤维增强的软管具有较高的力学性能，从而减小了内衬管的设计壁厚，同时增强了固化效果。Inpipe® 正式的商业应用是在 1985 年，最初在瑞士、挪威和丹麦被授权应用，到 1989 年该技术被推广到德国、澳大利亚，做到了每年达 32.2km 的施工业绩。

Brandenburger 公司在 1990 年进入污水管道修复市场，其通过对缠绕玻璃纤维软管以及对抗苯乙烯塑料膜间内衬的密封研发了无缝合内衬产品。该内衬产品的管径为 150~1118mm，内衬壁厚为 3~21mm，施工长度可达 135m，适用于圆形或蛋形管道的修复。紫外光灯（波长在 360~420nm）易于固化壁厚超过 3mm 的内衬，固化壁厚较大的内衬管时，往往在树脂中添加过氧化物。过氧化物在紫外光产生的热量作用下产生活性游离基，可确保内衬管的完全固化。该公司改进的紫外光固化装置 Bluetec^{TM}，固化 15cm 厚的内衬管 150m 仅需 1h。进行玻璃纤维内衬软管研发的还有 BKP Berolina、Impreg/Multiliner、Saertex 等多家公司。据统计，玻璃纤维内衬管在欧洲已占据 50% 的市场份额。因此用紫外光固化玻璃纤维增强的复合材料修复地下管道，在非开挖管道修复中具有广阔的发展前景，目前该项技术已引入国内。

在 1200mm 及以上的大口径排水管道的修复上，提高内衬材料的刚度，同时又能控制修复的成本是当前研究要解决的关键问题。螺旋缠绕法在修复大口径排水管道上较其他方式具有一定优势，其可以带水作业，有利于避免设置大流量截流旁路的要求以及开挖工作坑的麻烦。为了满足修复内衬材料对刚度的高要求，Rib Steel 技术通过在塑料型材外部增加不锈钢支撑来提高内衬管刚度，但也增加了产品成本。Rib Loc 是将钢材包裹在塑料内部以提高塑料刚度的技术，以该技术为基础的 Rib Line 技术是在螺旋缠绕法基础上用塑料型材在内部增加钢片，从而提高了内衬材料的刚度。目前，该项技术已在澳大利亚、德国和捷克推广应用，我国部分地区也在引进试用。

1.3.3 非开挖管道修复技术的应用前景

非开挖工程被联合国环境规划署（UNEP）批准为地下设施的环境友好技术（EST）。近 30 余年来，美、英、德、日等国政府以及许多高等院校、研究机构、企业也投入了大量的人力、物力研究开发这一新技术，取得了大量研究成果并逐步应用于工程实践中。由于该技术具有综合成本低、施工周期短、环境影响小、不影响交通、施工安全性好等优势，日益受到人们的青睐，在市政给排水管线、通信电缆、燃气管道、输油管道及电力电缆等地下管线工程施工中得到广泛应用。目前，非开挖管线工程技术已在西方发达国家成为一项政府支持、社会提倡和企业参与的新技术产业，在我国正以每年 40% 的速度增长，成为城市现代化进程中的一项关键技术。2008 年初，美国国家工程院把修复和改善城市基础设施列为 21 世纪工程学面临的十四项挑战之一。

目前，世界各国对非开挖工程技术有着巨大的需求。全世界每年约有 50 万 km 的地下管线（包括自来水管道、污水管道、燃气管道、通信电缆等）需要新建，总的资金投入大于 350 亿美元。美国需要修复的污水管道有 150 万 km，总的工程造价为 3300 亿美元，未来 20 年美国估算更换旧管道（主要为污水管道）就要花费 1 万亿美元，现已有 15 万 km 管道用非开挖修复，可再用 100 年。我国每年需新建 10 万 km 管道，达到使用年限的 30 万 km（尚未计天然气管道和煤气管道）市政管道急需修复或更新。我国香港地区计划在未来 20 年内每年用 5 亿港元进行修缮和更换管道。

在目前的城市地下基础设施错综复杂、城市交通十分繁忙、地下空间开发向纵深发展、日益重视城市环境和可持续发展的现状下,若使用传统的开挖法新建和维修更新地下管道,城市道路开膛破肚现象将经常发生,严重影响城市交通和周围居民生活。随着国家"十四五"规划低碳发展目标的提出,中国生态环境产业迈入减污降碳协同治理的新阶段,环保技术也将迎来新的变革。因此,在管道修复更新施工中尽可能地减少碳排放,是对相关产业提出的新要求,也是行业发展的趋势。

此外,为确保城市建设同时新铺道路不被开挖,各个城市都制定了相应的规定,如广州、昆明等城市明文规定新建道路五年内不准开挖,这也意味着,这期间如需铺设新管道或管道出现问题,非开挖工程技术将是唯一选择。

我国应用较成熟的非开挖排水管道修复工艺主要包括穿插法、原位固化法、碎(裂)管法、折叠内衬法、缩径内衬法、螺旋缠绕法、管片拼装法以及一些局部修复方法。

自 1971 年以来,全世界已经有 50000km 的管道采用原位固化法进行了修复。在最初的 20 年内,该项技术受大量的专利和应用许可的使用模式所保护,直到 20 世纪 90 年代,该项技术才作为一项新工艺和材料被介绍推广应用。我国原位固化法的引进使用也是始于这段时期。自 1998 年利用翻转内衬原位固化法修复 8300m 的管道实现该领域的突破以来,我国非开挖管道修复工程量逐年上升。以 2009 年为例,我国利用非开挖技术完成的管道更换和修复工程量长达 302.43km,比 2008 年的 229.4km 增加了 31.8%。2010 年,杭州市对 10.1km 的排污管道采用原位固化法进行修复,是国内首次大规模地使用该项技术。当前,我国原位固化法应用较多的是拉入式原位固化法,其在我国的应用也比较成熟。2008 年德国 Saertex 公司在中国东营和太仓建立公司,正式将紫外光固化玻璃纤维增强的内衬工艺引入到中国。江苏太仓市广州路直径 800mm 排水管道损坏,影响排污功能,2011 年 7 月 Saertex 公司使用该技术对该段排水管道进行了修复,取得良好效果。2021 年,福州市 DN1570 大管径紫外光固化排水管道修复工程的顺利完成,标志着这项技术近年来在我国排水管道修复中取得了优异的成绩,而且国内有多家企业已可以自主生产原位固化(CIPP)内衬软管和相关修复设备,满足了国内需求。目前,我国非开挖修复更新工程中,原位固化法、折叠内衬法、缩径内衬法、穿插法占的比重仍是最多,超过了 70%。

我国在非开挖管道修复更新标准建设方面已日趋完善,《城镇燃气管道非开挖修复更新工程技术规程》(CJJ/T 147—2010)、《城镇排水管道检测与评估技术规程》(CJJ 181—2012)、《城镇排水管道非开挖修复更新工程技术规程》(CJJ/T 210—2014)、《城镇给水管道非开挖修复更新工程技术规范》(CJJ/T 244—2016)、《非开挖修复用塑料管道 总则》(GB/T 37862—2019)、《地下无压排水管网非开挖修复用塑料管道系统 第 3 部分:紧密贴合内衬法》(GB/T 41666.3—2022)和《地下无压排水管网非开挖修复用塑料管道系统 第 4 部分:原位固化内衬法》(GB/T 41666.3—2023)等标准已经发布实施。浙江、上海、北京、广东等地针对地区应用较多的非开挖管道修复更新技术,都制定了相应的地方标准和计价依据,如浙江省的地方标准《翻转式原位固化法排水管道修复技术规程》(DB33/T 1076—2011)等。基于在技术标准建设上的努力取得的初步成果,我国非开挖管道修复更新技术的市场应用将更加规范,工程质量也将得到进一步的保障。

本章参考文献

[1] 马保松. 非开挖工程学[M]. 北京: 人民交通出版社, 2008.

[2] 高立新. 我国城市市政管网现状与发展趋势[C]//住房和城乡建设部科技发展促进中心. 第12届全国塑料管道生产和应用技术推广交流会论文集. 北京, 2010.

[3] 颜纯文. 我国非开挖行业现状与展望[C]//中国地质装备总公司. 2010全国探矿工程学术论坛论文集. 长春, 2010.

[4] 曾聪, 马保松. 非开挖管道更换和修复技术[J]. 非开挖技术, 2005, 22 (2): 130-134.

[5] 付汝龙. 基于超声法的排水管道检测系统的研究[D]. 沈阳: 沈阳工业大学, 2009.

[6] Eiswirth M, Frey C, Herbst J, et al. Sewer assessment by multi-sensor systems[C]//Proceedings of the 2nd World Water Congress of the International Water Association. 2001.

[7] Rome E, Surmann H, Streich H, et al. A custom IR scanner for landmark detection with the autonomous sewer robot MAKRO[C]//Proceedings of International Symposium of Intelligent Robotic Systems. 2001: 457-466.

[8] Lee L S, Estrada H, Baumert M. Time-dependent reliability analysis of FRP rehabilitated pipes[J]. Journal of Composites for Construction, 2010, 14(3): 272-279.

[9] Marsh G. Composites renovate deteriorating sewers[J]. Reinforced Plastics, 2004, 48(6): 20-24.

[10] Glock D. Überkritisches Verhalten eines Starr Ummantelten Kreisrohres bei Wasserdrunck von Aussen und Temperaturdehnung (Post-Critical Behavior of a Rigidly Encased Circular Pipe Subject to External Water Pressure and Thermal Extension)[J]. Der Stahlbau, 1977, 7: 212-217.

[11] Thepot O. A new design method for non-circular sewer linings[J]. Tunnelling and Underground Space Technology, 2000, 15(1): 25-41.

[12] 王磊. CIPP拉入内衬修复技术在大口径排水管道上的应用[C]//2014年非开挖技术会议论文集. 2014: 141-143, 166.

[13] 廖宝勇. 排水管道UV-CIPP非开挖修复技术研究[D]. 武汉: 中国地质大学, 2018.

[14] 中华人民共和国国家卫生健康委员会. 生活饮用水卫生标准: GB 5749—2022[S]. 北京: 中国标准出版社, 2022.

[15] 赵乐乐, 李星, 杨艳玲, 等. 南方某城市供水管网红水原因调查与研究[J]. 环境科学, 2011, 32(11): 3235-3239.

[16] 冯宇希, 范高哲, 张海亚. 南方某市供水管网水质问题区域水质特征解析[J]. 给水排水, 2018, 54(3): 111-116.

[17] 席继强. 排水管道非开挖修复塌陷土体预处理的研究[D]. 广州: 广东工业大学, 2018.

[18] 袁辉洲, 汪小雄, 袁佳佳. 南方某城市市政排水管道事故分析及预防措施研究[J]. 给水排水, 2021, 57(7): 112-116, 122.

[19] 李杨. 江门地区管道燃气安全管理现状与探讨[J]. 中国石油和化工标准与质量, 2019,

39(1): 87-88.

[20] 刘凯. 城市热力管道非开挖检测技术研究[D]. 南昌: 南昌航空大学, 2014.

[21] 贺超, 孟钦伟, 袁培骏, 等. 电法测漏定位仪在排水管网检测中的探索应用[J]. 市政技术, 2020, 38(4): 180-182, 188.

[22] 朴成刚, 王建玲, 徐伟, 等. 供热管网非开挖无损检测技术研究现状浅谈[J]. 区域供热, 2021(1): 93-97.

[23] 赵金辉. 燃气管道泄漏检测定位理论与实验研究[D]. 哈尔滨: 哈尔滨工业大学, 2010.

[24] 曹博宇. 城市燃气管网泄漏诊断及应急研究[D]. 北京: 北京建筑大学, 2018.

[25] 姜波, 朱军, 闫复生, 等. 直埋供热管道的安全风险及预防重点任务和措施[J]. 建设科技, 2015(1): 73-74.

第 2 章 管道病害类型及形成机理

地下管道建成使用过程中,由于受到连续或间断性的物理、化学、生物化学作用以及生物力的侵蚀,往往会产生不同程度的缺陷和病害。管道缺陷和病害类型主要包括管道渗漏、管流阻塞、管位偏移、机械磨损、管道腐蚀、管道变形、管道裂纹、管道破裂和管道坍塌等,下面将分类说明各种管道病害类型及其形成原因。

2.1 管道渗漏

2.1.1 管道渗漏的种类

管道渗漏即水很明显从管道外部或内部出入或者没有通过正规的管道渗漏测试。一般来说,渗漏通常发生在下列位置:

(1) 管接头(图 2-1)。
(2) 管道或管壁。
(3) 支管连接处(图 2-2)。
(4) 检查井以及污水管道系统和排水沟的建筑结构部分。

其他几种管道破坏情况,如管道裂纹,管道破碎,管道爆裂也都会引起漏水,但其严重程度取决于破坏的范围和发展程度。

图 2-1 管接头处漏水

图 2-2 支管连接处漏水

2.1.2 渗漏发生的原因

导致渗漏的原因有很多种,一般来说,有以下几个方面:

1) 未遵守相关的规范和标准要求

早期受当时技术状况的影响,管道材料和部件的选择主要考虑管道在使用过程中所受的应力和管道的实际使用状况,直至现在,该评定标准仍然没有改变。以密封材料为例,如早期管道铺设使用的密封材料如黏土、水泥砂浆以及沥青和密封圈,已经不能满足现在的工程要求,若不及时更换,则管道密封极有可能失效,最终导致渗漏。

在现代管道施工中,即使选用技术含量较高的材料和管道部件,也极有可能出现管道渗漏，其原因可能是材料选择错误、施工方法不当以及运行中出现的问题。

下文给出了一些典型的导致管道渗漏的示例。

（1）使用不合适的材料以及管道部件。

①没有考虑到或错误地估计管道内部和外部所受的应力，以及在使用过程中应力的变化。

②管道材料和管道部件安装固定之后两者间发生化学反应，即两者材料不匹配（例如在安装人造橡胶密封环使用不恰当的润滑剂）。

③密封介质中挥发性材料的流失，或者是黏合物流失到管内以及管线周边的土壤中（老化或脆化引起）。

④使用不稳定的密封材料。

⑤为了获得较好的可塑性并易于安装，使用过软的密封元件。

⑥使用尺寸不当的人工橡胶密封垫圈，由此在密封处产生了过大或者过小的反作用力。

⑦使用配合公差过大的管接头。

⑧使用没有完全硬化的混凝土管和钢筋混凝土管。

（2）使用有缺陷或损坏的管道部件。

①混凝土管在制作时混凝土发生分层离析且未充分压实。

②钢筋混凝土和素混凝土管材产生超过正常允许范围的收缩变形，最后产生裂纹。

③在钢筋混凝土管中，混凝土和钢筋没有充分地黏结在一起。例如，在钢筋混凝土内存在粗孔和气穴。

④受制作过程的影响，管道存在很高的内应力（未被检测出来）。

⑤管道的尺寸公差不合要求。

⑥在管道（浇铸管、钢管、塑料管）或橡胶密封垫圈内有因收缩而产生的孔穴。

⑦管道在安装、存放和运输的过程中发生损坏。

（3）管道施工质量不达标。

管道渗漏发生有很多原因，其中一个很重要的原因就是施工过程中没有严格地执行应该遵守的规范和技术标准。在很多情况下，排水管道同时作为雨水管道使用，即通常所说的雨污合流管道。在德国早期的雨污合流管道中，使用的是一种半弧形承插口的特殊管材（图2-3），该管材在端口处不使用密封垫圈。在19世纪，工程技术人员在修建管道时，经常会刻意关注工程中常犯的一些错误，以避免排水系统建成后发生渗漏。

图 2-3　半弧形接头的管材

1844年Hobrecht就提出很多人没有正确地理解下水管线与地下水之间的关系，某些工程师认为排水管道可以作为一种技术手段来降低地下水位，因而从来没有成功地安装过一套水密性较好的排水管道。

（4）管接头问题。

①密封垫圈安装不当（图2-4）。

②未选用合适的密封材料，例如：密封处过脏或插口区域预处理方式不当。

③密封材料和介质的实际工作温度与其所要求的不符,过高或过低都会影响其密封性能。

④管道所用的拱座位置不正确或没有使两管严格对中,使用不匹配的拱座也会产生这个问题。

⑤由于管道的凸出缘没有完全伸入另一管的承口或千斤顶的套筒中而导致密封失效。

⑥钢管的焊接不当,塑料管黏结剂失效。

⑦在顶管时,顶进力过大或顶进过程控制不当,如顶管速度过快,产生过大的偏心距导致管材的套筒、千斤顶顶管的垫圈和同轴度受到损坏。

⑧在顶管施工过程中,所选用的膨润土配置的泥浆(护壁、润滑)不合适,导致其产生过大的压力。

(5)连接部件问题。

①下水道系统和其建筑结构的连接过紧,缺乏可变形量,在检查井常会发生这种现象。

②污水支管连接不当。特别是在人员无法进入的管道内,很难在开始施工时精确控制支管尺寸,许多分支管道过去都是与以前填好的下水道相连。在这种情况下,不可能达到非常良好的水密性,迟早会发生渗漏,而且,其管接头也很难灵活安装。此外,管道应力和管道变形会导致管道产生裂纹,管道中使用的密封介质流失会导致漏水,以上两种作用会使排水管道受到比较严重的破坏(图2-5)。

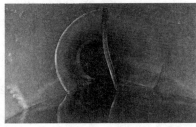

图2-4　密封垫圈安装不当　　图2-5　支管安装不当

(6)由于前期的清洁程序或选用的清洁设备不当,或者是施工人员进行了错误的操作,都会对连接部件造成损坏,例如,清洁设备在清洗过程中对管道造成的机械破坏。

2)由其他破坏引发的渗漏

以下几种情况通常也会引起管道渗漏:

(1)管位偏移。

(2)机械磨损。

(3)管道腐蚀。

(4)管道变形。

(5)管壁裂纹、管道破裂、管道垮塌。

以上五种类型的破坏在下文中会有详细的介绍。

2.1.3　管道渗漏引起的后果

排水管道系统和排水沟发生渗漏可能引起的管道破坏主要有污水溢出管道以及地下水和土颗粒进入管内。

1）污水溢出

在管道领域内有一个普遍认同的观点，在含有固体颗粒的污水中，渗漏不会发生，因为这些固体颗粒可以起到密封管道和堵塞渗漏处的作用。早期，有一种理论则认为，污水从管道渗出是废水处理的一种方法，这种污水对环境不会造成污染。上述观点的产生有其独特的原因，因为早期的城市排水管道部分区段常会发生渗漏，而当时的观点认为土壤自身有着很强的清洁和吸收能力，所以人们认为渗漏不会造成环境污染。在过去的几十年内，下水道系统的功能和性质发生了较大的变化，但这种看法一直没有变，该看法的正确性也没有被人们认真地探讨过。

直至今日，排水管道的渗漏问题仍未引起足够的重视，上文提及的认为渗漏是一种废水弃置方法的理论就是一个主要的原因。此外，该理论对排水管道各方面处理都产生了负面的影响，导致各种处理标准降低。

（1）到现在为止，也没有完整全面的数据来统计排水管道系统的漏失量。归其原因，很难准确、定量地调查或统计以下几个方面：

①溢出的深度或者是压力的大小。
②管线的水力学性能。
③污水的特性。
④管道破坏的程度和范围。
⑤管道地下的地质条件和水文条件。

管道渗漏有两种方式，即管内的污水溢出管外和管外的地下水进入管内。具体会发生哪种情况，主要取决于下水管线和地下水之间的高程关系，管接头处的渗漏类型见表 2-1。

管接头处污水内渗和外渗状况示意图 表 2-1

管道类型	重力管道	压力管道	处在真空状态下的管道
外渗	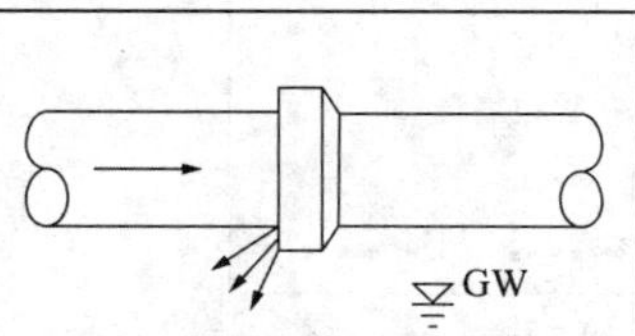 GW	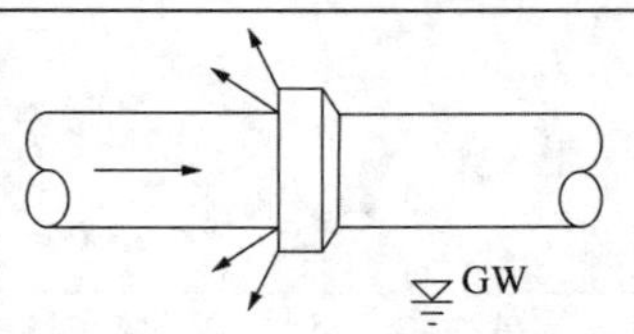 GW	管道失效
外渗	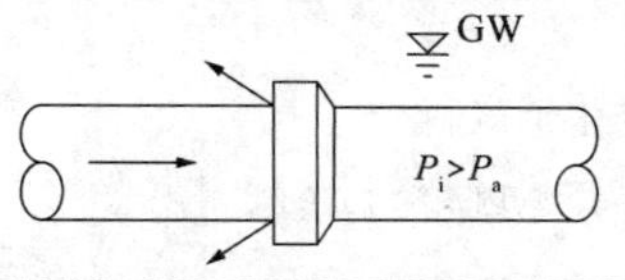 $P_i > P_a$ GW	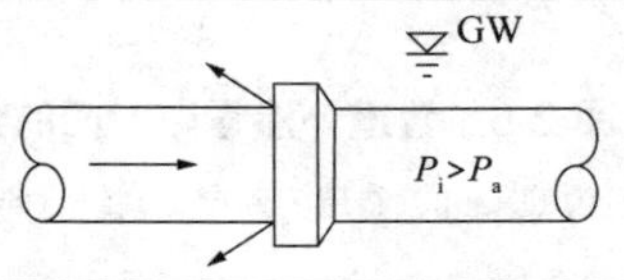 $P_i > P_a$ GW	管道失效 $P_i > P_a$
内渗	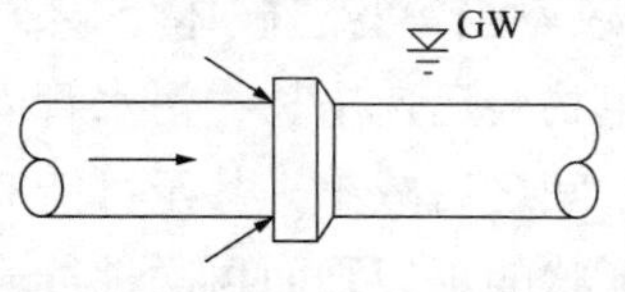 GW	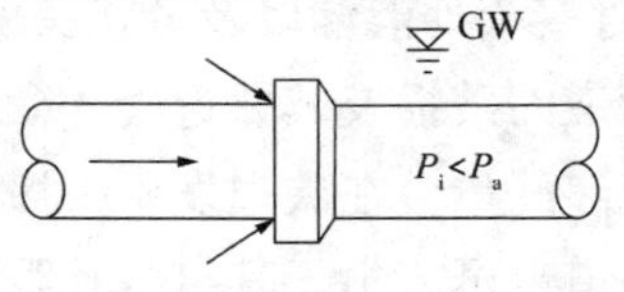 GW $P_i < P_a$	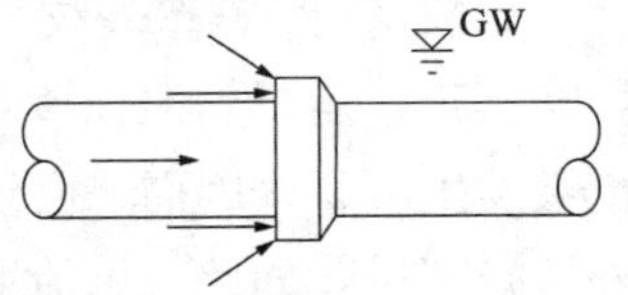 GW

注：泄漏仅发生在管道接头处。表中 GW 为地下水位，P_i 为管内压力，P_a 为管外压力。

对于压力管道，只要发生管道破坏，就必须立即考虑管内流体溢出的问题。在压力较小的管道内，流体渗漏通常会在管内阻塞、管流不畅的情况下发生。

（2）重力流管道通常在以下情况会发生渗漏：

①破损区域在排水管道的过水处或横断面上，并且管道部分或完全位于地下水位上端。

②管道内部的压力过载，管内压力远大于管外的压力。

对于管道上某一具体破损点的渗漏，以及渗漏会引起多大范围的土壤环境条件的改变，都与该管道周围的地下情况密切相关。因此，管线渗漏探查的目的就是对排水管道的外渗情况做出定量判断并且尽可能地预测其发展趋势。渗漏量测量通常选取典型的已破坏而且正在运行的重力管道，测量流体渗漏的体积，即可得出所需结果。管道外渗所影响的土体范围有时会非常大。在有裂纹有断裂的管道，以及管接头和管道承插口处发生的渗漏，可以测量出大致结果，若发生管壁裂纹破坏，其渗漏量为 $10 \sim 130 L/(h \cdot m)$；若管道承插口处发生破坏，其渗漏量为 $30 \sim 100 L/(h \cdot m)$。

研究表明，即使是在非常稳定的条件下，水和其他固体颗粒在有缺陷的下水管内的运动也不是一成不变的。对于渗漏问题，有一个现象非常重要，即排水管道的破损处在渗漏开始数小时或数天后达到一个平衡。达到平衡后，管道周围会形成比较稳定的湿土区，并建立了固定的渗流孔隙和渗流通道。此外，平衡之后，如果管道使用稳定，内外情况没有发生变化，则渗流量呈缓慢减少的趋势。但当管道内部的排放波动强烈，表层水剧烈扰动以及受到机械力的作用时（如用水做介质进行高压清管和做管道渗漏测试），渗漏处建立的平衡会立即发生破坏，破坏之后过一定时间虽然会再次达到新的渗漏平衡，但是渗漏量已经比原来大为增加，渗漏量随时间变化的具体过程见图 2-6。

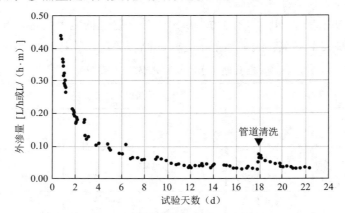

图 2-6　管道外渗量随时间的变化示意图

注：该管道为 DN300，垫层为砂层，裂纹宽 4mm，管内水深 75mm。

一般来讲，管壁裂纹、管接头处渗漏以及分接头安装不当等管道破坏会导致管道渗漏，影响其正常运行。但在该管道的破损及其邻近处，微生物会迅速增长，污水管内固体颗粒也会发生沉积，因而，管道渗漏量会在破损发生一段时间之后减小，甚至可能完全停止向外渗漏。尽管如此，渗流通道也可能由于其自身孔隙形状的不规则而再次被冲开。在土体孔隙度较大或管道破损较严重的情况下，渗漏一定会发生，只是大小有所不同。

试验研究表明，管道上层土体和基层材料的黏聚性对管道外渗的影响非常大。当自封管道处于非黏土以及泥土中时，管道发生的渗漏要大于其在黏土层中的渗漏量。

（3）如渗漏了未经处理的废水，则会对周围的土壤环境造成污染，该渗漏是否会引起地下水的污染，取决于以下一些条件：

①渗流通道的延伸长度。

②微生物在土体中的增殖程度以及污水中含有的物质自我净化的状况。

③土体的过滤效应。

在调查渗漏污水对周围土体的污染状况时，不同的国家使用的评定标准不一样，德国通常选取表2-2的相关参数作为考虑因素。

调查污水对土体的污染时参数   表2-2

	电导率	电导率（L_F）
提取液	有机碳的总量	总有机碳/溶解有机碳（TOC/DOC）
	阳离子	NH_4^+
	土中的碱金属离子	K^+
		Mg^{2+}
固体物	重金属离子	Pb^{2+}
		Cu^{2+}
		Zn^{2+}

2）地下水和土颗粒进入管内

如果发生渗漏的重力流管道、雨水管道结构以及排水管道系统长期或临时处于地下水位以下，则地下水就会渗入管内，与此同时，土颗粒也会被水冲刷并流入管内。

水从管道外部渗入，构成了管内污水的一部分，最后被一起处理掉。外部进入的水不论在污水管道还是雨水管道中，都不是管道正常运行应有的状况。1979年，德国第一次对水体渗入情况大面积进行综合调查，当时共调查了250条排水管道。其中，外部进入的水在废水中的含量平均为55%，只有33%的管道该比例在25%以下，而接近25%的管道该比例达到了100%。当时，德国汉堡有750,000居民使用了下水道，下水管线系统每天的排放量是75000m³，而同期在旧城区内每天涌入的外部水总量为75000m³。在某些情况下，排水管道的外部水进入管内的比例可达到300%～400%。

2.2 管流阻塞

2.2.1 阻塞描述

管流阻塞即固体物或其他材料堆积在管道的横断面内，使得管道内污水的流动不能顺畅进行，必须绕过或通过阻碍物才能继续流动。严格来说，管道的一些部件如变径接头、节流阀以及背压阀片产生的阻流作用不看作管流阻塞，因为以上作用不会导致管道发生破坏。以下是常见的一些管道阻塞情况：

（1）坚硬的沉积物。

（2）管壁结垢。

（3）管内凸出的阻塞物。

（4）管内进入树根。

2.2.2 阻塞产生的原因

管道阻塞产生的原因有以下几种：

（1）管道的设计和施工没有严格执行相关规范和技术标准。

（2）设计不当（如坡度设计不合理）。

（3）施工方法不当。

（4）使用前没有对管道进行彻底的清洗。

（5）沉淀物凸出增长或管内有容易胶结的物质。

（6）管道使用的垫圈和管接头没有防护性（如防树根侵入）。

（7）由于管道渗漏引起。

下文将对以上部分原因做出详细说明。

1）管内沉积物

管内的沉积物主要是指在重力作用下沉淀下来的物质（图2-7、图2-8）。

图2-7　污水管道中的坚硬沉积物　　图2-8　管内沉积引起的管道阻塞

（1）如果沉淀物不定期清理，则随着时间的增长以及自生的特殊结构，沉积物将在某处固定、结块。在排水管道系统中，以下几种流体可以产生沉积物：

①生活废水和工业废水。

②表层水。

③渗入管道内的地下水。

（2）以上流体中都含有截然不同的可以导致沉积产生的物质。只有当管内流体的流速低于特定速度时，固体颗粒才会发生沉积。沉积物的产生还取决于以下几个参数：

①管道直径。

②管道充满程度。

③管道运行环境的恶劣程度。

④流体携带的矿物颗粒的平均直径。

⑤管道的坡度。

（3）大量的土体颗粒和其他材料进入了排水管道，要么被水流推动一直向管道下游运动，要么就停留在一个位置。一般情况下，若管道内某处有阻塞物沉积，则其后极有可能有大片的沉积区域。产生该问题的主要原因为：

①管道内部不平滑。例如，由于生锈，腐蚀，磨损，管接头部位被挤出的密封垫圈、

管道拱底不平。

②管内脱落下来的各种碎片，如管壁上、污水管瓦以及管道接缝处的砂浆块。

③从检查井内掉落的各种物件及材料（图2-9）。

④邻近施工场所的混凝土块、砂浆、水泥等进入了管道。

2）突出的阻流块

图2-9　物块掉入管内引起的阻塞

管内突出阻流块大致有以下几种：进入或穿过管道的杆件、锚杆、钻孔，以及在管道运行时修建其他设施产生的凸出块。最常见的阻流块有分支管处产生的阻流块，主管道内多个支管接口突出，管接头突出（图2-10），管内穿过其他管线（图2-11）等。阻流物常常通过检查井和排水管道开口处进入地下管道。

 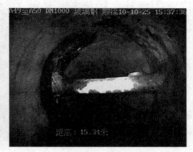

图2-10　支管连接处突入管道　　图2-11　管内穿过其他管线

由于生活生产需要，各种侧管、支管会不断补充连接进入主管道，如果由非专业的人员安装或安装过程不规范，则可能会发生一定程度的侧管突起，最后成为管线中的阻流块。同时，管线连接不当还有可能导致支管在建好之后缓慢地滑入主管。例如，由于回填管道时产生的影响以及交通和地面各种运动产生的动荷载（煤矿沉降区）作用等。

由于分支管线数量巨大，该种形式的破坏非常常见，特别在市中心区，分支管之间的距离在1~1.5m的数量众多。在人无法进入检修的管线内，由于很长时间无法对其实施有效控制，因而更易产生阻流块。

3）树根侵入管道

在20世纪50年代，管线防护树根侵入就得到相当多的重视，并且在当时形成了技术标准。如使用有防护性能的管道材料、密封介质以及密封圈，同时在连接处使用一体式管接头，即便如此，在下水管线系统中，树根侵入现象（图2-12）还是经常发生，树根侵入是仅次于管道阻流块的一种阻流形式。

图2-12　管接头处树根侵入

当管线的高程长期或有部分时间位于地下水以上时，树根侵入管道现象就会发生。此外，在某些情况下，土体中的水分被管线上方的树和灌木丛所吸收，故管线所处的土体中含水率较少，非常适宜植物生长，也会产生树根现象。

管道渗漏会导致管周的土壤湿度很不均匀,在这种情况下,有向水性的微生物就会受到刺激,趋向于朝湿度大的地方生长。该种微生物非常小,可以通过管壁微小的裂缝、小孔以及渗漏处最终到达管内,这种类型的树根侵入会延续数米,最终将管道完全堵塞。树根侵入还会导致管位偏移和管壁破裂。

上文已提过,树根侵入可以预防,一般情况下,可以使用有树根侵入防护作用的管道材料,密封垫圈,但这种方法还不能彻底阻止树根进入管内。在管道设计应注意管道与地表植物间应保持一个合理的距离,不得过近;在施工中,可以在树根侵入易发地段的管道上,加保护外套管,即双层管,或者是在管道外表面加防护涂层。虽然增加了工程造价,但从管道的长期使用来考虑,该措施还是相当必要的。

2.2.3 阻塞引起的后果

(1)管道内的阻流块会影响管道的正常运行,产生以下不利影响:
①水力性能降低,过流能力减小。
②管道堵塞。
③增加了管道维护费用。

(2)此外,管内沉积会产生以下问题:
①沉积物减小了部分管段的管径,减小了管道的正常使用体积。
②在强降雨时,沉积物被进入排水管道的雨水冲刷,并发生脱落,雨水溢出后沉积物随之带出,污染了地表水。
③沉积物转化成厌氧性的污垢并产生臭气和其他有害气体。在微生物作用引起的硫酸腐蚀(BSC)的作用下,管道破坏会加剧,水泥管壁会产生破裂。

除了管内阻流块影响管线正常运行外,树根侵入还会增大管道渗漏量以及引起管壁破裂。同时,由于管内产生沉积物,因而管内水位抬升,增大了管道渗漏发生的可能性。

2.3 管位偏移

(1)管位偏移即管道与设计的位置存在偏差或施工时在特定的条件下产生的非特定偏移。在排水管道系统中,管位偏移有以下几种:
①垂向偏移。
②横向偏移。
③纵向偏移。

(2)管道错位不可能完全消除,只要不超出管道建设方面相关的规范、标准或者是施工合同中规定的偏差值,该偏移就为正常偏移,不会影响管道的正常使用和维护。在管道施工规范及标准中,具体的偏差种类和偏差值都会有详细的说明。具体来讲包括以下几种:
①由于温度变化,材料发生热胀冷缩引起的纵向偏移。
②轴向偏移。
③由于重力作用而产生的垂直方向(垂直于管道轴向)的偏移。

对于新铺设的管线,有其对应的偏差容许值。由于确定该值时选用的是当前工程中普遍使用的材料，而早期铺设的管线原材料、密封材料和密封介质都与现在使用的有很大的差异，故该值不能用于评价铺设时间较长管线的管位偏移值。

（3）产生管道偏移的原因通常有以下几种：
①管线设计不合理，施工方式不当。
②管线周围水文地质条件的改变。
③地面荷载的变化和波动。
④管线自然沉降。
⑤地震破坏产生的塌陷。
⑥管线渗漏。

管道错位是地下管线系统中较为严重的问题，不同的偏移方式会产生不同的使用影响。偏移产生的后果取决于管道的类型（压力管道还是重力管道）、管道土体结构（柔性结构还是非柔性结构）和管接头的类型（刚性、半刚性、柔性）等。

（4）受管位偏移及其发展趋势的影响，常见的破坏后果有以下几种：
①管接头开裂、破损。
②管线的坡度反向变化而导致管线排水功能失效。
③管线维护成本增加。
④管道渗漏。
⑤管壁裂纹。
⑥管道破裂。

2.4　机械磨损

在管道系统中，机械力磨损即管壁受到外力作用，如管道与砂土等固体颗粒、流体介质以及气体产生的相对摩擦等，造成管壁材料的脱落，这种现象称为管道机械力磨损。

在下水管线系统中，磨损常发生在过水的管道内壁，而管道内底则由于长期受到冲刷作用，故为磨损发生的主要区域。通常是通过测量磨损区域管壁在一定时间内的厚度变化来估算管道的磨损率，磨损率有绝对磨损率和相对磨损率之分。

砂粒与其他介质（气、液、固体）发生接触以及相对运动而产生的作用与砂粒表面的力即为摩擦力。表 2-3 列出了下水管线在运行过程中，可能发生的摩擦应力的种类。在进行管道清理维护时，也会产生管道机械力磨损。

地下管道所受的摩擦应力一览表　　　　表 2-3

序号	类型	摩擦应力	磨损类型	机理描述
1	带颗粒的管流	普通流	冲刷腐蚀	活性介质引起的管壁表面材料脱落，呈槽形或波浪形

续上表

序号	类型	摩擦应力	磨损类型	机理描述
2	普通管流	冲击流	冲击剥蚀	管壁表面受到水流的剧烈冲捣，材料脱落
3		波动流	空腔腐蚀	空腔腐蚀中的微喷射作用引起的材料脱落
4		普通流	冲刷腐蚀	管流冲刷引起的材料脱落

注：α 为管内流体与管壁的夹角。

1）冲刷磨损

在给排水系统输水的过程中，水中可能含有砂粒、小砾石、其他固体物和织物等，在这些固体物随水运动的过程中，管内就可能会发生磨损。目前研究认为，磨损情况取决于：

（1）管道材料（图 2-13）。

（2）管道直径。

（3）管道所受应力和膨胀状况。

（4）含砂粒的水的密度。

（5）砂粒冲刷管壁时冲击的角度。

（6）砂粒的类型和大小。

（7）水流速度。

（8）水流类型（层流还是湍流）。

（9）含砂粒的水的温度。

（10）污水的化学性质。

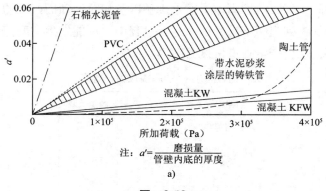

注：$a' = \dfrac{磨损量}{管壁内底的厚度}$

a)

图 2-13

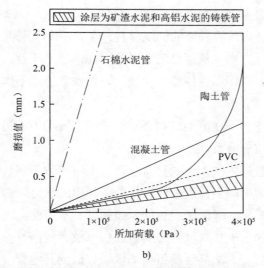

图 2-13　各种管道材料的磨损量与所加负载的关系
注：①材料磨损为管壁厚的比例值；②材料磨损单位以 mm 表示。

当水流速度为 6～8m/s 时，通过选择合理的管线材料，可以减少水中颗粒对管道的磨损。

2）空穴气蚀

当水流以较高的速度通过管道时，管壁上处于过水面上的任何的不平滑（如管壁上因磨损产生的小坑）的地方都会引起该处水压力的变化，当该压力降低到水的汽化压力以下时，就会形成水蒸气气泡。而在该低压区之后很近的管壁处，先前形成的气泡会聚集，破裂，之后向内炸开。在这个过程中，气泡的爆炸产生的极高流速的微流体喷射作用对该区域的冲击力非常大，当击打在管壁的表面时，会产生点状腐蚀，同时也会导致管壁表面其他空穴的产生以及水压力的降低。

（1）空穴气蚀的形成以及其磨损的表现形式取决于以下几点：

①水流的速度。

②过水断面的几何形状。

③材料的性能。

（2）管道空穴腐蚀的程度与以下几点关系较大：

①管壁抗压强度。

②管道的弯曲强度。

③管道的弹性模量。

④填充材料和黏结剂（基料）之间的黏聚性。

（3）当过水量增加、表面比较粗糙、脆性较大时，空穴腐蚀的破坏程度会加重。排水管道系统中，易发生损坏的区域还有：

①检查井的垂直表面。

②边缘不光滑的部件。

③管道挠曲的部分。

④下水道系统中水流速度较高的管段。

在下水管线系统中，如采用较好的管线材料，水流速度上限可达到 8m/s。如果采取合理的措施来预防空穴腐蚀，则水流速度最大可达 12m/s。由于空穴腐蚀的微喷射作用破坏力极大，如果不加处理，则将腐蚀掉整个管线，硬铸铁管道也不例外。

3）管液侵蚀

管液侵蚀，即管液（水）在流动时对下水管线的一种动力冲击作用，其破坏作用仅次于携带砂粒的管液对管道的磨损。

机械磨损直接造成管道内壁表面的材料脱落，同时导致下列后果：

（1）增加了管壁内表面的粗糙度，直接降低了管道的水力效力和过水能力。

（2）减小了管壁的厚度，降低了管道的承压强度和水密性。

在管道内，管液侵蚀会损坏管壁的防腐蚀涂层以及管线修复后管内的内衬管。管液侵蚀和使用不合理的管线清洗方法都会使得损坏区域扩散到其他管段。相比之下，空穴气蚀只会造成管线的局部破坏。

2.5 管道腐蚀

2.5.1 管道腐蚀现象的描述

腐蚀可以理解为材料在其所处的环境中发生的一种化学反应，该反应会造成管道材料的流失并导致管线部件甚至整个管线系统失效。在管线系统中，腐蚀是基于特定的管线环境，在管线系统所有的金属和非金属材料中发生的化学反应、电化学反应和微生物的侵蚀，该反应导致管线结构和其他材料的流失和损坏。除了腐蚀作用对材料的直接破坏外，由腐蚀产物所引起的管道损坏也可视为腐蚀破坏。管道腐蚀是否扩散，扩散范围的大小主要取决于腐蚀介质的侵蚀力以及现有管道材料的耐腐蚀性能。

温度、腐蚀介质的浓度以及应力状况影响管道腐蚀的程度。实践证明，在管线系统中使用以下材料易发生腐蚀：

（1）含水泥的材料（混凝土、石棉水泥、水泥纤维、水泥砂浆等）。

（2）金属材料（钢铁、铸铁等）。

通常，若制造过程中不使用氢氟酸，那么经过玻璃化的陶管和污水管使用的瓷砖则具有抗腐蚀性，而由塑料制成的管材通常耐腐蚀性较差。以上材料的耐腐蚀性能很大程度上受温度、腐蚀介质浓度以及应力状况的影响。

PVC 和 HDPE 管不能完全抵抗氯化烃（CHC）和芳香烃（AHC）的腐蚀，在 CHC 和 AHC 的作用下，塑料管材就会溶化、起泡并逐渐被 CHC 渗过而成为多孔介质。此外，在附加的机械应力和热胀冷缩的作用下，塑料管材可能会发生应力腐蚀而导致开裂。污水管道系统中非合金或低合金金属材料应做管内管外的防腐蚀处理。通常，可以通过不同的工程措施给管材加上防腐蚀涂层，防腐蚀效果非常显著。但是，保护是相对的，一旦防护涂层遭到破坏，任何管线都会很快发生腐蚀。

管道的腐蚀种类和具体表现形式可分为以下两大类。

1）不受机械应力的管道腐蚀

（1）均匀的管道表面腐蚀（管道表面的材料脱落速率一致）。

（2）槽状腐蚀（管道局部的腐蚀速率不一致，材料脱落的速率也就不同）。

（3）孔状腐蚀（即管壁被蚀穿，有各种形状，如弧坑状以及不规则小坑）。

（4）裂纹腐蚀（在管壁裂纹中，腐蚀速度有增加的趋势）。

（5）接触产生的腐蚀（电化学腐蚀）。

2）有机械应力的管道腐蚀

（1）有应力存在的管壁裂纹腐蚀（即会形成不可变形的裂纹，而且现场无法发现腐蚀产物）。

（2）螺旋状裂纹腐蚀（形成不可变形的裂纹）。

（3）侵蚀腐蚀（即机械力表面磨损和防腐蚀涂层损坏引起的管道腐蚀共同作用的结果）。

金属材料腐蚀的原因和形式非常之多，目前有专门的文献对其进行了详尽且全面的叙述。

2.5.2 材料不相容造成的腐蚀

该种类型的腐蚀主要由以下材料的化学性质不相容引起：

（1）管材与填料。

（2）管道部件、管材与管线所使用的密封材料或密封垫圈。

以上腐蚀仅发生于管道接头部位或管道连接到其他设施的过渡区。材料不相容引起的腐蚀极易导致管道渗漏和降低管道承压强度。但只要在工程建设中严格选取材料，并且管道建成后各种材料在嵌固的情况下不发生永久性的改变，就可以避免这种腐蚀。

在陶土管以及素混凝土、钢筋混凝土、石棉水泥、水泥纤维、钢、铸铁等材料制成的管线中，任意两者之间一般不会发生材料不相容引起的腐蚀。从工程中得出的经验来看，PVC-U 的管材和管中使用的密封环之间的交互作用较为严重，高弹性塑料、芳香族软化剂以及其中的混合成分，对 PVC 管造成的腐蚀作用很大。目前可以通过一定管材制作工艺来解决该问题。对于其他类型的塑料管材，该方法也同样适用。

2.5.3 水泥管道的腐蚀

水泥材料制成的管道，其腐蚀情况可分为管道外壁腐蚀和管道内壁腐蚀两种。

在管道的局部区域，两种形式的腐蚀都可能发生，之后腐蚀可以扩散到本管段的其他部位甚至整条下水管线（图2-14、图2-15）。其中，同一管线位置横断面的不同位置腐蚀的程度也有所不同。

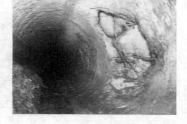

图 2-14　表面剥落显露粗骨料或钢筋　　图 2-15　粗骨料或钢筋完全显露

以下为外壁腐蚀和内壁腐蚀两种情况描述：

1）外壁腐蚀

（1）水泥类材料制成的管线发生外壁腐蚀的原因有以下几种：

①没有严格执行相应的技术规范（如混凝土不合格）。

②土壤和地表水中含有侵蚀性的物质。

③管道防护措施不当或防护涂层损坏。

土壤和地表水侵蚀管线。天然土壤是由岩石经过风化作用而形成的。土壤由风化作用形成的四种产物（砂、黏土、石灰石、腐殖质）组成。从化学的角度来讲，土壤是由大量的化学物质混合而成的，其中有氧、硅、铝、铁、硅酸、碳酸钙、碳酸镁、氯化物、硫酸盐等组成。以上化学物质很多都溶解于水中或分散于土壤中，因而会对埋设于土层下的管线造成腐蚀，腐蚀的类型和程度取决于土壤和水中化学成分的种类和浓度。

在一定的温度下，经过一定的时间，土壤中的化学物质对管线产生了持续腐蚀，而腐蚀的程度主要取决于土壤中水的组成成分。

（2）对于受地下水影响的土壤，地下水的流动会加速腐蚀的过程，化学反应之后的产物会被地下水冲走。在该反应中，土壤中本身含有的化学物质并不是最主要的，流过土壤的地下水带来的某些物质是参与外壁腐蚀的主要化学物质。简单地讲，对混凝土以及水泥材料制成的地下管线产生化学腐蚀作用的材料可分为以下两种：

①该材料溶解了硬化后的混凝土，导致混凝土管道管壁材料流失，管壁变薄。

②该材料使得混凝土管外壁膨胀，同时导致土层隆起，变得更加松散。

第一种化学侵蚀是由酸腐蚀引起的，若水中含有某些盐类、碱性物质、有机脂肪则容易发生腐蚀，从另一个角度来讲，软水中易发生该类腐蚀。其中，钙离子、硅离子、铝离子和铁离子都从各自的盐类中分解出来，同氢氧化钙[$Ca(OH)_2$]中释放的钙离子发生交换，发生侵蚀。如溶剂（水）中含有石灰石和白云石等成分，则侵蚀就必然会发生。图2-16为混凝土污水管道被酸腐蚀后的典型外观。

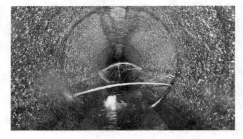

图2-16　混凝土污水管道被酸腐蚀

第二种侵蚀的作用机理与第一种完全不同，溶解于水中的硫酸盐、铝酸盐水合物以及水泥中氢氧化钙发生反应，最后产生了体积较大的结晶物。结晶物产生后会在结晶的管线处产生膨胀力，在特定情况下，管线会被压断。常见的结晶物为钙矾石。

德国规范DIN 4030中，给出了地下水侵蚀水泥管材的各种参数值，见表2-4。

常见水体对管材的腐蚀度　　　　表2-4

化学特征	腐蚀度		
	弱腐蚀	强腐蚀	极强腐蚀
pH值	6.5～5.5	<5.5～4.5	<4.5
CO_2（mg/L）	15～40	>40～100	>100
NH_4^+（mg/L）	16～30	>30～60	>60

续上表

化学特征	腐蚀度		
	弱腐蚀	强腐蚀	极强腐蚀
Mg^{2+}（mg/L）	300～1000	>1000～3000	>3000
SO_4^{2-}（mg/L）	200～600	>600～3000	>3000

注：若每升水中硫酸根离子的含量超过600mg（海水除外），必须使用高性能的耐硫酸盐（HS）水泥。

目前，没有对发生侵蚀的混合物的数量和类型做详细的预测，在DIN 4030中仅仅介绍了发生侵蚀的最常见的地下水中所含反应物质的种类和浓度。表2-4用弱、强、极强来表示水体的侵蚀程度，在侵蚀度为最强的情况下，管线外壁应采取防护措施。

（3）人们在生活和生产常常会用到有侵蚀性的化学剂。其中，有些化学剂的腐蚀作用非常强，使用过后，可能流入地下水或土壤中，从而对地下管线造成破坏。关于这个问题，下文做特别叙述。常见的有腐蚀性的侵蚀剂有以下几种：

①洗车时用的清洁剂。
②汽油和机油。
③氯化烃类。
④垃圾堆和废物堆中渗出的液体。
⑤未正确地存储、处理和弃置化学物质（如工厂将未处理废水直接排放）。
⑥从破损的污水管线中渗出的污水。
⑦除草剂。
⑧人的排泄物。
⑨溶化了的盐类。

如果初步判定以上几种化学物质可能存在于修建管线的线路上，或直接就可以确定地下有以上物质存在，则必须对该区域进行一个专门的勘查，若结果不是很理想，则需要采取一定的防护措施。

在未受地下水影响的土壤中，腐蚀程度由土壤的组成、含水率以及储水能力决定，同时，降雨量和降雨的时间分布也会对该过程产生影响。若土壤的孔隙度以及含水率降低，则腐蚀作用也会随之减弱，只有土壤中的水量充足，腐蚀过程才会发生并加剧。管线发生腐蚀后，腐蚀产物不会被地下水带走，而是覆盖在管线外壁上，阻止了管线继续腐蚀，即该类土壤可以缓冲化学物质对管线的进一步腐蚀。

在表2-5中，给出了土体中管材发生腐蚀的相关参数的限定值。

土体中管材发生腐蚀的相关参数 表2-5

类别	腐蚀度	
	弱腐蚀	强腐蚀
风干土体的酸剂含量（mg/kg）	>200	—
风干土体的硫酸根离子含量（mg/kg）	2000～5000	>5000

注：若每千克风干土体中硫酸根离子含量超过3000mg，必须使用高性能的耐硫酸盐（HS）水泥。

2）内部腐蚀

（1）内部腐蚀一般有以下原因：

①没有严格遵守管线建设的相关的标准和规范。

②没有严格遵守标准和规范中所标示的相关参数值（如混凝土不合要求）。

③正常运行的管道内进入了其他物质（如某些化学剂），发生反应之后，使得管线的污水具有腐蚀性。

④生物酸以及其他对酸性敏感的材料（微生物作用）对管线的腐蚀。

⑤未对管道进行腐蚀防护、防护方法不当或防腐蚀保护层被破坏。

（2）内部腐蚀包括化学腐蚀和微生物腐蚀两种：

①化学腐蚀

污水中含有的侵蚀剂以及污水在流动中发生了其他化学反应而生成的腐蚀剂都可以引起管道内壁腐蚀。如果管内侵蚀剂浓度较大，污水的pH值较低，流体的流速缓慢，流体流经的管线较长，高温以及细菌作用等都会加剧管道内壁的腐蚀程度。

表2-6中列出了1998年以后由城市污水引起的水泥类管线腐蚀的相关参数值。在实际情况中，城市污水的腐蚀情况中没有持续应力的作用，因而与DIN 4032中规定的略有不同。如果严格按DIN 4032中的指标来计算，则市政污水管线的使用寿命为50～80年，在某些情况下甚至可能突破100年。

污水对水泥管的腐蚀类型及腐蚀度　　　　表2-6

类型	腐蚀物	水体性质 （pH值为6.5～10）	长期	间断[①]	短期[②]	管材性质
溶浸溶解	软水	未知	—	—	—	
酸蚀溶解	无机酸 （硫酸、盐酸、硝酸）	—	pH≥6.5	pH≥5.5	pH≥4.0	$w/c \leqslant 0.50$[③]且水体渗入深度≤3cm
酸蚀溶解	有机酸	—	pH≥6.5	pH≥6.0	pH≥4.0	$w/c \leqslant 0.50$[③]且水体渗入深度≤3cm
酸蚀溶解	碳酸	CO_2<10mg/L[④]	≤15mg/L	≤25mg/L	≤100mg/L	$w/c \leqslant 0.50$[③]且水体渗入深度≤3cm
交换反应	镁离子	Mg^{2+}<100mg/L	≤1000mg/L	≤3000mg/L	—	耐硫酸盐水泥
交换反应	氨	NH_4^+<100mg/L	≤300mg/L	≤1000mg/L	—	耐硫酸盐水泥
HS腐蚀	硫酸根离子	SO_4^{2-}<250mg/L	≤600mg/L	≤1000mg/L	—	普通水泥
HS腐蚀	硫酸根离子	SO_4^{2-}<250mg/L	<3000mg/L	≤5000mg/L	—	普通水泥

注：①时间持续最长可以达到10年。
　　②间歇性的出现，最多每周一小时。
　　③耐化学腐蚀的混凝土成分较为特殊，且其水灰比（w/c）较低。
　　④一般的市政污水中CO_2的含量达不到该值，只有含碳酸较多的地下水才可能达到该值。

定期保养和清洗管道时，清洗液强烈的冲刷力可能会破坏先前腐蚀所形成的保护层，管道内壁又会发生新的腐蚀。例如，管道过水速度较大或做定期的管道清洗时，若

使用溶解了 CO_2 的饱和 $Ca(OH)_2$ 溶液，则会加剧管壁保护涂层的破坏以及混凝土管壁的脱落，因而尽量不要使用上述方法做管道清洗。高流速的污水和管道清洗时还会产生特定的机械应力，减少了管道的使用寿命。不过，现在工程中使用的混凝土成分和早期的有很大不同，目前实验室的测试研究已经证实：当前使用的混凝土管道在受到强侵蚀介质短时间的作用时，不会受到任何损坏，即混凝土管道完全可以抵抗短时间的腐蚀。

为了有效防治管道内壁腐蚀，在前期的工程选材时，就应考虑到材料的抗腐蚀级别和材料之间的相容性，如果可能与管道内流过的污水发生化学反应或有腐蚀趋势，则不能选择该材料。

市政管线中的污水按侵蚀度通常分为两种，即无侵蚀作用的污水和弱侵蚀作用的污水。若按照相应的标准和技术规范制作混凝土排水管，则不需要采取各种主动和被动的防护措施，管道自身就具有良好的耐腐蚀性。如果管线处在较强腐蚀性的市政污水中，则只需将水泥和钢筋混凝土所使用的具体材料和制作工艺做一定的改动即可。只有在腐蚀性非常强的污水中，才考虑使用防护措施，如加防腐蚀涂层、加内衬管以及其他方法，即通过对现有管道的再次改进来达到正常运行所要求的抗腐蚀能力。

市政和工业废水中所含的各种有害物质若超出了相关规定中的允许值，则应对废水进行一定的处理，一般可以采用分离、净化、中和、裂化、净化、消毒等方法处理污水，使之达到排放要求。尽管当前有相关的技术规范对污水排放做了严格限制，地下管线的使用寿命有了保证。但是，在排放过程中，仍然有其他侵蚀剂进入并腐蚀管道，该问题一直没有被重视，且相应的研究很少。

在新型供暖系统（热力锅炉）中，冷凝（浓缩）物的 pH 值很低，其中热油的 pH 值为 2，煤气的 pH 值为 4。对热源处以及其他形式的液化冷凝气的 pH 值的最新研究得出在没有混入雨水和污水的情况下，从污水管的入口处（专用入口）到检查井的管道区段，流体的 pH 值呈现出明显的上升。对管道内的 pH 值进行检测，计算后得出的 pH 增长的平均值为 3.8～6.5。pH 值的增长有以下两个原因：

a. 流体中溶解的部分 CO_2 逸出。

b. 沿途的分支管线排入了碱性物质（如居民洗衣后碱性的洗衣粉液排入下水道）与流体发生了中和反应。

由于各条管线的实际情况都有差异，所以 pH 值的增加与流体流经管段长度之间的关系无法得出一般的公式。即便不考虑市政污水对供暖系统中热力流体的稀释作用，从检查井到市政下水系统的入口管段内，pH 值仍呈增加的趋势。

②微生物对管线腐蚀作用

在未充满污水的水泥类排水管道内，还有一种较为特别的腐蚀形式，即微生物作用产生的硫酸腐蚀（BSC），也可以称为硫化物腐蚀或生物酸腐蚀。将污水管的横断面以污水的液面为界分为两部分，液面下发生的管壁破坏为侵蚀剂直接腐蚀，而在液面以上，发生的就是微生物硫酸腐蚀，BSC 只可能发生于管道气腔内（图 2-17 和图 2-18）。

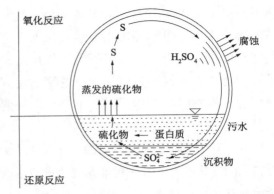

图 2-17　检查井内发生硫酸腐蚀　　图 2-18　微生物作用产生的硫酸腐蚀的原理示意图

管内污垢沉积物中的部分还原剂含有蛋白质成分，在管内厌氧及喜氧类细菌的微生物作用下，该类物质发生了化学反应生成主要成分为硫化氢的可挥发性的化合物。此外，厌氧细菌的新陈代谢也可将硫酸盐转化为硫化氢（脱硫作用）。影响硫化氢气体形成的因素有很多，其中较为重要的有污水的化学性质、管内温度、管流的时间和管内沉积物状况。

要了解管道的硫酸腐蚀状况，必须测定管内可挥发性含硫化合物的含量，测定时，可能出现以下问题，如待测管流段较长或管道使用率较低，管流量非常小，通风设施不完善等。在管线内，硫化氢气体产生后，不会马上被氧化掉，其存在的时间较长，在管流的波动作用下，扩散到管内环空中或附着到管壁上。之后，管壁淤泥沉积物中不同的硫杆菌将硫化氢气体氧化成硫分子，硫杆菌在 pH 值为 1 的环境下也可以生存，若管内的湿度较大，则会生成硫酸，最终腐蚀水泥等材料制作的管材。在理想的温度和湿度条件下，硫酸的浓度最大可达 23%。

管段中的环空内若含有氧化剂，则管道极易受到微生物作用而产生硫酸腐蚀。通过工程中的实践经验可以得出，地下管道以下部位发生硫酸腐蚀的可能性较大：

（1）水泵站。

（2）压力管道的入口处。

（3）来自工厂等处排放的含有硫化物的污水。

（4）压力水管和污水系统中的流体。

（5）引起紊流的管中的形状不规则处。

一般来说，在通风状况良好的污水管和检查井等较为干燥的管内设施处，不会发生硫酸腐蚀。

新制成混凝土管道的 pH 值较高，一般为 11～12。为了减少腐蚀，减少使用过程中微生物的侵蚀作用，需降低其 pH 值。微生物硫酸腐蚀会导致管壁强度降低，同时会引起其他状况，减少管道的使用寿命，缩短管道修复更新的时间间隔，具体影响程度可参照表 2-7。该表根据以下标准将腐蚀度分为弱、强、中。

a. 污水管道管壁上凝结水（小液滴）的 pH 值。

b. 管道空腔内硫化物的浓度。

c. 管道内硫杆菌的数量。

混凝土管道的硫酸腐蚀状况　　　　　　　表 2-7

管壁凝结水的 pH 值	H_2S 气体的浓度（ppm[①]）	硫杆菌数量[②]	腐蚀度[③]	混凝土管壁厚度的减少值（每年）[④]	修复间隔年限[⑤]
6.0～8.5		$0～10^2$	弱	—	>80
3.5～6.0	<0.5	$10^3～10^5$	中	≥0.5mm	>40
≤3.5	≥0.5	$10^6～10^8$	强	>0.5mm	>5

注：①1ppm = $1×10^{-6}$。
　　②指污水管壁中 1mg 蛋白质所含的硫杆菌的数量。
　　③腐蚀度的评估方法与德国规范 DIN 4030 中的不同。
　　④该值为估计值，主要依据实际经验和实验室研究。
　　⑤依据实际经验而定，不同地区有所不同。

根据目前的研究结果可知，若水中硫化物的含量≥1.0mg/L 或空腔中 H_2S 气体的浓度≥0.5ppm，管道可能会发生较强的微生物硫酸腐蚀。

2.5.4　管道的腐蚀速率

微生物硫酸腐蚀会减少混凝土管壁的厚度，并引起其他不良后果，要得出特定情况下准确的腐蚀速度其过程较为复杂，但目前，根据实践经验和相关的数学模型，可以得出较为接近的结果，但不同的方法其计算出的腐蚀率相差较大。

（1）若混凝土管材中含有石英（砂），管壁内表面长期湿润，且附着在管壁上的水的 pH 值低于 6.5，则随着 pH 的降低，其腐蚀速度为每年 3～6mm。

（2）此外是管道的腐蚀率取决于管道的材料成分以及残留的腐蚀产物，在环形管道的空腔壁上，其平均腐蚀速度为每年 3mm。

在混凝土排水管道或污水管道中，微生物硫酸腐蚀的发生及引起的破坏后果取决于管道水力状况、管道横断面的几何形状以及管道内微生物（硫杆菌）的生长环境。公式中，初始值描述了混凝土管材的性质和水流（污水）状况，之后确定指数 Z 和腐蚀速度的最小值，即可计算得出每年的腐蚀速度，结果用 mm/年来表示。Z 指数的表达式见式(2-1)。

$$Z = \frac{3 \cdot BOD_5 \cdot 1.07^{(T-20)}}{J^{1/2} \cdot Q^{1/3}} \cdot \frac{U}{b_t} \tag{2-1}$$

式中：Z——硫化物指数（特指溶解于水中的硫化物）；
　BOD_5——生化需氧量（mg/L），市政污水管线中的 BOD_5 平均值为 350mg/L；
　　T——水体温度（℃）；
　　J——管线坡度；
　　Q——水体排放量（L/s）；
　U/b_t——管道内湿润表面（黏附着凝结水）与管内过水表面宽度之间的关系，在水深为管道半径的管道内，U/b_t 值为 $\pi/2$。

式(2-1)中的有效 BOD_5 值与 EBOD 值相同，具体取值与温度有关，见表 2-8。Pomeroy 研究得出了 Z 指数的确定方法，具体取值范围见表 2-9。

温度-有效生化需氧量（Effective Biological Oxygen Demand，EBOD）值　　　表 2-8

温度（℃）	系数	市政污水（BOD_5 为 350mg/L）的 EBOD 值	温度（℃）	系数	市政污水（BOD_5 为 350mg/L）的 EBOD 值
17	0.816	286	21	1.070	375
18	0.873	306	22	1.145	401
19	0.935	327	23	1.225	429
20	1.000	350			

Z 指数确定方法　　　表 2-9

Z 指数	状况说明
≤ 5000	水中硫化物含量极少
7500	水中 S 的含量不超过 0.1mg/L；对水泥类材料腐蚀较轻，若管中有湍流，则腐蚀较严重
10000	水中硫化物含量不时增高，在含量较高时会散发臭气
15000	硫化物极易形成，且含量较高，常常散发臭气；水泥类管材腐蚀严重
≥ 25000	硫化物含量一直较高，小直径混凝土管在 5~10 年内被彻底腐蚀，完全失效

计算 Z 值时考虑的因素较多，其中，必须清楚管道内硫化物（H_2S）的形成过程并明确硫酸腐蚀可能引起的破坏后果。若 Z 值为 5000，则必须进行下一步的计算。

若计算时，管道状况较好或管道较新，管道中硫化物极少，则可以通过 Pomeroy 和 Parkhurst 研究得出的式(2-2)计算后期硫化物形成的速度：

$$d(S)/d_t = 0.32 \cdot 10^{-3} \cdot EBOD \cdot R^{-1} - 0.64(J \cdot v)^{3/8} \cdot d_m^{-1} \tag{2-2}$$

式中：$d(S)/d_t$——硫化物每小时形成的量（mgs/L）；

　　　R——水力半径，$R = A/U$（m）；

　　　EBOD——温度-有效生化需氧量（mg/L）；

　　　J——绝对坡度；

　　　v——水流速度（m/s）；

　　　d_m——平均水深，$d_m = A/b_t$（m）。

管道运行一段时间后，由于硫化物的形成与流失会达到一个平衡，最终硫化物的数量会达到一个极限值 S_{lim}，见式(2-3)。

$$S_{lim} = \frac{0.5 \cdot 10^{-3} \cdot EBOD}{(J \cdot v)^{3/8}} \cdot \frac{U}{b_t} \tag{2-3}$$

某特定的管段内，硫化物的含量达到了 1mgs/L，则该管段极有可能会发生硫酸腐蚀，在该种情况下，应计算 S_{lim} 值。管内硫化物含量达到 1mgs/L 的时间可通过式(2-4)计算。

$$\Delta t = \frac{d_m}{0.64(J \cdot v)^{3/8}} \ln \frac{S_{lim}}{S_{lim} - 1} \tag{2-4}$$

式中：Δt——污水管内硫化物含量达到 1mgs/L 所需的时间，所选的管道长度可通过管流速度判断得出（h）。

若不考虑管内逸出而漏失的 H_2S 气体，则管段末端硫化物的含量可通过式(2-5)计算。

$$S_2 = S_{lim} - \frac{S_{lim}}{e \cdot \frac{\Delta t \cdot 0.64 \cdot (J \cdot v)^{3/8}}{d_m}} \tag{2-5}$$

式中：S_2——管段末端硫化物的含量（mgs/L）；

Δt——管道运行时间（h）。

Pomeroy 研究得出了式(2-6)，可计算管道腐蚀的近似速率。

$$c = 11.5 \cdot k \cdot \Phi_{SW} \cdot \frac{1}{A} \tag{2-6}$$

式中：c——最小腐蚀速率（mm/年）；

k——腐蚀系数。k系数表示硫酸与水泥材料反应程度的相关性值，k可取 0.8；

A——混凝土的碱度，可通过计算 $CaCO_3$ 的含量得出。通常使用的混凝土管道，其中都加了石英类物质，其平均碱度为 16%。对于碱度为 50% 的石棉水泥管和碱度为 100% 的加了石灰石掺和料的水泥管，该公式不适用；

Φ_{SW}——硫化氢气体从管内空腔转移到管壁的传递值（如S的传递值可表示为Sg/m^2h），Φ_{SW}可通过式(2-7)计算得出。

$$\Phi_{SW} = 0.7 \cdot (J \cdot v)^{3/8} \cdot j \cdot DS \cdot b_t/U \tag{2-7}$$

式中：j——j系数，可根据 pH 值和管内 H_2S 在所有溶于水中的硫化物中的比重来确定，具体取值可参照表 2-10；

b_t/U——水面宽度与暴露在 H_2S 下的管道表面之间的关系；

DS——溶解于水中的硫化物的总量（mgs/L）。

H_2S 含量、系数 j 以及 pH 值的关系　　　　表 2-10

pH 值	H_2S 含量（%）	系数 j	pH 值	H_2S 含量（%）	系数 j
6.0	91	0.91	7.4	28	0.28
6.6	72	0.72	7.6	20	0.20
6.8	—	0.61	7.8	14	0.14
7.0	50	0.50	8.0	9	0.09
7.2	39	0.39			

还有一种酸类腐蚀管道的类型即碳酸腐蚀，目前也有相关的数学模型（图 2-19）解决该问题。腐蚀发生时，难溶物以硅胶的形式残留下来，并与其他难溶添加剂结合形成特定的结构，在内管壁形成一层保护层。保护层的具体状况可通过保护层厚度、扩散系数以及保护层随时间的增量来表示。由于管壁被腐蚀表面和水中的钙离子浓度不同，即存在c_s^*-c_l值，导致了钙离子在二者之间发生转移。

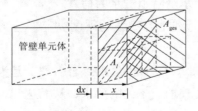
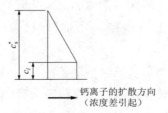

$x \approx t$时刻保护层的厚度
$dx \approx$ 在时间dt内厚度的增量
$c_s^* \approx$ 混凝土管壁中CaO的含量
$c_l \approx$ 水中CaO的浓度

图 2-19　碳酸腐蚀中管壁材料的损失模型

由初始的腐蚀状况，软化层的厚度（腐蚀深度）以及时间参数，结合相关原理，可以近似得出准静态方程。

保护层厚度的计算公式见式(2-8)。

$$x = \sqrt{\frac{2 \cdot D \cdot A_l}{m_l \cdot A_{\text{ges}}}(c_s^* - c_l) \cdot t} \tag{2-8}$$

式中：x——硅胶保护层的厚度（m）；

D——保护层的扩散系数；

A_l——水泥管壁表面积（m²）；

A_{ges}——硅胶保护层的总表面积（m²）；

m_l——管壁所用的水泥材料的可溶部分的比例；

c_s^*——混凝土管壁中 CaO 的浓度（mg/L）；

c_l——水中 CaO 的浓度（mg/L）；

t——时间（h）。

对保护层厚度影响较大的因素有：

①有保护作用的难溶物的总量。

②有效的保护作用持续时间。

③管流运动状况。

管流状况对保护层可造成损坏，例如在特定条件下，保护层上的反应产物被很强的水流持续冲刷，则极易剥落。

2.6 管道变形

2.6.1 管道变形破坏描述

管道一般可分为刚性和柔性两种，刚性管道指的是管道在管压及其他负载的作用下不会发生任何可以观测到的变形，此外管道不会因管内压力分布不均匀而发生变化。柔性管道指的是管道在各种荷载作用下产生了变形，并改变了管周边土体的荷载分布，变形达到稳定之后，土体作为管道承压系统的一部分，承受管道的水力荷载。

根据以上的分类，在现场铺设管线时，管线下方土壤的硬度决定了选用刚性管或柔性管。

管道分类是基于对整个管线系统中管线刚度和土体硬度的综合考虑，是为了更好地做管道前期设计，使得地下管线符合管线周边工程地质条件的要求，从而达到较好的抗变形性，而不是独立地仅针对管线而做出的分类。为了保证管土结构之间荷载的合理传递，管线必须满足一定的刚度要求。一方面，可以保证管道对土体的荷载分布均匀，另一方面，管土结构可以达到较高的稳定性，不易发生失稳破坏。

在柔性管道系统中，需考虑管周围支撑系统的反作用力（图2-20）。根据相关规范，系统刚度V_{RB}和管线刚度S_R有一定的差异,两者都与横向支撑物的硬度S_{Bh}有联系,见式(2-9)。

$$V_{RB} = \frac{S_R}{S_{Bh}} \tag{2-9}$$

其中:

$$S_R = \frac{E \cdot I}{r_m^3}$$

$$S_{Bh} = 0.6 \cdot \zeta \cdot E_2$$

式中:E_2——土体的变形模量(MPa);
ζ——土体的修正系数(根据现场土体的性质确定);
E——管道的弹性模量(MPa);
I——惯性矩(m⁴);
r_m——管道的平均直径(m)。

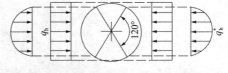

图2-20 柔性管侧向压力分布假设示意图

当$V_{RB} \leqslant 0.1$时,综合考虑支撑土体对管道的反作用力,可以将管土结构视为柔性系统。影响管土系统刚性大小的因素除管道刚度外,还有土体的类型以及管道埋置处的压实程度。

国际上较为通用的判定方法即垂直对称变形假设法(图2-21)。使用该方法中要求的各种技术对管线相关参数进行测量之后,可得出一个衡量变形程度大小的相对值,即$\delta_V = \Delta D/D$。使用此式进行变形判定时,首先应假设管道上的负载值。以开挖方式铺设的柔性管道垂直方向上的偏移变形量可由式(2-10)得出。

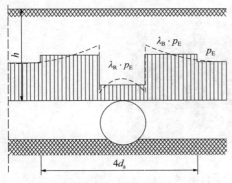

图2-21 垂直对称变形假设法示意图

h-管顶覆土深度(m);λ_R-管道上方的集中系数;λ_B-管道附近土的集中系数;p_E-地面荷载和地表荷载引起的土体应力(kN/m²);d_a-管道外径(m)

$$\delta_V = c_V^* \cdot \frac{q_V - q_h}{S_R} \tag{2-10}$$

式中:q_V——垂直方向土体的应力(MPa);
q_h——土体水平方向的应力(MPa);
S_R——管线的刚度(N/m);
c_V^*——变形系数。

在荷兰、斯堪的纳维亚半岛以及德国做过大量的管道变形探测工作及相关的研究。但是,在以上国家所做的管道变形探查仅局限于管道垂直方向和水平方向,没有考虑管道变形的形状,管道所受的荷载以及管道历史方面的因素。在评价管道变形的过程中,应注重与实际的测量结果相匹配。同时,垂直变形分短期变形和长期变形,应在测量柔性管时注意区分。

管线垂直方向的变形不会超过计算得出的短期变形数值,即该方向的变形量最大为方向直径的4%。在特殊情况下,该最大值可以略微变动。DIN 4033中还提到管线直径的变化值是管道支撑地基施工质量的一个衡量标准,该值在设定时,应考虑到施工中人为因素的影响，考虑管道长期变形后直径6%的变化上限值，同时可保证管线有足够的稳定性。对于顶进施工的钢管来讲，变形值取3%，若该管段位于轨道交通路线的下方，则管径的最大变形值不能超过2%。在过去一段时间内，该百分比值的大小被人们用来区别优质管道工程和劣质管道工程，在市场的推动作用下，各专业厂家生产了各种各样的测量管道垂直方向变形量的仪器。管道形状的变化通常通过测定管道的极限膨胀率以及管道横截面的形状来进行判定。常见的地下柔性管道如高密度聚乙烯（HDPE）管道的几种变形状况如图 2-22 所示。

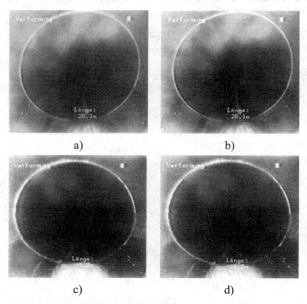

图 2-22　HDPE 管道的几种变形状况

2.6.2　管道变形破坏的原因

有些管道变形是正常的，但有些变形会造成破坏。通常来讲，原因有以下几点：

（1）在管道设计和施工时未遵守相关的规范和标准。

（2）没有全面考虑管道所受的荷载，或管道静压力计算出错。

（3）铺设的管线与地层条件不匹配或管线有质量问题。

（4）管道负载以及外周土体的支撑力计算出错。

（5）管线由非专业的施工队铺设，管线底层地基处理不到位，或非开挖施工的管线中环空区未注水泥浆填实。

（6）未正确地处理管道铺设时所用的橡胶元件。

（7）振实方法不当。

（8）温度变化的影响。

2.6.3　管道变形破坏的后果

管道变形通常会引起以下不利后果：

（1）降低了管道水力效力（即过水能力）。

（2）管道堵塞。

（3）增加了管道的维护成本。
（4）管道扭折和分支处发生断裂的危险增加。
（5）若变形较严重，则管道底板等可能会隆起。
（6）产生疲劳裂纹。
（7）管道渗漏。
（8）管道裂开。
（9）管道折断。
（10）管道坍塌。

理论上讲，任何类型的管道错位，只要对管道的水力学性能产生了影响，都视为管道损坏。研究表明，管线发生变形量为10%的椭圆式偏移对管线水力性能的损失量仅为1%。若变形较严重，管道局部隆起，则管道的问题就比较严重。

2.7 管道裂纹、管道破裂和管道坍塌

开裂的管道破坏一般发生于刚性管道中，管道裂纹通常分为三种：纵向裂纹、环向裂纹、点源裂纹。需要说明的是，这三种破坏形式发生后，一旦检测出来，应引起足够的重视，裂纹极易扩展，最终引起管道崩裂。

管道开裂破坏的原因和结果关系较为复杂，多种原因可能只导致一种结果，也有可能一种原因导致多种结果。在分析管道破坏的原因时，应注意结合以下标准：

（1）裂纹的变化趋势，有时通过季节等因素可以判断管道裂纹趋于停止还是正在发展。
（2）裂纹的深度（裂纹一般趋于发生在管道表层并沿整个管段发展）。
（3）裂纹破坏发生的过程（可判断引起裂纹的应力作用方向）。
（4）裂纹边缘处的相互移位方式（可判断引起裂纹的应力的作用方向和破坏后果的严重程度）。

综合来说，管道发生裂纹破坏有以下原因：

（1）管道设计和施工中没有严格遵守相关的规范和标准。
（2）在运输、储存、铺设、固定、回填和压实管道的过程中对管道造成了损坏。
（3）管道磨损破坏的作用。

在大部分情况下，只要管道产生裂纹，即认为管道发生了破坏，但也有例外，如混凝土管道或钢筋混凝土管道上产生的某些裂纹属于正常现象，不会造成管道损坏。例如，混凝土管上面出现的蛛网状收缩裂纹不会影响管道的正常使用，而在钢筋混凝土管道中，裂纹宽度只要不超过 0.2mm，也不会造成损坏。用水泥砂浆做内衬的铸铁管和钢管，其内部允许有 1.5mm 宽的裂纹。水泥等材料制作的下水管线中，可以较为明显地观察到 0.2mm 左右的裂纹，裂纹是水泥颗粒发生水合作用时产生的过水通道，也有可能是由于部分区域应力过大而产生的。钢筋混凝土和素混凝土管中，该种类型的裂纹有一个特殊的"自修复作用"（self-healing），即裂纹产生后一段时间，以水和其他物质为反应介质，经过各种物理化学作用之后，裂纹会自动修复并填满，管壁保持完整。在混凝土管的外壁，可以很明显地观察到其吸水量较少，风干后，外壁产生了白色的斑。长期以来，没有对该现象给出一个

科学合理的解释，最新的研究发现了混凝土管道裂纹自修复作用的机理：

（1）水中的颗粒物质堵塞了管道。

（2）裂纹产生导致混凝土释放出混凝土颗粒，该颗粒造成了裂纹堵塞。

（3）裂纹内形成了碳酸钙。

（4）水泥的水合作用。

（5）裂纹的侧翼发生膨胀、隆起。

以上因素在混凝土管壁裂纹的自修复作用中，所占的比重大小是当前争议较多的一个问题。目前，通过室内试验无法得出较为信服的具体比例结果，但可以证明，在管内特定的环境下，可以有选择地创造以上几种条件，使用相应的物理和化学方法，来加速裂纹自修复，同时，在现场也可以使用。

图 2-23 为典型的管道自修复作用的曲线图。该曲线为随时间变化的渐近线，呈下降趋势，在某些情况下，管道自修复完成之后，裂纹完全被填充，管壁光滑。

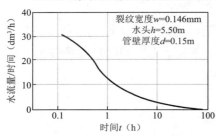

图 2-23 管道自修复作用曲线图

2.7.1 纵向裂纹

1）破坏描述

纵向裂纹常发生于刚性管道中（图 2-24、图 2-25）。在大部分情况中，裂缝位于刚性管道的 4 个刻点处，并沿管线方向一直延长（图 2-26）。管道上端和下端的裂纹位于管道内壁，而 3 点和 9 点位置的裂纹是在管道外壁。在特定荷载的作用下，管道的纵向裂纹也有可能发生在其他位置，取决于管道所受的荷载类型和荷载分布状况、支撑体对管道的反作用力以及管道的实际状况。

图 2-24 管道拱顶处的纵向裂纹

图 2-25 砖砌管道中的纵向裂纹

2）破坏产生的原因

除了以上介绍的几种普遍原因，管道产生纵向裂纹的主要原因如下。

（1）管线铺设问题。

（2）管道渗漏、管位偏移、机械力磨损、腐蚀和管道变形。

对于刚性管，管道周向的弯曲应力超过其材料极限后，就会产生裂纹，在吊装及铺设管线过程中，极易发生该类问题。管道渗漏引起的垫层土体变形（图 2-27）、地基变形（图 2-28）以及密封接头安装不当（图 2-29）都会引起管道支撑力发生变化，产生管外偏移，最终导致管道破坏，形成纵向裂纹。一般来说，裂纹破坏首先发生在管接头处，之后有可能不会继续发展，也有可能扩散到整个管段。若管线接头处安装处置不合理，管周的径向力就可能非常大，达到破坏极限后，就会产生裂纹破坏（图 2-30）。管道所使用的密封圈的反作用力过大以及在修建管道时管道受到暴晒，也可能引起该类破坏。

 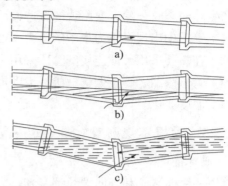

图 2-26　刚性管道上的纵向裂纹　　　图 2-27　管接头渗漏导致产生纵向裂纹的发展过程

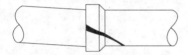 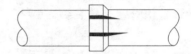

图 2-28　地基变形引起纵向裂纹　　　图 2-29　配合过紧导致管壁胀裂形成纵向裂纹

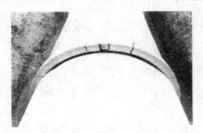

图 2-30　管接头周向反作用力过大和热胀冷缩导致纵向裂纹

2.7.2　环向裂纹

1）破坏描述

管道的环向裂纹主要发生于管道的周向处（图 2-31）。可能发生的区域有管段中部（图 2-32）、连接检查井的管段以及通向其他建筑物的独立管段。受破坏因素的影响，管道环向裂纹宽度不一样，即相对的方向宽窄正好相反，较严重的破坏情况中，管道在裂纹处，发生了移位或断折。

 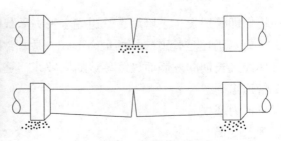

图 2-31　管道环向裂纹　　　　　图 2-32　支撑不当引发的环向裂纹

一般来说，检查井内，很少发生环向裂纹破坏。

2）破坏发生的原因

当管线所受的应力超出了管道纵向的抗弯强度以及管道的抗剪强度，管道就会发生破坏，产生环向裂纹。除上文所说的普遍原因外，环向裂纹破坏还有以下原因：

（1）管道中出现了较为集中的应力（如支撑体中的石块对管壁的挤压作用）。

（2）在需要采用柔性连接的管段采用了刚性连接。

（3）管道渗漏、管位偏移、机械力磨损、管壁腐蚀以及管道变形。

（4）温度变化。

2.7.3 管道不规则裂纹和管道破裂

1）破坏描述

管道的纵向裂纹和环向裂纹都有其较为固定的破坏路线和破坏方式，除此之外，还有局部管道的点源裂纹（图 2-33）和完全不规则的管道裂纹等管道破坏形式。以上两种破坏形式常导致整块管壁布满裂纹，最终发生管道破裂。

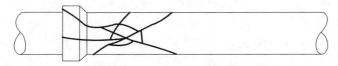

图 2-33　点源裂纹示意图

2）破坏发生的原因

发生不规则裂纹以及管道破裂最主要的原因有以下几点：

（1）管道中出现了较为集中的应力（如支撑体中的石块对管壁的挤压作用）。

（2）分支管道连接不当。

（3）较为严重的管底侵蚀。

2.7.4 管道破碎

管壁破碎（图 2-34）可以理解为管壁材料的大块脱落，导致管壁出现了不连续的区域。

附加的非正常荷载作用于管道，已经产生裂纹的管壁受到外部的动荷载作用都会发生管道破碎。其他原因如管道渗漏、机械力磨损、腐蚀和管道裂纹也有可能引起管道破碎。

2.7.5 管道坍塌

管道坍塌即管道发生了垮塌，管道完全失去承载能力，同时相关的部件也被彻底损坏（图 2-35）。管道坍塌是管道破坏的最高形式，是非常严重的管道事故。一般来讲，是由以下几种破坏经过长期的发展而最终导致的大破坏，是一个从量变到质变的过程。

（1）管道渗漏。

（2）机械力磨损。

（3）管道变形。

（4）管道裂纹和管道破碎。

图 2-34　管壁破碎照片　　　　图 2-35　管道坍塌照片

2.7.6　破坏引起的后果

管道破坏产生的后果的严重程度由以下几点决定：
（1）裂纹的类型（纵向裂纹、环向裂纹、点源扩散的裂纹以及管道破裂）。
（2）裂纹的深度（裂纹所在的表面以及扩散的程度）。
（3）裂纹的宽度。
（4）管道的材料（混凝土或钢筋混凝土）。
（5）裂纹的具体位置（水面以上或水面以下）以及管线的位置（地下水以上还是以下）。
（6）管道嵌固状况（压实、松散还是含有空穴）。

除环向裂纹外，其他所有类型的裂纹都会使管道失稳，管道坍塌由上文提到的多种因素经过较长时间的作用而引起，故通常无法准确预测破坏发生的程度及时间。在较为理想的情况下，如裂纹的宽度较小，裂纹规模不大，管线周围无地下水影响，管线嵌固较好，管道运行情况稳定（无过载且水力负荷较为均匀）等，则已经产生纵向裂纹的管道仍然可以在相对较长的时间内保持稳定。在这种情况下，土体与管线共同作用，形成了较为稳定的管土结构。一般来说，管道的拱顶处发生纵向变形，则拱脚也会随之发生相应的变形。变形会导致土体对嵌固管体的反作用力增加，故管道受到一个较原来增加的荷载作用，该荷载会通过管道一直传递下去。此时，水平方向的土压力会增大，管道所受的水平方向的荷载也会增加，最后达到了一个新的平衡状态（图 2-36）。

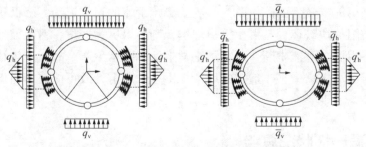

图 2-36　变形管道平衡状态荷载示意图

q_v-垂向荷载；q_h^*-支撑土体对管道的反作用荷载；q_h-水平（横向）荷载；$\bar{q}_v$-变形后管道垂向荷载；$\bar{q}_h$-变形后管道水平（横向）荷载

在德国西部的波鸿大学所做的试验表明，管道发生上述破坏时，管道垫层的被动土压力值较大，可以达到管道发生纵向裂纹时破坏强度的 2～8 倍。在刚性混凝土管中，管道变形可直接导致管周的刻度点处发生破坏，产生纵向裂纹，管道变形量与纵向裂纹破坏有直接的关系。研究表明，管道的变形量超过管道直径的5%或裂纹的宽度大于0.1mm。

一般来说，若裂纹的边缘不发生移位、扩散，裂纹与管道的相对位置较为稳定，且管道地基土体稳定性较好，不发生流失等现象，则该裂纹不会导致管道失稳破坏，不需要做任何的处理。管道垫层土体环境发生变化而导致的管道变形破坏顺序见图2-37和图2-38。若钢筋混凝土中发生这种破坏，则需要的时间较长，钢筋加强体发生腐蚀之后管道才会变形或坍塌。管道破裂可能会引起管道变形，变形破坏及其发展程度可轻可缓，若管道在使用过程中碰到管道运行环境改变、高压清洗管道或以水为介质做管道渗漏测试、短期管道过载以及管内涌入洪水等对管道有损伤的情况，变形破坏的程度就会加剧，若发展比较快，则在管道正常维修期之前就需要对管道进行修复。因此，从成本和社会效益两方面来考虑，应该对可能发生变形破坏的管道采取一定的防护措施，如果管道已经发生变形破坏（管道破裂引起的），则在该管段不能做高压清洗以及管道渗漏测试，以防破坏继续扩大，若必须做该类试验，则必须等到管道修复完成，并完全复原。若管道发生破坏，做管道探查时，应缩短管道检测的时间间隔，以得出破坏发展趋势的准确判断。

图2-37　纵向裂纹破坏导致管道坍塌　　图2-38　水体冲刷导致砖砌污水管道变形破坏

若管道产生的裂纹贯穿管道，如前文所述的管道环向裂纹以及管道破裂，都会引起管道严重渗漏，裂纹破坏点即管道的主要渗漏点。破坏发生之后，管道会发生外渗或内渗，同时该管段的垫层土体也会被渗水冲刷，物理性质发生改变，支撑力降低，使管体发生不均匀沉降以及管位偏移等，若情况较为严重，则可能发生管道变形甚至管道坍塌等较为严重的新的破坏。因而，若不对管道破坏详加分析，认真处理，极易发生上述的连锁破坏。若管道破裂，则可能有较大的碎块落入管内，影响管流的正常流动，降低了管道的水力学性能，即为管道阻流块破坏，若发生管道坍塌，则后果更为严重，管流被严重阻隔甚至完全中断。管道坍塌后，管流中断，影响了正常生活和正常生产，故发现较快；而管道阻流物则不同，由于破坏较坍塌轻，造成的后果也不是太严重，故可能在管道例行检测或管道清洗的时候才能被发现。

2.8　管道破坏状况总结

如上文所述，城市地下管线系统以及污水管和排水沟的建筑结构部分，在建成使用后，会发生不同形式的破坏情况，严重程度也各不相同。管道破坏的后果及其严重程度需结合破坏范围、管道材料以及现场实际情况来进行综合判定。德国规范ATV-M 143E中，总结了管线破坏的各种情况。表2-11列出了地下管线破坏的各种形式、破坏原因以及可能出现的后果。

市政管线破坏情况一览表　　　　　表 2-11

序号	破坏形式		破坏原因	破坏后果
1	管道渗漏	管接头、管道部件、建筑接头渗漏	未遵守相关规范和标准	污水外渗
			设计出错	管周地下水和土壤被污染
			材料和部件选择不当	管线、管道的建筑结构部分以及街道设施破坏
		管壁渗漏	施工质量不合格	管道垫层破坏，管线出现不均匀沉降
		支管，检查井、建筑结构的连接处渗漏	管道运行问题	地下水和土颗粒渗入管内
			管材疲劳损坏	管内外部水含量加大，污水输送成本以及处理费用增加
			管位偏移	维护费用增加
			机械力磨损	水压力，管线过载，泵站和处理设施超负荷运行
			腐蚀	地下水位降低，建筑物沉降，本区域灌溉受到影响
			管道变形	硬质沉积物，结垢
			管道裂纹	管道沉降或坍塌形成地下空穴
			管道破裂	树根侵入管道
			管道坍塌	
2	管流阻塞	硬质沉积物	未遵守相关规范和标准	过水能力降低
			设计不合理（如管线坡度选取不当）	
		结垢	管内清理不彻底	管道阻塞
			外界物质在管内结块	
		落入异物	管接头和密封环不具备树根侵入抵抗性	
		树根侵入管道	管道异流	维护费用增加
			管道渗漏	
3	管位偏移	垂直方向偏移	设计不合理	支管断开
			施工质量问题	管流受阻
		水平方向/横向偏移	水文地质环境改变	管线坡度变化导致管线失效
			管道上方荷载变化	管道渗漏
		轴向偏移	管道沉降	管道裂缝
			地表沉陷、地震	管道破裂
4	机械磨损		管材和管道部件选择不当	管壁厚度减小
			水中含有砂粒	管壁光滑度降低，水力阻力增大
			气蚀	管道承压强度降低
			管道清洗方法、选用的清洗设备不当	管道水密性变差

续上表

序号	破坏形式		破坏原因	破坏后果
5	腐蚀	外部腐蚀	未遵守相关规范和标准（管道材料方面）	管壁厚度减小
			地下水和土体侵蚀	管道承压强度降低
			管内进入侵蚀性物质	管道水密性变差
			电化学腐蚀（金属材料）	管道渗漏
			金属和塑料管材中的应力破坏	管道变形
			未采取防腐蚀措施或者防护方法不当；防护涂层被破坏	管壁裂纹
			电解腐蚀	管道破裂
				管道坍塌
		内壁腐蚀	未遵守相关规范和标准	管壁厚度减小
			管材质量不合要求	管道承压强度降低
			管内进入其他物质与污水作用形成了侵蚀剂	管道水密性变差
			微生物作用产生的硫酸腐蚀	管壁光滑度降低，水力阻力增大
			金属和塑料管材中的应力破坏	管道渗漏
			未采取防腐蚀措施、防护方法不当、防护涂层被破坏	管道变形
				管壁裂纹
				管道破裂
				管道坍塌
6	柔性管道变形		未遵守相关规范和标准（管材方面）	过水能力降低
			管道铺设方法不当	管流不畅
			静水压力计算错误	管道维护费用增加
			管道上部荷载、垫层支撑力估算错误	管道部件刚性不同，一者变形时，另一者被破坏
			非专业的管道施工（垫层、非开挖铺管环空注浆不合格）	管道被压扁
			密封材料、密封部件选择不当	应力作用产生裂纹
			温度变化的影响	管道渗漏
			支挡结构移除不当	管道裂纹
			管道渗漏、机械力磨损、腐蚀引起	管道破裂
				管道坍塌
7	管道裂纹	纵向裂纹	未遵守相关规范和标准	管道渗漏
			运输、储存、安装、嵌固、回填以及压实的过程中对管线造成破坏	
			外部冲击力	

续上表

序号	破坏形式		破坏原因	破坏后果
7	管道裂纹	环向裂纹	管道渗漏、管位偏移、机械力腐蚀、管道变形引起	管道破裂
			集中应力的作用（垫层中的石块、点状支撑等）	
		点源裂纹	建筑结构接头设计过紧，无合理活动空间	管道坍塌
8	管道破裂（管壁掉块）		管道渗漏	管道渗漏
			机械力磨损	
			管道腐蚀	管道坍塌
			管道裂纹	
9	管道坍塌		管道渗漏	管道彻底破坏
			机械力磨损	
			管道腐蚀	
			管道变形	
			管道裂纹	
			管道破裂	

本章参考文献

[1] 马保松. 非开挖工程学[M]. 北京: 人民交通出版社, 2008.

[2] Water Research Center. Biodeterioration of rubber sealing rings in water and sewage pipelines[R]. 1978.

[3] Brennan G, Yong O C. Some case histories of recent failures of buried pipelines[C]//Proceedings of Conference on Design & Construction of Underground Services. London, 1976.

[4] Yang C G, Ma B S. Research on safety evaluation model of the main underground pipelines in Shanghai, China[C]// 2007 International Pipelines Conference Proceedings. 2007.

[5] Clear C A. Leakage of cracks in concrete (summary of work to date)[R]. 1982.

[6] Gale J. Sewer renovation technical report [R]. 1981.

[7] Jones G M A. The structural deterioration of sewers[C]//Proceedings of International Conference on the Planning, Construction, Maintenance & Operation of Sewerage Systems, 1984: 93-108.

[8] Renkes D, Schwenk W, Fischer W. Korrosionsschutz und Instandhaltung[J]. Werkstoffe und Korrosion, 1984, 35: 55-60.

[9] Rogers C D F. Some observations on flexible pipe response to load[R]. 1988.

[10] Water Research Center. Sewerage rehabilitation manual[M]. Swindon, 2001.

[11] Pomeroy R D, Parkhurst J D. The forecasting of sulfide build-up rates in sewers[C]//Proceedings

of Eighth International Conference on Water Pollution Research. Pergamon, 1978: 621-628.

[12] Young O C, Trott J J. Buried rigid pipes-structural design of pipelines[M]. London: Elsevier Applied Science Publishers, 1984.

[13] Makar J M, Desnoyers R, Mcdonald S E. Failure modes and mechanisms in gray cast iron pipe[J]. Underground Infrastructure Research, 2001, 10(13): 1-10.

[14] 曹震峰. 城市路面塌陷监测预报模式探讨[J]. 城市勘测, 2019(S1): 150-153.

[15] 胡聿涵, 白玉川, 徐海珏. 近 10 年中国城市道路塌陷原因及防治对策分析[J]. 公路, 2016, 61(9): 130-135.

[16] 王帅超. 城市地下管道渗漏引起的路面塌陷机理分析与研究[D]. 郑州: 郑州大学, 2017.

[17] 张海丰. 水泥砂浆内衬法修复混凝土重力管道理论与实验研究[D]. 武汉: 中国地质大学, 2019.

[18] 中华人民共和国住房和城乡建设部. 城镇排水管道检测与评估技术规程: CJJ 181—2012[S]. 北京: 中国建筑工业出版社, 2012.

第 3 章　管道检测技术

目前，管道检测方法主要包括电视检测、声呐检测、管道潜望镜检测和传统的检测方法等，每种方法都有其特点和使用范围。

电视检测主要适用于管道内水位较低状态下的检测，能够全面检查排水管道结构性和功能性状况。

声呐检测只能用于水下物体的检测，可以检测积泥、管内异物，对结构性缺陷检测有局限性，不宜作为缺陷准确判定和修复的依据。

管道潜望镜检测主要适用于设备安放在管道口位置进行的快速检测，对于较短的排水管可以得到较为清晰的影像资料，其优点是速度快、成本低，影像既可以现场观看、分析，也便于计算机储存。

传统方法检查中，人员进入管道内检测主要适用于管径大于 800mm 以上的管道。存在作业环境恶劣、劳动强度大、安全性差的缺点。

必要时，可采用以上两种或多种方法互相配合使用，例如采用声呐检测和电视检测互相配合可以同时测得水面以上和水面以下的管道状况。

3.1　电视检测技术

目前，地下管线现状检查广泛使用的是闭路电视（CCTV）摄像法，该方法可以对管道破损、龟裂、堵塞、树根侵入等缺陷进行检测和记录。CCTV法适用的管道最小直径为50mm，最大可达4000mm。

早期的 CCTV 使用阴极射线管，因而不适用于恶劣的环境，而且容易破损，20 世纪 80 年代由于电子技术的发展和电荷耦合器件（CCD）摄像机的采用改变了这种状况。如今，CCTV 的体积更小，重量更轻，数据更可靠，价格也更低。

摄像机的摄像头可以是前视式，也可以是旋转式，以便直接观察管道的侧壁和分支管道，对大直径的管道还可使用变焦距镜头。摄像机一般固定在自行式拖车上，也可以通过电缆线由绞车拉入，有些小型摄像机通常与半刚性的缆绳一起使用。对大直径的管道，拖车还带有升降架，以便快速调整摄像机的高度。拖车一般均为电动，摄像机和拖车的动力由地面的主控制台通过改装的多股电缆提供，该电缆也用于传递摄像和控制信号。

CCTV 法的一个缺点是不能检查被水和淤泥覆盖的部分。此外 CCTV 检测时应确保管道内水位不大于管道直径的 20%。

3.2　潜望镜检测技术

管道潜望镜检测是利用电子摄像高倍变焦的技术，加上高质量的聚光、散光灯配合进行管道内窥检测。潜望镜的优点是携带方便，操作简单。由于设备的局限，这种检测主要用来观察管道是否存在严重的堵塞、错口、渗漏等问题。对细微的结构性问题，不能提供很好的成果。如果对管道封堵后采用这种检测方法，可以迅速得知管道的主要结构问题。对于管道里面有疑点的、看不清楚的缺陷需要采用闭路电视在管道内部进行检测，管道潜望镜不能代替闭路电视解决管道检测的全部问题。

管道潜望镜只能检测管内水面以上的情况，管内水位越深，可视的空间越小，能发现的问题也就越少。光照的距离一般能达到30～40m，一侧有效的观察距离仅为20～30m，通过两侧的检测便能对管道内部情况进行了解。因此管道潜望镜检测时，管内水位不宜大于管径的1/2，管段长度不宜大于50m。

3.3 声呐检测技术

声呐检测技术的原理是利用反射的高频声波来定位介质的非连续性。从理论上讲，该方法可在大气中使用，但实际上几乎只用在水下条件。声呐发射器以一定的速度在管道内移动，并以预定的时间间隔传送出管道断面的图像。接收的信号受介质表面发射系数的影响，例如管道底部软淤泥与管壁显示的图像颜色不同（图3-1）。然而，声呐技术不能透过硬的表面，故不能提供有关管壁厚度和周围地层性质的参数。声呐检测的必要条件是管道内应有足够的水深，300mm的水深是设备淹没在水下的最低要求。

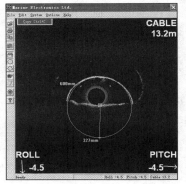

图3-1 声呐法显示画面

与CCTV法不同的是，声呐法可对各种结构的机械变形、沉降、轮廓进行测绘，如排水管道截面、桥墩、港口等。排水管道声呐测绘系统非常适于河道、管涌、满管或半满管排水管道方面的检测工作。排水管道扫描声呐安装在特殊梭形漂浮装置上，利用水中声波对水下环境结构进行扫描探测，并将排水管道的各种机械变形、缺陷、沉降、错位、断裂、淤堵反映到操控器屏幕上（图3-2），有效地免除潜水员人工进入管道检测而所需的高额费用和高风险。

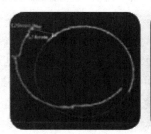   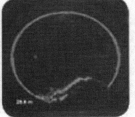

a) 管道塌陷和破损　　b) 管道淤积测量　　c) 管道顶部破损泄漏　　d) 管道内部堆积杂物

图3-2 各种缺陷显示

3.4 管道扫描评估技术（SSET）

SSET（Sewer Scan and Evaluation Technology）能提供如CCTV一样的前视画面，也能

提供管道内表面360°扫描可视图像，最后可在办公室内进行数据分析，全面保证不忽略一些次要的管道缺陷。该系统也能记录管道坡度，因此可得到管道下垂位置和沉积物的潜在位置。360°扫描能以平面视图检查管道整个表面，并且可以测量接头缝隙。

1）主要优势

（1）可让工程师评估管道状况，而不是摄像操作人员进行评估工作。

（2）决策人员能快速地分析数据。

（3）具备图层覆盖功能，可比较年与年之间管道状况的差异。

2）性能

（1）适用管道内径范围为200～900mm。

（2）能同时提供前视和侧视图像（图3-3）。

（3）现场操作人员无须中断和镜头视角调整。

a) 前视图　　　　　　　　b) 侧视图

图3-3　前视和侧视图像

3）工作原理

SSET技术是一种先进的管道检查方法，能精确确定管线缺陷性质。该方法使用两套数码图片捕获装置，得到前视图像和侧向图像。SSET系统以恒定速度穿越管线，无须如传统CCTV系统检查管道时的中断，一般穿越速度约是4m/min。

该系统包括两套数码图片捕获装置和照明设备，附加在传统CCTV牵引器上来穿越管道。摄像单元从检查井中以反向下放到污水管中。

摄像机和牵引器可在地面遥控，使用经验证和具备能力的HydroMax USA实现遥控作业。该技术作用于摄像机和牵引器使之穿越管道，同时记录下管壁状况视频，类似于CCTV单元获取的信息。第二个视频捕获设备获取管道内壁侧向画面，也即是与牵引方向成90°的画面。

当使用SSET系统时，可以收集到所有的数据，而不会漏掉任何缺陷，不像CCTV检查那样操作人员可能会遗漏缺陷标记、中断、镜头角度调整等。

由专业工程师或专业工程顾问公司来根据画面进行数据分析。检查缺陷的评定分析结果输入计算机系统，与屏幕上视频显示的缺陷进行覆盖对比，也要将缺陷编码转化成数码数据库。缺陷编码可以通过委托的方式采用工业标准或HydroMax USA技术，来形成理想的独特专业编码。

SSET 原始扫描数据可由任何人进行重复性评估工作，90～120m 长的管道可以进行分段检查，减少作业时间，提高评估水平。

4）画面形式

（1）标准形式的侧向扫描页面（图 3-4）。

（2）侧向扫描的总体页面，这种形式可以在一个页面内提供扫描管段的整体情况（图 3-5）。

（3）前视图像的廊道页面见图 3-6。

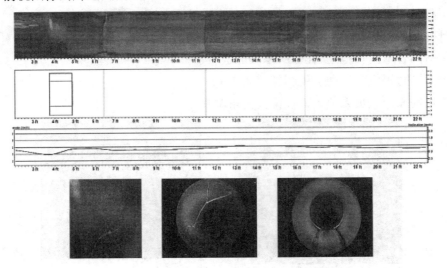

图 3-4　侧向扫描页面

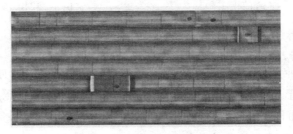

图 3-5　侧向扫描的总体页面

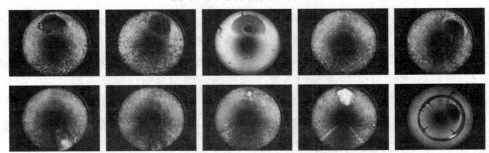

图 3-6　前视图像页面

SSET 能满足 CMOM（Capacity Management Operation and Maintenance）的短期和长期规划指南。CMOM 提供一个框架结构，利用现有评估措施如 CCTV 来保证小问题不扩展为大问题，这是提高系统可靠性和降低系统成本最有效的方法。

事先周期性使用 SSET 有助于识别结构缺陷的稳定性或继续恶化情况。该方法常在烟雾测试和检查井检查之后进行，检验确定上述检查发现缺陷的位置。CCTV 结果很难得到相同的结果，因为其速度变化和 CCTV 画面的不同视角间的转换。

（4）SSET 较 CCTV 具有如下优越性：

①SSET 能提供管线的高质量重复检测。

②能量测裂隙的宽度和长度，量化缺陷。

③具备图层覆盖功能，能比较目前缺陷与历史缺陷，确定结构恶化有无发展。

④提供两套摄像设备，一为前视画面，另一为侧向画面。

⑤侧向画面来自环向画面捕获设备，并以平面形式显示。

⑥软件利于专业工程师快速、详尽地评估管道状况，不存在 CCTV 检查时遗漏缺陷的情况。

3.5 管道全景量化检测技术

根据行业标准《城镇排水管道检测与评估技术规程》(CJJ 181—2012)，采用原位固化法（CIPP）修复给排水管道之前，必须对待修复的管道进行检测评估，对于待修复管道的评估，需要对管道相关数据进行量化，获取管道的全景信息。

全景激光量化测检测技术，是采用多传感器融合的爬行器在管道中采集管道数据，保证爬行器在管道中行进一次即获得管道内全部信息，无须检测人员实时关注检测过程，也无须在每一个缺陷部位停止爬行器并进行环视。

爬行器在管道中爬行一次后即获得视频、激光轮廓、全景图、色谱图和姿态数据并对管道内缺陷部位进行有效的量化，为管道养护提供有效的数据支撑。

爬行器在管道中爬行时，实时获取管道检测视频、激光轮廓数据、行进里程数据、爬行器姿态数据，通过上述数据，实时计算得到管道全景图、色谱图，将管道内部全景（图 3-7）以一张图片的方式呈现。检测过程中无停止、无旋转、无环视、无调教变倍，且无停留观察。

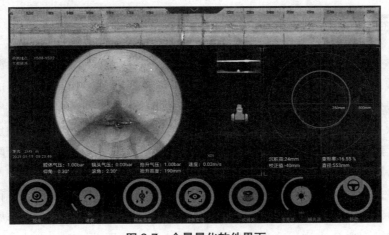

图 3-7　全景量化软件界面

使用全景激光量化检测技术获取的管道内部全景图，相当于把管道剪开，然后平铺，通过平面展开图（图 3-8），可以直观看到管道内部的情况，而无须观看视频，极大地提升了判读效率，降低了数据量。

图 3-8　全景量化效果界面

在进行分析时，导入的数据为上述的激光雷达轮廓数据、色谱图、影像数据及全景图；判读人员以色谱图、全景图为主进行分析，在色谱图或者全景图有异常的地方进行点击，会自动关联到该地方的激光雷达轮廓数据和影像数据，进行缺陷的判读，做到精确量化。可以在激光雷达轮廓数据上测出破裂尺寸、变形率、沉积量等，同时可以在平面展开图（图 3-9）上确认裂缝宽度、缺陷长度等。

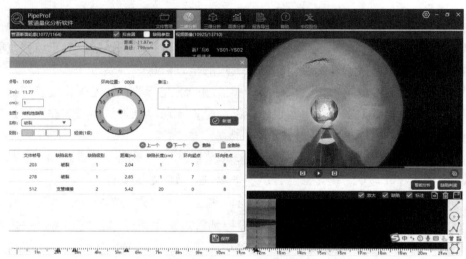

图 3-9　全景量化分析界面

3.6　电法测漏检测技术

电法测漏检测技术可以通过检测回路中的电流判定管道是否有破裂、渗漏等病害，近年来在部分城市开始探索运用。该技术为无法进行传统技术检测的排水管道的养护、维修和管理工作提供了依据。管道电法测漏仪采用聚焦电流快速扫描技术，通过实时测量聚焦式电极阵列探头在管道内连续移动时透过漏点的泄漏电流，现场扫描并精确定位所有管道漏点。主要适用于带水非金属（或内有绝缘层）无压管道检测，适用于新管验收、管道修复后的渗漏验证、管道泄漏点的统计分类、分级评估、检测定位等。

电法测漏仪由主机、电缆盘、探头三部分构成，探头置于管道内部连续移动，通过实时采集监测电流值的曲线变化来分析定位管道漏点，设备见图 3-10。其工作原理为管道内壁为绝缘材料，对电流来说表现为高阻抗，管道内的水和埋设管道的大地为低阻抗。当电法测漏仪工作时，探头在管道内匀速前进。当管道内壁完好时，接地电极和探头电极之间的电阻很大，电流很小。当管道内壁存在缺陷时，电极之间存在低阻抗通路，电极之间的电流因此增加。通过接地电极和探头电极之间电流的变化以及电缆盘上的测距传感器，判断漏点纵横缝长度及管口脱开等情况。

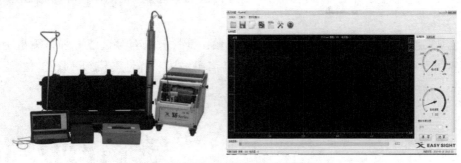

图 3-10　电法测漏仪及分析软件

采用该技术检测管道的渗漏点具有高效率、高精度、低成本的特点，一次性探测并定位漏点，快速高效，可达到厘米级定位精度，精确定位漏点，且带水检测成本比 CCTV 检测成本低。

3.7　管中探地雷达检测技术

有学者对我国城市道路塌陷的原因进行了统计分析，55%的城市道路塌陷事故是由于管道破损引发。目前的管道检测机器人以检测管道内部结构缺陷及功能缺陷为主，对于埋地管道外部缺陷关注较少。近些年研发出管中探地雷达机器人设备，管中探地雷达机器人设备是基于探地雷达技术（GPR）和闭路电视（CCTV）技术，在管道机器人平台上集成探地雷达和闭路电视系统，组成管中探地雷达综合检测系统。通过机器人在埋地管道内部爬行作业，可实现对排水管道内部的视频检测、管道结构及管道外部周边土体的雷达扫描，同步获取管道内表面情况及内部缺陷破损、管道外部周边土体松散及空洞塌陷等病害的综合数据。国内公司研发的管中探地雷达机器人设备如图 3-11 所示。

图 3-11　国内管中探地雷达机器人

设备同时搭载 CCTV 高清摄像头和探地雷达，可用于直径不小于 600mm 的管道检测，在非金属管道中同步采集管道内部高清视频数据、雷达数据和机器人坐标位置等信息，实现 360°全空间探测，为埋地管道检测和运营维护管理等提供依据，有效预防发生城市道路塌陷。

3.8　弹性波检测技术

弹性波技术是通过测量弹性波在材料内传播的速度，来确定材料的弹性模量，该技术现在已广泛应用于大坝、隧道等混凝土质量检测。该技术为无损检测技术，可以快速测量管道的强度，适用于管道的检测、新修复管道的验收等（图3-12）。

弹性波设备通过震源在管壁G点处发出冲击信号，之后分别通过加速度传感器 P_1、P_2 接收冲击信号，通过分析信号，得到两个信号传播的时间差。已知两个探头的距离，从而可算出波速。

通过观察波形和波速来确定管道内部的质量，弹性波具有穿透能力强，测量距离远，抗干扰能力强等优点。设备同时搭载 CCTV 高清摄像头和弹性波模组（图3-13），可用于直径 400~600mm 的管道弹性模量检测。

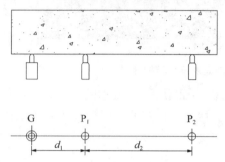

图 3-12 弹性波测量原理示意图
d_1-G 点到 P_1 点的距离；d_2-P_1 点到 P_2 点的距离

图 3-13 国内弹性波检测机器人

3.9 智能球检测技术

智能球（Smart Ball）是一种用于压力管道泄漏检测的技术，其工作原理是利用其内部集成的声音传感器收集管道泄漏时产生的低频声波信号，能够准确定位泄漏点位置。Smart Ball 可利用长输管道发送清管器的装置将其置入管道，随管内流体前进，并记录管道泄漏和气囊、管道三维走向图、管道温度及压力等信息，通过沿线预安装的声接收器全程追踪 Smart Ball 位置，在不影响管道正常运行的情况下，定位泄漏点及气囊，检测完成后在下游某一位置取出。设备如图 3-14 所示。

图 3-14 Smart Ball 检测设备

Smart Ball 技术可应用于 DN300 及以上的各种管材的给水管道检测，管道介质包括饮用水、原水、污水，介质流速范围为 0.15~1.8m/s，适用的最高环境温度为 70℃，管道压力为 0.1~3.5MPa，单次测量长达 12h，最小插入口直径 100mm。

Smart Ball 检测设备包含以下组成部分：

（1）Smart Ball 铝芯。

（2）Smart Ball 铝芯内主要部件：声波发射器、温度传感器、磁力计、水听器、加速度计、陀螺仪、电池。

（3）Smart Ball 泡沫外壳。

（4）Smart Ball 追踪装置：声波接收器（SBR）及传感器。SBR 包括采集装置及电脑，智能球内的声波发射器每 3s 会发出一个声波信号，该信号通过管内介质传播并被 SBR 接收。

Smart Ball 技术检测时无须中断管道运营，高灵敏度的传感器能定位微小泄漏及气囊，单次投放即可检测长距离管道，适合输水干管检测，能够识别管道特征物，可用于管线图绘制作业。

3.10 系缆式给水管道检测机器人

系缆式给水管道检测机器人是一种适用于给水管道检测的机器人，通过一套投放装置，将设备投放到带压的给水管道中，其主体检测装置由多节套筒组成，套筒之间采用柔性连接的方式，设备可以很好地适应管道中的 45°弯，且具备过蝶阀的能力。在主体检测装置的首节附近设置有推力伞结构，在水流的推动下，为设备前进提供动力，后退则由线缆盘拉动设备上的线缆带动设备实现后退。

其检测工作原理为通过其内部集成的声音传感器收集管道泄漏声音，通过视频信号辅助检测管道内部的健康情况（包括淤积、支管暗接、锈蚀、气囊），通过线缆将数据回传到漏点检测分析系统，再由漏点检测分析系统将采集到的数据进行实时的分析，从而辨别出漏点。在主体检测装置发现漏点后，向地面发射定位信号，陆面跟踪人员通过地面定位装置根据定位信号，精确找到设备。

（1）该设备的特点为：

①可以在不影响管道输水的情况下完成检测。

②管道缺陷部位检测的定位精度高。

③可以实时对漏点进行定位，检测后能一键生成检测报告。

④可视化检测。主体检测装置如图 3-15 所示。

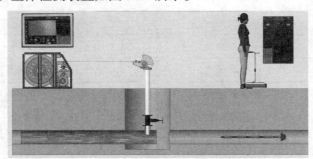

图 3-15　系缆式给水管道检测机器人施工示意图

该技术适用于 DN300 及以上的各种管材的给水管道检测，介质流速范围为 0.2~3m/s，管道压力 ≤2MPa，单次测量长达 8h，最小插入口直径 100mm。该设备的技术参数见表 3-1。

（2）检测设备包含以下组成部分：主体检测装置、投放装置、导缆装置、线缆收放装置、定位装置、主控平板、定位手机。各部分的主要作用如下：

①主体检测装置：管道内的漏点及视频检测。

②投放装置：将设备投放到带压管道中。
③导缆装置：将线缆导入管道中。
④线缆收放装置：实现线缆的放线及收线动作，收线时为主体检测装置回收的动力来源。
⑤定位装置：用于对缺陷位置进行精确定位。
⑥主控平板：管道缺陷部位的分析。
⑦定位手机：辅助对缺陷位置进行定位。

系缆式给水管道检测机器人性能参数表 表3-1

组件名称	内容	技术参数
主体检测装置	适应管径	DN300及以上
	适应材质	所有供水管道
	管道压力	≤2MPa
	适应流速	0.2~3m/s
	续航时间	8h
	工作温度	−20~55℃
投放装置	最小投放口	DN100
	注入压力	≥2MPa
导缆装置	导缆速度	0.1~0.5m/s
	线缆换向	90°
线缆收放装置	标配	2000m（可定制）
	供电电压	220V
定位装置	定位精度	0.5m
	定位深度	3m
	续航时间	24h
主控平板	运行内存	6GB
	存储	128GB机身存储
	显示	10.4英寸显示屏，分辨率为2K（2000像素×1200像素）
	控制	无线控制
	操作	光源亮度调节、收放线缆、生成检测报告
	抓取	可快速抓取、保存缺陷视频及音频数据
	文字录入	可录入工程相关的文字信息
	续航时间	持续工作时长≥8h，提供设备电量指示
	接口	Type-C接口
	防护	配备专用防护套
	质量	680g

续上表

组件名称	内容	技术参数
定位手机	运行内存	6GB
	存储	128GB 机身存储
	显示	6.5 英寸显示屏,分辨率为 2400×1080 像素
	控制	无线控制
	操作	缺陷定位
	文字录入	可录入工程相关的文字信息
	续航时间	持续工作时长≥8h,提供设备电量指示
	接口	Type-C 接口
	防护	配备专用防护套
	质量	260g

3.11 管道渗漏检查技术

管道渗漏检查技术从原理上可分为噪声原理和声呐原理。所谓噪声原理是指从渗漏处流出的水在土壤中以不同方向扩散到地面会产生噪声波,这种噪声波会通过管道自身以及所有与管道相连的部件传播。所以,可以通过地面扩音器就可辨别出漏水声,从而达到确定漏点的目的。

声呐原理也叫相关原理,即相关仪基于渗漏噪声传到两个传感器的不同时间来计算渗漏点和一个检测点之间的距离,并显示数据和图形。由渗漏点漏出的水产生的噪声沿管道和水柱从渗漏点向远处传播,装在管道上或管接头上的传感器捕捉这一渗漏噪声,并把它转化成电信号。渗漏噪声视传播的距离远近先后到达两个不同点处的传感器,相关仪器通过测量到达两点的时间差来计算距离。

3.12 典型管道检查设备

对于管道检查,目前已有较为成熟的技术,对于各种状况的管道,都可以做到翔实准确的检测。管道检查设备有很多种,具体的设备功能侧重点不同,本节重点介绍目前较为通用的设备。

3.12.1 伊派克(iPEK)管道摄像检测系统

德国伊派克(iPEK)(图 3-16)是全球领先的管道摄像检测系统制造企业。其产品 iPEK 600 是目前市场上最轻便的多功能排水管道内窥检测系统,它采用模块化设计,管道检测直径范围为 150~

图 3-16 德国伊派克管道摄像检测爬行器

900mm，可广泛地应用于各种管道情况。它的爬行器在同级别中是最轻巧的，可以通过较小的管道并适宜各种复杂的管道情况。系统可通过手持式控制器控制镜头焦距、照明灯光和爬行器。iPEK 900 则为大口径管道的探测提供了最佳的解决方案，可用于 230～1500mm 的各种管道的检测。

iPEK 600 主要应用于 150～900mm 管道的探测和摄像，iPEK 900 适用于 230～1500mm 大口径的污水、雨水、石油、蒸汽、供水等管道的摄像和探测。

1）性能特点

（1）在液体/碎片上可调整平台升降摄像头，从而可以在管道中心线上进行观测。

（2）可以通过升降台在 150～300mm 范围内调整摄像机的高度。

（3）坚固，方向可操纵，从而能轻松地越过或绕过碎片和坡。

（4）操作简单，升降台、离合器、照明、焦距、方向和速度均可以手控。

（5）防水性好，可在潮湿和水下等环境工作。

2）技术规格

iPEK 600 的具体性能参数见表 3-2。

iPEK 600 具体性能参数　　　　　　　　　　表 3-2

设备名称	项目	参数
履带式爬行车	尺寸	305mm × 121mm × 95mm
	质量	7.25kg
	材料	黄铜、镀镍、不锈钢、铝
	防渗透参数	IP68
	驱动装置	双 20W 直流电机，六轮驱动
照明设备	摄像机	320lux（16 × 20 白色 LED）
	牵引机	40W（2 × 20W 卤素）
	辅助设备功率	40W（2 × 20W 卤素，带分色反射镜）
	最大功率	90W
摄像头	类型	12.7mm 彩色带电耦荷器件的摄像头感光度为 1.5lux
	辨析率	380,000 像素，420 线 HTV 清晰度
	透镜	4mm，f 0.2，远焦距
	透镜视野	$V \times H \times D = 68° \times 90° \times 100°$ （V表示垂直方向视角，H表示水平方向视角，D表示对角线视角）
	焦距	6mm 至无穷远（远程可调）
	尺寸	50.8mm × 73.66mm（直径 × 长度）
	防渗透参数	IP68
电缆线、电缆盘	标准电缆规格	直径 7mm，77.45g/m
	加强电缆规格	直径 8.5mm，96.82g/m
	外套保护	凯夫拉尔增强成分和聚亚氨酯护套
	长度	101m、150m 和 200m
	最大定制长度	200m
	电缆盘	便携式手动滑环电缆盘，可配不同长度的电缆，或者是自动收线式电缆盘

续上表

设备名称	项目	参数
电缆线、电缆盘	防渗透参数	IP63
控制器	尺寸	420mm×343mm×292mm（长×宽×高）
	质量	18kg
	控制	左/右方向操纵，爬行器速度，照明强度，摄像头升降台的控制，离合器控制，辅助的照明控制以及用于升级/附件的标准组件插卡
	电源	交流电（AC）110V，60Hz
	输出	NTSC 合成（EIA-170A）视频信号（或 PAL 制式）

3.12.2 窥无忧（Quick View）管道潜望镜

窥无忧（Quick View）管道潜望镜（图 3-17）是管道快速检测设备，它通过可调节长度的手柄将高放大倍数的摄像头放入检查井或隐蔽空间，就如同潜水艇上的潜望镜一样使地下目标一目了然。QV 管道潜望镜配备了强力光源，所以能够在直径 150～1500mm 管道的管口探测管道内部情况，检测纵深最大可达 80m，并能够清晰地显示管道裂纹、堵塞等内部状况，适用于各种管道、建筑物隐蔽空间的探查。

1）性能特点
（1）高功率探照灯。
（2）图像显示。
（3）伸缩手柄，长度最大可调至 5.4m。
（4）全角高清晰度摄像头。
（5）便携式设计、操作简便。
2）技术规格
窥无忧管道潜望镜具体技术规格及性能参数见表 3-3。

图 3-17 窥无忧管道潜望镜

窥无忧管道潜望镜技术规格表　　　　　表 3-3

项目	参数	项目	参数
探照灯		摄像头	
灯类型	2×35W 聚光灯或放光灯	缩放	216∶1（18∶1 光学 12∶1 数字）
反射类型	双色聚光		
泛光	1500cp 输出，38 度光束	变焦	自动或手动调焦
聚光	8500cp 输出，10 度光束	光圈	自动或手动
控制带		快门	自动或手动（1/1～1/10000s）
电池	内置 95W/h 的可充电电池		
输出	合成视频输出至监视器	灵敏度	0.7lux
摄像头		支架	轻便的铝结构
型号	彩色 1/4″HADCCD	环境适应	可用于 45m 水下
分辨率	450HTVL	温度	−20～50℃

3.12.3 LD-300 管道摄像检测系统

LD-300 管道内窥摄像检测系统（CCTV）（图 3-18）是目前用于管道内窥检测评估最先进有效的方法，该系统能迅速地检测管道内部情况并通过高清晰度显示器显示实时图像，同时也可将图像信息储存在系统硬盘上。适用于管道直径为 200～1500mm 的各种工业管道内窥检测。

1）性能特点

（1）中文界面，操作简单、方便。

（2）实时图像信号处理、存储。

（3）Pipe see 中文管道检测专用数据分析处理软件。

图 3-18 LD-300 管道内窥摄像检测系统

2）技术规格

LD-300 主控制器规格见表 3-4，操纵电缆盘规格见表 3-5，标准摄像头规格见表 3-6，爬行器规格见表 3-7。

主控制器技术参数表　　　　　　　　　　　　　　　　表 3-4

项目	参数	项目	参数
外形尺寸	520mm×500mm×320mm	硬盘	三星 40G
内存	256MB	光盘驱动器	LG 刻录光盘
CPU	Intel PentiumⅢ，1.0G	电源	220V/2A

操纵电缆盘技术参数表　　　　　　　　　　　　　　　表 3-5

项目	参数	项目	参数
外形尺寸	800mm×500mm×350mm	质量	66kg
电缆	150m		

标准摄像头技术参数表　　　　　　　　　　　　　　　表 3-6

项目	参数	项目	参数
水平解像器	480Tvline	有效像素	752（H）×582（V）/768（H）×494（V）
最低照度	0.02lux	电子快门	1/50～1/10000s
镜头系统	18 倍视频变焦镜头		

爬行器技术参数表　　　　　　　　　　　　　　　　　表 3-7

项目	参数	项目	参数
外形尺寸	500mm×100mm×100mm	最大连续工作扭矩	9.59N·m
质量	20kg	爬坡能力	15°
最大输出功率	90W		

可选 Pipesee 软件以及旋转变焦镜头，镜头可轴向旋转 180°，径向旋转 180°，180 倍以上光学和数字变焦。

3.12.4　1512PC 型管道声呐检测仪

1512PC 型管道成像声呐检测仪（图 3-19）使用声学技术，可以探测充满液体的管道或钻井的内部情况。该系统可以与摄像检视系统同时使用，使用摄像机成像时无须排干管道，并能够提供准确的量化数据，从而检测和鉴定管道的破损情况。

1）性能特点

（1）系统带一个水下扫描单元（由爬行器或 ROV 驱动，可以滑行，漂浮），声学处理单元以及一台高分辨率彩色显示器。

（2）带硬盘驱动器，可存储从显示器上得到的高分辨率图片，存储图像可重新载入系统。

（3）指针定位，可进行数据的后期测量分析。

（4）360°范围连续实时扫描。

（5）友好用户界面。

图 3-19　管道成像声呐检测仪

2）产品规格

1512PC 型管道成像声呐检测仪技术规格见表 3-8。

1512PC 型声呐检测仪技术规格表　　表 3-8

		水下检测装置			声呐处理系统	
机械参数	总长	375mm	机械参数	框架类型	19in 架装结构或独立结构
	直径	70mm		尺寸	433mm × 480mm × 90mm
	材质	不锈钢		冷却	强制通风
	质量	3.0kg	环境参数	操作温度	0～+40℃
	水中质量	2.6kg		储藏温度	−20～70℃
环境参数	最大操作深度	1000m		湿度	20%～80%
	操作温度	0～40℃	电源要求	电压	交流电（AC）110～125V、AC 220～250V
	储藏温度	−20～70℃		频率	47～65Hz
声音参数	声波频率	2MHz		功率	100W
	声波宽度	1.1（圆锥形波）		进口接头	ICE 标准
	分辨率	0.5mm	处理器和显示系统	处理器	奔腾 500MHz
	反射最大范围	3m		内存	64M
	传输脉冲宽度	4～20μs		硬盘	10GB
	接收机波段宽度	500kHz		软盘驱动器	3.5″，1.44Mb
接口和电缆	导线数量	1 根双绞线或同轴电缆 2 根动力线		可擦写光驱	32 读 8 写
	计算机控制波特率	9600b		显示模式	16 位、24 位、32 位
	电缆最大衰减率	40db		视频模式	欧洲：625 线，50Hz，PAL 制 北美：525 线，50Hz，NTSC 制
	电源要求	DC 26V，0.5A（持续供电）、1A（峰值）		视频输出	SVGA，SVHS 复合

3.12.5 Vcam 检视仪

Vcam 检视仪（图 3-20）是一款性能优异、操作简便、功能强大的管道检视产品，主要应用于 50~300mm 的管道，适用于下水道、排水沟、化粪池、锅炉、电缆管和空调管道等场合。

1）性能特点

（1）清晰的液晶显示器，实时 DVD 记录，软件可以用来抓取单个图像生成报表或储存图像。

（2）强度更高和耐久性更佳的凯夫拉尔加固电缆，推进杆和摄像头可轻易地越过管径 75mm 的 90°的弯管。

（3）坚固的不锈钢构架。

（4）蓝宝石镜头（防擦伤、防碎）。

图 3-20 Vcam 检视仪

（5）全不锈钢摄像机外壳，环氧树脂密封摄像头连接。

（6）高质量的 LCD/DVR 模块。

（7）储存和工作温度为 -20~40℃。

2）产品规格

Vcam 检视仪技术规格见表 3-9。

Vcam 检视仪技术规格表　　　　表 3-9

组件	说明	
显示器	制式	NTSC-110V 或 PAL-240V
	平面液晶显示	510×492 NTSC（500×582PAL）
	屏幕编辑器	标准键盘
存储设备	DVR（可远程控制）	DVD+RW 或 DVD+R
	容量	4.7G
摄像头	色彩	标准彩色
	控制	照明和摄像可四方向控制
	镜头	蓝宝石镜头，防水、防震
电缆	带凯夫拉尔层的环氧树脂玻璃纤维杆	
	耐磨损的防水层，抗冲击的聚合物外护层	
	公称应变力	1800kg
	电阻	750Ω
	标准长度	60m（其他长度可订制）
软件	可从 DVD 中抓取静止的图像生成报表或记录	

3.12.6 MC7-A 漏水噪声相关仪

漏水噪声相关是地下管道漏点精确定位的最好方法，漏水噪声相关仪使查漏人员能够精确地找到漏点在管道上的精确位置。MicroCorr@（MC 系列）是世界上著名的相关仪名牌（超过 4000 套 Micro Corr@相关仪在世界各地使用）。Micro Corr Digital（MC7）是世界上第一台全数字相关仪，采用高科技军事声呐和空间通信技术，其数字系统在传感器就将噪声转换成数字格式，从而保证了噪声的质量和完整性，具有传统的模拟相关仪无法比拟的优越性能。可用于各种地下水管漏点的精确定位，包括困难漏点（如塑料管、大口径主干管和低压情况下漏点）的定位。

MC7-A 漏水噪声相关仪（图 3-21）是在 MC7 相关仪的基础上开发的一款新品。该仪器保留了传统相关仪的所有优点，并在此基础上重新设计，其体积更小，操作更简单，现场安装也更方便。该系统的发射机带有蓝牙通信接口，可连接至掌上电脑（PDA），工作人员可以只随身携带 PDA 进行现场操作。

图 3-21　MC7-A 漏水噪声相关仪图

1）相关仪原理

在漏水管上放置两个传感器，漏出点发出的声音以速度v向左右两侧传播。传向右侧传感器的同时，向相反方向传播的音频信号也到达同距离的L点。到达左侧传感器的声音比到达右侧传感器的漏水声音慢一个时间差T_d。相关仪利用漏水声音在两个传感器之间的相关函数，进行极性和幅值的计算，得出时间差T_d。根据两个传感器之间的距离和管路中声音的传播速度，即可准确地计算漏点位置，具体检测原理如图 3-22 所示。相关仪原理的表达公式为：

$$L = \frac{D - vT_d}{2} \tag{3-1}$$

式中：L——右侧传感器至漏点距离（m）；

v——声音传播速度（m/s）；

D——传感器之间的距离（m）；

T_d——延迟时间（s）。

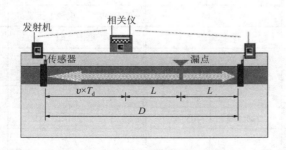

图 3-22　相关原理检测示意图

MC7-A 漏水噪声相关仪具有强大的信号处理和数据运算功能，该检测仪采用了具有多项专利技术的传感器，可有效拾取漏水声音，使运算和漏点定位更加准确。MC7-A 漏水噪声相关仪具有快速傅里叶变换（FFT）和辅助滤波（AFS）功能，可使运算更加快速有效。

2）性能特点

（1）全数字系统。

（2）高灵敏度的加速传感器，能有效监测极其微弱的漏水噪声。

（3）相关性好，适合多种管材的漏水检测。

（4）蓝牙通信功能，可连接PDA。

（5）自动校准，自动参数滤波。

（6）可通过互联网进行软件升级，远程诊断和得到全世界范围的现场支持。

（7）数据回放功能，能够进行数据的事后处理或离线相关。

3）技术规格

相关仪系统配置包括两个发射机、两个加速计传感器、蓝牙通信接口装置、连接线、天线、充电器和PDA等。MC7-A漏水噪声相关仪的技术规格见表3-10。

MC7-A漏水噪声相关仪的技术规格表　　　　表3-10

项目	参数	项目	参数
PDA		接收机	
相关过程	FFT	无线电信号接收	模拟
频率	0～5000Hz	天线	便携式和内置式
高通滤波	8段	充电电池	可连续使用12h
低通滤波	8段	12V车载电源充电装置	有
最大延迟时间	6000ms	12V市电充电适配器	有
软件平台	Windows PDA	发射机	
速度范围	10～9990m/s	放大频率范围	0～5000Hz
分辨率	±0.1m	水中听音器/加速传感器	均可配置
管道分段限制	可测6段不同材质管道	电池寿命	8h
内存	取决于PDA存储容量	LED显示	显示开/关/充电/信号发送
显示	PDA高清晰显示屏	输出功率	500mW
信息接收接口	蓝牙	频率	407～490MHz内多种频率
无线电信号接收	模拟	信号值指示、电池电压显示	有
发射机数目	1个或2个	电池类型	充电电池
输入	一个通道 红色发射机/蓝色发射机		
电池类型	充电电池		
电池充电器	12V DC 110/230V AC		
电池寿命	12h		

3.12.7　排水管道检测水下声呐测绘系统SPC300

排水管道检测水下声呐测绘系统SPC300见图3-23。

1）性能特点

（1）能够清楚地扫描管道内部轮廓的变形和破裂以及沉积物的整体形状。

（2）可对深度在1200m范围内、直径400~5000mm的管道内部轮廓进行绘制。

（3）声呐图像可同步清晰地传送到地面上的彩色PC监控器上，并通过软件处理声呐提供的图像计算下水道中沉积物的数量。

（4）声呐可与摄像机、各种环境传感器相结合，对结构进行全面的检查。声呐可顺流前进，或在牵引电缆、牵引车的牵引下前进。

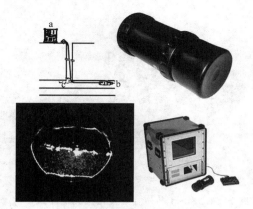

图3-23　声呐测绘系统SPC300

2）技术参数

声呐探头及控制单元的技术参数见表3-11、表3-12。

声呐探头技术参数　　　　　　　　　表3-11

项目	参数	项目	参数
工作频率	1.6~2.1MHz	机械分辨率	0.45°
波束覆盖范围	1.5°~2.4°圆锥形扩展	扫描扇区	360°转换 连续360°模式/扇区分支模式
范围	0.03~30m可调节	工作深度	1000m
分辨率	5mm	标准的连接器	防水
脉冲长度	20~300脉冲	工作温度	-10~35℃
系统带宽	12kHz	储存温度	-20~50℃
扫描方式	速度和分辨率相结合	电源	18~36V直流电、6A电流
机械挡位规格	0.45°、0.90°、1.35°、1.80°	数据连接率	154.25kbaud

控制单元技术参数　　　　　　　　　表3-12

项目	参数	项目	参数
微机处理	奔腾133	扫描范围	360°变化
工作系统	Microsoft Windows 95	球形控制手柄	目标范围和相关数据
显示器	SVGA 1280×1024×256	功能键	图像提示的LED背景灯（液晶显示图像引导菜单模式）
数据连接率	154.25kbaud	软盘驱动	硬盘或3.5″软盘
线性驱动	>2.2m	抗震/防水的集装型控制台	长580mm、宽500mm、高474mm
键盘	标准XT/AT型	质量	25kg
范围选择	10个范围设置	交流电压	220V、250W
截取图片	采用人工采集控制	工作温度	0~40℃
端口	人工端口控制	储存温度	-20~50℃
动态量程	由使用者充分控制	附件	多种存储设备

3.12.8 X5-H系列全景量化检测机器人

图 3-24 X5-H系列全景量化检测机器人

X5-H系列全景量化检测机器人（图 3-24）由全景镜头、管道侧扫仪、X5-H系列爬行器、电缆盘及控制系统组成。检测过程中，实时同步呈现管道高清视频、横断面轮廓、全景图、色谱图等多项数据。全景化检测技术可输出管道内壁全景展开图和管道横断面轮廓图，并实现管道全景三维模型的构造输出，对管道变形、沉积、缺陷尺寸、体积进行直观展示和量化分析，为养护与修复作业提供精准的数据支撑。

1）产品特点

实现管道内壁以一张全景图片的方式呈现并量化缺陷，采集、判读过程精准高效。检测时无须观察缺陷，直接保存数据即可；在管道全景图上进行判读，点击缺陷自动关联对应的视频帧和横断面轮廓数据，进行量化。

管道高清视频、全景图、色谱图、管道横断面轮廓图等多种数据集中呈现。实现管道纵剖面图、管道展示图、管道三维点云、管道实景三维、管道三维轨迹、管道沉积量状况纵断面图表、管道变形率图表、管道过水断面损失率图表等多方式及全方位展示分析，一键输出专业丰富的量化报告。

2）技术规格

（1）适用管径：250～3000mm。

（2）适用管道：城市合流污水、生活污水及工业废水、城市雨水或供水管道。

（3）镜头升降：电动升降架，落差可达 174mm（升降架升至最高时，摄像头中轴线离轮轴中心点 204mm，升降架降至最低时，摄像头中轴线离轮轴中心点 30mm）。

（4）驱动：双 90W 直流电机，6 轮驱动，最大行走速度可达 32m/min。

（5）爬坡：根据管道状况不同，最大爬坡能力 45°。

（6）电路保护：电机堵转、过流、过压自动保护。

（7）照明光源：前向 8 颗发光二极管（LED）照明灯共 26W，后向 2 颗 LED 共 6W，所有光源光强亮度连续可调。

（8）后视镜头：集成后视镜头及灯光，用于爬行器回收期间观察倒车及线缆回收情况，后视镜头分辨率为 1280×720（100 万像素）。

（9）定位功能：集成信号发射器，可用管线仪定位（选配）。

（10）防撞保护：设置 U 形保护架，可有效防止镜头撞击。

（11）车轮：配有大、中、小三组轮子，可使用加宽器加宽轮轴，以适用于不同的管径。

（12）材料：黄铜、镀镍、不锈钢、铝（经防腐处理）。

（13）防护等级：IP68，可用于 10m 水深，内置气压传感器，有压力指示灯。

（14）工作温度：-10～50℃。

（15）尺寸：480mm×177mm×182mm（爬行器装配 4 英寸橡胶轮）。

（16）质量：16kg。

3）全景镜头技术参数（表3-13）

全景镜头技术参数 表3-13

项目	技术指标	项目	技术指标
图像传感器	≥1/4″CCD，彩色	视角	≥170°
灵敏度（最低感光度）	≤3lux	分辨率	≥1920×1080（100万像素）

4）激光雷达探头技术参数（表3-14）

激光雷达探头技术参数 表3-14

项目	技术指标	项目	技术指标
激光安全等级	IEC-60825 Class 1	扫描角度	360°
测量管径范围	300~6000mm（反射率10%）	角度分辨率	≤0.33°
测量盲区	≤0.1m	测量精度	≤±2cm
扫描频率	≥5Hz（300r/min）		

本章参考文献

[1] 马保松. 非开挖工程学[M]. 北京：人民交通出版社，2008.

[2] 中华人民共和国住房和城乡建设部. 城镇排水管道检测与评估技术规程：CJJ 181—2012[S]. 北京：中国建筑工业出版社，2012.

[3] 中华人民共和国住房和城乡建设部. 市政管道电视检测仪：CJ/T 519—2018[S]. 北京：中国标准出版社，2018.

[4] 智国铮，戴勇华，马艳. 排水管网检测技术与分析方法研究进展[J]. 净水技术，2021，40(5)：8-15.

[5] 贺超，孟钦伟，袁培骏，等. 电法测漏定位仪在排水管网检测中的探索应用[J]. 市政技术，2020，38(4)：180-182，188.

[6] 刘敦文，黄仁东，徐国元. 探地雷达技术在地下管道探测中的应用[J]. 湖南科技大学学报(自然科学版)，2001，16(2)：75-77.

[7] 姜勇，吴佳晔，马永强，等. 基于声(冲击弹性)波的隧道衬砌检测技术及应用[J]. 中国铁路，2020(12)：89-96.

[8] 苏林. 长输管道智能球检漏技术应用[J]. 管道技术与设备，2017(1)：30-31，46.

[9] 檀继猛，李建柱，韩宝刚，等. 全流程数字化排水管道检测方法应用与研究[J]. 城市勘测，2021(6)：170-173.

[10] 李伟，贾烊，陈国荣. CCTV技术在泗洪县城区排水管道检测中的应用[J]. 中国建材科技，2021，30(5)：149-151.

第4章 管道评估技术

4.1 管道缺陷类型及等级划分

国家行业标准《城镇排水管道检测与评估技术规程》(CJJ 181—2012)中根据缺陷对管道状况的影响将管道缺陷分为结构性缺陷和功能性缺陷。结构性缺陷是指管道结构本体遭受损伤，影响强度、刚度和使用寿命的缺陷。功能性缺陷是指导致管道过水断面发生变化，影响畅通性能的缺陷。

规程中根据缺陷的危害程度给予不同的分值和相应的等级。分值和等级的确定原则是：具有相同严重程度的缺陷具有相同的等级。规程中将缺陷分为四个等级，轻微缺陷、中等缺陷、严重缺陷和重大缺陷，如表4-1所示。

缺陷等级分类表　　　　　　　　表4-1

缺陷性质	缺陷等级			
	1	2	3	4
结构性缺陷	轻微缺陷	中等缺陷	严重缺陷	重大缺陷
功能性缺陷	轻微缺陷	中等缺陷	严重缺陷	重大缺陷

表4-2、表4-3分别为结构性缺陷和功能性缺陷的名称、代码、定义、等级划分及分值。

管道缺陷位置的纵向起算点应为起始井管道口，缺陷位置纵向定位误差应小于0.5m。当缺陷是连续性缺陷（纵向破裂、变形、纵向腐蚀、起伏、纵向渗漏、沉积、结垢）且长度大于1m时，按实际长度计算；当缺陷是局部性缺陷（环向破裂、环向腐蚀、错口、脱节、接口材料脱落、支管暗接、异物穿入、环向渗漏、障碍物、残墙、坝根、树根）且纵向长度不大于1m时，长度按1m计算。当在1m长度内存在两个及以上的缺陷时，该1m长度内各缺陷分值叠加，如果叠加值大于10分，按10分计算，叠加后该1m长度的缺陷按一个缺陷计算（相当于一个综合性缺陷）。

管道缺陷的环向位置应采用时钟表示法。缺陷描述按照顺时针方向的钟点数采用4位阿拉伯数字表示起止位置，前两位数字应表示缺陷起点位置，后两位数字应表示缺陷终止位置。如当缺陷位于某一点上时，前两位数字应采用00表示，后两位数字表示缺陷点位。

结构性缺陷名称、代码、等级划分及分值   表 4-2

缺陷名称	缺陷代码	定义	缺陷等级	缺陷描述	样图	分值
破裂	PL	管道的外部压力超过自身的承受力致使管子发生破裂。其形式有纵向、环向和复合3种	1	裂痕——当下列一个或多个情况存在时：（1）在管壁上可见细裂痕；（2）在管壁上由细裂缝处冒出少量沉积物；（3）轻度剥落		0.5
			2	裂口——破裂处已形成明显间隙，但管道的形状未受影响且破裂无脱落		2
			3	破碎——管壁破裂或脱落处所剩碎片的环向覆盖范围不大于弧长60°		5
			4	坍塌——当下列一个或多个情况存在时：（1）管道材料裂痕、裂口或破碎处边缘环向覆盖范围大于弧长60°；（2）管壁材料发生脱落的环向范围大于弧长60°		10
变形	BX	管道受外力挤压造成形状变异	1	变形不大于管道直径的5%		1
			2	变形为管道直径的 5%～15%		2
			3	变形为管道直径的 15%～25%		5
			4	变形大于管道直径的25%		10

续上表

缺陷名称	缺陷代码	定义	缺陷等级	缺陷描述	样图	分值
腐蚀	FS	管道内壁受侵蚀而流失或剥落，出现麻面或露出钢筋	1	轻度腐蚀：表面轻微剥落，管壁出现凹凸面		0.5
			2	中度腐蚀：表面剥落显露粗骨料或钢筋		2
			3	重度腐蚀：粗骨料或钢筋完全显露		5
错口	CK	同一接口的两个管口产生横向偏差，未处于管道的正确位置	1	轻度错口：相接的两个管口偏差不大于管壁厚度的1/2		0.5
			2	中度错口：相接的两个管口偏差为管壁厚度的1/2~1之间		2
			3	重度错口：相接的两个管口偏差为管壁厚度的1~2倍之间		5
			4	严重错口：相接的两个管口偏差为管壁厚度的2倍以上		10

续上表

缺陷名称	缺陷代码	定义	缺陷等级	缺陷描述	样图	分值
起伏	QF	接口位置偏移，管道竖向位置发生变化，在低处形成洼水	1	起伏高/管径≤20%		0.5
			2	20%＜起伏高/管径≤35%		2
			3	35%＜起伏高/管径≤50%		5
			4	起伏高/管径＞50%		10

续上表

缺陷名称	缺陷代码	定义	缺陷等级	缺陷描述	样图	分值
脱节	TJ	两根管道的端部未充分接合或接口脱离	1	轻度脱节：管道端部有少量泥土挤入		1
			2	中度脱节：脱节距离不大于2cm		3
			3	重度脱节：脱节距离为2～5cm		5
			4	严重脱节：脱节距离为5cm以上		10
接口材料脱落	TL	橡胶圈、沥青、水泥等类似的接口材料进入管道	1	接口材料在管道内水平方向中心线上部可见		1
			2	接口材料在管道内水平方向中心线下部可见		3
支管暗接	AJ	支管未通过检查井直接侧向接入主管	1	支管进入主管内的长度不大于主管直径10%		0.5
			2	支管进入主管内的长度在主管直径10%～20%之间		2
			3	支管进入主管内的长度大于主管直径20%		5

续上表

缺陷名称	缺陷代码	定义	缺陷等级	缺陷描述	样图	分值
异物穿入	CR	非管道系统附属设施的物体穿透管壁进入管内	1	异物在管道内且占用过水断面面积不大于10%		0.5
			2	异物在管道内且占用过水断面面积为10%～30%		2
			3	异物在管道内且占用过水断面面积大于30%		5
渗漏	SL	管外的水流入管道	1	滴漏：水持续从缺陷点滴出，沿管壁流动		0.5
			2	线漏：水持续从缺陷点流出，并脱离管壁流动		2
			3	涌漏：水从缺陷点涌出，涌漏水面的面积不大于管道断面的1/3		5
			4	喷漏：水从缺陷点大量涌出或喷出，涌漏水面的面积大于管道断面的1/3		10

注：1. d 表示管道直径。
　　2. 表中缺陷等级定义区域 X 的范围为 $x\sim y$ 时，其界限的意义是 $x < X \leqslant y$。

功能性缺陷名称、代码、等级划分及分值　　　　表 4-3

缺陷名称	缺陷代码	定义	缺陷等级	缺陷描述	样图	分值
沉积	CJ	杂质在管道底部沉淀淤积	1	沉积物厚度为管径的 20%～30%		0.5
			2	沉积物厚度在管径的 30%～40%之间		2
			3	沉积物厚度在管径的 40%～50%之间		5
			4	沉积物厚度大于管径的 50%		10
结垢	JG	管道内壁上的附着物	1	（1）硬质结垢造成的过水断面损失不大于15%； （2）软质结垢造成的过水断面损失在 15%～25%之间		0.5
			2	（1）硬质结垢造成的过水断面损失在15%～25%之间； （2）软质结垢造成的过水断面损失在 25%～50%之间		2
			3	（1）硬质结垢造成的过水断面损失在25%～50%之间； （2）软质结垢造成的过水断面损失在 50%～80%之间		5
			4	（1）硬质结垢造成的过水断面损失大于 50%； （2）软质结垢造成的过水断面损失大于 80%		10

续上表

缺陷名称	缺陷代码	定义	缺陷等级	缺陷描述	样图	分值
障碍物	ZW	管道内影响过流的阻挡物	1	过水断面损失不大于15%		0.1
			2	过水断面损失在 15%～25%之间		2
			3	过水断面损失在 25%～50%之间		5
			4	过水断面损失大于50%		10
残墙、坝根	CQ	管道闭水试验时砌筑的临时砖墙封堵，试验后未拆除或拆除不彻底的遗留物	1	过水断面损失不大于15%		1
			2	过水断面损失为在 15%～25%之间		3
			3	过水断面损失在 25%～50%之间		5
			4	过水断面损失大于50%		10

续上表

缺陷名称	缺陷代码	定义	缺陷等级	缺陷描述	样图	分值
树根	SG	单根树根或是树根群自然生长进入管道	1	过水断面损失不大于15%		0.5
			2	过水断面损失在 15%～25% 之间		2
			3	过水断面损失在 25%～50% 之间		5
			4	过水断面损失大于50%		10
浮渣	FZ	管道内水面上的漂浮物（该缺陷需记入检测记录表，不参与计算）	1	零星的漂浮物，漂浮物占水面面积不大于30%		
			2	较多的漂浮物，漂浮物占水面面积的30%～60%		
			3	大量的漂浮物，漂浮物占水面面积大于60%		

4.2 排水管道评估方法

管道缺陷评估的目的是确定现有管道状况及是否需要修复，以给业主部门的决策提供参考。下面主要根据《城镇排水管道检测与评估技术规程》（CJJ 181—2012），对排水管道的状况评估方法进行说明。

4.2.1 结构性状况评估

1）管段损坏状况参数的计算

管段损坏状况参数是缺陷分值的计算结果，S 是管段各缺陷分值的算术平均值，S_{max} 是管段各缺陷分值中的最高分值。

管段损坏状况参数应按下列公式计算：

$$S = \frac{1}{n}\left(\sum_{i_1=1}^{n_1} P_{i_1} + \alpha \sum_{i_2=1}^{n_2} P_{i_2}\right) \quad (4-1)$$

$$S_{max} = \max\{P_i\} \quad (4-2)$$

$$n = n_1 + n_2 \quad (4-3)$$

式中：n——管段的结构性缺陷数量；

n_1——纵向净距大于 1.5m 的缺陷数量；

n_2——纵向净距大于 1.0m 且不大于 1.5m 的缺陷数量；

P_{i_1}——纵向净距大于 1.5m 的缺陷分值，按表 2-24 取值；

P_{i_2}——纵向净距大于 1.0m 且不大于 1.5m 的缺陷分值，按表 2-25 取值；

α——结构性缺陷影响系数，与缺陷间距有关。当缺陷的纵向净距大于 1.0m 且不大于 1.5m 时，$\alpha = 1.1$。

2）结构性缺陷密度计算

当管段存在结构性缺陷时，结构性缺陷密度应按下式计算：

$$S_M = \frac{1}{SL}\left(\sum_{i_1=1}^{n_1} P_{i_1}L_{i_1} + \alpha \sum_{i_2=1}^{n_2} P_{i_2}L_{i_2}\right) \quad (4-4)$$

式中：S_M——管段结构性缺陷密度；

L——管段长度；

L_{i_1}——纵向净距大于 1.5m 的结构性缺陷长度；

L_{i_2}——纵向净距大于 1.0m 且不大于 1.5m 的结构性缺陷长度。

管段结构性缺陷密度是基于管段缺陷平均值 S 时，对应 S 的缺陷总长度占管段长度的比值。该缺陷总长度是计算值，并不是管段的实际缺陷长度。缺陷密度值越大，表示该管段的缺陷数量越多。

3）管段结构性缺陷参数计算

管段结构性缺陷参数 F 的确定，是对管段损坏状况参数经比较取大值而得。规程的管段结构性参数的确定是依据排水管道缺陷的开关效应原理，即一处受阻，全线不通。因此，管段的损坏状况等级取决于该管段中最严重的缺陷。

管段结构性缺陷参数应按下列公式计算。

当 $S_{max} \geqslant S$ 时,

$$F = S_{max} \tag{4-5}$$

当 $S_{max} < S$ 时,

$$F = S \tag{4-6}$$

式中：F——管段结构性缺陷参数；

S_{max}——管段损坏状况参数，管段结构性缺陷中损坏最严重处的分值；

S——管段损坏状况参数，按缺陷点数计算的平均分值。

4）管道缺陷评估

在进行管段的结构性缺陷评估时应确定缺陷等级，结构性缺陷参数 F 是比较了管段缺陷最高分和平均分后的缺陷分值，该参数的等级与缺陷分值对应的等级一致。管段的结构性缺陷等级仅是管体结构本身的病害状况，没有结合外界环境的影响因素。管段结构性缺陷类型指的是对管段评估给予局部缺陷还是整体缺陷进行综合性定义的参考值。

管段结构性缺陷等级的确定应符合表 4-4 的规定。管段结构性缺陷类型评估可按表 4-5 确定。

管段结构性缺陷等级评定对照表 表 4-4

等级	缺陷参数 F	损坏状况描述
Ⅰ	$F \leqslant 1$	无或有轻微缺陷，结构状况基本不受影响，但具有潜在变坏的可能
Ⅱ	$1 < F \leqslant 3$	管段缺陷明显超过一级，具有变坏的趋势
Ⅲ	$3 < F \leqslant 6$	管段缺陷严重，结构状况受到影响
Ⅳ	$F > 6$	管段存在重大缺陷，损坏严重或即将导致破坏

管段结构性缺陷类型评估参考表 表 4-5

缺陷密度 S_M	< 0.1	0.1~0.5	> 0.5
管段结构性缺陷类型	局部缺陷	部分或整体缺陷	整体缺陷

5）管道修复性评估

管段的修复指数是在确定管段本体结构缺陷等级后，再综合管道重要性与环境因素，表示管段修复紧迫性的指标。管道只要有缺陷，就需要修复。但是如果需要修复的管道多，在修复力量有限、修复队伍任务繁重的情况下，制定管道的修复计划就应该根据缺陷的严重程度和缺陷对周围的影响程度，根据缺陷的轻重缓急制定修复计划。修复指数是制定修复计划的依据。

管段修复指数应按下式计算：

$$RI = 0.7F + 0.1K + 0.05E + 0.15T \tag{4-7}$$

式中：RI——管段修复指数；

K——地区重要性参数，可按表 4-6 的规定确定；

E——管道重要性参数，可按表 4-7 的规定确定；

T——土质影响参数，可按表 4-8 的规定确定。

地区重要性参数 K   表 4-6

地区类别	K值
中心商业、附近具有甲类民用建筑工程的区域	10
交通干道、附近具有乙类民用建筑工程的区域	6
其他行车道路、附近具有丙类民用建筑工程的区域	3
所有其他区域或 $F<4$ 时	0

管道重要性参数 E   表 4-7

管径D	E值	管径D	E值
$D>1500mm$	10	$600mm \leqslant D \leqslant 1000mm$	3
$1000mm < D \leqslant 1500mm$	6	$D<600mm$ 或 $F<4$	0

土质影响参数 T   表 4-8

土质	一般土层或 $F=0$ 的土层	粉砂层	湿陷性黄土			膨胀土			淤泥类土		红黏土
			IV级	III级	I、II级	强	中	弱	淤泥	淤泥质土	
T值	0	10	10	8	6	10	8	6	10	8	8

根据修复指数确定修复等级，等级越高，修复的紧迫性越大。管段的修复等级应按表 4-9 的规定确定。

管段修复等级划分   表 4-9

等级	修复指数RI	修复建议及说明
I	$RI \leqslant 1$	结构条件基本完好，不修复
II	$1 < RI \leqslant 4$	结构在短期内不会发生破坏现象，但应做修复计划
III	$4 < RI \leqslant 7$	结构在短期内可能会发生破坏，应尽快修复
IV	$RI > 7$	结构已经发生或即将发生破坏，应立即修复

4.2.2 功能性状况评估

1）运行状况参数计算

管段运行状况参数是缺陷分值的计算结果，Y 是管段各缺陷分值的算术平均值，Y_{max} 是管段各缺陷分值中的最高分。

管段运行状况参数应按下列公式计算。

$$Y = \frac{1}{m}\left(\sum_{j_1=1}^{m_1} P_{j_1} + \beta \sum_{j_2=1}^{m_2} P_{j_2}\right) \tag{4-8}$$

$$Y_{max} = \max\{P_j\} \tag{4-9}$$

$$m = m_1 + m_2 \tag{4-10}$$

式中：m——管段的功能性缺陷数量；

m_1——纵向净距大于 1.5m 的缺陷数量；

m_2——纵向净距大于 1.0m 且不大于 1.5m 的缺陷数量；

P_{j1}——纵向净距大于 1.5m 的缺陷分值，按表 4-3 取值；

P_{j2}——纵向净距大于 1.0m 且不大于 1.5m 的缺陷分值，按表 4-3 取值；

β——功能性缺陷影响系数，与缺陷间距有关；当缺陷的纵向净距大于 1.0m 且不大于 1.5m 时，$\beta = 1.1$。

2）管道功能性缺陷参数计算

在进行管段的功能性缺陷评估时应确定缺陷等级，功能性缺陷参数 G 是比较了管段缺陷最高分和平均分后的缺陷分值，该参数的等级与缺陷分值对应的等级一致。管段的功能性缺陷等级仅是管段内部运行状况的受影响程度，没有结合外界环境的影响因素。

管段功能性缺陷参数应按下列公式计算。

当 $Y_{max} \geqslant Y$ 时，

$$G = Y_{max} \tag{4-11}$$

当 $Y_{max} < Y$ 时，

$$G = Y \tag{4-12}$$

式中：G——管段功能性缺陷参数；

Y_{max}——管段运行状况参数，功能性缺陷中最严重处的分值；

Y——管段运行状况参数，按缺陷点数计算的功能性缺陷平均分值。

3）管道功能性缺陷密度计算

管段功能性缺陷密度是基于管段平均缺陷值 Y 时的缺陷总长度占管段长度的比值，该缺陷密度是计算值，并不是管段缺陷的实际密度，缺陷密度值越大，表示该管段的缺陷数量越多。

当管段存在功能性缺陷时，功能性缺陷密度应按下式计算。

$$Y_M = \frac{1}{YL}\left(\sum_{j_1=1}^{m_1} P_{j_1} L_{j_1} + \beta \sum_{j_2=1}^{m_2} P_{j_2} L_{j_2}\right) \tag{4-13}$$

式中：Y_M——管段功能性缺陷密度；

L——管段长度；

L_{j_1}——纵向净距大于 1.5m 的功能性缺陷长度；

L_{j_2}——纵向净距大于 1.0m 且不大于 1.5m 的功能性缺陷长度。

4）管道功能性缺陷评估

管段的缺陷密度与管段损坏状况参数的平均值 Y 配套使用。平均值 Y 表示缺陷的严重程度，缺陷密度表示缺陷量的程度。

管段功能性缺陷等级评定应符合表 4-10 的规定。管段功能性缺陷类型评估可按表 4-11 确定。

功能性缺陷等级评定　　　　　　　表 4-10

等级	缺陷参数	运行状况说明
Ⅰ	$G \leqslant 1$	无或有轻微影响，管道运行基本不受影响
Ⅱ	$1 < G \leqslant 3$	管道过流有一定的受阻，运行受影响不大

续上表

等级	缺陷参数	运行状况说明
III	$3 < G \leqslant 6$	管道过流受阻比较严重,运行受到明显影响
IV	$G > 6$	管道过流受阻很严重,即将或已经导致运行瘫痪

管段功能性缺陷类型评估　　　　　　表 4-11

缺陷密度Y_M	< 0.1	0.1~0.5	> 0.5
管段功能性缺陷类型	局部缺陷	部分或整体缺陷	整体缺陷

5）管道养护评估

管段的养护指数是在确定管段功能性缺陷等级后,再综合考虑管道重要性与环境因素,表示管段养护紧迫性的指标。由于管道功能性缺陷仅涉及管道内部运行状况的受影响程度,与管道埋设的土质条件无关,故养护指数的计算没有将土质影响参数考虑在内。如果管道存在缺陷,且需要养护的管道多,在养护力量有限、养护队伍任务繁重的情况下,应根据缺陷的严重程度和缺陷发生后对服务区域内的影响程度来制定管道的养护计划,养护指数是制定养护计划的依据。

管段养护指数应按下式计算。

$$MI = 0.8G + 0.15K + 0.05E \tag{4-14}$$

式中：MI——管段养护指数；

　　　K——地区重要性参数,可按表 4-6 的规定确定；

　　　E——管道重要性参数,可按表 4-7 的规定确定。

管段的养护等级应符合表 4-12 的规定。

管段养护等级划分　　　　　　表 4-12

养护等级	养护指数MI	养护建议及说明
I	$MI \leqslant 1$	没有明显需要处理的缺陷
II	$1 < MI \leqslant 4$	没有立即进行处理的必要,但宜安排处理计划
III	$4 < MI \leqslant 7$	根据基础数据全面地考虑,应尽快处理
IV	$MI > 7$	输水功能受到严重影响,应立即进行处理

4.3　排水管道缺陷智能识别方法

为了对管道安全状况进行决策,更好地开展修复工作,管道缺陷精准识别评估是开展后续工作的基础。目前常采用的排水管道 CCTV 检测技术,需要人工全程盯守爬行器的行进过程,在管道缺陷处停止爬行器前进并环视管道缺陷部位,操作较为麻烦,检测效率低下,同时容易产生漏检的情况。在获取管道检测视频后,需要人工按照标准规定对缺陷进行分级分类,多依赖于操作人员的经验,主观性强,导致不同人员得到的检测结果和评估结论存在很大差别,不利于排水管道的修复和养护计划的制定。采用人工判别排水管道缺陷主要存在以下问题：

(1) 适用条件有限。

(2) 依靠人工经验判断。

(3) 工作量大。

(4) 效率较低。

(5) 病害的错判、漏判率高。

近年来，随着计算机硬件水平的发展以及大规模并行计算算法的成熟，机器学习（Machine Learning）在工程领域得到了广泛的关注和初步的应用。机器学习是人工智能领域的一个主要分支，通过数据分析和算法应用来模拟人类学习的过程，以实现不依赖精确模型的构建逐步改进模型的预测精度。由于其计算成本低、开发周期短，加上强大的数据处理能力和较高的预测性能，机器学习正成为多个领域研究与应用的重要工具。在过去几年，机器学习，特别是深度学习分支，已经在基于管道影像资料的管道缺陷智能检测技术应用上取得了一定的突破。

机器学习的一般流程如图 4-1 所示，首先根据历史数据集利用不同的算法进行预测模型的训练，之后将新数据输入建立好的模型中，以得到预测的结果。机器学习的主要算法有人工神经网络（Artificial Neural Networks，ANN）、支持向量机（Support Vector Machine，SVM）、随机森林（Random Forest，RF）、K 最邻近法（K-Nearest Neighbor，KNN）等。相对于机器学习过程中需要较多的人工干预，深度学习（Deep Learning）在训练过程中的许多特征提取部分自动化，消除了一些

图 4-1 机器学习示意图

所需的人工干预，并能够使用更大的数据集。目前常用的深度学习算法主要有卷积神经网络（Convolutional neural network，CNN）、循环神经网络（Recurrent Neural Networks，RNN）、生成式对抗网络（Generative Adversarial Network，GAN）等。

人工神经网络是对生物神经网络的一种模拟和近似，是由大量节点通过相互连接而构成的模拟神经网络自适应非线性动态网络系统。每个节点都被赋予特定的输出函数，节点间通过连接传递信息（数据），连接可以是单向的，也可以是双向的。算法在数据传递中通过不断调整权重以得到最小的预测结果与真实结果误差。网络的输出也取决于网络的连接方式。ANN 具有自学习、自组织、自适应以及很强的非线性函数逼近能力，拥有强大的容错性，可克服传统人工智能方法在某些应用中的缺陷，在处理模糊数据、随机性数据、非线性数据方面具有明显优势，对规模大、结构复杂、信息不明确的系统尤为适用。

支持向量机是以统计学习理论为基础、基于结构风险最小化原理建立的数据模型，为解决数据样本有限情况下的统计模式识别提供较好的工具。该方法具有结构简单、适应性好、全局最优、训练速度快和泛化能力强等诸多优势。自 1964 年提出后，支持向量机在 20 世纪 90 年代得到快速发展，并衍生出一系列改进和扩展算法，在人脸图像识别、文本分类、时间

序列预测等模式识别问题中都有应用。

卷积神经网络受视觉系统的结构启发而产生，基本结构包括输入层、卷积层、池化层、全连接层和输出层（图4-2）。卷积神经网络的局部连接、权值共享和池化操作等特性可以降低网络的复杂度，减少训练参数的数目，易于训练和优化。CNN每一层的特征都由上一层的局部区域通过共享权值的卷积核激励得到。相较于其他网络模型，CNN更适用于图像分类、物体识别。目前，CNN是深度学习领域关注度较高、发展最快的分支，也正是由于其在图像处理方面的优势，近年来管道缺陷智能识别多采用此模型进行研究。

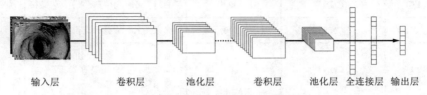

图4-2　卷积神经网络典型结构图

循环神经网络是深度学习领域中一类特殊的内部存在自连接的神经网络，可以学习复杂的矢量到矢量的映射，是一类非常强大的用于处理和预测序列数据的神经网络模型。与CNN不同的地方在于隐藏层存在的循环结构，这种结构非常适合于自然语言处理、时间序列预报等问题，可以保持数据中的依赖关系。循环结构的神经网络克服了传统机器学习方法对输入和输出数据的许多限制，使其成为深度学习领域中一类非常重要的模型。

生成式对抗网络是Goodfellow等人于2014年提出的一种生成式模型，由生成器和判别器两个重要部分构成，生成器捕捉真实数据样本的潜在分布，并生成新的数据样本，判别器是一个二分类器，判别输入是真实数据还是生成的样本，通过对抗学习的方式来迭代训练，逼近纳什均衡。作为一种生成式模型，GAN主要是通过模型学习来估测其潜在分布并生成同分布的新样本，在图像生成、数据增强等领域具有广阔的应用前景。

在排水管道缺陷智能识别评估方面，为了能够克服传统人工检测评估的缺点、快速识别判断出排水管道缺陷类型、缺陷尺寸等参数，国内外诸多学者结合工程实际需求，提出基于深度学习的排水管道缺陷智能识别评估技术。如Halfawy等提出了一种有效的模式识别算法，用于支持传统CCTV检测图像中管道缺陷的自动识别和分类。该算法利用梯度方向直方图（HOG）和支持向量机（SVM）对管道树根侵入这一缺陷进行识别和分类，识别准确率可达86%。户莹通过改进的AlexNet网络实现了排水管道常见十种缺陷的智能识别分类，运用SegNet网络完成了缺陷具体位置的精确分割标注，研究表明采用深度卷积神经网络可以较准确地识别标注出不同缺陷的具体位置，准确率满足一般的工程需求。Pan等提出了一种新颖的语义分割网络，称为PipeUNet，用于下水道缺陷的图像分割，以达到从CCTV图像中分割出缺陷的效果。鲁少辉设计了一种主动式全景视觉检测装置，全方位视觉传感器一次成像就能获取管壁360°全景纹理信息，采用Faster R-CNN方法，直接将全景展开图作为输入，进一步提高检测精度。排水管道缺陷具有类别多、缺陷差异不明显等特性，给图像分类识别、分割出精准的缺陷区域以及量化判断带来较大困难。Duo等人提出了一种基于StyleGAN-SDM（sharpness discrimination model，SDM）和融合CNN的污水管道缺陷检测系统，与传统深度学习方法相比，所提出模型的平均精度达到95.64%，利用OpenCV

的计算机视觉库，实现了管道内部缺陷的智能实时检测。部分研究成果如表 4-13 所示。

管道缺陷识别评估相关研究　　　　表 4-13

作者	模型类别	模型训练样本数量	输出结果	缺陷识别准确率
Yang M D（2008）	CNN、SVM	291	脱节、裂缝、破碎、断裂	60%
Mahmoud R H（2014）	梯度方向直方图（HOG）和 SVM	1000	树根侵入	86%
鲁少辉（2017）	CNN	3000	裂缝、腐蚀、树根侵入、支管暗接	97%
Srinath S K（2018）	CNN	7500	树根侵入、裂缝、沉积	86.2%
户莹（2019）	CNN	1000	脱落、龟裂、裂缝、沉淀、浮渣、结垢腐蚀、树根、错口脱节、障碍物、支管暗接	92%
Pana G（2020）	CNN	1106	裂缝、渗漏、接头偏移、异物穿入	76.37%
Yin X F（2020）	CNN	4056	破裂、孔洞、沉积、断裂、裂缝、树根侵入	85.37%
Ma D（2021）	CNN	1612	错口、渗漏、腐蚀、障碍物	95.64%

以 CNN 为代表的深度学习缺陷检测方法用于排水管道缺陷智能识别，极大提高了生产作业的效率，避免了因人工主观判断的局限性等不利因素影响评估结果的精确性，提高检测过程和结果控制的科学性，有效推进排水管道的检测与修复工作。王大成等提出了一种基于深度学习模型的排水管道 CCTV 视频智能识别系统框架，对深度学习用于排水管道缺陷智能识别评估具有较好的借鉴意义。主要流程如下。

第一步，图像的采集。对应的技术如前文所述的 CCTV 检测、QV 检测等。

第二步，图像的处理。利用深度学习对缺陷特征进行自动识别和提取。通过分类网络对缺陷进行识别，明确缺陷的类型，如腐蚀、破裂、脱节、变形等。继而对缺陷精准定位，使用语义分割网络定位像素级别的缺陷位置，即获得缺陷具体在管道的什么位置。最后对识别出的缺陷进行量化分析，自动计算出缺陷的尺寸，评估得到缺陷的等级。通过验证数据集和测试数据集对得到的深度学习模型进行验证，得到最优模型，用于缺陷识别。

第三步，对输入的视频、图像进行检测，得到管道缺陷情况。

目前常用的排水管道缺陷智能识别流程如图 4-3 所示。

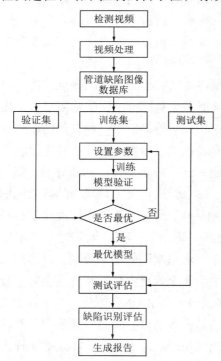

图 4-3　基于深度学习模型的排水管道缺陷智能识别流程图

排水管道缺陷智能识别技术对于提高城市智能化管理水平具有积极意义。目前，深度学习方法在排水管道缺陷的智能检测评估方面还处于起步阶段，迫切需要相关技术的突破，实现排水管道缺陷图像的智能识别，提高识别效率，并将管道缺陷智能识别模型融入管道缺陷检测、报告自动生成的工作中，为排水管道运行维护提供支撑。

本章参考文献

[1] 马保松. 非开挖工程学[M]. 北京: 人民交通出版社, 2008.

[2] Young O C, Trott J J. Buried rigid pipes-structural design of pipelines[M]. London: Elsevier Applied Science Publishers, 1984.

[3] Makar J M, Desnoyers R, McDonald S E. Failure modes and mechanisms in gray cast iron pipe[J]. Underground Infrastructure Research, 2001, 10(13): 1-10.

[4] 中华人民共和国住房和城乡建设部. 城镇排水管道检测与评估技术规程: CJJ 181—2012[S]. 北京: 中国建筑工业出版社, 2012.

[5] Gu J, Wang Z, Kuen J, et al. Recent advances in convolutional neural networks[J]. Pattern Recognition, 2018, 77: 354-377.

[6] 邱锡鹏. 神经网络与深度学习[J]. 中文信息学报, 2020, 34(7): 4.

[7] 曾华军, 张银奎, 等. 机器学习[M]. 北京: 机械工业出版社, 2003.

[8] Lepot M, Stanić N, Clemens F H. A technology for sewer pipe inspection (Part 2): experimental assessment of a new laser profiler for sewer defect detection and quantification [J]. Automation in Construction, 2017, 73: 1-11.

[9] 韦坚, 刘爱娟, 唐剑文. 基于深度学习神经网络技术的数字电视监测平台告警模型的研究[J]. 有线电视技术, 2017(7): 78-82.

[10] 李波锋. 基于机器视觉的排水管道缺陷检测算法研究[D]. 广州: 广东工业大学, 2015.

[11] 李策, 陈海霞, 汉语, 等. 深度学习算法中卷积神经网络的概念综述[J]. 电子测试, 2018(23): 61-62.

[12] Goodfellow I, Pouget-Abadie J, Mirza M, et al. Generative adversarial nets[J]. Advances in Neural Information Processing Systems, 2014, 27.

[13] 杨丽, 吴雨茜, 王俊丽, 等. 循环神经网络研究综述[J]. 计算机应用, 2018, 38(S2): 1-6, 26.

[14] 周飞燕, 金林鹏, 董军. 卷积神经网络研究综述[J]. 计算机学报, 2017, 40(6): 1229-1251.

[15] 陈先昌. 基于卷积神经网络的深度学习算法与应用研究[D]. 杭州: 浙江工商大学, 2014.

[16] 周磊, 范娟娟, 鞠建荣. 一种基于排水管道检测视频的三维重建及定量评估方法研究[J]. 城市勘测, 2020(4): 132-134.

[17] Reyes-Acosta A V, Lopez-Juarez I, Osorio-Comparán R, et al. 3D pipe reconstruction employing video information from mobile robots[J]. Applied Soft Computing, 2019, 75: 562-574.

[18] Zhang J, Huang J, Fu C, et al. Characterization of steel reinforcement corrosion in concrete using

3D laser scanning techniques[J]. Construction and Building Materials, 2021, 270.

[19] 户莹. 基于深度学习的地下排水管道缺陷智能检测技术研究[D]. 西安：西安理工大学, 2019.

[20] Yang M D, Su T C. Automated diagnosis of sewer pipe defects based on machine learning approaches [J]. Expert Systems with Applications, 2008, 35(3): 1327-1337.

[21] Halfawy M R, Hengmeechai J. Automated defect detection in sewer closed circuit television images using histograms of oriented gradients and support vector machine [J]. Automation in Construction, 2014, 38: 1-13.

[22] Pan G, Zheng Y, Guo S, et al. Automatic sewer pipe defect semantic segmentation based on improved U-Net [J]. Automation in Construction, 2020, 119.

[23] Kumar S S, Abraham D M, Jahanshahi M R, et al. Automated defect classification in sewer closed circuit television inspections using deep convolutional neural networks[J]. Automation in Construction, 2018, 91: 273-283.

[24] Yin X, Chen Y, Bouferguene A, et al. A deep learning-based framework for an automated defect detection system for sewer pipes [J]. Automation in Construction, 2020, 109.

[25] 鲁少辉. 基于主动式全景视觉的管道内表面缺陷检测技术的研究[D]. 杭州：浙江工业大学, 2017.

[26] Ma D, Liu J, Fang H, et al. A multi-defect detection system for sewer pipelines based on Style GAN-SDM and fusion CNN[J]. Construction and Building Materials, 2021, 312.

[27] 王大成, 谭军辉, 彭述刚, 等. 利用深度学习模型智能识别地下排水管道缺陷[J]. 测绘通报, 2021(10): 141-145.

第 5 章 管道预处理技术

5.1 管道预处理要求

非开挖管道修复技术是从管道内部对原有管道进行修复的技术,因此在进行修复前应对管道内部进行预处理。不同的修复工艺对管道的预处理有不同的要求,管道预处理不应对后期的施工造成影响。

对于管道更新工艺,工艺的本质是将原有管道从内部破碎,之后拉入或顶入新的管道。因此其对管道内表面没有过高的要求,但其要求管道内部畅通以便牵引拉杆或钢丝绳顺利通过。

对于管道修复工艺,工艺的本质是在原有管道内部形成一新的内衬管,根据修复工艺的不同,内衬管的置入方法也不同。因此,首先管道内部不应有影响内衬管置入的障碍物;其次,根据内衬管与原有管道的贴合程度的不同,对管道内表面的要求也不同。对于内衬管与原有管道不贴合的修复工艺,内衬管与原有管道之间存在一定的空隙,因此其对管道内表面的要求最低,只要不影响内衬管的置入便可,如穿插法和机械制螺旋缠绕法(内衬管不贴合原有管道);对于内衬管与原有管道贴合的工艺,原有管道内表面应无明显附着物、尖锐毛刺、突起现象,根据内衬管的形态,其对原有管道内表面要求从低到高的顺序为:机械制螺旋缠绕法(贴合原有管道)、管片内衬法<折叠内衬法、缩径内衬法<原位固化法;对于内衬管与原有管道粘合的工艺,对原有管道内表面的要求最高,除上述所需要求外,尚应保证原有管道表面洁净。

对于局部修复工艺,应确保待修复部位及其前后 500mm 范围内管道内表面洁净,无附着物、尖锐毛刺和突起。

管道预处理后,应确保原有管道内表面没有过大空洞及严重的漏水现象。

虽然管道预处理主要针对原有管道内部,但对于由于管道设计、施工不合理造成管道周围地基存在问题的特殊情况,管道的预处理应包含对管道周围地基的处理,预处理后应保证管道周围地基稳定。

5.2 管道预处理的主要方法

管道清洗技术是管道预处理最基本和最常用的处理措施。目前常用的管道疏通清洗技术主要有冲刷清洗、高压水射流清洗、绞车清洗、清管器清洗、化学清洗及清淤机器人处理等。

5.2.1 冲刷清洗

冲刷清洗是最古老的下水道清洁方法,如今依然用于某些特殊的场合。冲刷清洗可分为脉冲冲刷清洗和回水冲刷清洗。

两种方法都假定污水以一定的速度自由流动，只能用于清除松散的、非硬化的沉积物。

5.2.2 高压水射流清洗

高压水射流清洗目前是国际上工业及民用管道清洗的主要方法，其应用比例占80%~90%，主要适用于清除管内松散沉积物或作为管道检测、修复前的准备措施。

高压水射流清洗的原理是由高压泵产生的高压水从喷嘴喷出，将其压力能转化成高速流体动能，高速流体正向或切向冲击被清洗件的表面，产生很大的瞬时碰撞动量，并产生强烈脉动，从而使附着在管内壁上的结垢剥离下来。高压水射流一次清洗过程分为两个阶段（图5-1）：第一阶段，通过射流的反作用力喷嘴向射流反方向移动进行清洗；第二阶段，喷嘴到达目标井后，回拉胶管使喷嘴向射流方向移动进行清洗。喷射高压水流，松动沉积物，并卷走、携带沉积物到目标检查井内，再使用真空抽吸机抽走。

图5-1 高压水射流清洗

高压水射流清洗作业易操作、效率高，超高压可除去硬垢、难溶垢。与化学清洗比较具有不污染环境，不腐蚀清洗对象，清洗效率高及节能等特点，且能有效去除一些与化学药剂难溶或不溶的特殊污垢，并能保证管道的清洗质量。不足之处是设备投资大，复杂结构的管线需解体清洗，长距离管线需分段清洗。

高压水射流清洗装置主要由高压泵动力装置、压力调节装置、高压管、各种喷枪、喷嘴等机具与配件组成。根据清洗对象不同可采用刚性喷杆和柔性喷杆，前者适用于直管，后者适用于曲管清洗。

高压清洗车包括以下种类：

（1）高压水射流喷射车。

（2）有或无过滤水装置的真空抽吸车。

（3）有或无废水回收装置的组合型清洗车。

安装在清洗车内的水泵必须满足下列性能要求。

1）高压泵

（1）泵送量：与沉积物的类型、厚度、连续性以及管流状态有关。

①DN200~DN800，泵送量约320L/min。

②DN800~DN1200，泵送量390~450L/min。

③DN>1200，泵送量640~800L/min。

（2）压力：高压泵处 100~150bar（1bar = 0.1MPa），喷嘴处 80~100bar。

2）真空泵

在 60%的真空下泵送量为 750~1500m³/h。高压胶管必须满足安全作业要求，能承受最高工作压力。当水在高压胶管中流动时，流动阻力会降低水压力，速度越高，压力损失越大。一般清洗车配备的胶管长 120~200m，用于特殊场合的清洗车也有配备 800m 长的胶管。压力损失可用喷射加速器进行补偿。高压胶管的性能指标参数见表 5-1。

高压胶管的性能指标参数　　　　　　表 5-1

性能指标	参数
胶管直径及泵送量	（1）DN25：泵送量小于 325L/min。 （2）DN32：泵送量小于 650L/min。 （3）DN40：泵送量小于 800L/min
质量[①]	（1）塑料管： ①DN25：0.5kg/m。 ②DN32：0.9kg/m。 （2）橡胶管： ①DN25：1.0kg/m。 ②DN32：1.1kg/m。 ③DN40：1.4kg/m。
长度	与泵的能力和应用区域大小有关，大于 120m
内/外摩擦系数	塑料管的内/外摩擦系数比橡胶管的小
压力等级	允许压力应比最大工作压力高 50bar，爆管压力应是允许压力的 2.5 倍
弯曲半径	越小越好（150~200mm）
压力损失	对于塑料管和橡胶管： （1）DN25：当 v = 300L/min 时，压力损失为 0.37bar/m。 （2）DN32：当 v = 400L/min 时，压力损失为 0.20bar/m。 （3）DN40：当 v = 650L/min 时，压力损失为 0.17bar/m

注：①原则上质量越小越好。

（1）对于不同的封堵形式，不同的管道截面形状，可选用不同的喷嘴（图 5-2）。喷嘴可分为以下几类：

①辐射型喷嘴（出水口辐射状分布）。

②反向喷嘴（出水口指向相反的方向）。

③旋转喷嘴（出水口径向分布在喷水圆周，喷头可以转动）。

④用于清除阻塞的喷嘴（能向前/后喷水）。

a) 不同形式的喷嘴

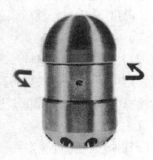
b) 旋转喷嘴

图 5-2　高压水射流喷嘴

可通过设计与改变喷嘴孔的大小、形状、数量、喷射角度、方向等来调整与提高清洗能力，喷嘴的重要性能指标参数见表 5-2。根据清洗目的可采用低压力大流量或高压力低流量。

喷嘴的性能指标参数　　　　　　　　表 5-2

项目	参数
外/内形状	外圆形；内锥形凹陷，以提供环流喷射
质量	与管道直径、断面有关；不包括浮力作用
喷射角度（水喷射方向与管道轴向之间的夹角）	（1）一般为 15°～30°。 （2）小喷射角：推进能力好，清洗效果差。 （3）大喷射角：推进能力差，清洗效果好
喷口数目	喷口数目少直径大，驱动性能好；喷口数目多直径小，驱动性能差，但能清洁表面；喷口少喷射速度高

喷嘴的喷射角度一般为 15°～30°，当喷射角度小（如 15°）时，加压水能量的 97% 转化为驱动力，但仍有足够的能量清除轻的沉积物，并随水流运移到检查井内。当喷射角大（如 30°）时，能很好地清除沉积物及管壁上的水锈，并有足够的能量驱动喷头沿着管道推进，见图 5-3。清洗效率和驱动力可以通过使用滑橇得到额外加强，滑橇能避免喷头和管壁的瞬间接触。

高压水射流清洗的最新发展是集成反向清洗喷头，带有自照明摄像机，通过无线连接的接收器能收到摄像机拍摄的照片。其可持续监控清洗过程，能达到很好的清洗效果，降低用水量和作业时间，甚至能鉴别出管道破坏情况，定位后利于管道修复工作的开展。

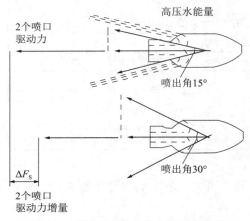

图 5-3　不同喷出角度对应驱动力变化

在选择喷射参数时尚应考虑管材、管道壁厚以及管道断面的结构条件，以防对管道造成损伤。

关于这方面的研究，苏黎世城市隧道局得到了如下的结论：喷嘴处以 12MPa 的压力、300L/min 的流量清洗石棉水泥管、混凝土管、PVC 管和 HDPE 管时，不会损坏管道。

使用高压水射流清洗喷射高铝水泥涂层的球墨铸铁管时，也得到类似的结论。当管道具有此类涂层、厚度 ≥6mm、高压泵处的压力 <17MPa 时，对使用超过 50 年的管道也不会造成破坏。

（2）当使用高压水射流清洗时，为避免检查井出现雾化现象，可考虑采取如下措施：

①大断面管道可使用摆动式喷头。

②在到达检查井约 10m 时降低泵压（当清洗车达到下一个检查井时，这段管道应以正常压力重新清洗）。

③用塑料或其他板材遮盖检查井，这些遮挡件上应开有小孔，能穿过胶管。

（3）高压清洗车进行清洗时，必须保证清洗喷头和高压水射流清洗附属设备能在管道内正常运转，可考虑如下两点建议：

①喷头和管道尺寸应相匹配,在喷头和胶管之间使用旋转连接避免胶管出现扭转现象。
②在喷头和胶管之间插入一个硬质加长管。

5.2.3 绞车清洗

这是我国普遍采用的一种方法,首先是将钢丝绳穿过待清淤管道,之后在清通管段的两端检查井处各设置一台绞车,当钢丝绳穿过管通段后,将钢丝绳系在设置好的绞车上,清通工具的另一端通过钢丝绳系在另一台绞车上,再利用绞车来回往复绞动钢丝绳,带动清通工具将淤泥刮至下游检查井内从而使管道清通。绞车的动力可以是靠人力手动,也可以是机动,这要根据管道直径、清淤长度、淤泥厚度而定。

钢丝绳穿过清淤管段的方法起初是采用竹片通过,但这种方法需要人下至检查井完成,其操作较为费时。目前,钢丝绳穿过管段的方法一般通过专用的穿管装置来完成。

这种方法适用于各种直径的下水管道,特别是对管道淤塞比较严重、淤泥已黏结密实,用水力清通效果不好时,采取这种方法效果很好。

其主要设备包括绞车、滑轮架和通沟牛。绞车可分为手动和机动两种,其中滑轮的作用是避免钢丝绳与管口、井口直接摩擦,通沟牛的作用是把污泥等沉积物从管内拉出来。通沟牛有多种,可分别用于清除一般沉积物、清除软质淤泥、清除固结的水泥浆和清除管壁油垢等。美国和日本有一种专门用于泥沙已淤积过半的管道的通沟牛,为了便于进入管内,刮泥板在拉入管道时呈卧倒状态,疏通时呈直立状态。

这是一种老式清通方法,虽具有一定的历史年限,但目前仍有较多应用,其与高压水射流清洗技术配合使用可以达到很好的清洗效果。

5.2.4 清管器清洗

1)清管器技术应用及原理

清管器清洗技术是国际上近几十年来崛起的一项新兴管道清洗技术,我国采用清管工艺是从20世纪60年代中期开始的,在输气管道上应用比较普遍,但近几年发展很快,油、气、水管道都广泛采用,并取得越来越显著的效果。

近几年城市供水和供气管道也积极推行这项技术,不仅取得了良好的经济效益,更取得了很好的社会效益。

清管器清洗技术的基本原理是依靠被清洗管道内流体的自身压力或通过其他设备提供的水压或气压作为动力推动清管器在管道内向前移动,刮削管壁污垢,将堆积在管道内的污垢及杂物推出管外。

清管器清洗技术具有以下优势:

(1)清洗管径范围大(50~300mm)、清洗管道长(一次可清洗数十公里,甚至上百公里)。

(2)对管道金属本体无腐蚀,对环境无化学污染。

(3)清垢均匀、彻底。

(4)清洗费用低。管径越大、管道越长,清洗费用越低。

(5)可实现不停产清洗(主要针对油气管道)。

（6）定期使用清管器清洗，可以使管道处于持久清洁状态，从而减少腐蚀，延长管道的使用寿命，提高管道的输送能力，提高经济效益。

2）清管器设备

国外的 PIG 是由特殊聚氨酯材料制成的形如子弹的清洗工具。根据不同的清洗要求，采用不同的高分子弹性材料包裹外层或在 PIG 表面安装钢刷、铁钉等突出物，用于清除铁锈、油污、泥沙沉积物、水垢、石蜡焦油及其他物料垢。PIG 直径范围为 5~3000mm。收缩比可达 35%，可通过变接、90°弯管、180°回转弯头、阀门、旁通接头等。

（1）清管器按主体材料成分可分为以下三类：

①橡胶材料清管器。橡胶材料是最早采用的材料，用来制造清管球。

②金属材料清管器。主体用钢材制成，配以钢制刮刀或聚氨酯刮刀、橡胶皮碗、钢刷等辅件。

③聚氨酯材料清管器。主体采用聚氨酯材料，没有金属部件，重量轻，磨损低，柔顺性更好，长距离密封性能更好，比金属材质的清管器更易通过弯头和三通，价格也比较便宜。

（2）清管器按结构可分为如下种类：

①圆球清管器。

通称清管球，是最早的清管器，可用于清管、除垢、流体隔离、水压试验等。由橡胶材料制成，空心（内可充气或灌水）。在我国 20 世纪 60~70 年代使用较多，但由于清垢效果不理想，易在三通位置卡住，因此现在基本不用此种设备进行清垢，只用于清除管道内积水。

②柱塞清管器。

也称清管塞，可用于清管和管段隔离。在早期运用较多，将带有橡胶制圆盘的活塞在管道内运行，能除去积存于管壁上的石蜡，不必使用额外动力驱动，就可提高流量。

③橡胶皮碗清管器。

由两个、三个或多个橡胶皮碗用一个钢质轴心连接在一起就组成了橡胶皮碗清管器，可在轴心上附加其他清洗工具件，如刮刀、钢丝刷等。

因为采用多个皮碗，每个皮碗都有密封边缘，可提高清管效率。多个皮碗清管器可望在较长距离内完成清洗任务。皮碗的唇边不仅起到密封作用，且加大了摩擦表面面积，这些清管器可以是简单的双皮碗式或多皮碗式的，优化皮碗排列方式，能得到更有效的支撑及连续的密封，从而使清管器安全可靠地通过管道中的阀组和辅件。

橡胶皮碗清管器是目前国内外应用最广泛的清管器，按结构可细分为以下类型。

a. 蝶形皮碗清管器。

皮碗具有明显的唇部，因而得名[图 5-4a]。可用于管道清洗、管段隔离和水压试验等，应用领域较广。

b. 锥形皮碗清管器。

皮碗是圆锥形的[图 5-4b]，有较大的耐磨损面，皮碗磨损均匀，密封性能良好，使用寿命长，通过管道变接和弯头的能力强，在国外使用比较普遍。

c. 圆盘皮碗清管器。

皮碗由不带唇部的平盘组成[图 5-4c]，适合双向操作，清污、除渣效果较好，辅以钢丝刷在管道中往返运行，多用于管道除锈、除垢。

d. 刮刀清管器。

在清管器皮碗之间加钢质或聚氨酯刮刀［图5-4d］，构成刮刀清管器。适合清除较软较厚的管道沉积物，如石蜡、淤泥、焦油等。

e. 钢丝刷清管器。

在皮碗之间或皮碗最前端加上钢丝刷［图5-4e］，构成钢丝刷清管器，用来清除管壁上较薄较硬的结垢，如铁锈、钙质沉积等。

f. 万向节清管器。

将两个长度较短的清管器用铰链万向节［图5-4f）］连接起来，就组成万向节清管器，适合进行管道弯曲半径较小的管道清洗。

g. 计量清管器。

在两个皮碗清管器的第二个皮碗前面或三个皮碗清管器的第三个皮碗之前，安装一个铝质或低碳钢的计量法兰［图5-4g）］，组成计量清管器，用来检查管道施工质量、确定和清除新铺设管道中的障碍物。

a) 蝶形皮碗清管器　　b) 锥形皮碗清管器　　c) 圆盘皮碗清管器　　d) 刮刀清管器

e) 钢丝刷清管器　　f) 万向节清管器　　g) 计量清管器

图 5-4　橡胶皮碗清管器

h. 磁性清管器。

在清管器前面安装一个环形永久强磁体（图5-5），组成磁性清管器，能保证原有清洗效果的同时，还可以吸附管道中散落的金属碎片和碎屑，并带出管道。

④全聚氨酯整体清管器。

整体聚氨酯浇铸清管器没有重的金属部件，重量轻，降低了清管器和管道之间的摩擦和磨损，更具有柔顺性，保证皮碗处于管道中心，有更好的长距离密封性能，更易通过弯头和三通，性能价格也比较有优势，无须维修，是管道清洗的理想选择。

图 5-5　磁性清管器

全聚氨酯整体清管器按其结构可分为两皮碗型、三皮碗型、四皮碗型、钢刷型、刮刀型和圆盘型等。

全聚氨酯整体清管器的优势体现在以下几个方面：

a. 结构先进。

能保证两个或三个皮碗处处密封和清扫管道，可以通过任何形式的管道接口（焊口）、阀门和弯头。

b. 柔韧性好。

这种结构提高了清管器的柔韧性，使清管器始终处于管道中心，皮碗磨损均匀，耐磨性增强，改善了对整个管道的密封情况，同时由于管道内部压力使清管器本身膨胀，更加提高了管道密封性能，允许管径变化率高达20%。

c. 重量轻。

与其他金属清管器相比，重量减轻50%以上，没有强度和寿命损失。

d. 强度高。

坚实耐用的聚氨酯本体性能比坚硬的金属制成的清管器的强度还高，其头部可以额外加强。

e. 价格便宜。

整体性结构，无多余零件，不会散落于管道内，也不会卡在管道中间，无须维修，其性价比高。

f. 用途广。

可用于管道清洗、刮蜡、除垢、除锈、涂内防腐层，也可用于管道排空、注满、水压试验和不同液体的隔离等。

⑤全聚氨酯组合式清管器。

全聚氨酯组合式清管器的心轴、皮碗、隔离环等都是由高强度聚氨酯制成的，其主要特点有：

a. 结构特点。

所有部件都组装在位于心轴尾部的圆盘之前，通过管道时，能保证系统成为一体；全部聚氨酯化，没有金属生锈、腐蚀情况，受压弯曲时也不损坏管道；聚氨酯材质轻，能使系统更好地处于管道中心，磨损和清洗均匀；可多次使用，节省成本，仅皮碗是易损件，能实现快速组装。

b. 具有独特的防散落机构。

整个系统是在非常严密的条件下固定，心轴和尾部法兰模压在一起，全部清扫皮碗、隔离环、刷子和其他附件堆积在前方，前侧的摩擦力和压力方向都向后作用在心轴上。若前面的紧固螺帽松动，整个系统也不会散开。

c. 清扫和磨损均匀。

系统的弯曲和清扫效果均优于钢轴系统，因其重量轻不会使皮碗从管道顶部变形，保证均匀清扫管道，从而使各部件具有最均匀的磨损。

d. 可根据用户需求进行特别组装。

⑥PR型软质空心清管器。

软质空心清管器是美国20世纪70年代末和苏联在20世纪80年代初经过多次更新换

代的最新式清管器系列之一。

PR软质空心清管器采用聚氨酯橡胶和高强度耐油纤维材料多层胶结而成的圆筒空心体,其总长是直径的两倍,密封面圆柱体长度是直径的1.5倍,其内层用50~60mm厚的整体弹性泡沫做成支撑骨架,尾部与腰部内装有硬质耐油合成橡胶支撑环,头部为35°台体,且端部为平面。

其突出优点是在不影响清管效果的前提下能通过变形较大的管道,对于管道干线全开式闸门的型号没有特定要求。

⑦聚氨酯泡沫清管器。

聚氨酯泡沫清管器是发展较快、用途较广的一种新兴清管器。

聚氨酯泡沫清管器是在高密度聚氨酯泡沫本体外附加3mm厚的弹性涂层而构成,其长度一般是直径的1.3~1.5倍(图5-6)。由于这种清管器质轻柔软,价格经济,不易卡在管道中,因而应用面较广。

⑧压力旁通式清管器。

压力旁通式清管器主体是钢制空心圆管,前端用弹簧承载的平板封闭。当清管器正常运行时,弹簧拉住平板使其关闭,当遇到较大阻力时,则在清管器中产生压力差,足够大的压力差会推动平板,使其打开,使驱动介质从清管器中流出。由于压力差相对较高,流出的介质将冲走紧靠清管器前面的固体堆积物,一旦前方阻力下降,压力差就减小,弹簧拉动平板实现关闭,清管器恢复正常运行。

图5-6 聚氨酯涂层泡沫清管器

清管器上可安装不同类型的橡胶皮碗、聚氨酯皮碗、刮刀和钢丝刷等,以满足不同的应用条件。

⑨组合式涡轮清管器。

这种清管器由中国石油天然气集团公司管道科学研究院研制。采用涡轮旋转带动偏心轮和刀盘旋转,来清除管壁污垢,能清除莫氏硬度7级以内的污垢,适用管道曲率半径为1.5D(D为管径)。该清管器组合性好,强度高,重复利用率高,可用于原油管道、自来水管道、煤矿或热电厂的排灰管道及排水管道。

⑩智能清管器。

随着管道输送工业的发展,对管道的安全性和预测管道使用寿命的要求越来越高,从而促进了智能清管器的研制。最初由美国、德国和英国在此方面取得了较大成果,尤其是德国罗森公司在实际应用方面取得了较好进展。

智能清管器是集微电子学、计算技术、流体力学等学科于一体的现代综合高新技术,不仅能探测管道漏点、腐蚀状况、应力情况、裂纹和凹陷,还可根据腐蚀、壁厚和运行压力等条件预测管道的使用寿命,从而为管道的安全运行和维护提供可靠的依据,其功能远远超出管道清洗的范畴。

3)发射装置

(1)发射装置的组成

发射筒为卧式水平安装,靠近发射筒盲板一端上部安装放气阀及压力表,下部安装排污阀，侧面安装进水管，以便从干管取水作为驱动清管器的动力，进水管上装控制阀，调节注入水流量的大小。大小头型式同心偏心均可；发射阀的直径应等于被清洗管道的内径；盲板法兰要求能快速开关以缩短操作时间，最好采用快开盲板；在条件不具备时，如公称直径不大于 300mm 时，可采用变通盲板；弯头曲率半径要大于或等于 1.5 倍直径。

（2）发射装置的安装

发射装置的安装包括两种方式：地面式安装和地下式安装。

①地面式安装。

发射筒为卧式，中心距地面高度一般为 1m，以短管及弯管与地下被清洗管道连接，不宜采用斜交叉连接，斜交叉连接易卡住清管器，弯管角度 β 以 45°～60°为好。进水管上安装阀门并与干管连接。排污阀、排气阀，必须采用钢阀，且安装应尽量接近发射筒。发射筒及发射阀下部架设支架，地下管道转弯处是否架设支架，与管道直径大小有关，一般 DN ≥ 400mm 时需要架设。在寒冷地区进水阀宜设在地下阀井中，发射筒及地上全部管道均应做保温处理。发射装置与被清洗管道的连接形式如图 5-7 所示。

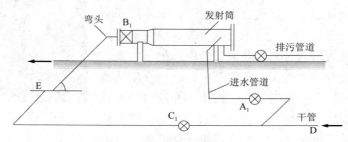

图 5-7 地面式安装示意图

②地下式安装。

发射装置水平安装在地下发射井中，一般发射筒中心与地下干管一样高，发射井底与发射筒底净空 0.5m 左右，宽 1～2m，$a = 1.5$m，发射井底需设集水坑。

发射筒与被清洗管道直接连接起来，不需要弯管，进水阀门设在发射井内，排污阀可以采用铸铁阀门，对支架的要求与地面安装相同。发射装置与被清洗管道的连接形式如图 5-8 所示，图 5-8a）是在地面安装清管器，图 5-8b）可在地下安装清管器。

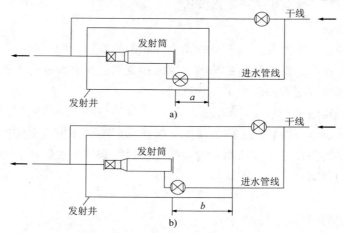

图 5-8 地下式安装示意图

地面安装需将发射装置吊到地面，装入清管器后再放回发射井中安装，这种方法要求发射井盖要留有足够大的吊孔。管道直径比较大时，地下装卸发射筒比较麻烦，一般不推荐使用。

地下安装是将清管器直接放入地下发射井中，人工装入发射筒，如果管道直径较大，清管器自重较大时，可用起重设备吊好，人工推入发射筒。

4）接收装置

（1）接收装置的组成

接收装置的组成及对各组成部分的要求与发射装置基本相同，但清管器接收装置无须设进水管，排污阀的口径要比发射装置大，在接收筒上的安装位置要靠近大小头一端，放气阀及压力表在接收筒上的安装位置也要靠近大小头一端。

（2）接收装置的安装

接收装置一般采用地面式安装，接收筒卧式放置，中心距地面一般为0.8~1.0m，与被清洗管道的连接方式、支墩等要求与发射装置地面安装相同，但绝不允许与被清洗管道交叉连接，其连接形式如图5-9所示。

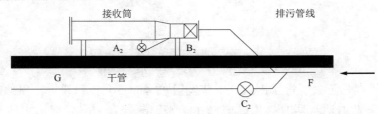

图5-9 接收装置安装示意图

5）其他简易发射装置

对于一些发射位置不处于清洗管道一端，并需要利用原有管道输送介质做动力源的情况，可设计几种简易发射装置，安装在管道系统中。

（1）小管径管道简易发射装置

对小口径管道，可割取一段管道，将其两端加装法兰或其他连接件作为发射装置（图5-10）。将清管器挤压进这段管内，再将原管道介质推动进行清洗。这样既避免加工小尺寸发射装置的麻烦，也不需要变接，还可在下次清洗中使用。操作坑内需设集水坑，施工时用泵及时将水抽走。此种连接成功的关键是法兰短管的长度要恰到好处。法兰接口处的垫片要有几种可供选择的厚度，保证法兰连接处不刺不漏。

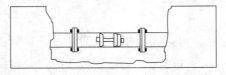

图5-10 小管径管道简易发射装置示意图

（2）由变接短管构成的简易发射装置

用两个带法兰的变接和一段两端带法兰的短管构成一个简易发射装置（图5-11）。变接一端直径等于原管道直径，另一端直径等于短管直径，短管直径大于最大清管器的直径，短管长度是清管器长度的1.5倍左右，短管装入清管器后两端与变径大直径端相连，当作用于清管器尾部的压力足够大时，清管器通过变径管被挤压进管道进行清洗。

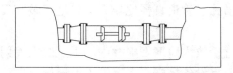

图 5-11　由变接短管构成的简易发射装置示意图

此种连接适用于大口径管道清洗。优点是不需要发射筒及其附属设施，简单易行。

在发射短管中安装清管器一般在地面进行，之后用超重设备将发射短管连同清管器一起放入发射坑内安装。

（3）"Y"形短管简易发射装置

发射器还可以设计成标准"Y"形管简易发射装置（图 5-12）。清管器从"Y"形管上部装入，通过顶部承压法兰对清管器施压，将清管器压进"Y"形管水平部分，再由原管道内的介质推动进行清洗。

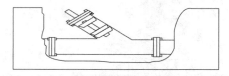

图 5-12　"Y"形短管简易发射装置示意图

该方式的优点是省去了每次拆卸、安装发射短管的步骤，只要拆卸顶部法兰即可装入清管器。缺点是发射清管器时必须谨慎操作，否则清管器不易发射出去或在接口处发生损坏。

6）相关仪器

（1）压力检测装置

清洗过程中要密切注意管内压力的变化情况，以此来判断管道内结垢情况和清管器运行状态。长输管道或某些管道在监控室内可以通过仪器监测各时刻的压力。清洗一般管道时，可通过压力表或压力记录仪监测压力变化情况。

压力表是最常用的压力显示仪表，读数直观、明了，可以根据压力表量程、清洗时压力的要求来选取市场上销售的压力表。压力表量程一般为清洗压力的 2 倍，若量程太大不便观察压力的波动情况。清洗过程中，如果压力表读数稳定，表明清管器在管内运行平稳，垢层分布均匀；若压力表读数突然上升，表明管道内局部阻力变大；若持续上升，可能会出现清管器堵塞现象。

记录清洗过程中压力变化，可以为分析管道清洗过程、管壁结垢及垢层清除情况提供可靠的依据。当清洗过程中出现问题时，通过分析压力记录数据，可以判断清管器运行状况，为确定堵塞位置提供依据，同时为其他清洗工作提供参考数据。

（2）电子定位发射机

在整个清洗设备中质量要求最高，可靠性、稳定性要求最强的设备就是电子定位发射机。电子定位发射机安装在清管器上，与清管器一同在管道内运行并且要求始终发射出超低频无线信号，因此，它的工作可靠性要求最高。

清洗管道时，安装在清管器上的发射机发射出超低频无线电波信号，通过管道内的介质、管壁、土壤传到地面，地面上的定位接收机或通过指示仪接收到管道中发射机发射的信号，使地面工作人员能及时掌握管道内清管器的运行情况。

由于地下管道内情况复杂，清管器的工作条件比较恶劣，经常会发生被卡住或撞坏的故障，这时能根据电子定位接收机找到清管器的位置。

（3）电子定位接收机

电子定位接收机用来接收清管器的发射机发出的超低频信号，要具有很高的灵敏度和很强的抗干扰性。根据接收到的信号，能准确找到清管器所处的位置。

（4）清管器通过指示仪

清管器通过指示仪用来记录清管器通过待测点时发出的记忆报警信号。

（5）其他仪器

清管器清洗管道用到的仪器还有专用自动保护充电机、TXF型管道电缆定位探测仪、闭塞解析仪等。

5.2.5 化学清洗

1）概述

化学清洗法是以化学清洗剂为手段，对管道内表面的污垢进行清除的过程。通常向管道内投入含有化学试剂的清洗液，与污垢进行化学反应，然后用水或蒸汽吹洗干净。为防止在化学清洗过程中损坏金属管道的基底材料，可在酸洗液里加入缓蚀剂；为提高管道清洗后的防锈能力，可加入钝化剂或磷化剂使管道内壁金属表面层生成致密晶体，提高防腐性能。

为了加快反应速度，提高清洗效率，可以使用部分辅助手段。如在清洗液进入被清洗的管道内之前，将加压后的清洗液变为水浪式涌动的清洗液流动，而后再进入被清洗管道，使进入被清洗管道内的清洗液正向或逆向交替变换方向流动。

2）清洗液的确定

目前普遍采用的清洗液有两类，一类为水溶性清洗液分为碱性和酸性两种；另一类为脂溶性清洗液。

水溶性碱性清洗液主要用于各种油脂、胶质等的清洗。水溶性碱性清洗液具有润湿接触表面的特性，与表面活性剂配合使用效果会更好，能通过一定的乳化作用使油进入水中形成乳化液或乳浊液。碱洗过程中的主剂可用氢氧化钠（NaOH）、也可用碳酸钠（Na_2CO_3），前者为苛性碱，后者为食用碱。为加速去油速度增强去油能力，常加入硅酸钠（Na_2SiO_3）。用碱性清洗液除油要有足够的温度，所以又称碱煮，设备表面的油膜在碱的作用下，使油膜破裂形成微小油滴黏附在设备表面上，此时加入硅酸钠在水中呈胶状颗粒，能吸附设备表面的油滴。

水溶性碱性清洗液依靠活性剂和助剂的渗透、浸润、卷离及乳化、分散作用，清洗时间短，效果好，成本低，操作方便，且清洗液对金属表面无腐蚀，在石油化工管道清洗中很受欢迎，用来清洗凝胶垢、胶质垢和蜡垢等，但清洗温度低于油蜡等污垢熔点时效果较低。

水溶性酸性清洗液主要用于以碳酸盐为主的碳酸钙、碳酸镁等无机盐的清洗，以盐酸为例，与这类污垢反应的化学方程式如下：

$$2HCL + CaCO_3 = CaCl_2 + CO_2\uparrow + H_2O$$

此外，盐酸与铁的氧化物、硫化物的反应速度也较快，能生成可溶性的氯化铁、氯化亚铁等。当无机盐沉积物中含有硅酸钙时，可加入少量的 HF 或氟化物促进其溶解。常用的清洗剂为盐酸、硝酸。输油（气）管道清洗多数是为了挖掘其潜力、改输或增加输量，因此不能因为清洗而造成腐蚀，其腐蚀率和腐蚀量必须低于 $0.4g/(m^2 \cdot h)$ 和 $1.33g/m^2$，所以选用酸性清洗剂时要慎重。

脂溶性（乳液性）清洗液是以石油副产品为基液加入化学药剂的清洗液。选用该种清洗液应考虑回收或降质混入管输液中不需外排。选用前可通过试验和分析确定污垢主要成分，有针对性选择清洗液。对于混合垢的清洗，可从配制清洗液上解决，根据具体情况适当添加试剂。脂溶性清洗剂同时具有内相溶剂向油污的扩散、溶解和表面活性的协同作用。尤其适合现场对长距离管道原油清洗和低温操作等。

3）清洗助剂的确定

化学清洗过程中，为不损伤金属表面，提高清洗效果，还应加入一些助剂。根据各种助剂所起的作用不同，可分为表面活性剂、缓蚀剂、还原剂、缓速剂及稳定剂等。

（1）表面活性剂

有润湿、乳化、增溶作用，能改善清洗介质与垢层的接触，加快反应速度。碱洗液可供选择的表面活性剂有磺酸盐型、平平加型和吐温型等。酸洗液中可供选择的表面活性剂有 OP-10、聚醚和尼纳尔等。

（2）缓蚀剂

在酸洗过程中加入缓蚀剂，可以减缓酸洗过程中对金属的腐蚀。由于清洗油管时需要加温，这就要求所选用的缓蚀剂对温度变化不敏感。LAN-826 和 LX9-001 缓蚀剂都可用于输油管道的化学清洗。

（3）缓速剂

酸洗过程中，为了防止反应过于剧烈造成气压升高过快和大块垢脱落（易引起管线堵塞），可加入适量的缓速剂控制反应节奏，烷基氯化吡啶、烷基三甲基氯化铵等都是较好的缓速剂。

为了有效地使用化学清洗剂，有必要对管道中的污垢成分进行分析，这样才能对症下药，进行有效的清洗。而且在确定介质、清洗助剂和操作工艺条件时，应遵循在同一清洗过程中多清除掉几种垢物的原则。根据清洗行业多年经验，技术可行的化学清洗方法有以下几种：

①纯水溶性化学清洗剂清洗。

②纯油溶性化学清洗剂清洗。

③原油清管加水溶性化学清洗剂清洗。

④原油清管加油溶性化学清洗剂清洗。

化学清洗适用于循环短线的清洗，对长距离管线的化学清洗剂国内已有先例。

4）化学清洗方法

化学清洗方式主要包括回抽、浸泡、对流、开路、喷淋。

（1）回抽清洗

利用管道作为清洗容器的一种间歇循环清洗（图5-13），具有成本低，浪费少的优势。

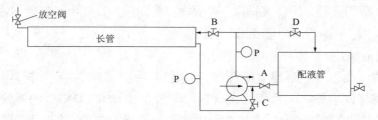

图5-13　回抽清洗

①配管。

首先，封堵管道两端。一端盲板上焊接清洗液进出口管，另一端盲板上开口接上放空阀，用来排气和观察清洗液情况。其次，在泵的出口和回抽管上分别安装1～1.6MPa两个压力表，通过进出口压力变化确认管内清洗液注入情况。泵的流量及配管管径的大小可根据管道容积的大小确定。最后，当配液槽容积大于管道容积时，要在槽上做标记，以免回抽时出现空抽现象。

②清洗方式。

关闭C、D阀，开启A、B阀。为了保证清洗剂浓度均匀，一般在配液槽里配好一槽注入一槽，直到注满管道。当压力不再上升时，说明管道已经注满。关闭A、B阀，开启C、D阀，将清洗液抽回配液槽。注抽间隔时间应尽量缩短，避免产生二次浮锈。

③腐蚀率、酸浓度和除净度的监控。

腐蚀率可在配液槽里放置与被清洗管道同材质的管片进行测定。

在配液槽里取样分析酸浓度及Fe^{3+}浓度，来确定清洗终点。

此种清洗方式适用管径大于DN400的管道，否则不能形成容器效应。

（2）浸泡导淋

浸泡清洗是一种比较常见的清洗方式，关键要注意两点：

①管道必须注满清洗液，否则管壁顶部清洗不到。

②定时导淋补液。

（3）对流清洗

对流清洗是一种比较实用的循环清洗方法，即在管道两端设两个配液槽，实现双向对流，如图5-14所示。

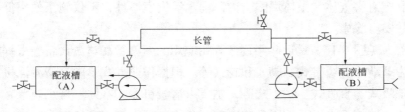

图5-14　对流清洗

①配管。

配管时设置两个配液槽,均有回液回槽管道,并安设阀门,控制清洗液对流。若需要加热,在有条件的情况下,可在槽上设置蒸汽加热装置。

②清洗过程。

先关闭B槽回液阀,开启A槽泵,将管内注满清洗液;再开启B槽回液阀,并将B槽清洗液泵回A槽。循环往复,直到洗净管道。

(4)开路清洗

开路清洗即在管道一端建立清洗站,将清洗液泵入管内,再直接排入清洗液存储池。在管道清洗液排放端焊一个盲板,在盲板底部装设DN50~DN80的管段(清洗管道直径大,就选择较大管径),形成液压差。在管段上安设控制阀,回收清洗液到清洗车上,拉回清洗站,再泵入管道循环利用。这种清洗方式的优点是清洗液浪费小,节省配管材料,不足之处是难以测定腐蚀率。

(5)喷淋清洗

该方法只适用于分段管道,并且是法兰连接的管道,局限性大,附属设备也比较多,如空气压缩机、喷头、高压胶管等,还要对施工人员配备一定的防护品。

①设备。

主要有高压水泵、电机、联轴器、调压阀、空压机、刚性喷枪、喷头、高压胶管等。

②清洗方法。

如图5-15所示,可调节的定位架上设有可旋转的喷头,用钢丝绳牵引定位架在管道内来回移动,向管壁上喷洒清洗液,实现管道清洗。

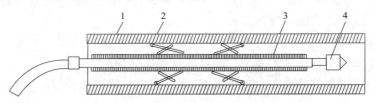

图5-15 喷淋清洗

1-管道;2-可伸缩的滑轮;3-定位架;4-喷头

5.2.6 机器人清淤

城市地下排水管道中沉积形成的大量淤泥一直是困扰排水管道治理工程的一大难题,尤其是一些淤积量大、内部情况不明、结构错综复杂的大断面管道、暗涵等,传统的清淤设备无法有效应对诸如管道满水、距离长等复杂环境,如果采用人工作业的方式清淤施工,需要应对管涵中有害气体、土体塌陷、内部涌水等突发事件,不仅施工效率低下,同时也会存在较大的安全隐患。

清淤机器人(图5-16)是近些年逐渐开始应用的新型管涵清淤设备,根据行走方式不同,可以分为蠕动式、履带式、脚式和轮式等。根据作业方式不同,清淤泥机器人可以分为绞吸式、耙吸式、直吸式、铲挖式等,主要由清淤机器人本体、排水装置、排泥装置、泥水分离系统、监控系统以及控制系统六部分组成,可用于圆形管道、暗涵、污水泵站等场景。清淤机器人一般搭载有高清摄像头、声呐、激光雷达成像系统等设备,实时检测管涵内部情况和水下淤积程度,实现了人不下井、路不开挖、水不断流、泥不落地四大特点,清淤效率不仅有了质的飞跃,更有效解决了人工清淤带来的安全问题。

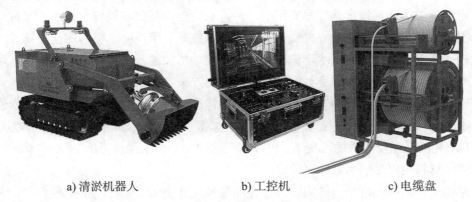

a) 清淤机器人　　　　　b) 工控机　　　　　c) 电缆盘

图 5-16　清淤机器人设备

清淤机器人主要工作原理就是将机器人引入管涵内,在无须断水截流的工况下,通过全作业面视频及感应监控,完成机器人工作行走、取泥、输泥全过程,通过高清摄像头和声呐等设备,操作人员全程可控制机器人作业,清淤机器人工作时全套设备如图 5-17 所示。清淤机器人进入埋地管涵后,首先用液压铰刀将淤泥中的杂物绞碎,当淤泥中的杂物被渣浆泵吸收干净后,机器人向前推进再利用铲斗将淤泥打散并集中至渣浆泵的吸入口,通过机器人后端连接的排污管将淤泥、污水泵送至后端处理设备中进行筛分和泥水分离。污泥运至地面后,可以使用干化设备对其进行除臭脱水控制,将改良后的无臭污泥直接运往污泥处置场所,处理后成为可循环利用的土壤。

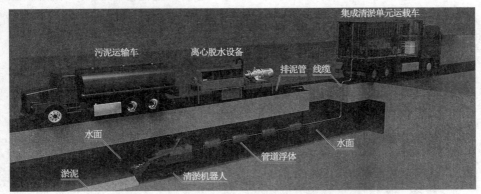

图 5-17　清淤机器人施工示意图

清淤机器人的出现,革新了传统的人工清淤方式,不必再人工下井、封堵、抽水调水等,实现了全天不间断作业,极大地提高了施工效率,更有效地保证了城市清淤施工中作业人员的安全。

5.3　管道基础注浆处理技术

当管道埋设于流沙层或软土地层中时,管道基础极易失稳断裂,造成接口脱节渗漏,引起管周土基水土流失，管道下沉损坏，路面出现空洞塌陷等情况，因此要保证管道修复质量和长期效果，在进行管道内衬修复前，必须对管道基础和周边土体进行注浆加固处理。目前在流沙地区管道修复中均将钻孔注浆施工技术作为联合其他修理方法的必要措施。

管道基础土体注浆技术是较早应用的一种排水管道堵漏的辅助修复技术，通过对排水管道周围土体和接口部位、检查井底板和四周井壁注浆，形成隔水帷幕防止渗漏，固化管道和检查井周围土体，填充因水土流失造成的空洞，增加地基承载力和变形模量，堵塞地下水进入管道及检查井的渗透途径的一种辅助修复方法。

管道基础注浆分为土体注浆和裂缝注浆，土体注浆材料可选用水泥浆液和化学浆液二种，裂缝注浆一般选用化学注浆。为了加快水泥浆凝固，可以添加水泥用量的0.5%～3.0%的水玻璃，在满足强度要求的前提下，可在水泥浆中添加占水泥重量的20%～70%粉煤灰；化学注浆的材料主要是遇水可膨胀的聚氨酯。

按照注浆管的设置可分为管内向外钻孔注浆和从地面向下钻孔注浆两种方式，大型管道可优先采用管内向外钻孔注浆，有利于管道周围浆液分布更均匀，更节省材料。

5.3.1 适用范围

（1）管材为所有材质的雨污排水管道。

（2）管道口径大于或等于800mm时宜采用管内向外钻孔注浆法，管道口径小于800mm时宜采用从地面向下钻孔注浆法；也可用于检查井井壁和拱圈开裂渗水的注浆处理。

（3）适用于错位、脱节、渗漏等管道结构性缺陷，且接口错位应小于或等于30mm，管道基础结构基本稳定、管道线形无明显变化、管道壁体坚实不腐化。

（4）适用于管道接口处在渗漏预兆期或临界状态时预防性修理。

（5）不适用于管道基础断裂、管道破裂、管道脱节呈倒栽式状、管道接口严重错位、管道线形严重变形等结构性损坏的修复处理。

（6）不适用于严重沉降、与管道接口严重错位损坏的窨井。

5.3.2 基本方法

（1）结合其他排水管道修复方法，对管道基础土体进行注浆加固，使注入浆液充满土层内部及空隙，以达到降低土层渗水性、增加土体强度和变形模量、充填土体空隙、补偿土体损失、堵漏抢险目的，确保排水管道长期正常使用。

（2）水泥砂浆的稠度根据管道渗漏情况、漏水处缝隙大小等决定。水泥采用强度等级不低于42.5级的普通水泥，当孔隙较大时，可在水泥浆中掺入适量细砂或其他惰性材料。

（3）常用的管周土体加固钻孔注浆材料配比见表5-3，管道下沉路基空洞松散部位填充注浆配比见表5-4。

土体加固注浆材料配比　　　　　　表5-3

材料名称	42.5级水泥（kg）	特细粉煤灰（kg）	水玻璃（kg）
用量	80	56	0.8

空洞填充注浆配比　　　　　　　　　　表 5-4

材料名称	42.5 级水泥（kg）	特细粉煤灰（kg）	水玻璃（kg）
用量	50	100	0.8

5.3.3　施工设计及操作要求

（1）钻孔注浆范围

①管道：底板以下 2m，管材外径左、右侧各 1.5m，上侧 1m。

②窨井：底板以下 2m，窨井基础四周外侧各扩伸 1.5m。

（2）管节纵向注浆孔布置（管内向外）

①管材长度 1.5～2m：纵向注浆孔在管缝单侧 30cm 处。

②管材长度大于 2.5m：纵向注浆孔在管缝两侧各 40cm 处。

（3）管节横断面注浆孔布置（管内向外）

①管径小于或等于 1600mm：布置四点，分别为时钟位置 2、5、7、10 处。

②管径大于 1600mm 管道：布置五点，分别为时钟位置 1、4、6、8、11 处。

（4）管节纵向注浆孔布置（地面向下）

注浆孔间距一般为 1.0～2.0m，能使被加固土体在平面和深度范围内连成一个整体。

（5）钻孔注浆范围（图 5-18、图 5-19）

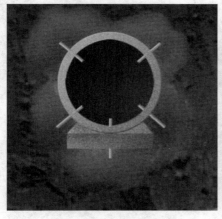
图 5-18　管内向外注浆

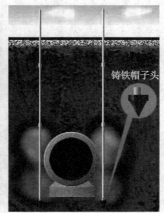
图 5-19　地面向下注浆

（6）注浆操作要求

①注浆管插入深度应分层进行。先插入底层，缓缓提升注浆管注浆第二层，两层间隔厚度 1m。

②注浆操作过程中对注浆压力应由深到浅逐渐调整，砂土宜控制在 0.2～0.5MPa 内，黏性土宜控制在 0.2～0.3MPa 内。如采用水泥-水玻璃双液快凝浆液，则注浆压力宜小于 1MPa。在保证可注入的前提下应尽量减小注浆压力，浆液流量也不宜过大，一般控制在 10～20L/min 范围。注浆管可使用直径 19～25mm 的钢管，遇强渗漏水时，则采用直径 50～70mm 的钢管。

③如遇特大型管道两注浆孔间距过大,应适当增补1~2个注浆孔,以保障注浆固结土体的断面不产生空缺断档现象,提高阻水隔水的效果。

④检查井底部开设注浆孔,应视井底部尺寸大小不同,控制在1~2个。

⑤开设注浆孔必须用钻孔机打洞,严禁用榔头开凿和使用空气压缩机枪头冲击,不得损坏管道原体结构。

⑥在冬季,当日平均温度低于5℃或最低温度低于-3℃的条件下注浆时,应在施工现场采取适当措施,以保障浆体不冻结。在夏季炎热条件下注浆时,用水温度不得超过35℃,并应避免将盛浆桶和注浆管路在注浆体静止状态暴露于阳光下,以免加速浆体凝固。

5.4 管道预处理的特殊措施

对于原有管道预处理的特殊问题,需要采取相应的措施进行处理,所谓特殊问题是指不能通过基本的预处理技术解决的问题,包括原有管道内部存在树根及较硬的突起物,原有管道由于塌陷或周边施工造成的管道堵塞,原有管道存在过大空洞、漏水严重以及原有管道地基不稳等问题。

(1)对于原有管道内部的树根及较硬突起的情况,可采用专用工具切割或磨平,如图5-20~图5-22所示。如管道直径大于800mm,在保证安全的情况下尚可人工进去处理。

图5-20 用于磨平较硬突出物的机器人铣刀

图5-21 用于切除树根的设备　　图5-22 用于清除支管内突出物的钻进工具

(2)对于原有管道被完全堵塞的情况,可借助挤扩孔或人工开挖的方法解决,挤扩孔的方法可采用水平定向钻机或顶进设备实现。

(3)对于管道地基存在问题的情况,可通过地面或管内注浆的方法加固管道周围的地基。

(4)对于管道漏水严重的情况,可先对漏水位置进行点位修复或注浆以起到止水的目的。

本章参考文献

[1] 马保松. 非开挖工程学[M]. 北京: 人民交通出版社, 2008.

[2] 陈建军. PIG 技术在城市煤气管道清洗中的应用[J]. 化学清洗, 1994(4): 33-35.

[3] 陈玉凡. 高压水射流管道清洗理论分析[J]. 洗净技术, 2003(3): 10-15.

[4] 金莹, 仲维斌. 磁力清管器在管道清洗中的应用[J]. 洗净技术, 2003(5): 36-38.

[5] 雷永厚, 林光, 任瑞滨, 等. 水气脉冲效应与管道清洗[J]. 哈尔滨铁道科技, 2000(03): 14-15.

[6] 李如福. 管道喷丸清洗技术[J]. 工业水处理, 1990(2): 17-18.

[7] 孙勇, 杨向东, 孙建宇, 等. 排水管道清淤方法及开发新设备的构想[J]. 给水排水, 1996(8): 52-54, 5.

[8] 李运长. 管道清洗新技术——气脉冲清洗法在供水供热管网中的应用[J]. 黑龙江水利科技, 2006(4): 227.

[9] 刘长安. 长距离管道化学清洗方法初探[J]. 清洗世界, 2006(5): 39-41.

[10] 刘根新, 沈晓翔, 周拾庆, 等. 小口径管道清洗修复技术在江苏油田的应用[J]. 腐蚀与防护, 2003(7): 303-306, 309.

[11] 马汝涛, 徐依吉. 石油工业中长距离运输管道的清洗技术[J]. 清洗世界, 2007(10): 24-29.

[12] 邵双友. 水射流技术在电厂输灰管道内壁清洗中的应用[J]. 化学清洗, 1998(2): 52.

[13] 宋茂野. 聚氨酯清管器简介[J]. 管道技术与设备, 1998(6): 39-41.

[14] 宋新. 管道清洗涂敷技术[J]. 管道技术与设备, 1993(3): 18-19, 23.

[15] 孙成志. 管道清洗技术及设备[J]. 设备管理与维修, 2006(10): 42.

[16] 孙卫. 管道清洗新技术——爆炸法简介[J]. 化学清洗, 1994(1): 40.

[17] 温维众, 尹晓光. 国内外输油(气)管道清洗技术综述[J]. 管道技术与设备, 2000(1): 34-37, 48.

[18] 张金成. 清管器清洗技术及应用[M]. 北京: 石油工业出版社, 2005.

[19] 赵炳海. 管道清洗技术[J]. 管道技术与设备, 1993(4): 22-24.

[20] 邹军, 李春寿. PIG 法管道清洗用聚氨酯弹性球研制[J]. 化学推进剂与高分子材料, 2003(4): 4-6.

[21] 韩小波, 李燕. 清淤机器人在城市暗涵清淤疏浚工程中的应用分析[J]. 建筑与装饰, 2021(9): 103, 108.

[22] 宋政昌, 周成龙, 张述清, 等. 清淤机器人在暗涵疏浚工程中的应用[J]. 西北水电, 2020(S1): 70-73.

[23] 王学杰, 高鹏, 包丽. 管道清淤机器人应用研究[J]. 科学与财富, 2021, 13(8): 83-84.

[24] 吴坚慧, 魏树弘. 上海市城镇排水管道非开挖修复技术实施指南[M]. 上海: 同济大学出版社, 2012.

第6章 穿插法管道修复技术

6.1 穿插法简介

6.1.1 定义及工艺原理

穿插法（Sliplining）是一种可用于管道结构性和非结构性非开挖修复的最简单的方法。在 1940 年该方法就用来更新破坏了的管道，70 多年的经验表明，穿插法是一种技术经济性好的管道更新技术，拥有非开挖技术所具有的所有的优点。

《城镇排水管道非开挖修复更新工程技术规程》（CJJ/T 210—2014）中将穿插法定义为采用牵拉或顶推的方式将新管直接置入原有管道，并对新的内衬管和原有管道之间的间隙进行处理的管道修复方法。

按照内衬管穿插入原有管道之前是否连续，穿插法分为连续穿插法和不连续穿插法两种工艺。连续穿插法内衬管为连续的内衬管，其在进入原有管道过程中的受力状态为拉力，一般通过牵拉的方式将内衬管穿插入原有管道内。连续穿插法施工一般需要在内衬管进入端开挖一工作坑便于内衬管的插入，如图 6-1 所示。

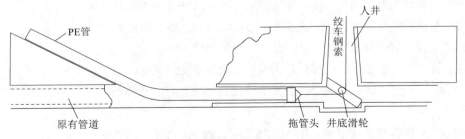

图 6-1 连续管道穿插法示意图

对于小口径的管道通过使用特殊管材也可不必开挖工作坑，如日本发明的一项适用于小口径管道的穿插技术，其原理如图 6-2 所示。

不连续管道的穿插法内衬管在进入原有管道过程中受力状态为压力，主要通过顶推的方式将内衬管穿插进入原有管道，也可通过牵拉的方式将拉力转换为内衬的压力使其进入原有管道。不连续穿插法需要根据管段的长度及进入方式决定是否需要开挖工作坑，一般对于较长管节以推入的方式进入原有管道内部需开挖工作坑，而对于较短管段以牵引的方式进入原有管道则不需开挖工作坑。

短管穿插法可归为非连续穿插法，其原理是将特制的短管由检查井或工作坑送入原有管道，之后通过在终端的牵拉力将从始发端进入的内衬管拉入原有管道，在整个过程中内衬管受的是压力，如图 6-3 所示。

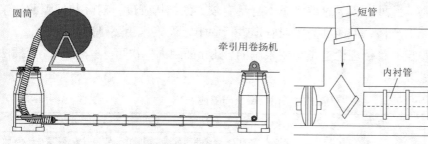

图6-2 小口径管道穿插法示意图　　　　图6-3 短管内衬法

此外还有一种非连续穿插工艺是针对微型隧道或者顶管施工的管道修复工作，如图6-4所示，该工艺主要利用原有管道建设时的工作井内安装顶推设备进行穿插修复。

图6-4 非连续管道穿插

美国《柔性PE管道穿插修复污水管道的标准指南》（ASTM F 585）中也给出了两种用于污水管道修复的顶推工艺，如图6-5和图6-6所示，其分别为热熔连接和机械承插接头管节的顶推插入法。这两种方法都需要在起始端开挖工作坑。

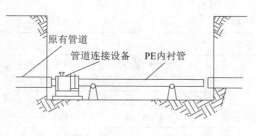
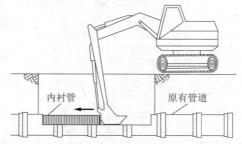

图6-5 热熔连接接头的管节插入法　　　图6-6 机械接头的管节插入法

非连续穿插法使用的管材可以是塑料管材（GRP、PVC、PP和PE管道），通常设计成为具有合适平滑接口的较短管节，主要适用于修复直径大于900mm的管道。

各种常用的污水管材都可以采用插入法对旧管道进行修复，但为了避免减小管道内截面面积，应尽量减小或避免管道之间的接头，以保证新管道有光滑的内外连接。大量的管道产品均满足这一要求。大量的顶管、微型隧道或者定向钻进用管由于采用非喇叭形或较小的喇叭形接口，都可以应用于内插法施工。

一些刚性管道（如陶土管、混凝土管、玻璃钢管和铸铁管等）都可以从相对较小的工作井采用顶推设备推入旧管道。由于管道在施工中处于开放状态，因此没有必要对管道中流体进行截流或旁路。此外，因为这些管道本身具有较大的结构强度，对环状间隙的注浆要求不像柔性管道那么严格，但通常为了对管道进行固定，注浆作用还是照例进行。

连续穿插法可修复的管径理论上是不受限制的，其穿插距离一次可达 1~2km。穿插法使用范围及局限性见表 6-1。

穿插法的使用范围及局限性 表 6-1

管道类型	是否可用	备注
污水管道	是	穿插法可以用来修复污水管道，但是由于管道过流面积的减少导致管道的流通能力降低，因此在重力管道施工中它不是第一选择
燃气管道	是	—
饮用水管道	是	所采用的材料必须符合相关的规定和规范
化学/工业管道	是	管道的材料必须能够抵抗化学腐蚀、耐高温和其他一些特别的要求
直管	是	—
弯管	是	穿插法通常很难穿过弯曲管段
圆管	是	—
非圆管	是	需要根据管道断面形状制作特殊管节
变径管道	是	新管道必须以旧管道的最小截面尺寸进行设计，除非应用锥形管道
带支管管道	是	对于污水管道和饮用水管道，必须要在注浆前将支管处开挖并断开支管
变形的管道	是	穿插法不适合修复变形严重的管道

6.1.2 材料及设备

穿插法常使用的内衬管材料有 PE、GRP、PVC 管等。根据修复管道的用途，内衬管材应满足相应行业标准中规定的物理化学性能要求，同时还应满足施工中的牵拉、顶推的施工要求。聚乙烯管为穿插法最常用的管材，其材料的力学性能要求见表 6-2。

PE 管材性能 表 6-2

性能	MDPE PE80	HDPE PE80	HDPE PE100	试验方法
屈服强度（MPa）	>18	>20	>22	《塑料 拉伸性能的测定 第 2 部分：模塑和挤塑塑料的试验条件》（GB/T 1040.2—2022）
断裂伸长率（%）	>350	>350	>350	《塑料 拉伸性能的测定 第 2 部分：模塑和挤塑塑料的试验条件》（GB/T 1040.2—2022）
弯曲模量（MPa）	600	800	900	《塑料 弯曲性能的测定》（GB/T 9341—2008）

聚乙烯管道是非开挖修复更新工程使用的主要管材之一，对于聚乙烯材料，密度越高，刚性越好；密度越低，柔性越好。进行内衬修复或内衬防腐的材料既要有较好的刚性，同时要有较好的柔韧性。通常将 PE 分为低密度聚乙烯（简称 LDPE，密度为 0.910~0.925g/cm^3）、中密度聚乙烯（简称 MDPE，密度为 0.926~0.940g/cm^3）、高密度聚乙烯（简称 HDPE，密度为 0.941~0.965g/cm^3）。按照《塑料管道系统 用外推法确定热塑性塑料材料以管材形式的长期静液压强度》（GB/T 18252—2020）中确定的 20℃、50 年、预测概率 97.5%相应的静液压强度，常用聚乙烯可分为 PE63、PE80、PE100。其中，中密度 PE80、高密度 PE80 和高密度 PE100 从材料性能上能满足管道内衬的要求。

管道运输：聚乙烯管道不应该直接从货车或火车上直接倾倒卸载。300mm 或更小口径管道可以通过采用绳索和滑轨进行吊运。对于更大直径管道通常需要移动吊运设备进行装载。长臂吊运设备或大功率卡车等设备可以用于管道的吊运。常见人造纤维绳索可用于两点支撑管道重量进行吊装，利用倒"Y"字形或分部梁分布重量。通常不采用链条和金属线。

管道存储：管道应该放置于水平地面上，地表应该不存在石子、碎片和任何接触可能导致应力集中的物体。禁止使用垫衬物，如果有必要，铺设尺寸应距离边缘不超过 1.5m，并且每片的宽度最好为 90mm。若管道没有按照生产商建议的方式堆放，而是采用锥形堆放，则在底层利用木楔阻挡管道的移动。对于底层管段端面应该进行封闭，禁止垃圾物或碎片进入管道内，对管道内表面造成破坏。管道存储超过常规存储时间应该进行遮阳或其他一些恶劣天气的保护。

穿插法的设备根据施工工艺不同，对于内衬管通过牵拉的方式进入原有管道的工艺，仅需在终端安装牵拉装置；而对于通过顶推方式进入原有管道的工艺则需在始段安装顶推装置。对于通过热熔连接的管段还需热熔连接设备。

对于回拉或顶进时，在检修井或井筒底部需要一个牢固结实结构，能够承受管道回拉或顶进时所产生的反作用力。

6.1.3 穿插法的优缺点

（1）穿插法的优点

①作为一种修复技术，穿插法不需要投资购置新的设备。
②顶管法等方法同样可以应用于穿插法修复中。
③穿插法是修复压力或者重力管道比较简单的方法。
④穿插法可用于结构或者非结构修复的目的。
⑤在管道运行的情况下，可同时进行管道穿插作业。

（2）穿插法的缺点

①穿插法最大的缺点是减小管道过流面积，因此在管道设计中必须要考虑新管道的流通能力是否满足生产生活需要。但是，减小少量的过流面积，因水力特性的改变，可能对流通能力没有影响。
②水平连接的地方开挖量比较大。
③需要注浆。

6.2 穿插法设计

6.2.1 内衬管直径选择

穿插法内衬管直径选择时有两方面的考虑，一是尽可能缩小内衬管相对原有管道的直径和降低管道过流能力；二是考虑到旧管道的坡度和方向性、管道个别接头的严重偏移、旧管道的结构完整性，内衬管道和原有管道之间应有足够大的间隙。

在采用 PE 管作为内衬时,其外径通常要比原有管道的内径小 10%,因为:

(1)这样的尺寸差值能够满足间隙要求,确保安装工作顺利进行。

(2)原有管道 75%～100% 的过流能力得到保留。但对于大直径管道,小于 10% 的管径差值也能提供足够的间隙。当管道直径大于 600mm(24in[①])的时候,通常取内插管外径比原有管道的内径小 5%～10%,但必须确保内衬管能顺利进入原有管道内。

6.2.2 施工中拉力及推力设计

1)拉入法

在采用拉入法施工内衬管道时,最大的拉入长度可通过以下两个公式计算得出:

管道最大抗拉力 $F_{\max}$ 计算公式为:

$$F_{\max} = f_y \cdot f_t \cdot T \cdot \pi \cdot \text{OD} \cdot \left(\frac{1}{\text{DR}} - \frac{1}{\text{DR}^2}\right) \tag{6-1}$$

式中:$F_{\max}$——最大抗拉力(kN);
f_y——拉伸屈服设计(安全)常数,为 0.40;
f_t——拉伸状态下的时间(安全)常数,为 0.95;
T——管道的拉伸屈服强度(MPa),对于 73.4℉条件下的 PE3408,取 $T=23.8$MPa;
OD——管道外径(mm);
DR——管道尺寸比,DR = OD/t,t 为管道壁厚。

管道最大拉入长度 $L_{\max}$ 计算公式为:

$$L_{\max} = \frac{F_{\max}}{Wf} \tag{6-2}$$

式中:W——管道单位长度质量(kg/m);
f——摩擦系数,旧管道中有流体存在时取 0.1,旧管道表面湿润时取 0.3,在砂质土上面时取 0.7。

2)顶推法

当采用顶推的方法进行内衬管道施工时,管道的最大推入长度可以通过以下公式进行计算(适用于非实心管壁管道)。

管道能够承受的最大推力 $F_{\max,\text{push}}$ 为:

$$F_{\max,\text{push}} = S \cdot (\text{ID} + T) \cdot \pi \cdot \text{PS} \tag{6-3}$$

式中:$F_{\max,\text{push}}$——最大抗推力(kN);
S——管道的内、外壁厚之和(mm);
ID——管道内径(mm);
T——管道外壁厚(mm);
PS——允许最大压应力(MPa)。

管道最大推入长度 $L_{\max,\text{push}}$ 为:

$$L_{\max,\text{push}} = \frac{F_{\max,\text{push}}}{Wf} \tag{6-4}$$

[①] in 为英寸,1in = 25.4mm。

6.2.3 内衬管选取

1）重力管道内衬管材选取

在大多数重力管道内衬工程中，当管道处于地下水位以下时，管道受到的主要荷载为管道上部的静水压力。

通用的 Love 方程［式(6-5)］给出了管道在自由状态下承受静水压力的能力，其实际上是管道壁厚的转动惯量和管道材质的表观弹性模量的函数。对于特定的管道工程项目，其临界屈曲压力 P_c 可由 Love 方程计算得出。

$$P_c = \frac{24EI}{(1-\nu^2)D_m^3} \times f \tag{6-5}$$

式中：P_c——管道临界屈曲压力（MPa）；
E——管道表观弹性模量，HDPE 管在 23℃、满足 50 年荷载作用条件下取 200MPa；
I——管壁的轴心转动惯性矩（mm⁴/mm）；
ν——泊松比，PE 管取 0.45；
D_m——管道等效直径，管道内径加上一个管道壁厚之和（mm）；
f——变形协调系数（图 6-7）；
D——管道平均直径（mm）。

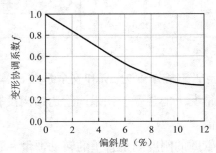

图 6-7 偏斜度与变形协调系数的关系曲线

图 6-7 中，偏斜度 $= \frac{D-D_{min}}{D} \times 100\%$，$D_{min}$ 是管道最小直径（mm）。

对于不同的管道尺寸比（DR），可以采用 Love 方程的变形方程［式(6-6)］来计算管道的屈曲压力。

$$P_c = E \cdot \left(\frac{2}{1-\nu_2}\right) \cdot \left(\frac{1}{DR-1}\right)^3 \cdot f \tag{6-6}$$

式中：DR——管道尺寸比，DR = OD/t；
OD——管道外径（mm）；
t——管道最小壁厚（mm）。

上述自由的管道屈曲阻力计算过程是一个试差的过程，当确定出一个临界屈曲强度时，须将其和静水压力进行比较，如果得出的管道屈曲强度远远大于静水压力，鉴于管道重量和成本等因素，可以选择管壁相对较小的管道作为内插管，重新进行计算并比较。管道设计的主要目的是保证屈曲强度有足够的安全系数（SF）以抵抗所预期的最大静水压力。

安全系数 SF = P_c/静水压力，其值通常取 2.0 或更大。如果想选择较大的安全系数，可以选择较大的管道壁厚或者通过一些措施提高管道的屈曲强度。

Love 方程只考虑了自由状态下的管道仅受静水压力的情况，没有考虑外部约束力。实际上旧管道对柔性内衬管道有支撑和提高抗屈曲的能力，在内插管和旧管道间可以充填各种不同的材料（如水泥、粉煤灰、聚酯泡沫或低密度注浆材料）以提高对内插管的加强作用。研究表明，在环状空隙中填充后可以把管道抗屈曲能力提高 4 倍以上，抗屈曲能力提高程度主要取决于所填充材料的承载能力。

对于实心壁管道，决定管道刚度的主要参数是管道尺寸比DR。在确定了作用于管道上的荷载大小之后，便可求出管道的DR值。根据规范 ASTM F 585 中的相关方法，管道制造商给出了管道 50 年的安全外部稳定荷载条件下对应的DR值（表 6-3）。

管顶上部临界水位高度（非注浆和注浆） 表 6-3

DR	非注浆条件下管顶水位高度（50 年）		注浆情况下管顶水位高度（50 年）	
	m	ft[①]	m	ft
32.5	0.6	2.0	3.0	10.0
26	1.2	4.0	6.0	20.0
21	2.4	8.0	12.2	40.0
13.5	9.8	32.0	48.8	160.0

注：①ft 为英尺，1ft = 0.3048m。

表 6-3 中的数据是在假定管道椭圆度为 3% 和安全系数 SF = 1.0 的情况下得出的，不注浆强度乘以 5 得出注浆强度情况下的强度。如果旧管道结构没有承受土压力和活荷载的能力，安全系数还应该取更大值。

如果管壁是非实心的，管壁的刚度则是管壁的转动惯量和管道公称内径的函数。在不进行注浆的条件下，管道所能承受的长期最大静水压头可由式(6-7)计算得出，该式考虑管道椭圆度为 3% 和安全系数 SF = 2.0 的情况。

$$H = \frac{0.9 \times \text{RSC}}{D_m} \tag{6-7}$$

式中：H——水位高度（m）；

RSC——管道的环刚度常数；

D_m——管道公称直径（mm）。

在灌注后 24h 最小强度为 3.5MPa/500psi[①]（28d 最小强度为 12MPa/1800psi）的情况下，长期最大静水压头的计算公式为：

$$H = 5 \times \frac{0.9 \times \text{RSC}}{D_m} \tag{6-8}$$

该公式的安全系数为 2.0。

---

① 1psi = 0.006895MPa。

2）压力管道内衬管材选取

当管道在内部压力和外部荷载同时存在的情况下,管道的设计就必须要考虑各种综合因素,包括管道受力分析、设计原则分析、柔性管道材料及其安装等。在这种情况下,管道壁厚的设计依据是要能够承受土压力、静水压力和其他附加荷载。

6.2.4 内衬管曲率半径计算

聚乙烯管道具有良好的弯曲性,易于吊运和安装,能承受外部荷载或轴线和偏离轴线的荷载,但在吊运和安装过程中应该避免过度弯曲。轴线弯曲包括管道运输到施工现场进行内插施工过程中的轴线弯曲、路线调节和坡度变化引起的永久性弯曲,应根据管道生产商建议的纵向应变做出相应限制。对于任何尺寸和重量的管道的最小允许曲率半径可以用下面的方程式进行近似计算获得:

$$R_c = D/2\xi_a \tag{6-9}$$

式中:R_c——曲率半径(mm);

D——内插管道直径(mm);

ξ_a——允许轴线应变。

例如,一些管道生产商建议的允许长期轴线应变为1.55%,最小安装弯曲半径为:

$$R_c = D/(2 \times 0.0155) = 33D$$

与管道轴线弯曲相比,管道接头处是比较容易发生弯曲破坏的,故对于接头处的曲率半径需特别注意。

6.3 穿插法施工

在穿插法施工中,管道通过拉或推的方式穿越旧管道从始发井到接收井,两种铺设方式在安装管道的过程中虽有明显的区别。其基本工作步骤如下:

（1）原有管道的检查。

（2）管道预处理。

（3）穿插管道的连接。

（4）开挖工作坑。

（5）穿插、固定内衬管道。

（6）环状间隙注浆（非必要可省）。

（7）支管连接。

（8）管道端部连接。

6.3.1 工作坑开挖

排水管道非开挖修复工程的工作坑类型可分为三种:连续管道穿插的工作坑、不连续管道穿插工作坑、不需开挖以人井或检查井作为工作坑。

考虑到工作坑的开挖对周围建筑物安全、人们正常生活的影响以及非开挖修复更新工程设计对工作坑的特殊要求,工作坑的坑位应避开地上建筑物、地下管线或其他构筑物;

工作坑不宜设置在道路交会口、医院入口、消防通道入口处；工作坑宜设计在管道变径、转角或检查井处。

为了满足施工人员的操作，起始工作坑的宽度应大于新管道直径 300mm，且不应小于 650mm，对于不连续管道施工的起始工作坑尚应满足设备、管材起吊的要求。

连续管道进管工作坑的布置见图 6-8。

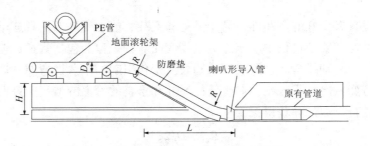

图 6-8　连续管道进管工作坑的布置示意图

工作坑的长度，对于连续管道插入施工的起始工作坑，《城镇燃气管道非开挖修复更新工程技术规程》(CJJ/T 147—2010) 中规定了穿插法工作坑的计算公式，如式(6-10)所示。该公式是综合了施工单位多年经验得出，考虑了保护管道、节省占地及保证施工等因素。H 为管道中心距地面的距离。考虑到套筒安装操作等因素，坑长应适当增长。该公式也可以用于折叠内衬法、缩径内衬法和碎（裂）管法起始工作坑的长度设计。

$$L = [H(4R - H)]^{\frac{1}{2}} \tag{6-10}$$

式中：L——工作坑长度（m）；

　　　H——管道敷设深度（m）；

　　　R——聚乙烯管许用弯曲半径（m），$R \geqslant 25D_o$，D_o 为内衬管外径。

对于不连续管道，内衬管需要在工作坑内完成管道的连接和穿插工作，因此起始工作坑的长度应能满足管道连接设备和顶推设备长度的要求，同时为使设备安装平稳，且内衬管能够顺利插入原有管道，工作坑坑底应低于待修复管道外壁底端 350mm，且宜铺设不小于 80mm 厚的砾石垫层。

工作坑设计时，工作坑坑壁宜进行放坡，当场地条件不允许放坡或坑壁需承受内衬管顶进的反力时，坑壁宜垂直坑底底面并经复核计算，必要时应进行支护。现行《给排水管道工程施工及验收规范》(GB 50268) 中对放坡比例及支护方案进行了相应的规定，设计时应参考该规范结合实际情况进行选择。

6.3.2　内衬管穿插

1）连续穿插法

PE 管道可以在地上或者入土坑中把短管道熔接成长管道。如果是在地上连接，由于受到 PE 管道最小允许弯曲半径的限制，需要较大的入土坑，尤其是在深管道或者大直径管道安装时。如果是在入土坑中进行连接，可以使用小的入土坑，但是由于熔接和冷却过程需要时间，导致施工效率降低。管道冷却的环节对管道安装成功后的寿命有较大的影响，因为短时间的冷却将降低管道安装和长期使用过程中的强度。

在管道连接过程中，在PE管道内侧和外侧都会形成熔结瘤。污水管道安装前，都要对管道内外的熔接瘤进行清除。如果是饮用水管道，为了避免在清除熔接瘤时所造成的污染，通常对管道内侧的熔接瘤予以保留。

穿插过程中应对内衬管采取保护措施。拖管头是非常重要的部件，它把绞车的拉力传递给管道，同时可以保证对管道不产生局部的应力集中。有时为了防止土或者其他物质进入管道，管道的端口是封闭的，这在饮用水管道施工中特别重要。为了防止拉力超过PE管道极限抗拉力，在绞车和拖管头之间安装一个保护接头（自动脱离连接），可以保证在托管拉力达到允许拉力前自动脱落。在牵引聚乙烯管进入在役管道时，端口处的毛边容易对聚乙烯管造成划伤，安装一个导滑口，既避免划伤也减小阻力。

聚乙烯管插入在役管道后，因为自身的重量会使其下沉与在役管道的内壁接触，在聚乙烯管外壁上安装保护环可以很好地防止这种情况的发生，降低拖拉过程中的阻力。安装保护环时宜在保护环上涂敷润滑剂，所使用的润滑剂应对在役管道内壁和聚乙烯管道无腐蚀和损害。保护环的间距可按表6-4设置。

保护环的间距　　　　　　　　　　　　　　　表6-4

聚乙烯管外径（mm）	90	110	160	200	250	315	400	450	500	630
保护环间距（m）	0.8	0.8	1.0	1.7	1.9	3.5	3.9	4.2	4.5	4.5

在施工过程中牵引设备的能力不能用到极限，避免出现拖拉过程中的卡阻现象而导致设备的损坏，20%的余量是最低限度。具备自控装置则要求在施工过程中有设定，一旦超过最大允许拖拉力则应能自动停机。

回拉管道可能导致管道拉伸，对于聚乙烯内衬管拉伸量不能超过1.5%，回拉速度不能超过300mm/s，在复杂地层中速度应该相应减慢。整个回拉过程中不能出现中断现象。

在达到接收点后，管道拉出长度应该与下部工序人员之间达成一致。当管道拉伸量达到1%时需要进行观察。这种拉伸量在一段时间内是会恢复的。管道安装前后温度的变化导致的管道伸缩量可能达到 $20mm/(m \cdot 5℃)$。施工中应预留出足够长度以防止内衬管段应力和温度引起的收缩。

2）非连续穿插法

内插管道安装是一个递增的过程。当位于工作坑中的接头出现下沉时，则应该将管道连接到上一节管道接头。接头和所有先前的管道完全顶进以便为下一段管道腾出空间。所有原有管道都铺设完成后工程才可停下来。

施工过程中应采取保护措施防止穿插管道被划伤。

6.3.3 注浆

如果工程设计要求对内衬层和原有管道之间的环状间隙进行处理，则可以采用注浆方法解决。注浆可以有效避免由于地面荷载引起下沉或者管道坡度变化导致的管道变形。在注浆过程中要注意注浆压力不能超过管道所能承受的压力范围。此外还应考虑注浆时浮力对内衬管造成的影响。

1）注浆浮力对内衬管的影响

在旧管道与拉入 HDPE 管间的环形空隙进行注浆时，如果注浆材料的比重γ_D大于管道比重γ_R，内衬管道（如 HDPE 管道）将受到浮力F_v的作用，如图 6-9 所示，浮力F_v由式(6-11)或式(6-12)确定。

$$F_v = F_A - G_R = \frac{\pi \cdot d_a^2}{4} \cdot \gamma_D \cdot l_R - q_R \cdot l_R \tag{6-11}$$

式中：F_A——浮力（N）；
　　　G_R——管道重力（N）；
　　　q_R——管道单位长度的重力（N/mm）；
　　　l_R——管道长度（mm）。

对于充满水的管道，浮力计算公式为：

$$F_v = \frac{\pi \cdot d_a^2}{4} \cdot \gamma_D \cdot l_R - (G_R + G_W) = \frac{\pi}{4} \cdot l_R(d_a^2 \cdot \gamma_D - d_i^2 \cdot \gamma_W) - q_R \cdot l_R \tag{6-12}$$

式中：F_v——内衬管所受浮力（N）；
　　　G_W——水的重力（N）；
　　　q_R——管道单位长度的重力（N/mm）；
　　　l_R——管道长度（mm）；
　　　γ_D——注浆材料的比重（g/mm³）；
　　　d_a——内衬管的外径（mm）；
　　　d_i——内衬管的内径（mm）。

浮力的作用使内衬管贴向原有管道顶部从而使内衬管发生变形。为防止由于浮力的作用导致的内衬管变形一般有两种方法，一种是采取分段注浆的工艺，避免内衬管贴近原有管道顶部；此外一种是用定位器将内衬管固定在原有管道中间。定位器间隔距离取决于容许挠度，如图 6-10 所示。

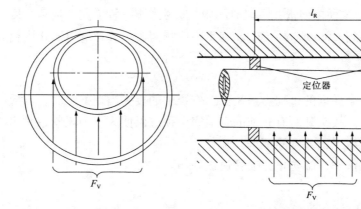

图 6-9　浮力F_v示意图　　图 6-10　定位器间管道截面的荷载

对于平均挠度W有如下关系：

$$W = \frac{\frac{3}{384} \cdot q \cdot l_R^4}{E_R \cdot I_R} \tag{6-13}$$

$$q = \frac{F_v}{l} \tag{6-14}$$

式中：l_R——自由长度（mm）；

I_R——极轴惯性矩（mm⁴）。

2）静水压力引起的荷载

在环空间隙注浆时，静水压力作用于管道上（图6-11），为了避免管道产生屈曲破坏，这个压力一定不能大于管道的屈曲压力（图6-12）。

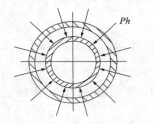

图6-11 水压力对内管的作用

图6-12 水泥注浆过程中的内衬变化

管道屈曲压力可通过Love方程计算得到，如式(6-15)所示。

$$P_{cr} = \frac{24EI}{(1-\upsilon^2)D^3} \cdot \frac{1}{N} \tag{6-15}$$

式中：P_{cr}——内衬管屈曲压力（psi或MPa）；

N——安全系数（2.0）；

I——内衬管的转动惯量（in⁴/in或mm⁴/mm）；

E——内衬管的弹性模量（psi或MPa）；

EI——内衬管刚度数值（in³·lbf/in²或MPa·mm³）；

D——内衬管平均直径，（in或mm）；

υ——泊松比，平均值为0.38。

管道屈曲压力可查图6-13得出，图6-13是HDPE管道和PP共聚物管道在温度为20℃时得到的屈曲压力曲线。在较高温度下，减小的屈曲压力与伸缩模数成比例变化。

一般情况下，1h的屈曲压力对于特殊注浆材料硬化时间点的屈曲压力是起决定作用的。因浮力引起的管道变形，根据变形的程度，这时的屈曲压力要乘以系数f_R（图6-14）。屈曲压力和注浆压力应满足式(6-16)。

$$p_{k,p} = \frac{p_k \cdot f_R}{S} \geqslant p_h \tag{6-16}$$

式中：p_k——内衬管屈曲压力（MPa）；

S——安全系数（>2）；

p_h——静水压力（注浆压力）（MPa）。

若所需注浆压力大于管道所能承受的压力，在注浆时，向内衬管道内注入具有一定压力（略高于注浆压力）的水进行保护。但过高的内部压力会导致管道膨胀，在随后释放压力时，塑料管的变形所需时间要长于材料硬化时间，此举将导致内衬与注浆体的分离。在注浆结束后，注入管道中的水可用于进行压力测试。

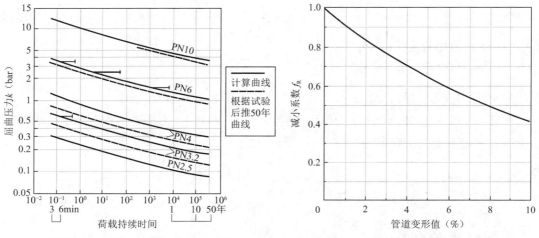

图 6-13　HDPE 管道和 PP 管道的屈曲压力曲线（20℃）

图 6-14　与管道变形相关的减小系数

6.3.4　管道端部连接

内插管需和旧管道元件及附属设施进行连接。合理的工程计划需要对工程连接进行特殊设计。

重力管道更新时，内插管道要达到检查井或检查井混凝土井壁处。在新旧系统连接的时候，必须要确保管道环状间隙的密封性，防止液体渗漏。

通常情况下，在管道环状空隙中安装挤压密封圈或者 Okum 带，从缝隙灌入膨胀浆体。注浆对钢材有防化学腐蚀的作用。该方法同样适用于内插管和主管道之间的连接（图 6-15）。

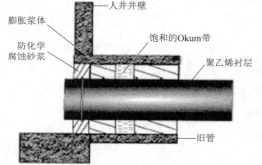

图 6-15　重力管道更新时的典型密封

在主管道和接头的地方安设上述装置，注浆可在管线定位前起到隔水的作用，该设置可埋置在接头或者灌注在新主管道中。图 6-16 展示了三种新的检查井孔口密封方法。

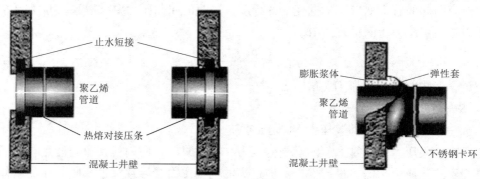

图 6-16　三种新的检查井孔口密封方法示意图

破坏了的水平管道连接会造成重力管道渗透流失，更换新管道目的就是重建好这些连接。新管道建立后，将提高长期的结构稳定性，减少旧管道的破坏。

各种家庭设施水平管道和主管之间可采用不同的连接方式。例如，对于松弛性内衬，污水管支管连接可采用鞍座连接或热熔连接。两种方法均可确保连接不漏失，从而确保管道的工作效率不下降。两种支管连接类型见图6-17。

压力管道的连接设计，只需考虑管道内压力值，连接部件要求能承受与主管一样的设计压力，有几种可供选择的连接方法。可凿开旧管，热熔连接一个分支管道（图6-18）；根据不同设计参数、不同设计目的，各个部分将单独设计。

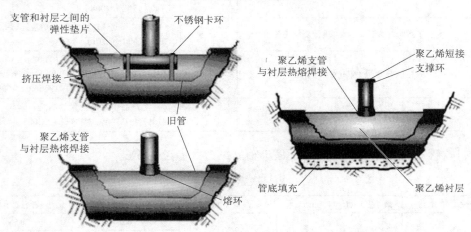

图6-17 重力管道更新时的支管连接　　图6-18 压力管道更新时的支管连接

6.4　穿插软管内衬法

穿插法除了可采用PE、GRP、PVC等内衬材料，还可采用一种适用于压力管道修复的纤维增强塑料软管。纤维增强塑料软管由三层结构组成，通过热挤压一次成型工艺加工，内衬层和外覆层的主要原料为塑料，中间层为增强层，原料为高强型纤维。内衬管可扁平卷盘，便于运输和安装，结构如图6-19所示。

内衬层和外覆层宜采用热塑性聚氨酯（TPU），也可采用聚乙烯树脂（PE）等其他高分子聚合物树脂；

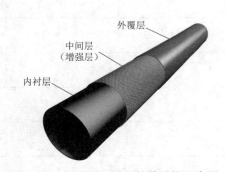

图6-19 纤维增强塑料软管结构示意图

增强层为与内衬层和保护层牢固粘接或一体化形成的单层或多层涤纶工业长丝、芳纶或其他纤维编织制成的管坯材料。

内衬层和保护层选用的聚氨酯树脂原料基本性能可参考表6-5，聚乙烯树脂原料基本性能应符合《燃气用埋地聚乙烯（PE）管道系统　第1部分：管材》（GB/T 15558.1—2015）的相关要求。在特定油气集输环境中使用聚氨酯树脂材料时，应按《石油、石化与天然气工业与油气开采相关介质接触的非金属材料　第1部分：热塑性塑料》（GB/T 34903.1—2017）要求评价其适用性。增强层涤纶工业长丝应符合《涤纶工业长丝》（GB/T 16604—2017）的要求，如果是芳纶长丝，应符合《对位芳纶（1414）长丝》（FZ/T 54076—2014）的要求。

聚氨酯树脂的基本性能 表6-5

序号	项目		性能要求	检测方法
1	拉伸强度（MPa）		≥20	《热塑性塑料管材 拉伸性能测定 第3部分：聚烯烃管材》（GB/T 8804.3—2003）
2	拉断伸长率（%）		≥350	
3	热空气老化性能（70℃±2℃×168h）	拉伸强度变化率（%）	≥80	《硫化橡胶或热塑性橡胶 热空气加速老化和耐热试验》（GB/T 3512—2014）
		拉断伸长率保持率（%）		
4	硬度（邵尔A）		85±5	《硫化橡胶或热塑性橡胶 压入硬度试验方法 第1部分：邵氏硬度计法（邵尔硬度）》（GB/T 531.1—2008）
5	浸水（23℃±2℃×24h）质量变化（%）		0~5	《硫化橡胶或热塑性橡胶 耐液体试验方法》（GB/T 1690—2010）
6	氧化诱导时间（200℃）（min）		>20	《塑料 差示扫描热法（DSC）第6部分：氧化诱导时间（等温OIT）和氧化诱导温度（动态OIT）的测定》（GB/T 19466.6—2009）
7	水分含量（mg/kg）		≤300	《化工产品中水分含量的测定 卡尔·费休法（通用方法）》（GB/T 6283—2008）

内衬软管规格尺寸、公称压力及最小轴向拉力可参考表6-6。

内衬软管规格尺寸 表6-6

公称外径d_n（mm）	最小壁厚e_{min}（mm）	壁厚偏差（mm）	公称压力（MPa）	最小轴向拉力（kN）
65	4.0	+0.30	4.0	15
			6.0	20
80	5.0	+0.30	4.0	23
			6.0	30
100	5.0	+0.30	4.0	38
			6.0	50
125	5.0	+0.30	4.0	59
			6.0	78
150	5.5	+0.50	4.0	91
			6.0	121
200	6.0	+0.50	2.0	83
			4.0	166
250	6.5	+0.50	2.0	132
			4.0	264
300	6.5	+0.50	2.0	194
			4.0	388
350	7.0	+0.80	2.0	266
			4.0	532
400	7.0	+0.80	1.0	175
			2.0	351
500	8.0	+0.80	1.0	275
			2.0	551
600	9.0	+1.00	1.0	399
			2.0	798
800	9.5	+1.00	1.0	718
	10.5		2.0	1429

穿插软管内衬法（图 6-20）是将圆织纤维增强的塑料软管置入压力管道中形成一个具有永久管道的结构体，或在流体压力下形成圆形内衬的工法，内衬软管与原有管道无黏结关系。

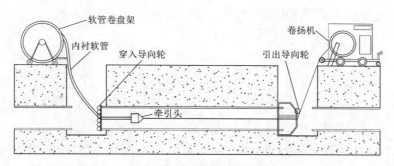

图 6-20 穿插软管内衬法

纤维增强塑料软管具有施工快捷、耐腐蚀、输送阻力小、寿命长等特点。相较于传统的 PE 内衬管，内衬软管中间结构层由高强纤维无缝编织增强而成，纤维增强层确保了柔性管在高压工况下整体的稳定性，外覆层或内衬层保护柔性管免受损坏，可用于更高的工作压力、单独承受全部内压。内衬管道壁厚较薄，修复后有相对更高的过流能力，可替代传统的 PE 管用于压力管道非开挖修复领域。用于供水、燃气等压力管道修复时，安装管道直径范围是 50~700mm，最大可施工长度为 2000m。穿插软管内衬法施工流程如图 6-21 所示。

图 6-21 穿插软管内衬法施工流程

穿插软管内衬法主要特点如下：

（1）内衬管是盘在卷盘架上折叠运输，重量轻、易于运输，现场可灵活布置，无须占用大面积道路。

（2）采用专用的接头连接（图 6-22），极大简化了修复施工过程。

（3）内衬软管可穿过 45°弯头，完全适用于压力管道的多处连续转弯，实现整段管道一次拖入修复，节省修复时间和工程造价。

（4）可用于安装空间受限环境，例如空间狭窄难以深入的区域，或密集的城市内人流和交通拥挤区域。

（5）可用于因热胀冷缩导致的破裂管道的修复或者受地震运动影响而错位的管道修复。

图 6-22 专用连接接头

（6）内衬管成型后，在无压状态且不考虑外部荷载的情况下，内衬管道仍能保持圆形。

（7）内衬管与原管之间无粘连，两端与末端专用接头固定，在任何工况下，内衬管仍能保持灵活性，提高了内衬管的抗震性，可用于动荷载较大、土体可能存在变形的区域。

与传统的开挖施工法相比，该技术突出体现了在空间和时间都受限的情况下的优势。无须进行大面积的开挖，把对周围环境的影响降到最低。内衬管可根据实际压力情况加工，适用于高、中、低压多种需求，修复后的管道不仅安全可靠，而且延长了管道的使用寿命，在老旧管道修复方面可以发挥更多的作用。

本章参考文献

[1] 马保松. 非开挖工程学[M]. 北京: 人民交通出版社, 2008.

[2] Iseley D T, Najafi M. Trenchless pipe ling renewal[M]. Arlington: The National Utility Contractors Association, 1995.

[3] Najafi M, Gokhale S, Calderón D R, et al. Trenchless technology: pipeline and utility design, construction and renewal[M]. McGraw-Hill Education, 2021.

[4] Najafi M. Trenchless pipeline renewal: state-of-the-art review[M]. Ruston: Louisiana Tech University, 1994.

[5] Scandinavian Society for Trenchless Technology (SSTT). No-dig handbook[M]. Copenhagen, 2002.

[6] ASTM. Standard guide for insertion of flexible polyethylene pipe into existing sewers:ASTM F 585—2016[S]. Philadelphia, 2016.

[7] 颜纯文. 非开挖地下管线施工技术及其应用[M]. 北京: 地震出版社, 1999.

[8] 中华人民共和国住房和城乡建设部. 城镇燃气管道非开挖修复更新工程技术规程: CJJ/T 147—2010[S]. 北京: 中国建筑工业出版社, 2011.

[9] 邃仲森. 城镇排水管道非开挖修复技术研究[D]. 武汉: 中国地质大学, 2012.

[10] 中华人民共和国住房和城乡建设部. 城镇排水管道非开挖修复更新工程技术规程: CJJ/T 210—2014[S]. 北京: 中国建筑工业出版社, 2014.

[11] 陶珂瑾, 陆山, 郑立贵, 等. HDPE 管内衬穿插的拉力计算[J]. 工程技术与管理(英文), 2019(2): 33-35.

[12] 费婷. 短管内衬法在城市管道修复中的设计与分析[J]. 城市道桥与防洪, 2019(6): 175-177.

[13] 中华人民共和国住房和城乡建设部. 给水排水管道施工及验收规范: GB 50268—2008[S]. 北京: 中国建筑工业出版社, 2009.

[14] 中国轻工业联合会. 非开挖修复用塑料管道 总则: GB/T 37862—2019[S]. 北京: 中国标准出版社, 2020.

[15] 许州, 谢绍英, 赵阳森, 等. 纤维增强复合软管内衬力学性能试验研究[J]. 特种结构, 2017, 34(5): 82-86.

[16] 胡成洪, 夏举飞, 赵雅宏. 非开挖技术在天然气管道修复中的应用[J]. 地质科技情报, 2018, 37(5): 254-259.

第 7 章 改进穿插法管道修复技术

改进穿插法是在穿插法的基础上发展起来的,其与穿插法的不同在于修复后内衬管与原有管道紧贴在一起,因此大大减小了地下管道过流面积的损失。目前改进穿插法主要包括折叠内衬法和缩径内衬法两种方法。

折叠内衬法分为工厂折叠内衬和现场折叠内衬,折叠管的折叠过程和穿插如图 7-1 所示。

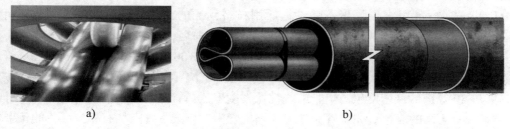

图 7-1 折叠内衬法

缩径内衬法的原理是利用中密度或高密度 PE 材料的聚合链结构在没有达到屈服点之前材料结构的临时变化并不影响其性能这一特点,使内衬管直径临时性缩小,以方便置入原有管道内形成内衬。内衬管直径的减小可采用径向均匀压缩法和拉拔法,图 7-2 为缩径内衬法示意图。

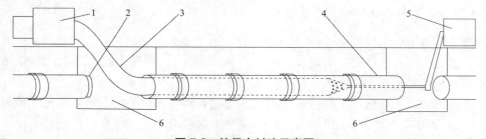

图 7-2 缩径内衬法示意图

1-缩径机;2-膨胀的内衬管;3-缩径的内衬管;4-原有管道;5-牵引装置;6-工作坑

7.1 改进穿插法用聚乙烯管材

由于聚乙烯管材具有良好的抗腐蚀性及力学性质,其在改进穿插法中是应用最多的管道材料。目前国内主要应用的也是聚乙烯管。

7.1.1 聚乙烯管材简介

聚乙烯(Polyethylene,简写 PE)是一种通过多种工艺方法生产的,具有多种分子结构和特性的树脂,占世界合成树脂产量的三分之一,居第一位。聚乙烯管的应用始于 20 世纪 40 年代,最初用作电话线导管和矿井无压排水管道(采用低密度聚乙烯管)。20 世纪 50 年代中期，聚乙烯管用于给水（开始采用高密度聚乙烯管）领域。20世纪60年代中期开始采用聚乙烯管输配天然气（采用中高密度聚乙烯管）。目前聚乙烯管材已成为PVC-U管之后，世界上消费量第二大的塑料管道品种，广泛用于燃气输送、给水、排污、农业灌溉、油田、矿山、化工及邮电通信等领域。目前，世界上聚乙烯管材年消费量在150万t以上，而且增长速度很快。

聚乙烯是由单体聚乙烯聚合而成的，单体乙烯在聚合时因压力、温度等聚合反应条件不同可分为高压法、中压法和低压法三种，所以又有高压聚乙烯和低压聚乙烯之分。由于不同的聚合方法所得到的树脂密度不同，低压聚乙烯又可分为高密度聚乙烯（HDPE，密度为 $0.941 \sim 0.965 g/cm^3$）、中密度聚乙烯（MDPE，密度为 $0.926 \sim 0.940 g/cm^3$）、低密度聚乙烯（密度为 $0.910 \sim 0.925 g/cm^3$）。

目前ISO标准组织根据聚乙烯管道所用材料预测的长期静液压强度置信下限 σ_{LPL}（20℃，50年，97.5%），对管材及其原料进行了分类和命名，有PE32、PE40、PE63、PE80和PE100五个等级。目前，输送燃气应采用PE80和PE100等级的中或高密度聚乙烯管；给水通常采用PE63、PE80和PE100的中或高密度聚乙烯管，但PE63已逐渐趋于淘汰；PE32和PE40等级的低密度聚乙烯管或线性低密度聚乙烯管通常用于灌溉。根据用途不同，聚乙烯管涂有不同的颜色。如水管为蓝色，燃气管为黄色或黑管上加有相应颜色的条带。

对于聚乙烯材料，密度越高，刚性越低，密度越低，柔性越好。进行内衬修复或内衬防腐的材料既要有较好的刚性，还要有较好的柔韧性。ASTM F1533-01中规定聚乙烯内衬材料应符合美国ASTM D3350规定的燃气管用中密度、高密度聚乙烯的要求。加拿大油气管道系统规定油气管道内衬材料应符合美国ASTM D3350的规定。因此内衬修复用聚乙烯采用燃气管道所用等级的聚乙烯管，即PE80和PE100等级的中或高密度聚乙烯管。

7.1.2 聚乙烯管材物理力学性能

根据《燃气用埋地聚乙烯（PE）管道系统 第1部分：管材》（GB 15558.1—2015），聚乙烯管材的物理力学性能应满足表7-1和表7-2的要求。燃气管道常用PE管SDR系列为SDR11、SDR17.6。

按《流体输送用热塑性塑料管材 耐快速裂纹扩展（RCP）的测定 小尺寸稳态试验（S4试验）》（GB/T 19280—2003）试验时，若S4试验不能达到要求，应按照全尺寸试验重新进行测试，以全尺寸试验的结果作为最终判定依据。在此情况下，$P_{c,FS} \geq 1.5 \times MOP$。

管材力学性能　　　　　　　　　　　　　表7-1

序号	项目	要求	试验参数		试验方法
1	静液压强度 （20℃，100h）	无破坏，无渗漏	PE80 环应力	9.0MPa	《流体输送用热塑性塑料管道系统 耐内压性能的测定》（GB/T 6111—2018）
			PE100 环应力	12.0MPa	
			试验时间	≥100h	
			试验温度	20℃	
2	静液压强度 （80℃，165h）	无破坏，无渗漏①	PE80 环应力	4.5MPa	
			PE100 环应力	5.4MPa	
			试验时间	≥165h	
			试验温度	80℃	

续上表

序号	项目	要求	试验参数		试验方法
3	静液压强度 （80℃，1000h）	无破坏，无渗漏	PE80 环应力	4.0MPa	
			PE100 环应力	5.0MPa	
			试验时间	≥1000h	
			试验温度	80℃	
4	断裂伸长率 $e ≤ 5mm$	≥350%②③	试样形状	类型 2	《热塑性塑料管材 拉伸性能测定 第 1 部分：试验方法总则》（GB/T 8804.1—2003）、《热塑性塑料管材 拉伸性能测定 第 3 部分：聚烯烃管材》（GB/T 8804.3—2003）
			试验速度	100mm/min	
	断裂伸长率 $5mm < e ≤ 12mm$	≥350%②③	试样形状	类型 1④	
			试验速度	50mm/min	
	断裂伸长率 $e > 12mm$	≥350%②③	试样形状	类型 1④	
			试验速度	25mm/min	
			或		
			试样形状	类型 3④	
			试验速度	10mm/min	
5	耐慢速裂纹增长 $e ≤ 5mm$ （锥体试验）	<10mm/24h	—	—	《聚乙烯管材 耐慢速裂纹增长锥体试验方法》（GB/T 19279—2003）
6	耐慢速裂纹增长 $e > 5mm$ （锥体试验）	无破坏，无渗漏	试验温度	80℃	《聚乙烯管材 耐慢速裂纹增长锥体试验方法》（GB/T 19279—2003）
			PE 80（SDR 11）内部试验压力	0.80MPa⑤	
			PE 100（SDR 11）内部试验压力	0.92MPa⑤	
			试验时间	≥500h	
			试验类型	水-水	
7	耐快速裂纹扩展 （RCP）⑥	$P_{c,S4} ≥ MOP/2.4 - 0.072$（MPa）	试验温度	0℃	《流体输送用热塑性塑料管材 耐快速裂纹扩展（RCP）的测定 小尺寸稳态试验（S4 试验）》（GB/T 19280—2003）
8	压缩复原	无破坏，无渗漏	—	—	《燃气用埋地聚乙烯（PE）管道系统 第 1 部分：管材》（GB 15558.1—2015）

注：①仅考虑脆性破坏。若在 165h 前发生韧性破坏，则按规范中相关表格选择较低的应力和相应的最小破坏时间重新试验。
②若破坏发生在标距外部，在测试值达到要求情况下认为试验通过。
③当达到测试要求值时即可停止试验，无须试验至试样破坏。
④若可行，壁厚不大于 25mm 的管材也可采用类型 2 试样，类型 2 试样采用机械加工或模压法制备。
⑤对于其他 SDR 系列对应的压力值，参见《流体输送用聚烯烃管材 耐裂纹扩展的测定 慢速裂纹增长的试验方法（切口试验）》（GB/T 18476—2019）。
⑥管材制造商生产的管材大于混配料制造商提供合格验证 RCP 试验中所用管材的壁厚时，才可进行 RCP 试验。在 0℃以下应用时，要求在该温度下进行 RCP 试验，以确定在最小工作温度下的临界压力。

管材的物理性能　　表 7-2

序号	项目	要求	试验参数		试验方法
1	氧化诱导时间 （热稳定性）	>20min	试验温度	200℃	《塑料 差示扫描量热法（DSC） 第 6 部分：氧化诱导时间（等温 OIT）和氧化诱导温度（动态 OIT）的测定》（GB/T 19466.6—2009）
			试样质量	(15±2) mg	

续上表

序号	项目	要求	试验参数		试验方法
2	熔体质量流动速率（MFR）	加工前后MFR变化＜20%	负荷质量	5kg	《塑料 热塑性塑料熔体质量流动速率（MFR）和熔体体积流动速率（MVR）的测定 第1部分：标准方法》（GB/T 3682.1—2018）、《塑料 热塑性塑料熔体质量流动速率（MFR）和熔体体积流动速率（MVR）的测定 第2部分：对时间-温度历史和（或）湿度敏感的材料的试验方法》（GB/T 3682.2—2018）
2	熔体质量流动速率（MFR）	加工前后MFR变化＜20%	试验温度	195℃	《塑料 热塑性塑料熔体质量流动速率（MFR）和熔体体积流动速率（MVR）的测定 第1部分：标准方法》（GB/T 3682.1—2018）、《塑料 热塑性塑料熔体质量流动速率（MFR）和熔体体积流动速率（MVR）的测定 第2部分：对时间-温度历史和（或）湿度敏感的材料的试验方法》（GB/T 3682.2—2018）
3	纵向回缩率	≤3%，表面无破坏	试验温度	110℃	《热塑性塑料管材纵向回缩率的测定》（GB/T 6671—2001）
3	纵向回缩率	≤3%，表面无破坏	试样长度	200mm	《热塑性塑料管材纵向回缩率的测定》（GB/T 6671—2001）
3	纵向回缩率	≤3%，表面无破坏	烘箱内放置时间	1h	《热塑性塑料管材纵向回缩率的测定》（GB/T 6671—2001）

根据现行《给水用聚乙烯（PE）管道系统》（GB/T 13663），给水用聚乙烯管材的物理力学性能应满足表7-3和表7-4的要求。给水管道的常用SDR系列为SDR11、SDR13.6、SDR17、SDR21、SDR26。

给水用聚乙烯管材的物理力学性能　　　　表7-3

序号	项目	环向应力（MPa）			要求
		PE63	PE80	PE100	
1	20℃静液压强度（100h）	8.0	9.0	12.4	不破裂，不渗漏
2	80℃静液压强度（165h）	3.5	4.6	5.5	不破裂，不渗漏
3	80℃静液压强度（1000h）	3.2	4.0	5.0	不破裂，不渗漏

给水用聚乙烯管材的物理力学性能　　　　表7-4

序号	项目		要求
1	断裂伸长率（%）		≥350
2	纵向回缩率（110℃）（%）		≤3
3	氧化诱导时间（200℃）（min）		≥10
4	耐候性（管材累计接受$E≥3.5GJ/m^3$老化能量后）	80℃静液压强度（165h）	不破裂，不渗漏
4	耐候性（管材累计接受$E≥3.5GJ/m^3$老化能量后）	断裂伸长率（%）	≥350
4	耐候性（管材累计接受$E≥3.5GJ/m^3$老化能量后）	氧化诱导时间（200℃）（min）	≥10

聚乙烯管材的弹性模量、拉伸强度指标应以生产商提供的指标或实际测试为准。根据《城镇排水管道非开挖修复更新工程技术规程》（CJJ/T 210—2014），PE管材性能应满足表7-5的要求。

PE管材性能　　　　表7-5

性能	MDPE 80	HDPE 80	HDPE 100	试验方法
屈服强度（MPa）	＞18	＞20	＞22	《塑料 拉伸性能的测定 第2部分：模塑和挤塑塑料的试验条件》（GB/T 1040.2—2022）
断裂伸长率（%）	＞350	＞350	＞350	《塑料 拉伸性能的测定 第2部分：模塑和挤塑塑料的试验条件》（GB/T 1040.2—2022）
弯曲模量（MPa）	600	800	900	《塑料 弯曲性能的测定》（GB/T 9341—2008）

7.1.3 聚乙烯管材连接

塑料管道的连接方法有多种，按相互连接的材质来划分包括塑料管接头（同种塑料管之间的连接）与过渡接头（塑料管与其他材质，主要是与金属管材和管路附件的连接）；按可否拆卸来分有可拆卸接头（如法兰接头、弹性密封接头、压缩接头、螺纹接头等）与不可拆卸接头（如焊接接头、粘接接头等）。塑料管连接方法主要依据塑料管的材质、结构特点和使用要求来选择。

熔接连接是聚烯烃管道最主要的连接方法，也是聚烯烃管道的重要优势。熔接是一种接头与管材一体化的连接方式，具有优异的永久密封性。聚烯烃管道熔接连接属于塑料焊接。非开挖所用内衬修复聚乙烯管材主要采用熔接连接，其包括热熔连接和电熔连接。

1）热熔连接

聚烯烃管的热熔连接主要是指热熔对接，此外还包括鞍形热熔连接等。

（1）热熔对接原理与模型

热熔对接，是将热塑性管材的末端，利用加热板加热熔融后相互对接融合，经冷却固定而连接在一起的方法。热熔对接是聚乙烯管材和聚丙烯管材最主要和最传统的连接方法。热熔对接一般适用于DN63以上口径管材或壁厚6mm以上管材的连接。热熔对接自20世纪60年代早期就开始用于塑料管材的连接，此方法大幅度降低了施工费用。

热熔对接通常有三个阶段，即加热阶段、切换阶段和对接阶段（图7-3）。

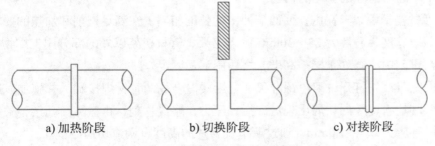

a) 加热阶段　　　　b) 切换阶段　　　　c) 对接阶段

图7-3　热熔法连接过程示意图

（2）焊接设备

热熔对接需要的设备主要是热熔对接焊机（图7-4）。热熔对接焊机主要性能要求有：

① 应能在环境温度−10～40℃范围内正常工作。

② 熔接机的设计应保证切换时间在 $(3+0.01d_e)$ s 范围内（d_e 为管外径），当 d_e 不超过 250mm 时，切换时间最大为 6s；当 d_e 在 250mm 以上时，切换时间最大为 12s。

③ 加热板盘面应均匀涂覆聚四氟乙烯（PTFE）等耐高温防黏层，最大粗糙度（R_a）为 2.5μm。

④ 管夹对中系统应保证管端头椭圆度不超过壁厚的5%或管端错边不超过管壁厚

图7-4　热熔焊接设备

的 10%。

⑤辅助设备及机具有供电设备与管道切割工具。

⑥供电可采用搭接市电方式。野外施工不具备搭接条件时，可利用发电机组供电，一般小型发电机即可。根据焊机规格，选择相应功率要求的发电机，一般情况下，发电机功率不超过 10kW，发电机输出电压为 110V 或 200V；适用汽油、柴油或丙烷。

（3）焊接方法及步骤

①焊接准备。

焊接准备主要是检查焊接机状况是否满足工作要求。如检查机具各个部位的紧固件有无脱落或松动，检查整机电器线路；检查液压箱内液压油是否充足；确认电源与机具输入要求是否匹配；加热板是否符合要求（涂层是否损伤）；检查铣刀和油泵开关等部件的试运行情况等。

把与管材规格一致的卡瓦装入机架；设定加热板温度至焊接温度（聚乙烯管：200～230℃）。加热前，应用软纸和布蘸酒精擦拭加热板表面，注意不要划伤 PTFE 防黏层。

②焊接。

焊接应按照焊接工艺卡各项参数进行操作。必要时，应根据天气、环境温度等变化对参数做适当调整。主要步骤如下：

a. 用干净的布清除两管端的污物。

b. 将管材置于机架卡瓦内，使两端伸出的长度相当（在满足铣削和加热的要求情况下应尽可能缩短长度，通常为 25～30mm）。若必要，管材机架以外的部分用支撑物托起，使管材轴线与机架中心线处于同一高度，之后用卡瓦固定好。

c. 置入铣刀，先打开铣刀电源开关，之后缓慢合拢两管材焊接端，并施加以适当的压力，直至两端均有连续的切屑出现后，撤掉压力，略等片刻，再撤掉活动架，关掉铣刀电源。切屑厚度应为 0.5～1.0mm，通过调节铣刀片的高度可调节切屑厚度。

d. 取出铣刀，合拢两管段，检查两端对齐情况。管材两端的错位量不应超过管壁厚的 10% 和 1mm 中的较大值，通过调整管材直线度或松紧卡瓦可在一定程度上矫正错位量；合拢时管材两端面间距 0.3mm（d_e < 205mm）、0.5mm（205mm < d_e ≤ 400mm）或 1.0mm（d_e > 400mm）。如不满足要求，应再次铣削，直到满足上述要求。

e. 测量拖拉力（移动夹具的摩擦阻力），此压力应叠加到工艺参数压力上，从而得到实际使用压力。

f. 检查加热板温度是否达到设定值。

g. 加热板温度达到设定值后，放入机架，施加规定的压力，直到两边最小卷边达到规定宽度。

h. 将压力减小到规定值（使管端面与加热板之间刚好保持接触），继续加热至规定时间。

i. 达到时间后，推开活动架，迅速取出加热板，之后合拢两管端，切换时间应尽可能短，不能超过规定值。

j. 将压力上升至规定值，保压冷却。冷却到规定时间后，卸压，松开卡瓦，取出连接完成的管材。

2）电熔连接

电熔连接主要包括电熔套接和电熔鞍形连接两种。

所谓电熔套接，就是将电熔管件套在管材、管件上，预埋在电熔管件内表面的电阻丝通电发热，产生的热能加热、熔化电熔管件的内表面和与之承插的管材外表面，使之融为一体。电熔套接是聚乙烯管道连接最主要的方式之一。

电熔套接的主要优点是极大地减小了焊接过程中人为因素的影响。焊接工艺参数——温度和压力对确定接头质量至关重要，而电熔套接通过管件的结构设计来优化操作电压和通电时间从而实现精确控制输入功率，获得高质量的接头，该接头具有强度高、寿命长、气密性好的特点，而且操作简便，施工效率高。电熔套接的主要缺点是由于电熔管件的引入，导致连接成本较高，以及对连接管材的加工尺寸精度要求较高。

电熔套接已广泛应用于聚乙烯煤气管道系统中，目前电熔管件生产厂家提供的电熔管件大部分在 DN20～DN250 范围内。随着聚乙烯供水管道的迅速发展，电熔套接也广泛应用于聚乙烯供水管系统中。对于聚丙烯、聚丁烯等管材的连接也可使用电熔连接。

电熔套接是通过电熔管件实现的，电熔管件主要包括套筒、鞍形件、变径、等径三通、异径三通、弯头等。

电熔连接主机具为电熔连接控制器，其他机具有用于管材和管件插口端头的刮削工具、夹具、管切刀或锯、发电机、软纸或布、清洗液、整圆工具、保护帐篷。电熔连接控制器（电熔焊机）是利用电源（发电机或市电），通过设置正确的熔接参数，输出电能于电熔管件的设备。电熔控制器控制的参数主要有输出电压、电流和焊接时间。

（1）电熔连接方法和步骤

①电熔套接。

a.用塑料管材切刀或带切削导向装置的细齿锯切断管材，并使其端面垂直于管材轴线。用小刀切除内部边缘的毛刺。

b.在管材或接口端的焊接区域刮皮，清洁焊接区域。

c.确保管材可插入深度，将管材拉入焊机夹具内并正确定位。

d.固定校直定位夹具，检查管材端部是否对正。

e.设置好电熔焊机，以输出正确的焊接参数（例如电压或电流、时间）。

f.若是自动化过程，采用适合管材和电熔焊机的程序。

g.检查焊接周期是否正确完成。

h.在冷却过程中让接头处于夹紧状态，冷却时间通常由制造商规定并在连接程序中给出。

②电熔鞍形连接。

a.在管材的焊接区域刮皮，清洁焊接区域。

b.按照安装要求，将鞍形件放在管材上。有时根据管材制造商的安装要求，在管材或管件上放一个组装工具。

c.设置好电熔焊机，以输出正确的焊接参数（例如电压或电流、时间）。

d. 若是自动化过程，采用适合管件和电熔焊机的程序。

e. 检查焊接周期是否正确完成。

f. 在冷却过程中让接头处于夹紧状态。冷却时间通常由制造商规定并在连接程序中给出。

（2）电熔焊接工艺过程

①管在电熔套筒内定位。

②通过控制器向电熔管件通电。

③电线圈周围的 PE 材料开始熔化。

④熔融区域的 PE 材料熔胀，向管子外壁膨胀。

⑤向管外壁热传递，管外壁 PE 材料开始熔化。

⑥熔体压力增大，促使熔体沿界面（管内壁与管外壁间的空隙）流动。

⑦熔体流到冷区，开始凝结，从而封闭熔融区域。

⑧继续通电导致熔体压力的增高。

⑨断电前，熔体压力达到最大值。

⑩断电，开始冷却，温度持续下降。

7.2 折叠内衬法

7.2.1 方法简介

折叠内衬法是指将圆形塑料管道进行折叠，并置入旧管道中，通过加热、加压的方法使其恢复原状形成管道内衬的一种修复方法。

该法使用可变形的 PE 或 PVC 作为管道材料，施工前在工厂或工地通过改变衬管的几何形状来减小其断面。变形管在旧管内就位后，利用加热或加压使其膨胀，并恢复到原来的大小和形状，以确保与旧管形成紧密的配合，如图 7-5 所示。此外，还可用一个机械成型装置使其恢复原来的形状。

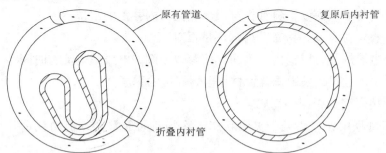

图 7-5 折叠内衬法和折叠管复原示意图

折叠内衬法可分为工厂预制成型和现场成型两种。小直径的内衬管可以在工厂折叠，缠绕到滚筒上运到工地。ASTM F 1947 中规定工厂预制 PVC 折叠管修复管道的直径为 102～381mm，ASTM F 1867 中规定 A 型 PVC 折叠管修复管道的直径为 102～457mm，ASTM F 1606 中规定聚乙烯折叠管修复管道的直径为 46～457mm，因此折叠管修复管道的直径范围在100～450mm之间；当修复管径大于460mm的管道时，宜在工地现场折叠。目前国内穿插U形折叠HDPE内衬管修复管径最大为1400mm，最大修复长度1520m，均由河南中拓管道工程有限公司施工完成。

折叠内衬法的优点在于施工占地面积小，内衬管与原有管道紧密贴合，原有管道过流能力损失小，一次性修复管道可达千米，方法简单易行，适用于各种重力及压力管道的修复。

7.2.2 现场折叠内衬法

现场折叠内衬法施工工艺流程如图7-6所示。

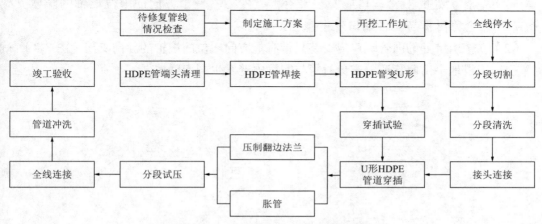

图7-6 现场折叠内衬法施工工艺流程图

1）考察施工现场与初始施工方案

（1）埋地管道的调查

应对埋地管道的埋设位置、管道规格、输送介质进行调查，并确定管道的埋深、拐点、三通、阀门、凝水缸及其他管道附件的位置，一般可参考设计图、运行图、管道探测图。

（2）内窥仪检查与管道清洗

在开挖工作坑后，先清洗旧管道。若管道内部污垢较多，可采用如下方法清洗管道：

①当管内沉积物较为松散时，可选用机械清洗。

②当管内沉积物较多且结垢特别坚硬时，可选用高压水射流清洗。

③当管内沉积物为黏稠油状物时，可选用化学清洗。

为实际确认管道水平和垂直方向上的弯曲量、附件设备等定位数据的真实性，可考虑采用内窥检查系统检查管道。通过上述资料的收集、分析，制定初始施工方案。

2）作业坑的准备

施工前，需要开挖牵引坑或拖管坑，分设在待修复管道的两端。在确定工作坑位置及尺寸时主要考虑以下因素：

（1）对存在三通、阀门等附件的管道连接处必须暴露开挖。

（2）管道走向发生变化处（一般小于8°）必须暴露开挖。

（3）根据设备能力及现场施工条件，确定一次施工长度，进行分段开挖。

（4）作业坑的位置应不影响交通。

（5）作业坑的长度，要能满足安装试压装置、封堵装置及内衬管道超出待修复管道长度的要求。

（6）开挖的工作坑两端需开挖一个约20°的导向坡槽，宽度视U形衬管直径大小而定，要确保U形衬管平滑插入旧管道。

（7）作业坑开挖边坡坡度大小与土层自稳性能有关，在黏性土层为1:0.35~1:0.5，在砂性土层内为1:0.75~1:1。

3）配套支架安装

（1）拖管坑处的旧管端口应安装带有上、左、右三个方向的限位滚轴的防撞支架（图7-7），避免衬管与旧管端口发生摩擦。

（2）在牵引坑处的旧管端口应安装只带有上方向限位的滚轴的导向支架（图7-8），确保牵引绳平滑地牵出旧管道，避免衬管与旧管内壁发生剧烈摩擦。

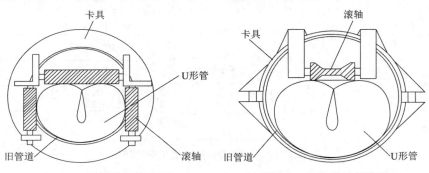

图7-7 防撞支架示意图　　图7-8 导向支架示意图

4）HDPE管的冷压成型

（1）U形压制机的调整

①调整压制机的上下、左右压辊，使入口处的压辊间距为HDPE管管径的70%。

②主压轮后的左右压辊间距为HDPE管管径的60%~70%。

③主压轮前的左右压辊应对压扁的HDPE管合理限位，并使HDPE管中线与主压轮对中，使HDPE管在压制机的正中心位置上行走。

④当环境温度小于10℃时，主压轮后的左右压辊间距可适当增加至管径的65%~75%。

⑤当环境温度小于5℃时，禁止进行U形压管。

（2）HDPE管的处理

①在冷压前，将HDPE管表面的尘土、水珠去除干净，并检查管壁上是否有褶皱或缺陷。

②在冷压前，将HDPE管一端管端切成鸭嘴形，鸭嘴形的尺寸为底边长度约为管径的80%，腰长为管径的1.5~2倍，并在其上开好两个孔径约40mm的孔洞以备绳牵引。借助链式紧绳器，按钢质夹板孔位做好牵引头，用螺栓紧固，将钢质夹板两侧多余的HDPE管边缘切成平滑的斜面。

③与液压牵引机相连的钢丝绳穿过两个孔与HDPE管连接牢固。

④HDPE管的外径不能大于待修管道内径，否则复原时不能恢复圆形形状。

（3）压制 U 形

开启液压牵引机和 U 形压制机，在牵引力的拖动与压制机的推动下，应使圆形 HDPE 管通过主压轮并压成 U 形，在压制过程中 U-HDPE 管下方两侧不得出现死角或褶皱现象，否则必须切掉此管段，并调整左右限位辊后重新工作，此外还要注意以下几点：

①缠绕带将 U 形管缠紧。

②缠绕带的缠绕速度要与 HDPE 管的压制速度相匹配。如果缠绕速度过快，会造成缠绕带不必要的浪费；如果缠绕速度过慢，会造成缠绕力不够，可能导致 U 形管在回拉过程中意外爆开。

③U 形的开口不可过大，如果过大可用链式紧绳器将开口缩紧，调整左右压辊的间距。

④根据 U-HDPE 管的直径调整缠绕带的滚轮角度，使得缠绕带连续平整地绑扎在 U-HDPE 管的表面（普通穿插以基本覆盖为原则）。

（4）牵引速度

牵引速度一般控制在 5～8m/min。

5）U 形折叠内衬口撑圆

U 形 HDPE 管通过旧管约 1m 时，停止牵引，切断牵引头，用撑管器将 U 形 HDPE 管的端口撑圆（目前一般使用千斤顶撑管）。

6）HDPE 管端翻边定型及 U-HDPE 管打压复原

现场折叠管的复原一般通过注水加压的方式完成，整个过程中要严格控制恢复速度。首先应计算出复原后 PE 管的水容积，复原时在不加压情况下使水充满折叠后的聚乙烯管空间，并准确测量注入水量。复原后的水容积与无压注入水量之差就是复原时需加压的水量。水不可压缩，通过加压水的注入速度即可控制复原速度。

7）检测

对加温打压合格的 U 形折叠内衬管线用内窥仪检查录像，当 U-HDPE 管没有出现塌陷时为合格。

7.2.3 工厂预制折叠内衬法

工厂预制折叠管的管材一般以管盘的形式储存和运送到施工现场。在运输过程中应确保折叠管不出现破裂、刮伤等缺陷。若每种管径的管都用相同的长度，则大管径管的盘管轮轴会很大，会受到运输条件及经济因素等的限制，因此不同管径所盘的长度不同。管径越大，长度越短。以某制造商的产品为例，DN100 管材，盘管的长度可以为 600m；DN500 管材，盘管轮轴直径相同时，盘管的长度只能是 100m。盘管在运输过程中不能出现破裂、裂缝、刮痕等损坏现象。

工厂预制成型折叠管在生产过程中要经过制造和模拟实际安装测试两个阶段。其中模拟实际安装测试是折叠管供应商根据客户提供的在役管道的参数等生产折叠管样品，并在试验室中按照设计好的工艺参数进行工序模拟，复原达到要求后，对该试验段进行力学性能测试，测试合格，折叠管可投入生产并应用于该项工程。

折叠管在出厂时，制造商应提供制造阶段的预制折叠管的直径、壁厚、形状及其允许偏差以及模拟实际安装测试的报告。国外某制造商提供了各种规格的折叠管参数,见表 7-6。

工厂预制的折叠管壁厚及对应应用管道口径[环境温度为(23±2)℃]　　表 7-6

标称直径(mm)	管道壁厚(mm)		适用管道内径(mm)	管道长度(mm)	
	SDR26	SDR17.6		SDR 17.6	SDR 26
100	3.9	5.7	97～102	600	600
125	—	—	121～127	600	—
150	5.8	8.6	145～152	600	600
175	—	—	170～179	600	—
200	7.7	11.4	194～204	400	400
225	—	—	217～228	330	—
250	9.7	14.2	241～253	330	400
280	—	—	280～294	250	—
300	11.6	17.1	289～303	190	210
350	13.5	20.0	340～357	150	160
400	15.4	22.8	385～404	93	135
450	17.4	—	436～458	—	100
500	19.3	—	485～509	—	100

工厂预制折叠管的施工分为管道预处理、折叠管拉入、折叠管复原、端口连接四个阶段,如图 7-9 所示。

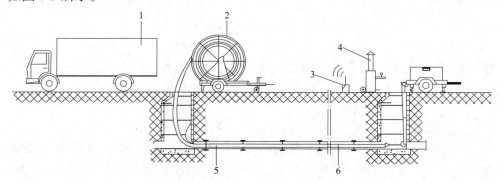

图 7-9　工厂预制成型折叠管施工示意图
1-载热水(气)车;2-折叠管;3-传送器;4-水气分离器;5-在役管道;6-折叠管

1)管道预处理

管道预处理包括管道清洗、疏通、检测,详见本书第 3 章和第 5 章。

2)折叠管拉入

将绕有折叠管的卷轴放在插入点附近。将一根钢绳穿过原有管道,一端与变形管道相连。使用动力卷扬机将变形管道直接从插入点拉到终点。通过测量监测拉管操作的拉力,拉力必须在折叠管容许抗拉强度范围之内。折叠管的容许抗拉强度一般取折叠管极限抗拉强度的一半。此外,拉管操作的工作拉力应与牵引设备的最大拉力有一定的余地,以防施工中突然发生卡阻导致设备故障。

折叠管拉入过程中应利用低摩擦阻力、表面光滑的导向装置或折叠管保护装置，防止折叠管划伤。整个拉入过程不宜间断，折叠管牵引应超出原有管道一定长度，该长度应根据复原操作的要求确定，除此之外还应考虑折叠管的应力恢复要求。

3）折叠管复原

工厂预制成型折叠管复原阶段要求通入蒸汽使其进行热恢复，并应满足事先制定的复原工艺要求。通入压缩空气使复原管内保持一定的压力并且持续一段时间，使得管内的温度均匀分布，保障复原后的管道力学性能不发生变化。

在复原过程中，蒸汽源要求在施工现场产生并且实现循环，保证复原所要求的温度在复原过程中不发生变化。复原过程中产生的冷凝水应集中收集，统一处理。在此过程中严格按照制造商提供的参数控制压力和温度，从而保证复原后聚乙烯管的质量。

复原操作前应切断牵引折叠管的牵引头，并在两端焊接密封堵板，同时开孔连接温度计、压力表以及通入热源等复原用介质的管路，此外应在折叠管两端外侧安装温度传感器，以更好地对复原过程进行控制。

预制折叠管复原过程中的温度和压力指标应参照折叠管生产商提供的安装说明等资料。根据变形聚乙烯管道修复现有污水管道和水管的标准规范 ASTM F 1606 中对 PE 折叠管复原过程的规定，折叠管复原分为以下四个阶段。

（1）折叠管中通入蒸汽的温度宜控制在 112~126℃ 之间，再加压最大至 100kPa，当管外周温度达到 85℃±5℃ 后，增加蒸汽压力，最大至 180kPa。

（2）维持该蒸汽压力一定时间，直到折叠管完全膨胀复原。

（3）折叠管复原后，应先将管内温度冷却到 38℃ 以下，再慢慢加压至大约 228kPa，同时用空气或水替换蒸汽继续冷却直到内衬管降到周围环境温度。

（4）折叠管冷却后，应至少保留 80mm 的内衬管伸出原有管道，防止管道收缩。

图 7-10 为折叠管穿插施工和复原前后端口处理现场。

图 7-10　折叠管的穿插施工和复原后端口处理

4）端口连接

对于重力管道，折叠内衬法修复完后端口处应切割平整。对于压力管道，应与原有管道进行连接。在修改燃气管道时，应按照《城镇燃气管道非开挖修复更新工程技术规程》

（CJJ/T 147—2010）的规定进行作业：

（1）连接前应在内衬管的端口安装一个刚性的内部支撑衬套。

（2）当聚乙烯管道与原有管道连接时，应选用钢塑转换接头连接或钢塑法兰连接，并应符合现行行业标准《聚乙烯燃气管道工程技术标准》（CJJ 63）的有关规定。

（3）对 SDR17.6 系列非标准外径预制折叠管，当扩径至与标准聚乙烯管外径及壁厚一致时方可进行连接。当采用扩径的方式不能满足标准壁厚时，应采用变径管件连接。

（4）SDR26 系列非标准外径的预制折叠管应采用变径管件连接。

（5）当预制折叠管为 SDR26 系列时，在役管道断管处的聚乙烯管及管件宜采取外加钢制套管或砖砌保护沟，并填砂加盖板的方式进行保护。

7.3 缩径内衬法

7.3.1 方法简介

缩径内衬法定义为采用牵拉方法将经压缩管径的新管道置入原有管道内，待其直径复原后形成与原有管道紧密贴合的管道内衬的一种修复方法。

该方法是由英国煤气公司于 20 世纪 80 年代开发的，其原理是利用中密度或高密度聚乙烯的聚合链结构在没有达到屈服点之前材料结构的临时性变化并不影响其性能这一特点，使衬管的直径临时性缩小，以便置入原有管道内形成内衬（图 7-11）。内衬管直径的减小可采用冷轧法和拉拔法两种方法。

图 7-11 缩径内衬法施工现场图

缩径法修复管径范围一般为 100~600mm，最大可达 1100mm，单次修复管线最长可达 1000m，适用于重力流和压力流圆形管道，适用管材包括 HDPE、MDPE 等。

缩径内衬法的优点是不需要注浆，施工速度快，过流断面的损失比较小，一次修复距离比较长。缺点为需开挖进行支管连接，不利于变形严重的管道修复。

7.3.2 径向均匀缩径法

该技术设计使用改性热塑性 HDPE 管，它具有变形后能自动恢复原始物理形态的特性。选用的内衬 HDPE 管的外径比待修复主管道的内径略大一些。穿插时，让连接好的 HDPE 管首先通过专门设计的滚轮缩径机（图 7-12）。从缩径机出来的 HDPE 管的直径将缩小 10%~20%，小于待修复主管道的内径。直径比主管道内径小的 HDPE 管，在一定的牵引力和一定的速度下很容易拉入主管道。拉力撤销以后，聚乙烯管慢慢恢复到原来的直径，数小时后内管与外管紧紧结合在一起。

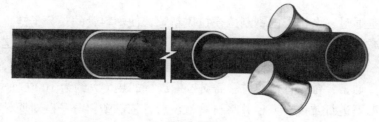

a) 模压示意图

b) 模压设备

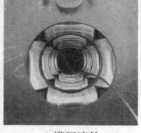

c) 模压滚轮

图 7-12 冷轧缩径法

试验表明，HDPE 管从缩径机出来时，直径略微增大，而后在一定的拉伸力作用下，直径便稳定在所设计的数值，直到拉力被撤销。在整个穿插过程中直径的变化规律如图 7-13 所示。

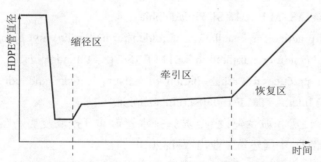

图 7-13 穿插过程中 HDPE 管直径的变化规律

对于一定的收缩比，所需的拉伸力与 HDPE 管的屈服强度和横截面积成正比关系：

$$F = K\sigma_y A$$

式中：F——拉伸力（kN）；

　　　K——系数，取值与 HDPE 管的直径和收缩比有关；

　　　σ_y——HDPE 的屈服强度（kN/cm^2）；

　　　A——HDPE 管的横截面积（cm^2）。

在穿插过程中，为确保 HDPE 管不被拉断，最大拉伸力不宜超过材料屈服强度的 50%。

径向均匀缩径法的优点如下：

（1）因衬管和所修复的管道内壁形成过盈配合，可大幅度地提高管道的承压能力。

（2）一次穿插距离长，可达 1200m 以上。

7.3.3 拉拔法

拉拔法则是通过一个锥形的钢制拉模拉拔新管，使塑料管的长分子链重新组合，管径减小。管径的减少量取决于中密度或高密度聚乙烯管对其聚合链结构的记忆功能。对大直径的衬管，直径的减少量为7%~15%；而对小直径的衬管，减少量更大些，如100mm的衬管可达20%。通常，对大直径的衬管需对拉模进行加热（大约为100℃），而对小直径的管道则可在常温下进行拉拔。缩径并将衬管就位后，依靠塑料分子链对原始结构的记忆功能，使其直径逐渐得到自然恢复，直到与旧管的形状和尺寸相同，并紧密配合为止。

拉拔法是一个连续的施工过程，一旦开始便不能中途停止，因为绞车停止牵拉时变形管就会开始恢复形状，而难以置入旧管内。

本章参考文献

[1] 马保松. 非开挖工程学[M]. 北京：人民交通出版社, 2008.

[2] Najafi M, Gokhale S, Calderón D R, et al. Trenchless technology: pipeline and utility design, construction and renewal[M]. McGraw-Hill Education, 2021.

[3] 王毅. U 型折叠内衬在燃气管道修复中应用的技术总结[J]. 城市燃气, 2007(1): 11-15.

[4] ASTM. Standard practice for installation of folded poly(vinyl chloride)(PVC) pipe into existing sewer and conduits:ASTM F 1947[S]. Philadelphia.

[5] ASTM. Standard practice for installation of folded/formed poly(vinyl chloride) pipe type A for existing sewer and conduit rehabilitation:ASTM F 1867[S]. Philadelphia.

[6] ASTM. Standard practice for rehabilitation of existing sewers and conduits with deformed polyethylene (PE) liner:ASTM F 1606[S]. Philadelphia.

[7] 中华人民共和国住房和城乡建设部. 城镇排水管道非开挖修复更新工程技术规程：CJJ/T 210—2014[S]. 北京：中国建筑工业出版社, 2014.

[8] 中华人民共和国住房和城乡建设部. 城镇给水管道非开挖修复更新工程技术规程：CJJ/T 244—2016[S]. 北京：中国建筑工业出版社, 2016.

[9] 陶珂瑾, 陆山, 郑立贵, 等. HDPE 管内衬穿插的拉力计算[J]. 工程技术与管理(英文), 2019, 3(2): 33-35.

[10] 马军. HDPE 内衬修复管道技术[J]. 石油工程建设, 2020, 46(2): 76-78.

[11] 张彩娟. 非开挖 U-HDPE 穿插修复技术的应用与研究[J]. 城市建设理论研究(电子版), 2015(2): 228-230.

第 8 章 原位固化法管道修复技术

8.1 原位固化法简介

8.1.1 概述

原位固化法（Cured-in-Place Pipe，CIPP）是指采用翻转或牵拉方式将浸渍树脂软管置入原有管道内，固化后形成管道内衬的一种修复方法。

该方法最早由英国工程师 Eric Wood 于 1971 年开发，以拉丁文"In situ form"的缩写"Insituform"命名。该技术已通过 ISO9000 国际认证，并派生出众多相关技术，如美国的 Inliner 和 Superliner、比利时的 Nordline、丹麦的 Multiling 和德国的 AMEXR 等。国际非开挖技术协会将此类技术统称为 CIPP。目前该技术是现今所有非开挖管道修复工艺中使用最广泛的方法，已应用于全球 40 多个国家和地区，尤其在美、日、英、法、德等工业国家的应用更为普及。

根据软管置入原有管道的方式不同，可将 CIPP 分为翻转式和拉入式两种工艺。软管的固化工艺目前有热水固化法、蒸汽固化法和光固化法。

树脂固化采用热水、蒸汽或者紫外光中的哪种方法，在安装前就必须做出决定，因为这也决定了安装工艺的选择。主要 CIPP 工艺方法及适用条件见表 8-1。

主要 CIPP 工艺方法及适用条件　　　　表 8-1

内衬管材料	固化方式	树脂类型	应用领域	备注
聚酯树脂油毡	加热固化法	聚酯树脂、乙烯树脂、环氧树脂	重力管道	初创的 CIPP 工艺，仍最广泛地应用于污水管道
玻璃增强聚酯树脂油毡	加热固化法	乙烯树脂、环氧树脂	压力管道	应用于半或全结构修复
玻璃纤维结构布	加热固化法	聚酯树脂、乙烯树脂、环氧树脂	重力管道、压力管道	应用于重力管道可以减小壁厚
	光固化法	特殊材料	重力管道	壁厚小，固化快
圆形编织聚酯树脂纤维软管	加热固化法	环氧树脂	压力管道	根据结合情况可形成半结构修复
编织软管+油毡	加热固化法	环氧树脂	压力管道	半结构修复
编织软管+油毡+玻璃纤维结构布	加热固化法	环氧树脂	压力管道	全结构修复

1）热水固化法

热水固化法是内衬法修复使用最早的一种方法。施工过程中能够对固化工艺进行记录并对固化水温进行连续记录和调节，可控制内衬冷却过程，以确保对内衬层正确固化，同时尽可能地减小内衬管拉伸应力的产生。热水固化法使得长距离、大直径管道的内衬修复成为可能。

但该施工工艺最大的缺点是固化速度较慢，用于固化的水未被循环利用。因此，有必要考虑对固化所使用的大量的水进行回收。

2）蒸汽固化法

20世纪90年代初，蒸汽固化法开始应用于原位固化。它的主要优点是固化速度快，可应用于高差约小于60m（200ft）的大斜度污水管道的修复。但该方法具有以下缺点：

（1）难以有效控制蒸汽供应，易导致内衬管过热。

（2）冷却速度快，增大了内衬层的内应力。

（3）很难确定内衬层是否完全固化，同时也难以保证不规则管道部位及有地下水侵入管段的完全固化。

（4）当管道坡度有限或者存在不规则结构时，由于蒸汽的液化积水可能会导致固化不充分。

3）紫外光固化法

20世纪80年代初紫外光固化法开始在内衬施工中使用。该方法施工速度较快，且相对比较容易控制。通过连续记录空气压力、内衬层温度、紫外光发射及其光线强度与固化速度从而对整个固化过程进行控制管理。

在紫外光固化过程中，随着紫外线光源逐渐向前移动，内衬的冷却也随后连续发生，从而降低了内衬管道的内应力。

热水固化法和蒸汽固化法因历史悠久，应用较为广泛。而紫外光固化技术由于在相同条件下具有内衬管壁较薄、固化时间短等特点，因此也逐渐被广泛应用。据统计，在德国，紫外光固化内衬占内衬施工的70%，玻璃纤维内衬管在欧洲已占50%的市场。目前，国内UV-CIPP（紫外光固化法）已应用发展10多年，部分材料已成功国产化，其最大管径可以做到1800mm，为工程质量提供了有效保障。

8.1.2 使用范围及优缺点

1）使用范围

原位固化法被广泛应用于污水管道、供水管道、化学及工业管道等管道的修复。原位固化法的物理特性决定它可适用于不同形状管道的修复施工，包括直管、弯管、垂直管道的连接和多棱角管道的变形修复。在选择使用原位固化法修复具体的管道工程项目前，需评估几个重要的因素，如施工场地大小、管道中流体的化学成分、支管数目、检查井数目、修复长度、修复部位、旧管道结构特点等。此外，CIPP也可用于管道的局部修复和更新。

能否成功应用CIPP修复弯管，主要取决于内衬管的铺设方法和固化方法。内衬管在翻转时可绕过90°的弯曲部位。但若采用紫外光（UV）进行内衬固化时，对内衬管弯曲程度有一定的要求。弯曲部位通常对内衬软管的拉入造成一定的限制，软管在铺设的过程中既要始终保持在下部的保护衬托上，又不能产生任何扭曲。此外，内衬在绕过急剧弯曲部位时，可能会造成褶皱变形。

ASTM F 1216 中规定，翻转式原位固化法可修复的管道直径范围为 100～2743mm；ASTM F 1743 中规定拉入式原位固化法可修复的管道直径范围为 100～2438mm；ASTM F 2019 中规定玻璃纤维增强软管的原位固化法可修复的管道直径范围为 100～1200mm（实际工程已达到 1800mm）。

2）优缺点

（1）原位固化法优点：内衬管与原有管道紧密贴合，无须注浆，施工速度快、工期短，可用于修复非圆形管道，其内衬管连续，表面光滑，有利于降低流量损失。

（2）原位固化法缺点：需要特殊的施工设备，对工人的技术水平和经验有较高要求，施工中需截流临排，用于固化的水可能含有苯乙烯等化学物质而必须进行现场清除，固化过程需进行认真监控、检查和试验，以确保内衬管达到设计的物理、化学性质。

8.2 材料及其性能

原位固化法的主要材料是软管和树脂，其中树脂是材料的主要结构元素。树脂材料通常可以分为不饱和聚酯树脂、乙烯树脂和环氧树脂三类。

由于不饱和聚酯树脂具有耐化学腐蚀性、优良的物理性能、对 CIPP 工艺的优异的作业性能以及良好的经济性，因此被最早应用于 CIPP 内衬法管道修复技术中。50 多年来，不饱和聚酯树脂始终是 CIPP 工艺中使用最多的固化材料。

乙烯树脂和环氧树脂由于具有特殊的耐腐蚀能力、抗溶解性和高温稳定性能，主要用于工业管道和压力管道。该材料也可应用于市政管道，但由于要增加工程费用，通常不使用。

软管可由单层或多层聚酯纤维毡或同等性能的材料组成，可采用编织材料或非编织材料，常用的是非编织材料。玻璃纤维增强的纤维软管至少包含两层夹层，软管的内表面由聚酯毡层加苯乙烯内膜组成，外表面为单层或多层抗苯乙烯或不透光的薄膜，如图 8-1 所示。软管编织物接触的地方，其纵向以及环向的接头应错开，不能重叠。

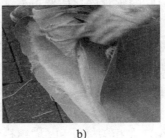

a)　　　　　　　　　　　　　　　b)

图 8-1　玻璃纤维内衬结构

在 CIPP 作业过程中，软管的主要功能是在树脂固化前携带和支撑树脂。为了在施工中更好地保护树脂材料，在软管的内外表面应包覆一层与所采用的树脂兼容的非渗透性塑料膜。软管在进入原有管道过程中，应能承受一定的变形及拉伸应力，同时还应具有一定的柔性，以满足侧向连接和产生一定的膨胀以适应原有管道的不规则性。美国标准 ASTM F 5813 中规定，纵向以及横向的强度均应为 5.2MPa（750psi）。编织软管在固化过程中应能承受树脂固化所需的温度及压力。软管的长度应大于待修复管道的长度，以方便施工人员施工。软管直径的大小应保证在固化后能与原有管道的内壁紧贴在一起。编织软管应折叠成和待修复管道形状相适应的形式。

树脂的浸渍应安排在合适的室内场地，若室内温度高于18℃，在有条件的情况下，宜采用空调设备降低室温，防止树脂固化。若无人工降温设备，可采用在软管上加敷冰块的方式替代。此外，日光和强光源中的紫外线长时间照射，会引起热固性树脂逐渐固化，从而导致软管材料报废，故浸渍过程应避开该情况。

为避免造成树脂浸渍不均匀以及浸渍后产生气泡等问题，在浸渍树脂前，应对软管进行抽真空处理，不得在未抽真空或抽真空时间不足的条件下盲目浸渍树脂。抽真空的布点选择可根据具体材料长度和厚度，控制抽真空度，均匀选点，确保软管各部位在树脂浸渍过程中，边浸渍边抽真空。软管内真空度应达到 8×10^{-2} MPa。

图 8-2　树脂浸渍过程示意图

热固性树脂、固化剂等用量应按要求精确称量，考虑到树脂的聚合作用及渗入待修复管道缝隙和连接部位的可能性，填充树脂体积要有 5%～10% 盈余量。树脂浸渍软管应通过一些具有一定间距的滚轴碾压，并通过调节滚轴的间距来确保树脂均匀分布并使软管全部浸渍树脂，避免软管出现干斑或气泡，如图 8-2 所示。树脂浸渍过程完成后，塑料涂层或膜表面抽真空时留下的切口应采用具有一定强度和密封性能的塑料膜进行胶结，防止树脂外溢和施工过程中的水直接进入树脂内，造成该处无法固化。

树脂浸渍软管在储运、装卸过程中，应防止材料刮擦与碰撞。同时应充分考虑运输与安装时间，防止树脂在中途或安装时固化。当室外温度高于 20℃ 时（或 18℃）或储运时间较长时，树脂浸渍软管应叠放在冷水槽或冷柜中，且应避免日光或强光源照射。

浸渍树脂的软管固化后便可称之为内衬管，内衬管的力学性能与软管的材料有关，其对于修复管道设计至关重要。在内衬管壁厚设计中，最主要的参数是弹性模量，弹性模量越高，所需内衬管的壁厚就越小，相反则越大。当固化后内衬管的弹性模量很小，而壁厚很大时，则该内衬管理论上可用于管道修复，而实际上当内衬管弹性模量很小时，其没有足够的强度来达到设计要求。因此对于用于管道修复内衬管的力学性能有一个最低的指标。

参照 ASTM 相关标准和《城镇排水管道非开挖修复更新工程技术规程》（CJJ/T 210—2014）中规定，能够用于管道修复的内衬管应满足表 8-2、表 8-3 中的力学性能要求。其中测试方法是通过国内外标准的对比试验确定，对比试验结果表明，采用表 8-2、表 8-3 中的测试方法取得的测试结果，满足 ASTM 标准中的相关要求。

因此原位固化法所用软管和树脂固化后形成的内衬管应满足表 8-2、表 8-3 中的要求，否则认为材料不合格，不能用于原位固化法的施工。故将固化后内衬管的初始力学性能作为软管和树脂的一项检验标准。

不含玻璃纤维原位固化法内衬管的短期力学性能要求和测试方法　　表 8-2

力学性能	数值（MPa）	测试方法
弯曲强度	>31	《塑料　弯曲性能的测定》（GB/T 9341—2008）
弯曲模量	>1724	《塑料　弯曲性能的测定》（GB/T 9341—2008）
抗拉强度	>21	《塑料　拉伸性能的测定　第 2 部分：模塑和挤塑塑料的试验条件》（GB/T 1040.2—2022）

含玻璃纤维的原位固化法内衬管的短期力学性能要求和测试方法　　表 8-3

力学性能	数值（MPa）	测试方法
弯曲强度	>45	《纤维增强塑料弯曲性能试验方法》（GB/T 1449—2005）
弯曲模量	>6500	《纤维增强塑料弯曲性能试验方法》（GB/T 1449—2005）
抗拉强度	>62	《塑料　拉伸性能的测定　第 4 部分：各向同性和正交各向异性纤维增强复合材料的试验条件》（GB/T 1040.4—2006）

8.3　原位固化法内衬管设计

8.3.1　软管直径及长度

软管的直径应与待修复管道的内径相匹配。软管的长度应满足检查井中心的距离、两端部所需长度以及施工（翻转、牵拉）的要求。

水力翻转法软管长度应满足修复管段两座检查井中心的距离、检查井井深、两端部所需长度以及施工时翻转压力所需水头高度的要求。当利用静水压力翻转时，软管制作长度应按式(8-1)计算：

$$L = L_1 + L_2 + H \tag{8-1}$$

式中：L——软管制作长度（m）；

L_1——两座检查井中心的距离（m）；

L_2——两端端部所需长度（m）；

H——翻转压力所需水头高度（m）。

8.3.2　内衬管壁厚设计

1）内衬管壁厚设计理论基础

地下管道设计研究的目的是形成一系列的计算公式，把管道所承受的地下水压力、土压力、地面活荷载和其他需要考虑的外部荷载考虑在内，确保管道在外力作用下的稳定和安全。从材料力学的观点来看，结构力学性能的主要研究指标是应力、应变、变形和稳定。屈曲破坏是典型的失稳破坏，其往往是突发性的和灾害性的。由于屈曲破坏可能在应力没有达到屈服强度时发生，因此其常被用来作为结构设计的标准，尤其是在管道和内衬管类似的细长结构中。实践经验表明，地下的圆柱形结构（如管道）在外部荷载作用下，最易发生屈曲破坏。ASTM 标准中内衬管的设计也是以屈曲理论为设计基础的。

20 世纪初期，Timoshenko 等人最早提出了屈曲理论。该计算公式随后经过改进，在实际中进行应用。式(8-2)是推导的应用于计算长、薄壁管道压力的无限制屈曲公式，其被改进后应用于 ASTM 标准的内衬设计中。

$$P_{\mathrm{cr}} = \frac{24EI}{(1-\nu^2)D^3} \tag{8-2}$$

式中：P_{cr}——管道屈曲临界压力（MPa）；

E——弹性模量（MPa）；

I——惯性矩（mm⁴/mm）；

ν——泊松比；

D——管道内径（mm）。

在 1940 年，Spangler 发表了关于柔性管道系统的研究成果，为柔性管道的刚度计算奠定了基础。关于管道的刚度计算在 ASTM F 2412 标准中进行了规定，考虑管道有 5% 的变形。通过一个相对比较简单的试验，将无支撑的管道放置于两个平行平板间，再按一定的速度给平板加压。Spangler 为计算埋地柔性管道的变形设计了一个模型，将静荷载、管道基础和土模量等因素考虑在内。

这些早期管道工程学者的研究成果是如今 CIPP 设计公式的理论基础。但必须认识到，CIPP 内衬管和地下管道（刚性或柔性管道）的受力区别是很大的。Timoshenko 等人的屈曲公式应用在管道内衬设计中有它本身的缺点。首先，内衬管安装在原有管道内，且原有管道已经埋置很多年，周围土体早已经固结并稳定。因此，内衬管实际上由原有管土系统进行支撑，其随后的变形可以认为是非常微小的。此外，正是安装于原有管道中，原有管道对新的内衬管有一个限制性的环向支撑作用，所受到静水压力也是均匀的。其次，Timoshenko 等人的屈曲方程仅适用于短期的管道设计，而内衬管在长期、足够大的压力作用下，可能会发生变形，继而发生严重的屈曲失效。最后，Timoshenko 等人的屈曲方程仅适用于圆形管道，而原有管道修复后形成的内衬管，往往存在几何形状上的缺陷，如局部侵入、反转、椭圆和环状间隙等（图 8-3）。

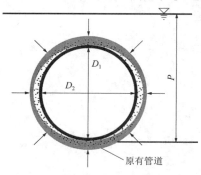

图 8-3　管道变形示意图
D_1-内衬管竖向距离；D_2-内衬管水平距离；
P-作用在内衬管上的静水压力

为了弥补 Timoshenko 屈曲方程的不足，ASTM 方法中通过引入一个圆周支持率 K 来反映内衬管修复时对原有管道的支撑作用；通过将弹性模量改成长期弹性模量来反映管道的长期蠕变效应；通过引入椭圆度折减因子的方法来弥补内衬管存在的几何缺陷。

ASTM 标准中关于内衬管的设计分类为"Partially Deteriorated Pipe"和"Fully Deteriorated Pipe"，由于管道的破坏程度难以界定，并且按照国内习惯，本书分别采用"半结构性破坏"和"结构性破坏"来表述。半结构性修复是指新的内衬管在设计寿命之内仅需承受外部静水压力，而外部土压力和活荷载仍由原有管道承受。结构性修复是指修复后形成的内衬管、原有管道和注浆浆体形成的复合结构应能承受外部静水压力、土压力和活荷载作用。

2）主要设计参数

与其他结构设计相同，在进行管道壁厚设计时，要考虑很多变量和参数，以保证所设计的管道具有足够的承受外部荷载的性能（如强度、刚度等）。要达到合理性设计的目的，必须选用能够代表现场条件的参数。若无法取得精确参数值，需采用一些好的工程评价方法对参数进行评价和取值。熟悉CIPP施工工艺和设备的工程师通常可对工程进行合理的判断。CIPP管道设计参数见表8-4。

CIPP 管道设计参数　　　　　　　　　　　　表8-4

管道材质	环氧树脂	环氧乙烯树脂	间苯型不饱和聚酯树脂	充填型间苯聚酯树脂
弹性模量（MPa）	1724～2069	2413～3103	1724～2413	2758
抗弯强度（MPa）	35	35	31	28
抗拉强度（MPa）	21～35	21～35	14～21	14～21

对于管道设计参数的取值有以下要求：

（1）弹性模量E：指材料的短期弹性模量。

（2）长期弹性模量E_L：在设计过程中，通常要用到50年后管道的剩余模量值，一般情况下采用短期弹性模量的50%作为长期弹性模量设计值。

（3）土壤弹性模量E'_S：土壤的类型、埋藏深度等决定土壤的模量范围。若对现场条件了解较少，土壤的弹性模量可采用4.8MPa。例如，当管道位于道路以下3m时，土的弹性模量最小应取6.9MPa。

（4）椭圆度q：若修复的管道有一定的椭圆度，在设计管道壁厚时应考虑该参数。在计算管道的椭圆度时，应尽可能采用准确的管道尺寸参数，以确保设计的管道有足够的壁厚。若要修复的管道没有或无法进行椭圆度测量，则通常取椭圆度为2%进行计算。对于大直径的可进入管道，应采用实际测量的方法获得准确的椭圆度。

（5）安全系数N：通常情况下，非开挖管道修复方法的安全系数取值为2。但在大直径管道修复中，由于人工进入管道测量相关数据如椭圆度、地表水压力值等数值均比较精确，故安全系数可以减小，可取1.5。

3）CIPP内衬管的设计计算

下面结合《城镇排水管道非开挖修复更新工程技术规程》（CJJ/T 210—2014）和美国ASTM标准ASTM F 1216等介绍CIPP的内衬管壁厚设计计算方法。

若在长期且足够大的压力作用下，CIPP内衬管道可能会发生变形，继而发生严重的屈曲失效。考虑到长期蠕变效应，Timoshenko屈曲方程中的弹性模量被改进为长期弹性模量。同时，为了得到限制屈曲方程，将考虑安全系数和管道的椭圆度系数。用管道的尺寸系数（DR）取代原有的平均直径，可以得出式(8-3)。

$$P_w = \frac{2KE_L}{1-\nu^2}\frac{1}{(DR-1)^3}\frac{C}{N} \tag{8-3}$$

式中：ν——泊松比；

E_L——内衬管道的长期弹性模量（MPa）；

K——圆周支持率，通常情况下取7；

DR——尺寸系数，DR $= D_0/t$，D_0为CIPP管道平均外径（mm），t为内衬管壁厚（mm）；

N——安全系数；

C——椭圆度修正系数（表8-5）。

椭圆度修正系数 C　　　　表 8-5

原有管道的椭圆度（%）	1	2	3	4	5	6	7	8	9	10
椭圆度修正系数 C	0.91	0.84	0.76	0.70	0.64	0.59	0.54	0.49	0.45	0.41

注：本表来源于《Lanzo 管线设计手册》。

椭圆度修正系数和原有管道的椭圆度计算公式见式(8-4)和式(8-5)。

$$C = \left(\frac{D_{\min}}{D_{\max}^2}\right)^3 = \left[\left(1 - \frac{q}{100}\right) \Big/ \left(1 + \frac{q}{100}\right)^2\right]^3 \tag{8-4}$$

$$q = 100 \times \frac{D - D_{\min}}{D} \quad \text{或} \quad q = 100 \times \frac{D_{\max} - D}{D} \tag{8-5}$$

式中：q——原有管道的椭圆度（%）；

D——原有管道的平均内径（mm）；

$D_{\min}$——原有管道的最小内径（mm）；

$D_{\max}$——原有管道的最大内径（mm）。

任何一个通用设计公式均不适合各种条件下的 CIPP 设计，因此需进行不同情况分类。对于重力管道或者压力管道，设计计算均需分为半结构性修复和结构性修复两种情况进行考虑。

4）重力管道半结构性 CIPP 内衬设计

重力管道半结构性修复指的是旧管道中存在接头错位、裂纹或腐蚀等现象，但管道结构仍能承受所受的土压力等外部荷载。在此情况下，旧管道预期能够为 CIPP 管道提供全部的结构性支撑。因此，若管道只存在半结构性破坏的情况，CIPP 管道设计假定管道周围只承受均匀静水压力。但为安全起见，设计时未假设 CIPP 管道和旧管道之间有任何的连接或胶结。作用在 CIPP 管道上的静水压力可用式(8-6)进行计算。

$$P_{\mathrm{w}} = \frac{H_{\mathrm{w}}\gamma_{\mathrm{w}}}{10^3} \tag{8-6}$$

式中：P_{w}——作用在 CIPP 内衬管上的静水压力（MPa）；

H_{w}——管顶以上地下水位高度（m）；

γ_{w}——水的重度（kN/m³），一般取 9.81kN/m³。

半结构性破坏的压力管道也可能存在轻微的腐蚀、接头漏失或小孔等，但不应有纵向裂纹存在。这样才能假定原有管道在预期的寿命内能够承受一定的设计内压。当假定原压力管道是半结构性破坏时，即认为 CIPP 管道和旧管道之间通过紧密结合，使旧管道提供足够的强度来承受各种应力的作用。CIPP 内衬管壁厚可跨过原有管道上小孔，但其厚度还不足以承受管道的设计压力。此外，若原有压力管道有漏失的危险，在 CIPP 设计中，还必须考虑外部静水压力的作用，以确保所设计的 CIPP 管道最小厚度在管道设计寿命期内足以承受外部的静水压力。

半结构性破损情况下重力流管道设计必须要考虑约束屈曲情况。因此前述的经典屈曲方程经过调整可以用于 CIPP 内衬管壁厚的设计，计算公式见式(8-7)。

$$t = \frac{D_0}{\left[\frac{2KE_LC}{P_wN(1-\nu^2)}\right]^{1/3} + 1} \tag{8-7}$$

式中：t——CIPP 内衬管设计壁厚（mm）；

D_0——CIPP 管道平均外径（mm）；

K——圆周支持系数，通常情况下取 7；

E_L——管道的长期弹性模量（MPa）；

C——管道椭圆度修正系数，见表 8-5；

P_w——管道施工时的外部水压力值（MPa）；

N——安全系数，通常 $N = 1.5 \sim 2.0$；

ν——泊松比，通常情况下取 0.3。

在管道设计时，若地下水位在管道高程以下，静水压力值取 0；在这种情况下，CIPP 管壁厚度不能采用约束屈曲方程来计算。对于此类特殊情况，所计算得到的 CIPP 内衬管壁厚必须大于或等于 DR 最大值为 100 时的数值。ASTM 规范中要求 CIPP 管道的刚度必须在 1～2psi（6.9～13.8kPa）范围内。在上述特殊情况下，CIPP 管道壁厚设计依据式(8-8)计算。

$$t = \frac{D_0}{100} \tag{8-8}$$

当设计管道为圆管时，CIPP 管道将受到恒定的环向压力作用；若管道为非圆形或局部呈椭圆形，作用力将在 CIPP 管道上产生弯矩，因此必须保证 CIPP 管道所受的力不超过管道的长期弯曲强度 S_L。CIPP 管道的弯曲应力可用式(8-9)计算得出。

$$\frac{S_L}{P_wN} = 1.5\frac{q}{100}\left(1+\frac{q}{100}\right)DR^2 - 0.5\left(1+\frac{q}{100}\right)DR \tag{8-9}$$

式中：S_L——内衬管道的长期弯曲强度（MPa），宜取短期强度的 50%。

表 8-6 和表 8-7 分别根据不同的 E_L、C、N、ν、K 和 H_w 值，给出了内衬管壁厚的设计值。

无玻璃纤维增强 CIPP 半结构性修复壁厚设计　　　　表 8-6

管顶水深 H_w（m）	不同外径内衬管的壁厚（mm）												
	300	400	500	600	700	800	900	1000	1100	1200	1300	1400	1500
0.5	2.85	3.80	4.76	5.71	6.66	7.61	8.56	9.51	10.46	11.41	12.36	13.31	14.27
1.0	3.59	4.78	5.98	7.17	8.37	9.56	10.76	11.95	13.15	14.34	15.54	16.73	17.93
1.5	4.10	5.46	6.83	8.20	9.56	10.93	12.29	13.66	15.02	16.39	17.76	19.12	20.49
2.0	4.50	6.00	7.51	9.01	10.51	12.01	13.51	15.01	16.51	18.01	19.52	21.02	22.52
2.5	4.85	6.46	8.08	9.69	11.31	12.92	14.54	16.15	17.77	19.38	21.00	22.61	24.23
3.0	5.14	6.86	8.57	10.29	12.00	13.72	15.43	17.15	18.86	20.58	22.29	24.01	25.72
3.5	5.41	7.21	9.02	10.82	12.62	14.43	16.23	18.04	19.84	21.64	23.45	25.25	27.05
4.0	5.65	7.54	9.42	11.30	13.19	15.07	16.96	18.84	20.73	22.61	24.49	26.38	28.26
4.5	5.87	7.83	9.79	11.75	13.71	15.66	17.62	19.58	21.54	23.50	25.45	27.41	29.37
5.0	6.08	8.11	10.13	12.16	14.19	16.21	18.24	20.27	22.29	24.32	26.35	28.37	30.40

注：计算参数 $E_L = 862$MPa，$K = 7$，$q = 2\%$，$\nu = 0.3$，$N = 2$。

玻璃纤维增强 CIPP 半结构性修复壁厚设计

表 8-7

管顶水深 H_w（m）	不同外径内衬管的壁厚（mm）												
	300	400	500	600	700	800	900	1000	1100	1200	1300	1400	1500
0.5	1.50	2.00	2.50	3.00	3.50	4.00	4.50	5.00	5.50	6.00	6.50	7.00	7.51
1.0	1.89	2.52	3.15	3.78	4.41	5.04	5.67	6.30	6.93	7.55	8.18	8.81	9.44
1.5	2.16	2.88	3.60	4.32	5.04	5.76	6.48	7.20	7.92	8.64	9.36	10.08	10.80
2.0	2.38	3.17	3.96	4.75	5.54	6.34	7.13	7.92	8.71	9.50	10.30	11.09	11.88
2.5	2.56	3.41	4.26	5.12	5.97	6.82	7.67	8.53	9.38	10.23	11.08	11.94	12.79
3.0	2.72	3.62	4.53	5.43	6.34	7.24	8.15	9.05	9.96	10.87	11.77	12.68	13.58
3.5	2.86	3.81	4.76	5.72	6.67	7.62	8.58	9.53	10.48	11.43	12.39	13.34	14.29
4.0	2.99	3.98	4.98	5.97	6.97	7.97	8.96	9.96	10.95	11.95	12.94	13.94	14.94
4.5	3.11	4.14	5.18	6.21	7.25	8.28	9.32	10.35	11.39	12.42	13.46	14.49	15.53
5.0	3.22	4.29	5.36	6.43	7.50	8.57	9.65	10.72	11.79	12.86	13.93	15.00	16.08

注：计算参数 $E_L = 6000$ MPa，$K = 7$，$q = 2\%$，$v = 0.3$，$N = 2$。

5）重力管道结构性破损时 CIPP 内衬管设计

结构性破损的重力流管道是指管道已没有足够的强度承受土压力等外部荷载，主要表现为管道发生了严重的腐蚀、管道部分缺失、纵向裂隙和严重的变形等情况。因此，在管道结构性破坏的情况下，所设计的 CIPP 管道应作为独立承压的新管道，能够承受所有的静水压力、土压力和所有的动荷载等。对于特殊的结构性破坏管道（如局部的管段缺失或严重错位等），可采用局部修复或采用半结构性破坏的设计方案来进行 CIPP 管道设计，但必须由经验丰富的专业工程师来完成。

结构性破坏的压力管道是指管道发生了结构性完全失效或者管道已没有足够的强度承受所需要的设计压力。此外，若一个管道在局部区域不能承受管道寿命期内设计压力，也可认为该管道发生了结构性破坏。结构性破坏的压力管道主要表现为管壁严重腐蚀、管壁出现较大的漏洞、管段缺失和纵向的漏失裂隙等。在这种情况下，CIPP 管道应设计成为能够独立承受所有内部压力的管道。此外，还应保证 CIPP 管道能够承受全部外部荷载。

ASTM F 1216 和 ASTM F 1743 指定采用修正的 AWWA C950 设计方程作为结构性破坏的重力流 CIPP 管道设计依据。该方程引入了椭圆度以考虑长期蠕变效应对管道设计的影响。式(8-10)即调整后的 AWWA C950 方程，经过重新整理用于 CIPP 内衬管壁厚的设计。

$$t = 0.721 D_0 \left[\frac{(NP_t/C)^2}{E_L R_w B' E'} \right]^{1/3} \tag{8-10}$$

式中：P_t——作用在管道上的总荷载，包括水压力、土压力和活荷载等（MPa）；

R_w——浮力常数；

B'——经验的弹性常数；

E'——管壁外侧相邻土体的弹性模量（MPa）。

修正后的 AWWA C950 方程要求 CIPP 管道至少应达到所需刚度（EI/D_0^3）的 50%，即 2.4mm（0.093in）。正如式(8-11)所示，为使壁厚 $\geq$ 2.4mm（0.093in），对于弹性模量 E 约为

2413.25MPa（350000psi）的管道，其尺寸比应为67。因此，若CIPP刚度太低，只有通过增大管道壁厚的方法来满足刚度设计要求。

$$\frac{EI}{D_0^3} = \frac{E}{12(\mathrm{DR})^3} \geqslant 6.41 \times 10^{-4} \tag{8-11}$$

式中：E——CIPP管道的弹性模量（MPa）；

I——惯性矩，$I = t^3/12$（mm⁴/mm）。

若旧管道呈非圆形或局部呈椭圆形，则CIPP管道将会承受一定的弯曲作用。在这种情况下，必须保证CIPP管道所受的弯曲应力不超过管道的长期弯曲强度。为了满足这一要求，作用在CIPP管道的弯曲应力可通过把式(8-9)中的R_w改为P_t来计算，见式(8-12)。

$$\frac{S_\mathrm{L}}{P_\mathrm{t}N} = 1.5\frac{q}{100}\left(1 + \frac{q}{100}\right)\mathrm{DR}^2 - 0.5\left(1 + \frac{q}{100}\right)\mathrm{DR} \tag{8-12}$$

表8-8和表8-9根据不同H_w值，给出了在一定的E_L、C、N、R_w和E'值情况下的管道壁厚计算值。

无玻璃纤维增强CIPP结构性修复壁厚计算结果　　　　　　　　　　　　　表8-8

管顶覆土厚度H（m）	不同外径内衬管的壁厚（mm）												
	300	400	500	600	700	800	900	1000	1100	1200	1300	1400	1500
0.5	4.94	6.58	8.23	9.87	11.52	13.16	14.81	16.45	18.10	19.74	21.39	23.04	24.68
1.0	4.94	6.58	8.23	9.87	11.52	13.16	14.81	16.45	18.10	19.74	21.39	23.04	24.68
1.5	4.94	6.58	8.23	9.87	11.52	13.16	14.81	16.45	18.10	19.74	21.39	23.04	24.68
2.0	5.13	6.84	8.56	10.27	11.98	13.69	15.40	17.11	18.82	20.53	22.24	23.95	25.67
2.5	5.63	7.50	9.38	11.25	13.13	15.01	16.88	18.76	20.63	22.51	24.38	26.26	28.13
3.0	6.10	8.13	10.17	12.20	14.23	16.27	18.30	20.33	22.37	24.40	26.43	28.47	30.50
3.5	6.54	8.73	10.91	13.09	15.27	17.45	19.63	21.82	24.00	26.18	28.36	30.54	32.72
4.0	6.96	9.28	11.60	13.92	16.24	18.56	20.88	23.19	25.51	27.83	30.15	32.47	34.79
4.5	7.34	9.79	12.24	14.69	17.13	19.58	22.03	24.48	26.93	29.37	31.82	34.27	36.72
5.0	7.70	10.27	12.84	15.40	17.97	20.54	23.11	25.67	28.24	30.81	33.38	35.94	38.51

注：计算参数为地下水位高度$H_\mathrm{w} = H - 0.5\mathrm{m}$，$E = 1724\mathrm{MPa}$，$E_\mathrm{L} = 862\mathrm{MPa}$，$E' = 6.8\mathrm{MPa}$，$\gamma = 20\mathrm{kN/m^3}$，$\sigma_\mathrm{L} = 15\mathrm{MPa}$，$K = 7$，$q = 2\%$，$\upsilon = 0.3$，$N = 2$，活荷载取交通荷载或地表堆载计算。

玻璃纤维增强CIPP结构性修复壁厚计算结果　　　　　　　　　　　　　　表8-9

管顶覆土厚度H（m）	不同外径内衬管的壁厚（mm）												
	300	400	500	600	700	800	900	1000	1100	1200	1300	1400	1500
0.5	2.59	3.45	4.31	5.17	6.03	6.89	7.76	8.62	9.48	10.34	11.20	12.06	12.93
1.0	2.59	3.45	4.31	5.17	6.03	6.89	7.76	8.62	9.48	10.34	11.20	12.06	12.93
1.5	2.59	3.45	4.31	5.17	6.03	6.89	7.76	8.62	9.48	10.34	11.20	12.06	12.93
2.0	2.69	3.58	4.48	5.38	6.27	7.17	8.07	8.96	9.86	10.75	11.65	12.55	13.44

续上表

管顶覆土厚度 H（m）	不同外径内衬管的壁厚（mm）												
	300	400	500	600	700	800	900	1000	1100	1200	1300	1400	1500
2.5	2.95	3.93	4.91	5.89	6.88	7.86	8.84	9.82	10.81	11.79	12.77	13.75	14.74
3.0	3.19	4.26	5.32	6.39	7.45	8.52	9.58	10.65	11.71	12.78	13.84	14.91	15.97
3.5	3.43	4.57	5.71	6.86	8.00	9.14	10.28	11.43	12.57	13.71	14.85	16.00	17.14
4.0	3.64	4.86	6.07	7.29	8.50	9.72	10.93	12.15	13.36	14.58	15.79	17.01	18.22
4.5	3.85	5.13	6.41	7.69	8.97	10.26	11.54	12.82	14.10	15.38	16.67	17.95	19.23
5.0	4.03	5.38	6.72	8.07	9.41	10.76	12.10	13.45	14.79	16.14	17.48	18.83	20.17

注：计算参数为地下水位高度 $H_w = H - 0.5\text{m}$，$E = 12000\text{MPa}$，$E_L = 6000\text{MPa}$，$E' = 6.8\text{MPa}$，$\gamma = 20\text{kN/m}^3$，$\sigma_L = 23\text{MPa}$，$K = 7$，$q = 2\%$，$v = 0.3$，$N = 2$，活荷载取交通荷载或地表堆载计算。

其中，q在式(8-5)中确定，其他参数在前面已经确定。

结构性破坏情况下的 CIPP 内衬管道设计时，必须要计算出 CIPP 管道上承受的总荷载 P_t。总荷载主要由静水压力 P'_w、土体的有效压力 P_s、活荷载 P_L 和其他荷载（如真空荷载 P_v）组成。由于真空荷载是特例，在本书中不进行介绍。总荷载表示为式(8-13)。

$$P_t = P'_w + P_s + P_L + P_v \tag{8-13}$$

在旧管道结构性破坏的情况下，水位和管道的埋深从管道的顶面计算。静水压力计算公式为：

$$P'_w = 9.81 \times 10^{-3} \times H_w \tag{8-14}$$

式中：P'_w——静水压力（MPa）；

H_w——水位高度（m）。

土压力的计算见式(8-15)：

$$P_s = \frac{9.81 w H_s R_w}{10^6} \tag{8-15}$$

式中：w——土的密度（kg/m³），其取值见表 8-10；

H_s——管顶土体厚度（m）；

R_w——水的浮力常数，$R_w = 1 - 0.33(H_w/H_s) \geq 0.67$，见表 8-11。

土的类型和密度　　　　　　　　　　　　　　　　表 8-10

土的类型	密度	
	lb/ft³	kg/m³
砂砾层	110	1762
饱和表层土	115	1842
一般黏土	120	1922
饱和黏土	130	2082

注：本表来源于《Lanzo 管线设计手册》。

水的浮力常数 R_w 表 8-11

比值H_w/H_s	浮力常数R_w	比值H_w/H_s	浮力常数R_w
0.00	1.00	0.55	0.82
0.05	0.98	0.60	0.82
0.10	0.97	0.65	0.79
0.15	0.95	0.70	0.77
0.20	0.93	0.75	0.75
0.25	0.92	0.80	0.74
0.30	0.90	0.85	0.72
0.35	0.88	0.90	0.70
0.40	0.87	0.95	0.69
0.45	0.85	1.00	0.67
0.50	0.84	—	—

注：1. 本表来源于《Lanzo 管线设计手册》。
2. $R_w = 1 - 0.33(H_w/H_s) \geq 0.67$。

其他的设计参数包括土体弹性模量E'和弹性模量系数B'。CIPP 管道设计中的土体是完全没有扰动的土体，弹性模量E'取值在 5~21MPa（700~3000psi）之间。在土体条件不清楚的情况下，一般取 5MPa（700psi）。若管道埋置较深和土体比较稳定的情况下，取值 7~10MPa（1000~1500psi）。在某些特殊地区，当土体强度较差和存在不稳定原状土时，建议取 1.5MPa（200psi）进行计算。弹性支撑系数B'可由式(8-16)计算得出。

$$B' = 1/(1 + 4e^{-0.213H_s}) \tag{8-16}$$

6）压力管道半结构性破坏时 CIPP 内衬管设计

工作压力、测试压力、波动压力和水锤作用压力等是重要的压力管道设计参数，水锤作用压力可能会大大超过管道的工作压力或测试压力。此外，设计和施工人员也必须认识到，在高强度的清洗之后，旧管道可能会由原来的半结构性破坏恶化成为结构性破坏。故在进行 CIPP 设计前，建议进行旧管道的压力试验（施加工作压力或者试验压力），来进一步确定管道的损坏情况。若管道能够承受所施加的压力，则管道属于半结构性破坏。若管壁上存在一些孔洞，试压的管道很难维持试验压力。当管道状况或工作压力不易确定时，建议把该管段定义为结构性破坏。在进行压力管道的 CIPP 施工时风险较大，故要求施工单位在该领域有丰富的工程经验。

ASTM F 1216 给出了在内压作用下的半结构性破坏管道的 CIPP 内衬管设计公式，该公式假设内压力比较均匀。把 ASTM F 1216 中的公式进行调整后得到管道壁厚的计算公式如下。

$$t = \frac{D_0}{\left[5.33/P_i(D_0/D_h)^2(S_L/N)\right]^{0.5} + 1} \tag{8-17}$$

式中：D_0——CIPP 管道平均外径（mm）；
P_i——CIPP 管道内部压力（MPa）；
D_h——存在于管壁上的孔洞直径（mm）；

S_L——CIPP 管道长期弯曲强度（MPa）；

N——安全系数，$N \geqslant 2$。

为符合环形平板设计条件，必须满足式(8-18)的设计准则。若不能满足该准则，则 CIPP 管道设计必须主要考虑环向受拉和环应力，CIPP 管道则需按结构性破坏情况进行设计。

$$\frac{D_h}{D_0} \leqslant 1.83(t/D_0)^{0.5} \tag{8-18}$$

在计算出内衬管道壁厚之后，必须利用式(8-7)进行设计校核，确保内衬管的设计壁厚能够承受外部静水压力的作用。在管道壁厚选择中，取两次计算结果中的较大值。

7）旧管道结构性破坏下的压力流 CIPP 管道设计

正如前文所述，评估管道的状况和工作参数是非常关键的。当管道被定义为结构性破坏时，表示管道没有足够的强度来承受内部压力和外部荷载，在进行设计时，把 CIPP 内衬管看作一个独立的管道，需独立承受所有内外压力。ASTM F 1216 假设压力管道为厚壁圆筒，其内压力计算见式(8-19)：

$$P_i = \frac{2S_{tL}}{(DR-2)N} \tag{8-19}$$

式中：S_{tL}——内衬管道的长期拉伸强度（MPa）。

对于薄壁圆筒，内压力则可用式(8-20)进行计算：

$$P_i = \frac{2S_{tL}}{(DR-1)N} \tag{8-20}$$

把 $DR = D_0/t$ 代入上述公式并进行整理和简化，得出 CIPP 内衬管壁厚的设计公式[式(8-21)]。

$$t = \frac{D_0}{(2S_{tL}/P_iN)+1} \tag{8-21}$$

虽然薄壁和厚壁管道的区别很小，但与 ASTM F1216 中推荐的厚壁管道的计算公式相比，薄壁管道的设计计算结果比较保守。

8）CIPP 内衬管的水力学设计

重力流 CIPP 内衬管道改善了旧管道的过流性能，主要原因在于 CIPP 内衬管非常光滑和连续的内表面（基本没有接头）减小了管壁对流体的摩擦。通常情况下，可以采用曼宁方程（Manning's Equation）来预测重力管道和明渠条件下流体的流量，见式(8-22)。

$$Q = \frac{AR^{2/3}S^{1/2}}{n} \tag{8-22}$$

式中：Q——流量（m³/s）；

A——流体截面面积（m²）；

R——水力半径（m），$R = A/P$；

P——流体的湿周周长（m）；

S——坡度，垂直高差和水平位移的比值；

n——曼宁常数，见表 8-12。

不同材质管道的曼宁常数　　　　　　　　表 8-12

管道材料	曼宁常数 n	推荐采用的曼宁常数值
CIPP 管道	0.009~0.012	0.010
陶土管道	0.013~0.017	0.014
混凝土管道	0.013~0.017	0.015
波纹金属管	0.015~0.037	0.020
砌砖水沟	0.015~0.017	0.016

注：本表来源于《Lanzo 管线设计手册》。

圆形管道在充满流体的情况下，曼宁方程可改为式(8-23)。

$$Q = \left(\frac{1}{4}\right)^{\frac{5}{3}} \times \frac{\pi D^{8/3} S^{1/2}}{n} \tag{8-23}$$

式中：D——管道的内径（m）；

其他参数意义同上。

圆形管道在充满流体的情况下，可以将曼宁方程进行简化，得出便于比较 CIPP 管道和旧管道的过流能力的计算公式，见式(8-24)。

$$过流能力 = \frac{Q_{CIPP} \times 100}{Q_{旧管道}} = \frac{n_{旧管道}}{n_{CIPP}} \left(\frac{D_{CIPP}}{D_{旧管道}}\right)^{\frac{8}{3}} \times 100 \tag{8-24}$$

曼宁常数由旧管道和 CIPP 管道的类型和情况等决定。若 CIPP 内衬管安装于比较清洁的陶土管道、混凝土管道或金属管道内，其平均曼宁常数通常为 $n = 0.010$（表 8-12）；但随着时间的增加，形成管道沉淀，曼宁常数势必会变大。

压力流 Hazen-Williams 方程通常被用来计算压力流的流量。CIPP 内表面比较光滑，因此提高了旧管道的过流能力。Hazen-Williams 方程见式(8-25)。

$$Q = KCAR^{0.63}S^{0.54} \tag{8-25}$$

式中：Q——断面水流量（m³/s）；

C——Hazen-Williams 糙率系数（表 8-13）；

A——断面面积（m²）；

R——水力半径（m），$R = A/P$；

P——流体的湿周周长（m）；

S——坡度，垂直高差和水平位移的比值；

K——常数，$K = 0.85$。

不同材质管道的 Hazen-Williams 常数　　　　　　　　表 8-13

管道材料	推荐的 Hazen-Williams 常数值	管道材料	推荐的 Hazen-Williams 常数值
CIPP 管道	140	混凝土内衬钢管或者球墨铸铁管道	140
新钢管或者球墨铸铁管道（使用 1 年内）	120	钢管道（2 年）	120

续上表

管道材料	推荐的 Hazen-Williams 常数值	管道材料	推荐的 Hazen-Williams 常数值
钢管道（10年）	100	铸铁管道（18年）	100
铸铁管道（5年）	120	带纹钢筋或者铸铁	80

注：本表来源于《Lanzo 管线设计手册》。

Hazen-Williams 公式同样可以简化用来评价 CIPP 管道和旧管道的过流能力，见式(8-26)。

$$过流能力 = \frac{Q_{CIPP} \times 100}{Q_{旧管道}} = \frac{C_{CIPP}}{C_{旧管道}} \left(\frac{D_{CIPP}}{D_{旧管道}}\right)^{\frac{8}{3}} \times 100 \tag{8-26}$$

9）相关参数的取值研究

（1）土体综合弹性模量

在国外 E'_s 被称为 "modulus of soil reaction"（土体反应模量），该参数是一个经验参数，仅能在知道其他参数的情况下通过 Iowa 方程反算求出，它不单是管侧土体的函数，也是管土系统的函数，是反映管土系统的经验参数。很多人对 E'_s 的取值进行了研究，Howard 通过给定 E'_s、K 和 P 的值（Iowa 方程中的参数），求出理论变形值并与实测变形值进行比较得出误差，再通过误差修正给定 E'_s 值。通过大量实验室和现场数据的计算后，Howard 得出了不同土层和压实度对应的 E'_s 平均值。其得出的 E'_s 与管道埋深没有直接关系。但随后诸多学者的研究表明，E'_s 值与管道埋深有关。因此 Howard 算出的 E'_s 值有一定的使用限制。Jaramillo 研究成果表明，E'_s 值还与埋地管道的刚度和尺寸有关。Leonhardt 在研究 E'_s 时还考虑了基槽的影响。

澳大利亚标准中区分了回填土、管侧原状土的 E'_s 模量，埋地柔性管道设计中需综合考虑回填土和管侧原状土的 E'_s。《给水排水工程管道结构设计规范》（GB 50332—2002）中将 E'_s 值称为管侧回填土的综合变形模量，以 E_d 表示，其参考了澳大利亚的标准。因此《城镇排水管道非开挖修复更新工程技术规程》（CJJ/T 210—2014）中 E'_s 参考《给水排水工程管道结构设计规范》（GB 50332—2002）中的规定进行选取，如下式所示：

$$E_d = \xi E_e \tag{8-27}$$

$$\xi = \frac{1}{\alpha_1 + \alpha_2 \left(\frac{E_e}{E_n}\right)} \tag{8-28}$$

$$\alpha_1 = \frac{\frac{B_t}{D_0} - 1}{1.44 \left[1.154 + 0.444\left(\frac{B_t}{D_0} - 1\right)\right]} \tag{8-29}$$

$$\alpha_2 = 1 - \alpha_1 \tag{8-30}$$

式中：E_e——管侧回填土在要求压实密度时相应的变形模量（MPa），应根据试验确定，当缺乏试验数据时，可参照表 8-14 确定；

E_n——基槽两侧原状土的变形模量（MPa），应根据试验确定；

ξ——综合修正系数；

α_1、α_2——与 B_t/D_0（管中心外槽宽/管外径）有关的计算参数。

管侧回填土和槽侧原状土的变形模量（单位：MPa） 表8-14

土的类别	回填土压实系数（%）			
	85	90	95	100
	原状土标准贯入度锤击数 $N_{63.5}$			
	$4 < N_{63.5} \leqslant 14$	$14 < N_{63.5} \leqslant 24$	$24 < N_{63.5} \leqslant 50$	$N_{63.5} > 50$
砾石、碎石	5	7	10	20
砂砾、砂卵石（细粒含量不大于12%）	3	5	7	14
砂砾、砂卵石（细粒含量大于12%）	1	3	5	10
黏性土或粉土（$W_L < 50\%$，砂砾含量大于25%）	1	3	5	7
黏性土或粉土（$W_L < 50\%$，砂砾含量小于25%）		1	3	7

注：1. 表中数值仅适用于10m以内覆土；当覆土超过10m时，表中数值偏低。
2. 回填土的变形模量 E_e 可按要求的压实系数采用。
3. 表中压实系数系指设计要求回填土压实后的干密度与该土在相同压实能量下的最大干密度的比值。
4. 基槽两侧原状土的变形模量 E_n 可按标准贯入度试验的锤击数确定。
5. W_L 为细粒土的液限。
6. 细粒土系指粒径小于 0.057mm 的土，砂砾土系指粒径为 0.075～2.0mm 的土。

（2）内衬管长期性能

ASTM 标准中的另一个关键问题是确定材料的长期性能，主要包括长期弹性模量、长期弯曲强度和长期拉伸强度。根据 ASTM 标准的设计方法，长期性能的选择与材料、荷载、设计寿命和温度有关。内衬管设计中为了反映内衬管在长期作用力下发生的蠕变作用，将内衬管长期性能引用到了 Timoshenko 等人的屈曲方程中。

关于内衬管长期力学性能的取值，ASTM 标准中建议咨询管材生产商，该值是通过给定管道寿命期内的荷载情况下进行试验确定的。德国标准中则是通过对样品内衬管的顶压试验，即在发生一定形变的情况下保持 10000h 的试验，最后确定其长期性能。实际工程中，根据经验，长期性能一般取短期性能的一半。

材料长期性能在内衬管设计中反映出内衬管长期作用力下的蠕变作用，国外许多专家经过试验证明管材的力学性能不会随着时间而降低。但长期模量在设计中的应用计算出了一个较大的壁厚，与实际中管壁越厚内衬管的寿命越长的实际情况是相符的。

Wei (Zack) Zhao 等人通过临界屈曲应变理论的研究说明了以下问题：内衬较厚时，其临界屈曲应变值也较大，因此在设计寿命之内很难超过该值，从而提供了一个安全但保守的设计，该值与材料蠕变率无关。更进一步来说，管壁越厚应力水平越低，蠕变率也越低。因此，较大的壁厚可以提高结构的长期稳定性，故长期性能的应用是符合实际的，同时是相对比较简单的方法，故 ASTM 标准能够得到广泛应用。

在结构设计中，一般有标准值和设计值之分。标准值是经过试验获得的材料性能的平均值，而设计值是出于安全考虑在标准值的基础上乘以一个分项系数，在结构设计中，这个分项系数一般小于1。因此，可将长期模量的应用理解为乘以分项系数后的设计值。

(3) 总荷载

埋地排水管道所受到的总荷载包括地下水荷载、竖直土荷载和地面活荷载，如式(8-31)所示，埋地管道所受到的总的竖向荷载应小于管道的允许屈曲压力。

$$q_\mathrm{t} = 0.0098 H_\mathrm{w} + \frac{\gamma H R_\mathrm{w}}{1000} + W_\mathrm{s} \tag{8-31}$$

式中：q_t——管道受到的竖向总荷载（MPa）；

γ——土体重度（kN/m³）；

H_w——管顶上地下水位高（m）；

H——管顶覆土厚度（m）；

W_s——活荷载（MPa），根据《给水排水工程管道结构设计规范》（GB 50332—2002）确定，其应包括车辆荷载和地面堆载，两者取其一，地面堆载取10kPa，车辆荷载如表8-15所示；

R_w——水的浮力常数，$R_\mathrm{w} = 1 - 0.33(H_\mathrm{w}/H_\mathrm{s}) \geq 0.67$。

车辆荷载与管道埋深的关系　　　　表 8-15

管道埋深（m）	车辆荷载（kPa）	管道埋深（m）	车辆荷载（kPa）
0.6	34.4	4.0	3.4
0.7	26.3	5.0	2.4
0.8	21.6	6.0	1.8
0.9	18.7	8.0	1.2
1.0	17.2	10.0	0.9
1.5	11.8	12.0	0.7
2.0	8.6	16.0	0.5
2.5	6.5	20.0	0.3
3.0	5.1		

8.4 原位固化法施工

原位固化法施工前应对原有管道进行检测、评估，并制定管道预处理方案。

8.4.1 软管置入原有管道

1）翻转工艺

翻转工艺是将浸有树脂的软衬管一端翻转并用夹具固定在待修复管道入口处。之后利用水或气压将软衬管浸有树脂的内层翻转到外面，并与旧管道的内壁粘接。翻转法包括水力翻转和压缩气体翻转两种方法。

水力翻转法是一种较老的方法，可适用于各种尺寸的管道修复工作。对于较大直径的管道施工，软管翻转从翻转立管的顶部开始，软管前段连接一个导向绳索，以确保翻转作业顺利完成。水力翻转法如图 8-4～图 8-6 所示，翻转前需要搭设钢管支架塔，钢管支架搭设高度应根据翻转所需水头高度确定。从下游往上游翻转或管内有较多的滞留水时，应适当提高翻转水头。施工人员需在钢管支架上进行翻转操作，且翻转端部需固定在支架上，因此支架搭接应确保稳固。为防止在翻转过程中，突出部位刺破树脂浸渍软管，需将支架连接处等突出部位及端部用聚酯纤维毡、胶布等进行包裹处理。翻转与加热用水应取自水质较好的水源，宜为自来水或Ⅲ类水体及以上的河道水。

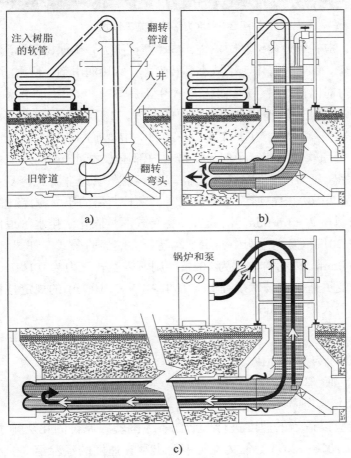

图 8-4 水力翻转法施工示意图

图 8-5 水力翻转法施工现场图

图 8-6 水力翻转法施工过程

翻转施工前，应在管道内铺设防护袋，减小摩擦阻力，确保树脂浸渍软管在翻转过程中不发生磨损现象。翻转过程中为了减小翻转阻力，宜用润滑剂，所用润滑剂应是无毒的油基产品，且不得对内衬材料、加热设备等产生不良影响。

翻转过程中翻转压力和速度是非常重要的指标，ASTM 标准以及《城镇排水管道非开挖修复更新工程技术规程》（CJJ/T 210—2014）中规定翻转压力应控制在使软管充分扩展所需最小压力和软管所能承受的允许最大内部压力之间，同时应能使软管翻转到管道的另一端点，翻转压力应咨询软管生产商。《城镇燃气管道非开挖修复更新工程技术规程》（CJJ/T 147—2010）中根据施工经验规定了翻转所需的压力应控制在 0.1MPa 以下，而翻转速度应控制在 2～3m/min。浙江省《翻转式原位固化法排水管道修复技术规程》（DB33/T 1076—2011）条文说明中介绍了翻转压力的经验公式，如式(8-32)所示。如修复管道直径为 600mm，内衬管壁厚为 10mm，则所需翻转压力为 0.1MPa。其与《城镇燃气管道非开挖修复更新工程技术规程》（CJJ/T 147—2010）中的规定是相符的，且燃气管道的直径一般不大于 600mm。

$$p \leqslant \frac{6t}{D} \tag{8-32}$$

式中：p——施工翻转压力（MPa）；
t——设计固化管壁厚（mm）；
D——待修复管道内径（mm）。

软管的翻转应以适当的速度进行。浙江省《翻转式原位固化法排水管道修复技术规程》（DB33/T 1076—2011）条文说明中给出翻转速度的经验值：直径 450mm 以下的管道修复翻转速度在 5m/min 以内；直径 450mm 以上管道修复翻转速度在 2m/min 以内。

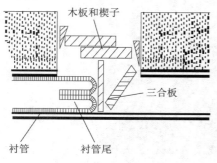

图 8-7 标准停止板示意图

水压翻转水头高度（水压）不能剧烈上升或下降，应严格控制注水流量，防止流量突然加大，引起软管翻转速度突然加快，造成软管局部拉伸变薄。

为防止内衬管穿过头，在接收端的工作坑内应设置停止板（图 8-7）。停止板必须能承受翻转头内的水压。当内衬管直径小于 300mm 时，一块 100mm×50mm 的木板足以承受翻转头内的水压。对于大口径内衬管，需要铁板或特别设计。内衬管和停止板之间通常安装一块 18mm 厚的有聚酯涂层的三合板,该三合板可防止内衬软管和停止板粘在一起。此外,停止板的安放应保证有足够的空间用于割除衬管末端多余的材料。

在内衬软管翻转就位后可以通过热水或蒸汽固化。

2)牵拉工艺

软管置入原有管道可通过牵引的方式实现,但牵拉工艺在管道直径和施工长度上受到限制。软管拉入前应在原有管道内铺设垫膜,目的是减小软管拉入过程中的摩擦力,避免对软管的划伤,垫膜应置于原有管道底部,覆盖长度应大于 1/3 的管道周长,且应在原有管道两端进行固定(图 8-8)。

图 8-8 拉入底膜

此外需注意软衬管和底膜被拉入时也可能导致松动的管段被刮落,对于带有外涂层的管道也可在没有底膜的情况下进行施工。

可使用卷扬机或其他牵拉设备拉入软管(图 8-9)。浸渍树脂的软管经过适当折叠后拉入检查井,再沿管底的垫膜平稳、缓慢地拉入原有管道,拉入速度一般不大于 5m/min。整个拉入阶段应十分小心,以免修复衬管破坏受损,尤其注意弯曲处、多处管线连接处、管位偏移处或有突出接头的地方。当浸渍树脂的软管拉过管道另一端 0.3~0.6m 处时,停止拉入,测量拉入软管的长度,内衬软管本身的拉伸量不能超过总长度的 2%。最终软管应拉出原有管道 0.3~0.6m 以方便膨胀、固化操作。

图 8-9 卷扬机拉入软管

在内衬软管就位后,可采用压缩空气、压力水使管道膨胀,之后进行固化(图 8-10)。

图 8-10 内衬软管固化

8.4.2 软管固化

1）热水、蒸汽固化

使用热水固化时，软管一般通过水力翻转，当软管翻转就位后，将热水锅炉产生的热水注入内衬管，并将原来内衬管内的冷水抽回锅炉，不断循环使内衬管内的水温保持一定温度进行养护。热水宜从高程低的端口通入，以排除管道里面的空气。

使用蒸汽固化时，软管一般通过气压翻转，当软管就位后，从内衬管一端将蒸汽注入内衬管内，另一端通过放散筒释放蒸汽。因此内衬管内的温度开始不断升高，再使其保持一定的温度直到树脂固化。蒸汽宜从高程高的端口通入，以便在高程低的端口处处理冷凝水。

固化过程中应对软管的固化温度进行监测，温度感应器应安装在修复段起点和终点，距离端口大于 300mm 处软管与原有管道之间。树脂固化分为初始固化和后续硬化两个阶段。当软管内水或蒸汽的温度升高时，树脂开始固化，当暴露在外面的内衬管变得坚硬，且起、终点的温度感应器显示温度在同一量级时，初始固化终止。之后均匀升高内衬管内水或蒸汽的温度直至达到后续硬化温度，并保持该温度一定时间。固化所需的温度、时间以及温度升高速度应参照树脂材料说明书或咨询树脂材料生产商。树脂固化时间取决于工作段的长度、管道直径、地下情况、使用的蒸汽锅炉功率以及空气压缩机的气量等因素。典型软管热水固化温度控制曲线见图 8-11，典型蒸汽固化温度控制曲线见图 8-12。

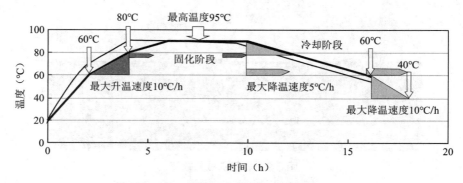

图 8-11 软管热水固化温度控制曲线

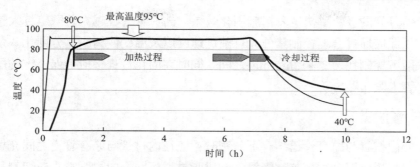

图 8-12　蒸汽固化温度控制曲线

固化过程中软管内的水压应能使软管与原有管道保持紧密接触，并保持该压力值直到固化结束。

固化完成后应先将内衬管内的温度自然冷却到一定温度，热水固化应为 38℃，蒸汽固化应为 45℃；再通过向内衬管内注入常温水，同时排出内衬管内的热水或蒸汽，该过程中应避免形成真空造成内衬管失稳。

2）紫外光固化

紫外光固化一般通过拉入的方式将软管置入原有管道，软管就位后在两端绑扎，之后进行充气膨胀使软管紧贴原有管道，再放入紫外光灯架进行固化，紫外光灯发射紫外线的波段一般在 200~400nm 范围内。紫外光固化修复过程如图 8-13 所示，固化后形成的内衬管如图 8-14 所示。

图 8-13　紫外光固化修复过程

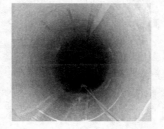

图 8-14　固化形成的内衬管

内衬管紫外光的吸收率决定着树脂固化效果。内衬管管径越大、壁厚越大越不利于树脂的固化，因此应通过合理控制紫外光灯前进速度以及温度使树脂充分固化。紫外光灯架前进速度一般可控制在 0.2～1.0m/min 之间。同时在固化过程中应确保一定的压力，使内衬管与原有管道紧密贴合。

8.4.3 端口处理

当端口处内衬管与原有管道结合不紧密时，应在内衬管与原有管道之间充填树脂混合物进行密封，且树脂混合物应与软管浸渍的树脂材料相同，内衬管端头应切割整齐，并应进行密封处理（图 8-15）。

采用特殊的切割设备或者机器人配合 CCTV 摄像机，在管壁上切割支管接口，准备支管的连接。

在大管道中，支管开通和连接可以通过人工操作，而在小管道中则须采用自动化作业。

新管道或者内衬管比旧管道内径小一级，内衬管有光滑的内表面，虽然管道半径有少量减小，但仍可以提高管道内的过流能力。

图 8-15　内衬管端口密封处理

8.4.4 原位固化法常见质量问题及检测方法

原位固化法施工验收主要包括内衬管材料合格证及性能试验资料验收、施工过程记录表格验收、修复完成后内衬管质量验收（包括外观检测和性能试验）。

施工前应对内衬管的材料性能进行验收，该性能应由生产商提供。

施工过程中应详细记录内衬管的固化温度、压力、时间等参数。

施工完后对内衬管的质量验收包括以下三个方面：

（1）外观检测：内衬管不应出现局部凹陷、划伤、裂缝、磨损、孔洞、起泡、干斑、隆起、分层和软弱带等影响管道使用功能的缺陷，且壁厚应符合设计要求。

（2）力学性能试验：内衬管固化后的力学性能应与设计时所用性能相符。

（3）功能性试验：主要参照行业标准《城镇排水管道非开挖修复更新工程技术规程》（CJJ/T 210—2014）对管道进行闭水或闭气试验并满足相应的要求。

1）原位固化法常见质量问题

任何一种工艺，若没有规范标准，或未按规范施工，都有可能出现质量问题。在大力推广 CIPP 修复技术过程中，不能忽略潜在的质量问题。在使用过程中认识到该工法中可能出现的问题，有助于进一步提高技术、改进工艺。CIPP 工法在实际工程中常会出现如下一些质量问题：

（1）针孔与缺口

内衬管翻转加热固化之后，在使用过程中有管外的水流渗入管内，原因可能是软管的防渗膜破损，或者软管在运输过程或施工过程中出现损坏（图 8-16）。

对于这种损坏形式，若没有可见的渗漏则影响不大。但若渗漏明显则需要采取补救措施，若是局部渗漏可以采取局部内衬修复技术；若出现大面积渗漏则需全部重新修复；在大直径的污水管道中，也可采取人工灌注环氧树脂的方法进行补救。

（2）起皱

CIPP 修复工程中可能出现轴向与环向两类褶皱（图 8-17），轴向起皱产生的主要原因可能是原管径测量不准，内衬管直径过大，或者原管道内径不一致。环向起皱的原因可能是翻转过程中压力不足，或者由于旧管道直径在修复段内不一致引起的。

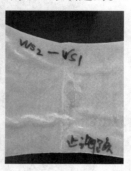

图 8-16　针孔与缺口　　　　　图 8-17　起皱

（3）起泡

在施工过程中，若固化温度过高或者防渗膜与织布之间黏合不牢固，就有可能出现起泡现象（图 8-18）。起泡使得内衬管极易发生磨损，严重减少了内衬管的使用寿命。

（4）软弱带

若施工工艺控制不好，或者施工环境不适宜，将可能导致内衬管固化不完全，从而出现软弱带。加热的温度太低、加热固化时间太短或管外地下水温度低等都可能是影响软管充分固化的原因，从而使内衬管道的结构强度达不到要求。出现这种情况的工程应被判为不合格，须重新进行修复，若只是局部出现软弱带，可通过切除该部分进行局部修复。

（5）隆起

管道内的杂物清理不干净，或管道错位破损都有可能导致内衬管的隆起（图 8-19）。该隆起可能会阻碍流体的通行。

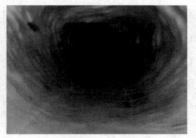

图 8-18　起泡　　　　　图 8-19　隆起

（6）白斑

若编织软管没有被树脂或聚酯浸透，未浸透的区域在固化后会使内衬管内壁留下白斑。存在白斑时不符合工程要求，需要进行局部切除和修复，若在整个管段上出现了较多的白斑，则应全部移除，重新进行修复。

（7）内衬管开裂

开裂的原因主要是内衬管强度不足，或冷却速度过快，内衬管收缩而引起的（图8-20）。一旦内衬管出现开裂，就应判为不合格工程，需要局部重新修复，或整段重新修复。

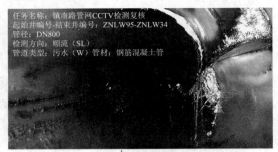

图8-20　内衬管开裂破坏

（8）内衬管与旧管分离

该问题发生的原因有翻转与固化时气压或水压不足、旧管破坏严重、内衬管直径比旧管内径小等。除由于旧管破裂太严重所引起的内衬管脱落无法避免之外，其他情况应避免。

除了以上介绍的潜在问题，CIPP管道修复工程中还可能出现其他问题。总的来说，为了保证CIPP修复内衬管的质量，迫切需要一套专业的质量检测与评价方法体系。

2）CIPP内衬管质量检测方法

原位固化法施工完后内衬管的质量检测主要应包括外观检测、取样检测、功能性试验和竣工验收四个方面，下文重点介绍主要的检测项目。

（1）外观检测

CIPP内衬管的外观检测可通过人工检测或闭路电视检测两种方式，根据《城镇排水管渠维护技术规程》（CJJ 68—2007），大于800mm的管道施工人员方可进入，因此规定管径大于800mm时，人员可进入内衬管内部进行检查，检查完后应生成报告，报告包含影像资料。

ASTM F 1216、ASTM F1743、ASTM F2019和《城镇排水管道非开挖修复更新工程技术规程》（CJJ/T 210—2014）中规定：原位固化法内衬管的外观检测应满足内衬管内部不应有可见地下水渗漏，支管的连接应畅通的要求。

（2）取样检测

国内外相关标准、规程中对原位固化法的力学性能测试做了规定，具体如下。

①取样方式：在修复段中间或终端检查井处连接一段与原有管道等直径的管道，该管道周围用适当的散热介质（如沙袋）进行固定，待修复施工时，该段管道同时翻转或牵拉软管进行固化，施工完后将该管段内衬管作为测试样品。

②样品的大小应至少能提供3个试样（一般为5个）用于弯曲测试，对于压力管道尚应满足进行拉伸测试的试验要求。

③短期弯曲性能的要求：应按照《塑料　弯曲性能的测定》（GB/T 9341—2008）中的规定对重力管道和压力管道的内衬管进行初始弯曲弹性模量和弯曲强度的测试，其性能应分别满足表8-16或表8-17的要求，弯曲测试时应使内衬管的内表面受拉，外表面受压。

④拉伸性能要求：应按照《塑料 拉伸性能的测定 第2部分：模塑和挤塑塑料的试验条件》（GB/T 1040.2—2022）的要求对压力管道试样进行拉伸强度的测试，玻璃纤维增强的材料应按《纤维增强塑料弯曲性能试验方法》（GB/T 1449—2005）中的规定进行测试，其性能应分别满足表8-16或表8-17的要求。

不含玻璃纤维原位固化法内衬管的初始结构性能要求　　表8-16

结构性能	数值	测试标准
弯曲强度（MPa）	>31	《塑料 弯曲性能的测定》（GB/T 9341—2008）
弯曲模量（MPa）	>1724	《塑料 弯曲性能的测定》（GB/T 9341—2008）
抗拉强度（MPa）	>21	《塑料 拉伸性能的测定 第2部分：模塑和挤塑塑料的试验条件》（GB/T 1040.2—2022）

注：本表只适用于原位固化法内衬管初始结构性能的评估。

含玻璃纤维的原位固化法内衬管的初始结构性能要求　　表8-17

结构性能	数值	测试标准
弯曲强度（MPa）	>45	《纤维增强塑料弯曲性能试验方法》（GB/T 1449—2005）
弯曲模量（MPa）	>6500	《纤维增强塑料弯曲性能试验方法》（GB/T 1449—2005）
抗拉强度（MPa）	>62	《塑料 拉伸性能的测定 第4部分：各向同性和正交各向异性纤维增强复合材料的试验条件》（GB/T 1040.4—2006）

注：本表只适用于原位固化法内衬管的初始结构性能的评估。

（3）功能性试验

①内衬管的功能性试验也称为严密性试验，分为闭水试验和闭气试验两种。

a. 闭水试验：根据国内和ASTM（F585、F1216、F1743、F2019、F1947、F1867、F1741、F1606）相关标准的要求，管道修复后应按要求进行渗漏测试，国家标准《给排水管道工程施工及验收规范》（GB 50268—2008）对内衬管的闭水试验做了规定。由于非开挖修复工程中应用的内衬管材大多为化学建材，因此按照《给排水管道工程施工及验收规范》（GB 50268—2008）的要求其渗水量应满足式(8-33)的要求。

$$Q_e = 0.0046 D_L \tag{8-33}$$

式中：Q_e——允许渗水量[m³/(24h·km)]；

D_L——试验管道内径（mm）。

b. 闭气法试验：本试验方法适用于采用低压空气测试塑料排水管道的严密性，包括试压和主压两个步骤。试压步骤应遵循下列规定：

a）向内衬管内充气，直到管内压力达到27.5kPa，关闭气阀，观察管内气压变化。

b）当压力下降至24kPa时，向管内补气，使得压力能够保持在24~27.5kPa内并且持续时间至少2min。

②试压步骤结束后，应进入主压步骤。主压步骤应遵循下列规定：

a. 缓慢增加压力直到27.5kPa，关闭气阀停止供气。

b. 观察管内压力变化，当压力下降至24kPa时，开始计时。

c. 记录压力表压力从24kPa下降至17kPa所用的时间。

d. 比较实际时间与规定允许的时间，若实际时间大于规定的时间，则管道闭气试验合格，反之为不合格。

e. 若所用时间超过规定允许时间，而气压下降量为零或远小于7kPa，则也应判定管道闭气试验合格。

测试允许最短时间应由式(8-34)计算：

$$T = 0.00102 \frac{DK}{V_e} \tag{8-34}$$

$$K = 5.4085 \times 10^{-5} DL \tag{8-35}$$

式中：T——压力下降 7kPa 允许最短时间（s）；

K——系数，不应小于 1.0；

V_e——渗漏速率 [$m^3/(min \cdot m^2)$]，取 $0.45694 \times 10^{-3} m^3/(min \cdot m^2)$，$V_e$ = 渗漏量/时间/管道内表面面积；

D——管道平均内径（mm）；

L——测试段长度（m）。

表 8-18 规定了压力从 24kPa 下降到 17kPa 允许的最小时间，采用的允许渗漏速率为 $0.45694 \times 10^{-3} m^3/(min \cdot m^2)$。最大渗漏量不应超过 $635V_e$。若测试不合格，应检查渗漏点并进行修复。修复之后，再次进行闭气试验，直到达到规定的要求。对于长距离大直径的管道，宜采用压力下降 3.5kPa 的方法，并应满足表 8-19 中的要求。

气压下降 7kPa 所用时间允许的最小值　　表 8-18

管道内径（mm）	最小时间（min:s）	最小时间管道长度（m）	测试管道长度（m）								
			30	50	70	100	120	150	170	200	300
100	3:43	185.0	3:43	3:43	3:43	3:43	3:43	3:43	3:43	4:01	6:02
200	7:26	92.0	7:26	7:26	7:26	8:03	9:40	12:4	13:41	16:06	24:09
300	11:10	62.0	11:10	11:10	12:41	18:07	21:44	27:10	30:47	36:13	54:20
400	14:53	46.0	14:53	16:06	22:32	32:12	38:38	48:18	54:44	64:23	96:35
500	18:36	37.0	18:36	25:09	35:13	50:18	60:22	75:27	85:31	100:36	150:54
600	22:19	31.0	22:19	36:13	50:42	72:26	86:56	108:39	123:9	144:53	217:19
700	26:3	26.4	29:35	49:18	69:1	98:36	118:19	147:54	167:37	197:12	295:47
800	29:46	23.0	38:38	64:23	90:9	128:47	154:32	193:10	218:55	257:33	386:20
900	33:29	20.5	48:54	81:30	114:05	162:59	195:35	244:29	277:05	325:58	488:57
1000	37:12	18.5	60:22	100:37	140:51	201:13	241:28	301:50	342:04	402:26	603:39

注：表中对于管道长度可以采取插值法获取其他长度的最小允许时间，对于管道直径不可采取插值法。

气压下降 3.5kPa 所用时间允许的最小值　　表 8-19

管道内径（mm）	最小时间（min:s）	最小时间管道长度（m）	测试管道长度（m）								
			30	50	70	100	120	150	170	200	300
100	1:52	92.5	1:52	1:52	1:52	1:515	1:52	1:52	1:52	2:01	3:01
200	3:43	46.0	3:43	3:43	3:43	4:015	4:50	6:20	6:51	8:03	12:05

续上表

管道内径（mm）	最小时间（min:s）	最小时间管道长度（m）	测试管道长度（m）								
			30	50	70	100	120	150	170	200	300
300	5:35	31.0	5:35	5:35	6:21	6:035	10:52	13:35	15:24	18:07	27:10
400	7:27	23.0	7:27	8:03	11:16	16:06	19:19	24:09	27:22	32:12	48:18
500	9:18	18.5	9:18	12:35	17:37	25:09	30:11	37:44	42:46	50:18	75:27
600	11:10	15.5	11:10	18:07	25:21	36:13	43:28	54:20	66:35	72:27	108:40
700	13:15	13.2	14:43	24:39	34:31	49:18	59:10	73:57	83:49	98:36	147:54
800	14:53	11.5	19:19	32:12	45:45	64:235	77:16	96:35	109:28	128:47	193:10
900	16:45	10.3	24:27	40:45	57:03	81:295	97:48	122:15	138:33	162:59	244:29
1000	18:36	9.3	30:11	50:19	70:26	100:365	120:44	150:55	171:02	201:13	301:50

注：表中对于管道长度可以采取插值法获取其他长度的最小允许时间，对于管道直径不可以采取插值法。

（4）管壁密实性试验

①在内衬管固化完成后，应对内衬管管壁的密实性进行测试。测试时应满足如下要求：

a. 测试应在室温条件下进行，要求温度为 21~25℃。

b. 每个样品的试验点数不少于 3 个，每段施工分别取 3 个试样分别检测。

c. 样本在检测前应在测试环境中至少放置 4h。

d. 检测介质为染色的饮用水，不含松弛剂。

e. 若放在样本上的纸上出现水迹，则视为有水渗漏。在每个样本的三个检测点上，都不出现渗水，则表示合格。

②管壁密实性试验方法按照如下方法进行：

a. 试样应从现场固化的 CIPP 内衬管上截取。

b. 宜选择不太透明的或者目测判断可能有针孔的试样进行试验。

c. 若薄膜或者涂层是内衬管道的一部分，则不得破坏内衬表面的涂层；若薄膜或者涂层是可去除的，则采用游标卡尺精确材料薄膜或者涂层厚度，之后对其切割 10 个相互垂直的切口，形成尺寸为 4mm×4mm 的网格。

d. 测试时采用如图 8-21 所示的系统，在样本的一侧形成 −0.05MPa 负压（误差为 ±2.5kPa）。

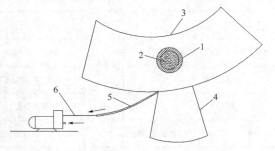

图 8-21　管壁密实性试验方法及装置

1-橡皮泥；2-带颜色的水；3-CIPP 试样；4-透明玻璃瓶；5-气管；6-抽气装置

8.5 Tyfo®复合材料管道修复系统

8.5.1 Tyfo®Fibrwrap®系统简介

Tyfo®Fibrwrap®系统是由碳、玻璃与芳纶高强纤维与高质量树脂结合形成的多层的高质量纤维增强复合物加固系统,其可用于桥梁、房屋、地下管道等结构的加固、保护和维修。该方法可用于修复大于或等于 DN800 管径的地下管道。

由于该方法使用玻璃纤维编织布及树脂胶作为材料,也是通过固化形成内衬管,因此本书将该方法归入原位固化法章节中做介绍。

Tyfo®Fibrwrap®系统的优点为:

(1) 耐高、低温性能良好。
(2) 工作寿命长。
(3) 高抗拉强度和弹性模量。
(4) 可在自然环境条件下固化。
(5) 不溶于水。
(6) 装运前可根据需要尺寸进行切割。

8.5.2 材料及性能

Tyfo®Fibrwrap®系统的材料主要包括纤维布和树脂两大部分,所用纤维一般包括碳纤维、玻璃纤维和芳纶纤维。纤维布中纤维的编织方向分为单向和双向(0°/90°或±45°),常用 Tyfo®Fibrwrap®系统包括 Tyfo®SHE 系统(单向玻璃纤维复合材料)、Tyfo®SCH 系统(单向碳纤维复合材料)。

Tyfo®Fibrwrap®系统所用树脂一般由 A、B 两组组分的树脂按照一定比例混合组成。常用树脂为 Tyfo®S 环氧树脂。

Tyfo®Fibrwrap®系统具有优良的物理化学性能。自 1988 年以来经历过了超过 500 多次破坏与非破坏的结构与材料测试,包括对各种项目的全面结构检测、长期环境持久性测试和对实际工程的现场试验。在测试中,Tyfo®Fibrwrap®系统均取得良好的表现。

Tyfo®SHE-25 复合材料的力学性能见表 8-20,Tyfo®S 环氧树脂的力学性能见表 8-21。

Tyfo®SHE-25 复合材料的力学性能　　　表 8-20

物理性能	ASTM 规范	典型测试值[1]
主纤维方向极限抗拉强度	ASTM D3039	≥1500MPa
断裂延长率	ASTM D3039	≥2.0%
抗拉模量	ASTM D3039	≥72GPa
与主纤维方向成 90°角时的极限抗拉强度	ASTM D3039	20MPa
叠合厚度		0.66mm

注:[1]储存条件:储存温度为 4°~35°C,防止冻结。纤维织物温度应低于 38°C,避免受潮及被水浸湿。

Tyfo®S 环氧树脂的力学性能　　　　　　　　表 8-21

物理性能	ASTM 规范	典型测试值①
抗拉强度	ASTM D 638（类型I）	72.4MPa
抗拉模量		3.18GPa
延伸率	ASTM D 638（类型I）	5.0%
抗弯强度	ASTM D790	123.4MPa
弯曲模量	ASTM D790	3.12GPa

注：①储存条件：储存温度为 4～35℃，防止冻结。纤维织物温度应低于 38℃，避免受潮及被水浸湿。

8.5.3 施工工艺

Tyfo®Fibrwrap®系统用于地下管道加固修复（图 8-22）的施工包含以下几个步骤。

　　a) 表面预处理　　　　b) 粘贴管道修复系统　　　c) 保护涂料

图 8-22　Tyfo®Fibrwrap®系统管道修复过程

1）管道准备

（1）切断排水水源。

（2）排风排毒气（排水管道由于工作时间长，会产生有毒体造成伤害）。

（3）管道表面风干，管道修复表面不能有明显的水滴残留。

2）管道表面预处理

（1）敲除脆弱部分，裂缝以注射修补剂处理，混凝土如有损坏情形必须以环氧砂浆或非收缩性修补砂浆填补与找平，磨平表面突起。

（2）把直角打磨成圆角，半径达 20mm。

（3）混凝土管道表面施工时不可有水分。

3）环氧树脂预备

混合TYFO'S'环氧树脂 A、B 成分为一体。比例为 100 重量的成分 A 对 34.5 重量的成分 B（100 份容积的成分 A 对 42 份容积的成分 B）。搅拌 2min 直至混合均匀。若 A 组分太稠，可用灯光照射的方法加温，直至达到理想稠度。

4）涂上树脂灌注混凝土表面

表面处理和找平后，在混凝土表面均匀涂上一层TYFO'S'环氧树脂。气温15℃的环境下，涂上后等待1h（根据温度的高低调整等候时间），用手指碰摸表面的树脂，确保树脂有了黏性才可以贴上芳玻韧布。

5）贴上TYFO®纤维材料

（1）从收到的标准包装的TYFO®纤维材料上按需求裁切。

（2）使用滚筒刷或TYFO饱和器使TYFO®纤维材料含浸TYFO'S'环氧树脂。

（3）每平方米的TYFO®玻璃纤维和碳纤维只需要800g的树脂有效含浸，避免浪费。

（4）卷起浸润的TYFO®纤维材料并把它转移到施工地点。注意不要弄脏或弄皱卷起的材料。

（5）用手推或滚筒压挤所贴上的布面，并把气泡完全挤出。

（6）两块布在纤维纵向需要重叠150mm。

（7）横向不必重叠，复合材料间允许15mm间隔。

6）贴上第二层芳玻韧布

（1）用手指试探第一层复合材料表面是否已初期固化。通常在温度15℃的环境下，初期固化时间是3h。第一层复合材料初期固化后便可以贴上第二层芳玻韧布。第二层芳玻韧布用上述相同顺序粘贴。

（2）若第一层过夜并已经完全固化，可以用机器稍微磨平凹凸的表面以便第二层施工。

7）固化时间

树脂的固化时间与温度有密切的关系。温度低则需较长时间。一般施工现场TYFO'S'环氧树脂在15℃温度的情况下完全固化需48h。

8.5.4 验收

（1）施工完毕，施工单位先自行目测或采用小锤轻击进行检查。要求每平方米复合材料空隙率不超过5%及空隙空间最大直径小于20mm。当复合材料的单个空间面积小于100cm^{2}时，可采用针管注胶的方式进行补救。当复合材料的单个空间面积大于100cm^{2}时，宜将该处复合材料切除，重新搭接粘贴同等型号的芳玻韧布复合材料。

（2）材料再检：现场取样再检。在现场监督下随机制作一组至少3片TYFO®复合材料试件，规格为2层主纤维同向的200mm×300mm方片，在环境温度下养护5d后任选其中1片（其余2片归档）委托专业机构按《定向纤维增强聚合物基复合材料拉伸性能试验方法》（GB/T 3354—2014）的要求进行拉伸测试。测试内容包括：

①芳玻韧布复合材料的极限抗拉强度。

②弹性模量。

③延伸率。

（3）如对现场施工质量或树脂粘贴质量有怀疑时，可在现场进行正拉粘贴试验，破坏应发生于混凝土，不得发生于粘贴面。

8.6 原位固化法管道修复案例

8.6.1 案例概况

该工程为广州市某道路下排水管道修复，待修复管道位于道路中部，为 DN600 的污水波纹管，埋深约 1.8m，井距为 30m，无水流，井口有 1 处支管接入。

8.6.2 CCTV 管道状况检测

使用 CCTV 机器人进行检测，图 8-23 为 Y13～Y14 管道检测过程中管道损坏状况的图片。

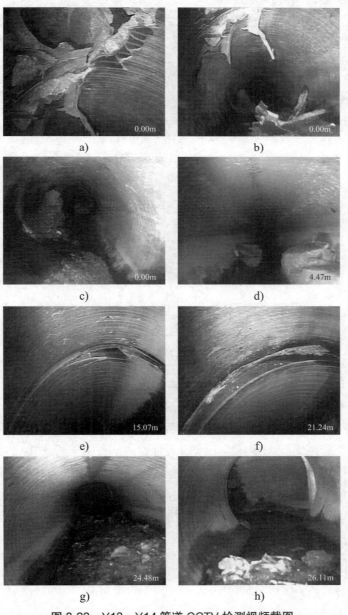

图 8-23　Y13～Y14 管道 CCTV 检测视频截图

8.6.3 管道破损情况分析

通过对CCTV检测视频进行分析，该段管道内破损情况总结如下：

（1）靠近检查井Y13处波纹管严重破裂且轻微变形，破裂处管道径向裂缝长度约0.5m，如图8-23a）、图8-23b）所示。

（2）管段两端有杂物沉积，可见较大石块存在，如图8-23c）、图8-23d）、图8-23g）、图8-23h）所示。

（3）管内距Y13检查井15m、21m处接口轻微破裂，如图8-23e）、图8-23f）所示。

管道平面和剖面如图8-24、图8-25所示。

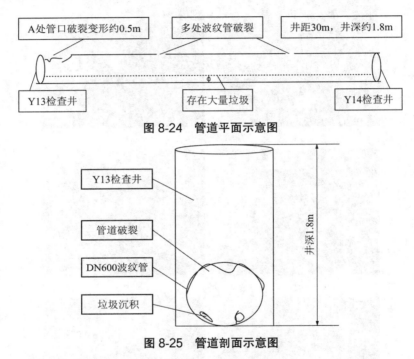

图8-24 管道平面示意图

图8-25 管道剖面示意图

8.6.4 管道病害分析

经过CCTV检测，管道内出现多处破损而且同时出现多处管道脱节，脱节处已经有泥土涌出。其原因可能是管道受到外界荷载作用和化学腐蚀作用。周围的泥土是比较松散的流沙土的情况下，管道周围泥沙随地下水渗入管道内部；由于管道接口处的泥土减少，阻止管道变形的支撑力减弱，出现管体位移，地下水和泥沙的流入加剧，路面开始出现沉降；伴随着管体周围泥土的流失，周围出现较大空洞，管体位移加剧。此时路面会出现坍塌现象。

这种管道病害需要及时采取必要的修复措施，以阻止地下水的渗漏，从而达到阻止管道体系损坏进一步恶化的目的。

8.6.5 光固化非开挖修复方案

1）对管道进行预处理

（1）堵水调水。

（2）管内大量淤积物硬化结板，采用高压清洗和拉牛筒相结合的方法进行清理、疏通；对特别顽固的管壁硬块，用机器人安装气动锤进行清理。

（3）支管部分侵入造成靠井口处管道上方严重破裂，切除破裂突出的管壁材料，在靠井口处先做点位修复，然后在井口处修复完整管壁。

（4）管道内还有多处存在管道破裂情况，产生渗漏。利用管道铣刀机器人对残破管壁进行切割，之后适当进行点位修复。

2）光固化（紫外线）全内衬修复

（1）在检查井 Y13 与 Y14 之间做光固化（紫外线）玻璃纤维全内衬非开挖修复，确保全部解决两检查井之间管段潜在问题。

（2）光固化内衬修复后直接通水投入使用。

8.6.6 内衬管壁厚设计

由于原有管道大部分结构完整，尚能承受外部压力和动荷载等压力，因此按照半结构性修复来进行内衬管壁厚的设计。根据内衬管壁厚计算公式，计算参数选取见表 8-22。计算得出紫外光固化玻璃纤维增强内衬的壁厚应为 3.0mm，最终确定内衬管壁厚为 5mm。

壁厚计算参数 表 8-22

修复类型	参数	参数取值	计算壁厚（mm）	设计壁厚（mm）
半结构性修复参数	管顶地下水位高度 H_w（m）	0.7	3.0	5.0
	管顶覆土厚度 H（m）	1.2		
	原有管道椭圆度 q（%）	2		
	内衬管外径 D_o（mm）	600		
	内衬管泊松比 μ	0.3		
	内衬管长期模量 E_L（MPa）	8800（初始 12000）[①]		
	内衬管长期弯曲强度 σ_L（MPa）	200（初始 250）[①]		
	原有管道支撑系数 K	7		
	安全系数 N	2		

注：①该内衬材料性能由试验所得。

8.6.7 过流能力评估

过流能力根据《城镇排水管道非开挖修复更新工程技术规程》（CJJ/T 210—2014）的规定进行评估，原有管道内径为 600mm，修复后内径为 590mm，根据标准，原有管道为 PE 波纹管，粗糙系数取 0.009，修复后管道的粗糙系数取 0.009，经计算修复后的过流能力理论上为原管道的 95.6%。实际上，修复后的管道过流能力应大于原管道的实际过流能力。

8.6.8 修复后效果

修复后管道内部照片如图 8-26 所示，管道破裂处得到加固，内表面光滑，很好地延长了原有管道的使用寿命。

图 8-26　修复后管道内部照片

本章参考文献

[1] 马保松.非开挖工程学[M]. 北京：人民交通出版社, 2008.

[2] Iseley D T, Najafi M. Trenchless pipelining renewal[M]. Arlington: The National Utility Contractors Association, 1995.

[3] Najafi M, Gokhale S, Calderón D R, et al. Trenchless technology: pipeline and utility design, construction and renewal[M]. McGraw-Hill Education, 2021.

[4] Najafi M. Trenchless pipeline renewal: state-of-the-art review[M]. Ruston:Louisiana Tech University, 1994.

[5] Guice L K, Straughan, Norris C R , et al. Long-term structural behavior of pipeline renewal system[M]. Ruston: Louisiana Tech University, 1994.

[6] Lee L S, Baumert M. Long-term performance of FRP rehabilitated piping components[C]//North American Society for Trenchless Technology 2008 No-Dig Conference & Exhibition. Dallas, 2008.

[7] Zhao W, Grant L. Liner long-term performance life prediction using critical buckling strain[C]//North American Society for Trenchless Technology 2008 No-Dig Conference & Exhibition. Dallas, 2008.

[8] Doherty I J, Eng P. CIPP liner thickness changes under F1216-07b[C]//North American Society for Trenchless Technology 2008 No-Dig Conference & Exhibition. Dallas, 2008.

[9] ASTM. Standard practice for rehabilitation of existing pipelines and conduits by the inversion and curing of a resin-impregnated tube:ASTM F 1216[S]. Philadelphia.

[10] ASTM. Standard practice for rehabilitation of existing pipelines and conduits by the in-place installation of cured-in-place thermosetting resin pipe (CIPP):ASTM F 1743[S]. Philadelphia.

[11] ASTM. Standard practice for rehabilitation of existing pipelines and conduits by the pulled in place installation of glass reinforced plastic (GRP) cured-in-place thermosetting resin pipe(CIPP):ASTM F 2019[S]. Philadelphia.

[12] ASTM. Standard guide for underground installation of "fiberglass" (glass-fiber reinforced thermosetting-resin) pipe:ASTM D 3839[S]. Philadelphia.

[13] Moser A P. 地下管道设计[M]. 北京市政工程设计研究总院,译. 北京: 机械工业出版社, 2003.

[14] 中国工程建设标准化协会. 给水排水管道原位固化法修复技术规程: T/CECS 559—2018[S]. 北京: 中国计划出版社, 2018.

[15] Jeyapalan J K. Advances in underground pipeline design[J]. Construction and Management, 2007.

[16] 遆仲森, 马保松, 舒彪, 等. 排水管道原位固化法修复内衬管的施工质量验收研究[J]. 给水排水, 2012(1): 93-96.

[17] 钱吉洪, 陈威任, 王喆. 非开挖CIPP常温固化翻转内衬修复技术在供水管道的应用[J]. 城镇供水, 2021(4): 48-51.

[18] 杨晨光, 马保松, 刘珍. 原位固化法在工业管道修复中的应用[C]//2006非开挖技术会议论文专辑. 2006: 133-136.

[19] 浙江省住房和城乡建设厅. 翻转式原位固化法排水管道修复技术规程: DB33/T 1076—2011[S]. 杭州: 浙江工商大学出版社, 2011.

[20] 中华人民共和国住房和城乡建设部. 城镇燃气管道非开挖修复更新工程技术规程: CJJ/T 147—2010[S]. 北京: 中国建筑工业出版社, 2011.

[21] 遆仲森. 城镇排水管道非开挖修复技术研究[D]. 武汉: 中国地质大学, 2012.

[22] 中华人民共和国住房和城乡建设部. 城镇排水管道非开挖修复更新工程技术规程: CJJ/T 210—2014[S]. 北京: 中国建筑工业出版社, 2014.

[23] 安关峰, 刘添俊, 梁豪, 等. 排水管道非开挖原位固化法修复内衬优化设计[J]. 地质科技情报, 2016, 35(2): 1-4,9.

[24] 廖宝勇. 排水管道UV-CIPP非开挖修复技术研究[D]. 武汉: 中国地质大学, 2018.

[25] 向维刚, 马保松, 赵雅宏. 给排水管道非开挖CIPP修复技术研究综述[J]. 中国给水排水, 2020, 36(20): 1-9.

[26] 吴甜, 刘奇. 紫外光原位固化法非开挖技术在管道修复中的应用[J]. 水利水电技术(中英文), 2021, 52(S2): 143-147.

第 9 章 碎（裂）管法管道更新技术

9.1 碎（裂）管法简介

9.1.1 方法原理

碎（裂）管法是采用碎（裂）管设备从内部破碎或割裂原有管道，将原有管道碎片挤入周围土体形成管孔，并同步拉入新管道的管道更新方法。

碎（裂）管法根据动力源可分为静拉碎（裂）管法和气动碎管法两种工艺。静拉碎（裂）管法是在静力的作用下破碎原有管道或通过切割刀具切开原有管道，再用膨胀头将其扩大；气动碎管法是靠气动冲击锤产生的冲击力作用破碎原有管道。新管的铺设方法有以下三种：

（1）拉入长管：一般为 PVC、HDPE 管。

（2）拉入短管：一般为 PVC、PE 管。

（3）顶入短管：一般为陶土管、玻璃钢管、石棉水泥管或者加筋混凝土管。目前常用的是拉入连续的 HDPE 管道。

迄今为止，气动碎管法是上述碎（裂）管法中使用得最多的一种，广泛应用于世界范围内的各种大型的碎（裂）管法施工项目中。

静拉碎（裂）管技术原理如图 9-1 所示。施工过程中应根据管材材质选择不同的碎（裂）管设备。图 9-2 为一种适用于柔性破坏的管道或钢筋加强的混凝土管道的碎（裂）管工具，由一个裂管刀具和胀管头组成，该类管道具有较高的抗拉强度或中等伸长率，很难破碎成碎片，得不到新管道所需的空间，因此需用裂管刀具沿轴向切开原有管道，之后用胀管头撑开原有管道形成新管道进入的空间。原有管道切开后一般向上张开，包裹在新管道外对新管道起到保护作用。

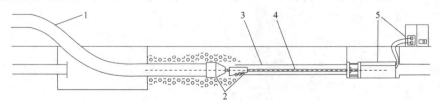

图 9-1 静拉碎（裂）管法示意图

1-内衬管；2-静压碎（裂）管工具；3-原有管道；4-拉杆；5-液压碎（裂）管设备

图 9-2 静拉碎（裂）管工具

1-裂管刀具；2-胀管头；3-管道连接装置

图9-3为气动碎管法示意图，采用的碎管工具是一个锥形胀管头，并由压缩空气驱动气动锤以180~580次/min的频率进行冲击作用。气动锤对碎管工具的每一次敲击都将对管道产生一些小范围的破碎，因此持续冲击将破碎整个原有管道。气动碎管法一般适用于脆性管道，主要是排水管道中的混凝土管道和铸铁管道。

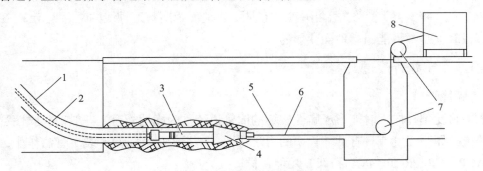

图9-3 气动碎管法示意图
1-内衬管；2-供气管；3-气动锤；4-膨胀头；5-原有管道；6-钢丝绳；7-滑轮；8-液压牵引设备

气动碎管法施工过程中由于气动锤的敲击，会对周围地层造成震动，应防止对周围管道或建（构）筑物造成影响。

管道拉入过程中通常要采用注浆润滑措施，其目的是降低新管道与土层之间的摩擦力。应参考地层条件和原有管道周围的环境，来确定润滑泥浆的混合成分、掺加比例以及混合步骤。一般地，膨润土润滑剂用于粗粒土层（砂层和砾石层），膨润土和聚合物的混合润滑剂可用于细粒土层和黏土层。

拉入过程中应时刻监测拉力的变化情况，为了保障施工过程中的安全，当拉力突然陡增时，应立即停止施工，查明原因后方可继续施工。

根据美国路易斯安那理工大学非开挖研究中心TTC编写的《碎（裂）管法技术指南》中的要求，新管道拉入后的收缩和应力恢复时间应不小于4h。应力恢复后，在进管工作坑及出管工作坑中应对新管道与土体之间的环状间隙进行密封处理以形成光滑、防水的接头，密封长度不应小于200mm，从而确保新管道与检查井壁恰当连接。

9.1.2 碎（裂）管法适用范围

碎（裂）管法最早是20世纪70年代在英国发展起来的，该方法起初主要用于更换小直径（75mm和100mm）的铸铁天然气主管道，后来陆续用于自来水和重力管道的更换。到1985年，该方法进一步发展，能更换外径达400mm的MDPE污水管。美国使用该法进行管道更换的工程量以每年20%的速度增长，其中大部分用于更换污水管道。

碎（裂）管法能用于较宽的管道直径范围和各种地层条件。根据美国非开挖中心制定的《碎（裂）管法技术指南》中的规定：典型的管道直径范围是50~1000mm，理论上碎（裂）管法更换管道的直径没有限制，但受成本和地面沉降或震动的影响，目前碎（裂）管法更换管道的最大直径为1200mm。碎（裂）管法一般用于等直径管道更换或增大直径管道更换。更换管道直径大于原有管道直径30%的施工是比较常见的。扩大原有管道直径

3倍的管道更换施工已经成功进行，但需要更大的回拖力，施工过程中还可能出现较大的地表隆起。

气动碎管法可能会损坏邻近的管道或引起地表的隆起，因此当邻近管线的距离小于 0.8m 或埋深小于 0.8m 时，建议勿使用该方法，如要采用该方法，应采取相应的保护措施。TTC 制定的《碎（裂）管法技术指南》中说明，当地面距离管道轴线的距离大于 2～3 倍的管道直径时，是不可能引起地面变形的。

9.1.3 可更新管道类型

1）脆性管道

本书将受到径向力时能形成脆性破坏的旧管道统称为脆性管道。一般地，脆性管道具有低的抗拉屈服强度或具有低伸长率的力学特性。该类管材利于碎（裂）管法作业，主要包括 ACP、CP、RCP、PCP 和 ICP 几种管材。

（1）石棉水泥管

石棉水泥管（Asbestos Cement Pipe，ACP）早期广泛应用于自来水管道系统，较少用于污水管道系统，但 20 世纪 90 年代以来在美国遭到禁用。然而，目前 ACP 在世界很多国家和地区仍得到广泛应用。作为刚性管材，管道的等级和相对应的壁厚由承受内压力和外荷载能力两个指标决定。虽然 ACP 管道特性较适于进行爆管管道更换，但业主和设计师必须调查地方性法规是否允许破碎的管道碎片遗留在作业现场。一些法规认为石棉水泥管碎片具有潜在的危害性，不被允许留在地下或新管道周围。

（2）混凝土管

混凝土管（Concrete Pipe，CP）作为刚性管道可将地面荷载传递至管道下的土层，多种混凝土管能用于压力管道系统和重力管道系统，包括 CP、RCP（C76）、PCCP、RCCP 和 PCP 等。

混凝土管道具有较高的抗压强度，但是其抗拉强度却很低（即抗拉强度约是抗压强度的 10%）。因此，标准的 CP 非常适于采用碎（裂）管法进行更换作业，在碎管头向管壁施加张应力时，极易将管道破碎。然而，RCP 和其他压力型管道结合钢筋笼或圆钢管能提高管道受力状况，破碎这些管道需要显著加大张应力。此类加筋管道给碎裂管技术的应用制造了麻烦。

PCP 于 1997 年引入美国，聚合物混凝土管使用了热聚性树脂技术。这种管道的力学性能远超过普通水泥混凝土管道的性能。然而，类似于非加筋混凝土管，PCP 具有较低的抗拉强度和有限的伸长率，适于使用碎（裂）法管道更换系统。

（3）灰铸铁管

灰铸铁管道（Gray Cast Iron Pipe，CIP）目前较少用于压力管道系统。CIP 是目前 DIP 的前身，只能作为刚性管道。CIP 具有较低的挠曲性能，适于进行碎（裂）管法更换，将管道破坏成碎片，一般不会对新拖入的塑料管产生破坏作用。

（4）陶土管

陶土管（Vitrified Clay Pipe，VCP）是目前惰性最好的管材（即比其他管道更耐酸性腐蚀）。因其具有较高的抗压强度和较低的抗拉强度，故属于刚性管道。VCP加工过程不允许设置加筋，非常适于进行碎（裂）法管道更换作业。图9-4为碎（裂）管法更新陶土管施工示意图。

图9-4 碎（裂）管法更换陶土管施工示意图

2）柔性管道

柔性管道有很高的抗拉强度和中等的伸长率，或者抗拉强度较低但伸长率大，很难进行充分破碎，故得不到拖拉新管道所需要的空间。因此，适用于这类管材的更换工艺一般分两个步骤：第一步，沿轴向劈裂管道。需要配备的劈裂工具可以是沿切削头径向排列的一系列硬质盘状切削刃具、液动切削刀片或硬质合金切削具。第二步，拖拉或顶推锥形膨胀头排挤管片进入周围土层，得到拖拉新管的空间，膨胀头可与劈裂工具组合在一起，也可安装于劈裂工具之后。

更换DIP或钢管，需要很大的径向力来劈裂管道和排挤管片。一般地，更换此类管道大多采用静拉法或抽管法。

（1）金属管

用于污水管系统的旧金属管大多是DIP，有些系统使用的是钢管，两种管道的内壁均很光滑且呈波纹状。两种材料的力学性能几乎相同，最低抗张强度约为413.79MPa（60000psi），最小伸长率为10%，金属管较难进行爆管更换。此外，先进行径向劈裂，再进行膨胀挤压，管片边缘可能很锋利。当进行扩径时，该情况可能会降低塑料管的长期使用性能，因为铺设新管时，新管外壁会出现擦痕和划槽现象。这些外部的破坏对塑料压力管道的影响大于塑料重力管道。为了降低此类现象发生的可能性，爆管作业应限制与等直径管道更换或只增加一个名义尺寸的管道更换。

同样地，当所更换的旧管处于金属管易腐蚀环境中时，新管的防腐涂层可能遭到破坏，如出现擦痕和划槽现象。目前，适于金属爆管的涂层保护方法已经出现。这些方法要求将管道焊接或使用橡胶垫圈接头，利用接头的连接形式提供连续性电流，通过监控电流的连续性，监测管道腐蚀的发展。在管道使用期间的任何时间，可通过管—土效应的改变，来延长阴极保护的时间。

（2）塑料管

塑料管包括玻璃钢管、HDPE管和PVC管。玻璃钢管与金属管的抗张拉强度具有相同的数量级。因此，这些管道在膨胀排挤之前要进行劈裂作业。然而，随机定向的玻璃钢管及加筋塑料胶泥管道，可进行膨胀爆管。由于HDPE管和PVC管是高延展性材料，在更换之前需要先将其劈裂。图9-5、图9-6分别为碎（裂）管法更换PVC、HDPE管道示意图。

图 9-5 碎（裂）管法铺设 PVC 管示意图

图 9-6 碎（裂）管法铺设 HDPE 管示意图

3）无相关技术或受限管道

就目前技术而言，预应力混凝土管（有钢管和无钢管）和钢筋缠绕混凝土圆管从经济角度讲不适于进行碎裂管作业。过去，这两种管道的最小直径是 406.4mm（16in）和 304.8mm（12in），其基本结构是混凝土加上缠绕的高强度预应力金属线或少量钢筋。这种组合结构很难采用碎（裂）管法进行更换作业。

9.1.4 碎（裂）管法的优缺点

碎（裂）管法相比开挖法具有施工速度快、效率高、价格优势、对环境更加有利、对地面干扰少等优势。

与其他管道修复方法相比，碎（裂）管法的最大优势在于它是唯一能够采用大于原有管道直径的管道更换原有管道，从而增加管道的过流能力的施工方法。研究表明，碎（裂）管法非常适合更换管壁腐蚀超过壁厚 80%（外部）和 60%（内部）的管道。

碎（裂）管法的局限包括如下方面：

（1）需要开挖地面进行支管连接。

（2）需对局部塌陷进行开挖施工以穿插牵拉绳索或拉杆。

（3）需对进行过点状修复的位置进行处理。

（4）对于严重错位的原有管道，新管道也将产生严重错位现象。

（5）需要开挖起始工作坑和接收工作坑。

9.2 碎（裂）管法内衬管材性能

根据碎（裂）管法的目的和工艺，新管材料应能满足或超越旧管道参数的要求，此类参数包括内部运行状况和外部条件，以及对施工荷载的承受能力等。在保证新管道系统为终端用户提供长期使用性能方面，确定这些参数是最基本的要求。对于不同的应用，这些参数和条件可能不同，应以实际情况分别进行考虑。下面来讨论不同管材在应用碎（裂）管方法的适用性和限制条件。

9.2.1 混凝土管

混凝土管种类很多，常用的三种管道为素混凝土管（Non-Reinforced Concrete Pipe-CP）、加筋混凝土管（Reinforced Concrete Pipe-RCP）和聚合物混凝土管（Polymer Concrete Pipe-PCP）。在采用合适作业方法的情况下，该三类管道都能够应用于碎（裂）管施工。

1）素混凝土管和加筋混凝土管

混凝土管直径为100～900mm，长度一般为2m，只用于重力管道系统。RCP最小直径为100mm，直径大的超过5000mm，应用范围广泛。CP和RCP均适用于市政污水管系统，应用于强酸环境条件时，会造成混凝土表面降解老化，应使用防腐保护衬里。

混凝土管接头一般是用承插对接，常采用O形橡胶圈或沥青砂胶填充剂进行密封。当使用钢套环连接时，为了减少漏失，应将钢质钟形件或套环与钢筋焊接在一块，也可使用外加钢护筒连接方式。

相对于其他管材，混凝土管重量较大，抗压强度较高。结合这些特性，当使用承插接头时，限制了一些碎（裂）管更换管道技术的应用，建议使用顶推工艺，依靠施加在管节上的推力来维持连接密封性。表9-1列举了使用碎（裂）管管道更换工艺的优势和缺陷。

使用碎（裂）管管道更换工艺时混凝土管的优势和缺陷   表9-1

优势	缺陷
（1）使用历史悠久； （2）厚壁能承受较大顶推力； （3）管节式铺设方法不需要太大的施工区域	（1）对因不当的顶推作业产生的不均匀点荷载较敏感； （2）无衬里时抗硫化氢腐蚀能力较低； （3）源于管端的裂缝会进一步发展，甚至能破坏管道结构整体性

2）聚合物混凝土管

聚合物混凝土管直径为200～2500mm，只用于重力管道系统，类似于标准的素混凝土管。然而，PCP含有抗腐蚀聚合物，能用于pH值为1～10的环境，因而能用于污水管道系统。此外，聚合物黏合材料结合骨料能使其最小抗压强度达到89.63MPa（13000psi），比其他普通混凝土管高出很多。

PCP的接头设计要求能通过管壁传递压力，因此，在使用碎（裂）管管道更换工艺时，应使用顶推法推进管道，但要使用均压环将推力均布在接头断面上。使用静拉碎（裂）管工艺时，也要使用直接顶推形式推进管道。表9-2列出了PCP碎（裂）管管道更换工艺的优势和缺陷。

PCP碎（裂）管道更换工艺的优势和缺陷   表9-2

优势	缺陷
（1）能抵抗内外部腐蚀； （2）具有很好的抗磨损性能； （3）抗压强度高，能承受很大的压力（顶推力）； （4）管节式铺设方法不需要太大的施工区域； （5）比其他混凝土管具有更好的过流性能	（1）以往使用不多； （2）对因不当的顶推作业产生的不均匀点荷载较敏感

9.2.2 陶土管

陶土管是化学惰性最好的管道，多见于家用和工业污水管道系统，直径范围为100~1200mm。因其管壁较厚，适于采用顶推法推进管道。接头设计一般为水封型，允许漏失。管材抵抗内外部腐蚀能力好，加上能承受较大的顶推力，可广泛应用非开挖技术进行管道铺设、更换。

VCP顶进管道使用不锈钢套筒、卡扣和弹性密封垫圈进行管道连接。当与邻近管道连接时，套筒或卡扣低于管道表面。表9-3列出了陶土管应用碎（裂）管管道更换工艺时的优势和缺陷。

陶土管应用碎（裂）管管道更换工艺时的优势和缺陷　　　表9-3

优势	缺陷
（1）使用历史悠久； （2）能抵抗内外部腐蚀； （3）具有很好的抗磨损性能； （4）抗压强度高，能承受很大的压力（顶推力）； （5）管节式铺设方法不需要太大的施工区域； （6）低的热胀冷缩性，不用考虑管道长度的变化； （7）当管道出现磨损或擦痕时，仍能抵抗腐蚀； （8）可输送高温流体	（1）对因不当的顶推作业产生的不均匀点荷载较敏感； （2）因管节短需要很多接头； （3）源于管端的裂缝会进一步发展，甚至能破坏管道结构整体性

9.2.3 金属管

金属管包括铸铁管和钢管，它们有接近的力学特性［（如最小屈服强度达289.58MPa（42000psi）］，可使用相同的技术进行设计和施工，故能充分发挥弹性而无力学性能的降低。

9.2.4 球墨铸铁管

制造球墨铸铁管和灰铸铁管采用相同的加工工艺，旧CIP和DIP的不同主要体现在管道设计基础不同。因CIP的伸长率相对较低，可作为刚性管道（设计时应考虑其在外力条件下的弯曲状况）。在20世纪40年代后期，研究人员发现，当有镁存在时，在CIP内发现薄片状石墨变为球状或瘤状石墨，这使铸铁具有很好的延展性和韧性。因延展性增加，DIP可作为柔性管道使用，但要考虑土层侧向填充材料对其的支撑。DIP直径范围为100~1600mm，可用于重力管道系统和压力管道系统。

DIP的管道接头有四种结构，适于进行碎（裂）管管道更换作业。第一种用于重力管道系统的接头，包括舌片、凹槽和O形垫圈；第二种用于压力管道系统的接头，能承受1.72MPa（250psi）的压力，使用独立的内卡扣连接，采用一对O形垫圈进行密封。两种接头都是特殊的机制厚壁管，适用于直径为100~400mm的管道。第三种连接形式采用便利的钟形连接，适用于直径为100~1600mm的管道，可承受2.41MPa（350psi）的内压。第四种连接形式则是柔性连接，适用于直径为100~1300mm的管道，使用约束隐藏式管片，可形成光滑的内表面。对于这种柔性约束接头，要使用定向栓将新管拖入孔内。四种连接方式的管道长度一般为6m，特殊情况下可以根据场地条件制造符合要求的更短的管节。

三种无约束连接需要采用直接顶推法推进管道穿越膨胀头挤压形成的孔内，以成功使用碎

（裂）管系统对旧DIP管线进行更换。使用直接顶推法时，顶推力作用在新管的尾部，将碎（裂）管头装在第一节管段的前面。静拉/推进系统存在两种变化，第一种是在碎（裂）管头上直接施加拉力，使用在新管内预安装的钻杆传递碎（裂）管头上的拉力到无约束接头的尾部。另一种将碎（裂）管头越过钻杆或在钻杆上可以移动，当拖拉钻杆持续在新管后部施加推力时，第一节新管之前移动的碎（裂）管头依赖挤推作用进入旧管孔。DIP碎（裂）管管道更换工艺使用的是成节管段，也因此称为管节式铺设，在拥挤城市闹市区是非常理想的施工工艺。

不管使用开挖法或是非开挖法铺设管道，都要进行场地环境、土层的调查，确定对管道有无磨损作用，因为磨损作用可能破坏管道的防腐涂层。DIP防腐标准比较宽松，采用聚乙烯涂层即可。虽然这种保护方法在开挖法施工中能成功起到防护作用，但在碎（裂）管工艺中可能不符合实际情况。因此，应调查腐蚀控制措施的实际防护作用。表9-4列出了使用碎（裂）管法更换DIP管道的优势和缺陷。

使用碎（裂）管法更换DIP的优势和缺陷　　表9-4

优势	缺陷
（1）使用历史悠久； （2）得到许多公共设施和管道铺设承包商的认可； （3）能增强水力学性能，实际ID大于公称直径； （4）强度很好的材料，能承受高的操作荷载，包括内压力、外荷载、承压荷载、冲击荷载、弯曲荷载； （5）能用于重力管道系统、压力管道系统、真空管道系统和受外压管道系统； （6）直径和压力等级范围广泛； （7）在污染土层中管道渗透性低，能使用抗渗橡胶垫圈； （8）管节式铺设方法不需要太大的施工区域	（1）高研磨性土层中，无防护管道会受到腐蚀作用； （2）DIP的水泥胶泥涂层在磨损性土层中受到限制，因此要求使用陶瓷环氧材料

9.2.5 钢管

钢管最小直径为100mm，易受到来自内部和外部的腐蚀，但可采用多种防护措施，包括衬层和涂层技术，如水泥胶泥、油漆、聚乙烯、胶带、煤焦油漆和环氧树脂等。此外，阴极保护也可作为辅助防护措施，但在实践中，很少应用到碎（裂）管管道更换工艺中。

9.2.6 塑料管

本节主要讨论高密度聚乙烯管（High-Density Polyethylene Pipe，简写HDPE）和聚氯乙烯管（Polyvinyl Chloride Pipe，简写PVC）。

1）高密度聚乙烯管

乙烯管是一种热塑性塑料材料，由乙烯气体聚合而成。热塑性塑料经加热、熔化，可冷却重塑成固体，使用模型连续挤压成型。PE管的最大直径可达1600mm。能进行碎（裂）管更换的PE管多为高密度管，即高密度聚乙烯管（HDPE）。

HDPE管能匹配铸铁管直径或延性铸铁管直径。分类标准是尺寸比，尺寸比即外径与最小壁厚的比值。DR19和DR17常用于重力管道系统，能使用碎（裂）管管道更换工艺进行旧管道更换。管道承受内压力较高时，要使用DR值低的管道。在有些情况下，要求壁厚可能大于其他类型的管道。然而，对于相同的公称直径，因HDPE管内表面比较光滑，并不会降低管道的流量特性。

HDPE 管抵抗外压力依靠其本身刚性和管道周围土层的支持。此外，碎（裂）管期间管道铺设时所受荷载类似于处于隧道中的受力情况，会在厚砂层和黏土层中形成明显的土拱效应。对应的土压力可用 Terzaghi 土拱系数估算，管道所受的有效土压力小于土体压力，尤其是埋深与管径之比增加时，表现得更为明显。

（1）HDPE 管碎（裂）管工艺

英国天然气公司于 20 世纪 80 年代早期开发了碎（裂）管工艺，劈裂低压 CI 管道并插入高压 HDPE 管。之后，该工艺用于市政自来水管道和重力污水管道碎（裂）管更换，使用的新管道是 HDPE 管。英国天然气公司使用碎（裂）管技术更换了大约 14484.1km（9000mi）的 HDPE 管。碎（裂）管更换 HDPE 管可使用多种碎（裂）管系统，包括气动碎（裂）管系统、静拉碎（裂）管系统、液动碎（裂）管系统和劈管系统等。现有的设备能铺设的管道直径可达到 1400mm。为了重力流管道检测便利，可使用灰色的 HDPE 管，带有白衬里的黑色 HDPE 管也可以使用，但成本较高。

管道插入时，要进行管道的熔接，达到需求的长度时摆放于地面上或水平缠绕在滚轮上，管道与碎裂管头机械连接在一起。一般需要开挖一个小的坑槽，利用其本身的柔性将管道弯曲插入孔内。HDPE 管冷弯弯曲半径是外径的 25～30 倍（如 DR17 管道冷弯半径是其外径的 27 倍）。因其相对小的弯曲半径，准备和组装作业区域可布置在旧管道附近。图 9-7 为碎（裂）管法铺设 HDPE 管作业现场。

图 9-7　碎（裂）管法铺设 HDPE 管作业现场

铺设管道期间，拉力不能超过 HDPE 管的允许拉力。允许拉力可参考 ASTM F 1804 或从管道制造商处取得，其大小与承载条件和温度有关。

当管道最前端到达出口坑时，应进行管道表面破损检查。表面刮痕或缺损应小于使用压力要求壁厚的 10%。铺设期间温度的升高，会降低管材的弹性模量，造成管道长度的临时改变，即温度每增加或降低 5.56℃（10°F），长度为 30.48m（100ft）的管道会对应增加或减少 25.4mm（1in）。因 HDPE 管的热膨胀模量只是钢管的千分之一，一般都能承受产生的约束力。虽然如此，应允许管道在最终连接在一起之前松弛 12～24h，此举能让管道恢复因拖拉管道产生的轴向长度。

关于碎（裂）管法的常见误解是 CIP 或 VCP 的碎管片可能破坏 HDPE 管，英国天然气公司进行过一个 10 年的观测研究，针对碎（裂）管旧 CIP，铺设一个带有薄壁套子的 HDPE 试验管，而其管段无保护措施。经调查发现试验管没有被破坏，认为没必要进行奢侈的机械保护。这表明形成的土槽、CIP 和 VCP 碎片不会破坏新管道。然而，DIP 管道碎片可能破坏新管道，这种情况常发生于扩径作业，而对等直径管道更换则不是大问题。

（2）接头和变节

HDPE 管和配件可进行热熔连接，其强度基本上与原来相同。在热熔连接期间，要准备进行布纹面操作，加热管道直至熔化，然后连接在一起，在压力条件下冷却，形成一个无伤痕完整的管道系统（图9-8）。所有加热操作都需要合适的表面准备和定线设备以及合适的形状且能控制温度的铁制工具，不能黏附管道表面。完成加热应在 PPI 确定的和管道制造商提供的压力和温度限定条件下进行，要求连接后的管道具有与原管道一样的拉力强度，不能出现拖拉阻碍。大多数 PE 管熔接在地表进行，得到合适长度之后再拖进孔内。然而，当管道直径达到 900mm 时，可将热熔设备放在沟槽内进行最终连接或与旧管道连接。

图 9-8　管道熔接操作现场

另外一种连接形式为电套管连接，通过加热套管内部的电线熔化管道连接表面。这种连接方式在进行开挖施工时非常便利，在场地狭窄的地方具有无须热熔设备的优势。

在特殊情况下可采用机械接头或变径接头。法兰接头可与 150-lb 钻进法兰相匹配，机械连接接头能连接标准的 DIP 钟形接头。这两种连接形式均能有效密封和提供约束力。进行管道维护时，要用到机械卡扣、接口座和修复夹箍等。

当从 HDPE 管变节到无约束垫圈连接管（如 PVC 或 DIP）时，需要止推约束。在增压条件下，HDPE 管长度会收缩，拉出 PVC 或 DIP 接头，造成严重漏失。在变节处进行推力锚固或使用机械约束能防止发生此类事故。

HDPE 是最常见的能应用碎（裂）管道更换工艺的管材，表 9-5 列出了应用碎（裂）管法进行 HDPE 管更换的优势和缺陷。

应用碎（裂）管法进行 HDPE 管更换的优势和缺陷　　　　表 9-5

优势	缺陷
（1）使用历史悠久； （2）热熔连接可形成无接头焊接管道； （3）能抵抗多种化学材料的腐蚀； （4）不会产生电化学腐蚀； （5）不易受到微生物腐蚀的侵害； （6）光滑的内表面增强了流动性能，不易产生污垢沉积； （7）冻结水不会胀裂管道； （8）耐磨性好； （9）柔性好，弯曲半径小，不需大的作业坑； （10）高的抗冲击能力； （11）低压力冲击和耐疲劳性能好	（1）最大作业温度为 60℃（140℉）； （2）比其他热塑性管材的水力设计基础差，高压力下需要很大的壁厚； （3）热熔连接需要专门的设备； （4）渗透碳氢化合物； （5）埋设后很难探测定位

应用碎（裂）管法铺设HDPE管道时，应包括前期阶段（设计）、施工阶段和竣工验收阶段。

①前期阶段（设计）一般包括如下内容：

a. 依据相关标准（如美国的ASTM或AWWA）确定新管道类型。

b. 依据实际流量选择管径。

c. 基于外荷载、拉力和经验选择管道壁厚（或DR值）。

d. 向施工方提供管道允许拉力荷载。

②施工阶段一般包括如下内容：

a. 确定管道准备和连接的作业区域。

b. 检测热熔接头。

c. 限定管道弯曲半径处于推荐的范围内。

d. 铺设管道［碎（裂）管更换］。

e. 监控作业过程。

③竣工验收阶段包括：

a. 检查管道端部的刮痕和刻槽。

b. 管道连接前松弛允许时间。

c. 监控管道漏失测试。

d. 标明与其他管道或结构相连接的接头。

e. 标明完成支管连接的HDPE管固定或机械固定。

2）聚氯乙烯管（PVC）

PVC是一种热塑性管道，由树脂制造，其基本成分来源于天然气或石油、海水和空气。来自天然气或石油的乙烯气体结合来自海水的氯气形成乙烯基氯气，经聚合形成PVC。树脂本身不能挤压成刚性管道，除非掺入或混合其他成分。这些掺和成分包括润滑剂、紫外线抑制剂、加工助剂、着色剂和填充材料等。

PVC管直径范围为12~1200mm，具有各种尺寸比（DRs）。最通用管道公称外径能匹配DIP直径，PVC管也有为污水管、铸铁管和制定管道应用相匹配的特制外径管道。

PVC管本身能抵抗很多化学物质的腐蚀，然而，所有的热塑性塑料暴露于高密度芳烃化合物中时，均会出现化学腐蚀。

PVC抗拉强度为48.3MPa（7000psi），比HDPE管强度高，因此可使用薄壁和小直径管道。应用碎裂管法时，PVC管的熔接接头能适用于相应的碎裂管作业。这种平直无垫圈接头可提供很高的过流能力。熔接接头具有原管材同样的抗拉强度，利于管道的回拖。

PVC管的热膨胀系数为5.4×10^{-5}（1/℃），即当温度增加或降低10℃，30m长的管道会对应增加或减少7.6mm（低于HDPE管的1/3），因此在管道铺设期间不存在任何问题。特别地，当使用非开挖方法铺设PVC管时，有足够的回拖时间让管道与周围土层达到热平衡状态。

在管道被拖入孔内之前，应检查PVC管的每个接头和管道有无刮痕、刻槽或缺损。若管道壁厚缺失 10%，则不能拖进孔内。此外，当管道的引导端到达出口坑，应检查表面破损，刮痕和缺损不能超过壁厚的 10%。

（1）接头和变径

PVC 管有几种连接方式，包括常规使用橡胶垫圈的承插式接头、带有约束键的卡扣栓式连接和熔接方式。此外，还有第四种连接方式，即采用整体约束承插垫圈接头进行管道的连接。

常规 PVC 承插式连接允许水平布线、垂直布线或两者均发生变化。当两者均改变时，需打开橡胶垫圈接头，调整管道轴线形成稍微弯曲。熔接接头不会变形，因此当水平或垂向布线改变时，要将管道弯曲。PVC 熔接接头推荐弯曲量等对应的最小弯曲半径等于管道外径的 250 倍。

假定遇到上述两种情况，可将两段长 PVC 管熔接在一起，且 PVC 管的整体力学性能可进行非开挖作业。首先，将管道摆放成合适的形态，能形成用原管一样强度的接头；第二步就是使用专门处理技术进行管道的熔接。

对接热熔操作使用工业标准设备，经适当的改进用于 PVC 管的连接。其准备、加热和熔化的温度和压力条件不同于其他热塑性塑料。

使用标准的 PVC 约束材料，可将熔接式 PVC 管与旧管道进行机械连接。不像 HDPE 管，更具有灵活性，不需要不锈钢管插入接头内或其他压力式连接。支管连接可使用标准的 PVC 水龙头。

（2）管道受力情况

采用约束型和熔接式 PVC 接头时，有必要评估管道所受的拉力和弯曲荷载。一般地，管道制造商和供应商能提供有关拉力和弯曲力学性能方面的数据。特别地，安全拉力的测定要在熔接接头拉力试验结束后进行。PVC 熔接接头强度应与管道的强度一致。根据 ASTM D 638 的温度要求，SPF 的测定温度应为 22.78℃（73℉），因此应关注铺设过程中管道温度的升高。所有热塑性塑料的力学性能均与温度有关，温度增加，强度降低。

当外界荷载很大时，PVC 承载能力较好，可应用于非压力管道（包括重力流）。当用于重力管道系统时，PVC 具有较好的刚度优势，可避免因生物洞穴架空管道出现的问题。表 9-6 列出了用 PVC 管进行碎（裂）管更换作业时的优势和缺陷。

应用碎（裂）管法更换 PVC 管的优势和缺陷　　　　表 9-6

优势	缺陷
（1）HDB 值高，能应用薄壁管道，并能得到最大的过流面积； （2）能抵抗多种化学物质的侵蚀，包括高腐蚀性流体； （3）对接热熔接头能形成连续无垫圈的管道； （4）全约束形接头，无须止推装置； （5）耐磨损（内部的和外部的磨损）； （6）内表面低的流阻力增强过流性能； （7）低的膨胀率和收缩率； （8）水龙头接口连接容易； （9）直径较小的管道质量小	（1）比其他热塑性塑料柔软好，弯曲半径较大； （2）对接熔接需要专门的设备和材料； （3）埋设后很难定位； （4）管道铺设后要进行刮痕检查

9.3 碎（裂）管法施工工艺

9.3.1 气动碎（裂）管法

气动碎（裂）管法是利用气动锤的冲击力从旧管的内部将其破碎，并将破碎的管道碎片挤压到周围的土层中，同时将新管或套管从气动锤的后面拉入或顶入，完成管线的更换工作（图9-9）。这种方法是英国于20世纪70年代开发成功的，最初主要用来更换煤气管道，后来相继用于自来水和重力管道的更换。

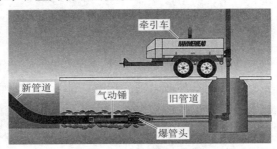

图9-9 气动爆管系统示意图

在气动碎（裂）管法工艺中，爆管头是一个锥形的土体挤压锤，并由压缩空气驱动，频率为180~580次/min。气动锤对爆管头的每一次敲击均将对管道产生一些小的破碎，因此持续冲击将破碎整个旧管道。爆管头的敲击过程中还伴随来自钢索施加的拉力，钢索通过旧的管道连接到爆管头的前端。其作用是使爆管头对旧管道的管壁施加一个压力加速其破碎并且拉入爆管头尾部连接新管道。

爆管过程需要的压缩空气由空气压缩机提供，使用一个软管通过新管道将空气压缩机和爆管头的尾端连接。压缩空气和拉力钢索均各自保持一个恒定的压力和张力。在爆管头到达接收坑的工作过程中，尽量不要中止爆管施工。

（1）气动碎（裂）管法使用的爆管头包括以下几种：

①前置爆管头组合：用于存在人井的施工项目，能降低开挖成本，是在城市拥挤地区进行等直径管道更换或扩径管道更换中最合适且最常用的爆管头［图9-10a）］。

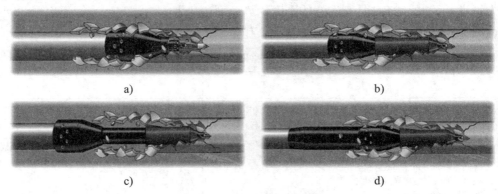

图9-10 几种爆管头组合

②前置爆管头＋管道导向器组合：用于砂质地层，或用于管线出现塌陷的情况，以及

出现树根严重侵入管道的情况。在这些条件下，该组合能减少管道出现犁沟和土楔现象，因而能增加施工管道长度。管道导向器也可用于铸铁管爆管项目［图9-10b）］。

③前置爆管头＋背置牵引器组合：用于多级扩孔项目，该组合能允许爆管工具尺寸大于新管，这对在复杂条件进行施工或进行2～3级扩孔是很重要的［图9-10c）］。

④前置爆管头＋全体扩孔器组合：能产生拖引效应，能有效地转化产生于爆管工具的能量，可用于复杂条件下爆管、长距离爆管或进行较大的扩径爆管项目［图9-10d）］。

（2）新管的铺设方法主要有以下三种：

①拉入长管：拉入前在地面将管道连接成较长的管段，一般为PVC、HDPE管，需要较长的工作坑。

②拉入短管：一般为PVC和PE管。

③顶入短管：一般为陶土管、玻璃钢管、石棉水泥管或者加筋混凝土管。

气动锤的冲击作用可能会损坏邻近的管道或引起地表隆起，因此当邻近的管线距离小于300mm或埋深小于800mm时，建议勿使用该方法。

气动碎（裂）管法的适用范围为：管径为50～1200mm；一次性更换的管线长度最大可达300m；适用于由脆性材料制成的管道（陶土管、混凝土管、铸铁管、PVC管）的更换，新管可以是PE管、聚丙烯管、陶土管和玻璃钢管等。

9.3.2 静拉碎（裂）管法

1）静拉碎管系统

在静拉力爆管系统中，只通过施加在爆管头上的静拉力来破碎旧管道（图9-11）。使用钢索或钻杆穿过旧管道连接在爆管头的前端来施加静拉力。因此作用在爆管头上的静拉力应足够大。锥形的爆管头将水平的静拉力转变为垂直轴向发散的张力来破碎旧管道，为安装新管道提供空间。

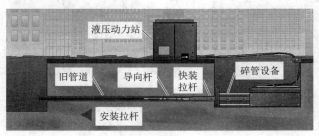

a）安装钻杆

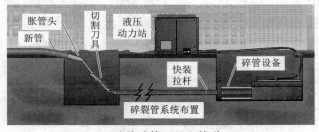

b）连接碎管工具和管道

图 9-11

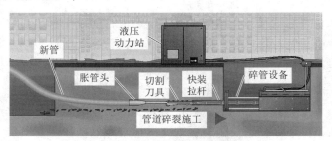

c) 破碎旧管道同步拉入新管道

图 9-11　静拉碎管技术工作过程

若使用钻杆作为拉力施加的介质，则爆管的过程是间断的而不是连续的。在爆管施工之前，通过接收坑将钻杆安装并连接到爆管头前端，新的管道连接到爆管头的末端。每一个爆管回次，接收坑中的液压拉力装置将钻杆拉回一段长度（单个钻杆的长度），之后卸下一节钻杆后继续回拉，直至将所有的钻杆拉回。若使用钢索作为施加拉力的介质，回拖过程可以是连续的。然而，一般的钢索系统不能像钻杆系统那样将巨大的拉力传递给爆管头。

TT 公司设计的 QuickLock®拉杆只需搭扣连接（图 9-12），经过搭接的拉杆线在推进或回拉过程中牢固稳定、方便快捷，可解决上述施工不连续问题，大大提高了施工效率。其具备以下特点：

（1）只需轻松搭扣，拉杆连接便捷而可靠。

（2）连续施工时，操作效率高（不需经常停顿拆装）。

（3）拉杆可直接穿过设备，能够实现回拉更换与下次传引拉杆操作同时进行。

（4）当进行拉杆连接时，不会产生由于固定连接（螺杆连接）而造成的需要后移才能连接的情况。

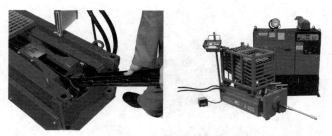

图 9-12　TT 快装杆及牵拉设备

2）液压碎管系统

Topf（1991、1992）和 Tucker 等描述了一种液动爆管系统，按照顺序将爆管头拉到指定位置后，开始侧向张开破碎管道。钢管爆管要配合劈裂轮、滑动刀片和膨胀器单元等使用。直接的、连续的（推或拉）液动系统常使用锥形爆管头和钻杆组合，钻杆能提供拉力或推力（图 9-13）。

图 9-13　液压爆管铺设管道示意图

在液压爆管系统中，爆管过程从始发坑到接收坑依次重复进行，直到整个管线的爆管工作完成。每一个爆管过程，均将破碎和爆管头长度相同的管线段，每个爆管过程包含两个步骤：首先将爆管头推入旧管道中，其次爆管头通过液压张开活动叶片来破碎管道。

爆管头的前端通过一个钢索来施加拉力，钢索从接收坑进入，通过旧管道和爆管头前端连接。爆管头的末端连接新管道，液压的供给管道也是通过新管道连接爆管头。一个爆管头包含4个或更多的连锁活动叶片，叶片的头端和中端通过铰链和爆管头端部连接。轴向装配的液压活塞装置驱动侧向的活动叶片张开和闭合（图9-14）。

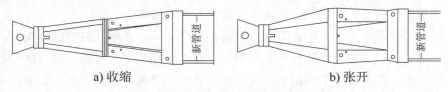

a) 收缩　　　　　　　　　　b) 张开

图9-14　液动爆管头的张合状态

3）Tenbusch 管道插入法

该方法通过顶推新管进入恶化的管道内，该系统利用管段的柱状强度顶进管道，主要由以下5部分（图9-15）组成。

（1）引导器：即一个导向钢管，保证新管道和旧管道同心。

（2）碎裂器：破碎旧管道的装置。

（3）锥形膨胀器：径向挤压管道碎片进入周围土层。

（4）前置千斤顶：一个液压缸，用来提供轴向推力，实现顶进和挤压。

（5）管道适配器：匹配管道与千斤顶之间的连接。

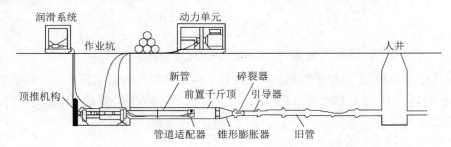

图9-15　Tenbusch 管道施工法

管道适配器上配备一个润滑喷射孔，可喷出润滑剂（聚合物或膨润土浆液）到新管道与周围土层之间的环状间隙内。有了润滑剂，就可能在软、黏土或湿砂层内进行管道更换作业。

复式软管节用来向前传送润滑剂和液压流，在每节管段中均有。每节软管与之前的软管相连，并使用快速卡扣连接到操纵台上。将新管作为支撑体，前置的千斤顶顶推引导组件进入旧管，而在此时并不顶进新管节。新管节的顶进通过工作坑内的千斤顶来完成，当前置千斤顶回收时，主千斤顶提供顶进管节所需要的推力，向前推进管节。在管道更换基本结束时，在接收坑拆卸引导组件，并将管道顶推到位。

4）劈管法

劈管法是一种在轴向破开管道的同时拉入新的等直径或较大直径管道的碎（裂）管法。劈管法一般用来更换非脆性的管道，如钢管和输送气体的韧性管道。该工艺不同于其他的管道更换工艺，在该系统中并不将管道破碎，而是使用一个切割刃将旧管道从底部切开，之后再通过扩孔头将其撑开。切割头的受力由穿过旧管道的钢索或拉力钻杆来施加。切割头由三个部分组成：

（1）可以滚动的切割轮，用来进行初步切割。

（2）切割刃，用来完全切开管道。

（3）圆形的扩孔头，使用偏心装备来撑开切割后的管道。

切开的管道应是光滑的，即在管道外没有加紧的束缚力或是径向的加固圈，因为此举会增加管道拖入的拉力以及产生一些干扰情况。通过扩孔头撑开后的旧管道将有足够的空间来铺设新管道。更换完毕后的旧管道包裹在新管道的外面还可以保护新管道，增加其寿命和承载能力。

5）碎管法（内破碎法）

在碎管法系统中，爆管头由两个部分组成：第一个部分是碎管头，用来破碎旧管道并且让管道碎屑进入管道中的空间；另一个部分是一个钢制圆锥体，用来将碎管头破碎的管道挤压到周围的土层中为拉入管道腾出空间（图9-16）。

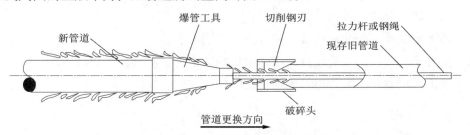

图 9-16　内破碎工艺的施工原理图

碎管头是圆柱形的，比旧管道的半径略大一些。碎管头体内部安装了一些钢制的垂直轴向发散的刀刃用来破碎旧管道。该系统的拉力是通过连接在碎管头上的拉力钻杆施加的，与静拉力碎（裂）管法相同。

9.3.3　非开挖管线清除和更换系统

碎（裂）管技术是先将旧管道破碎或劈裂，再将管道碎片挤入周围土层中。而管道清除系统是先将旧管道破碎，之后将管道碎片清除到地面。

1）回拉扩孔法

回拉扩孔法管道更换工艺由水平回拉扩孔非开挖铺管工艺改进而来，该工艺非常适合管道更换施工，如图9-17所示。首先，将导向钻杆穿过现存的旧管道安装好。其次，将专门设计的回拉扩孔头安装到导向钻杆上，之后开始回拉通过扩孔头来破碎旧管道，同时由扩孔头拉入新管道进行铺设。扩孔头装有切削齿，通过切削齿的切削和碾磨破坏旧管道。管道碎屑和土屑（采用超径管道更换需要扩大铺设孔而清除开挖的土屑）通过循环介质排出到检修孔或是始发坑中，循环介质通过真空车或泥浆泵作用来循环工作。

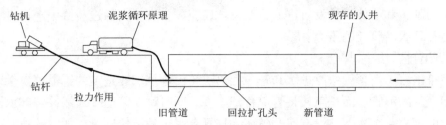

图 9-17　回拉扩孔法管道在线更换工艺

定向钻进承包商对各种扩孔头廉价改装后，均能应用水平定向钻进技术在各种地层条件下进行各种管材管道更换作业。根据 Nowak 扩孔有限公司的专利 InneReam 系统，该系统仅限用于非金属管道更换。然而当周围环境出现膨胀土、岩石或混凝土套筒等情况时，其他管道原位更换技术不能使用时，使用回拉扩孔法能顺利进行管道更换作业。弃用的接头、突出的支管、塌陷的管道、错位或下垂的管道以及变形和突起的管道，均能通过在扩孔头安装加长芯杆进行施工。但在管节塌陷的位置需要开挖，以允许钻杆穿入。

回拉扩孔法不适于进行铸铁管或延性铸铁管的原位更换。然而，若采用合适的扩孔头，则能成功更换加筋混凝土管。使用该方法时，支管应提前断开并进行封堵，以免泥浆流进支管。

2）吃管法

吃管法是微型隧道技术改进应用于管道更换领域的一种方法（图9-18）。该工艺通过特殊设计的盾构系统将管道直接破碎之后通过泥浆循环系统将管道碎屑排出到地表。与此同时，连接在盾构机尾部的新管道在顶进装置的作用下铺设。铺设的新管道可以是吻合旧管道的管线也可以在局部比旧管线偏高。吃管法盾构系统通过始发坑的激光测量系统进行导向和控制，可以破碎工作面前端的所有障碍物，包括旧管道和土层。

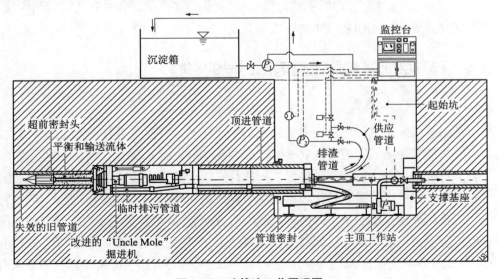

图 9-18　吃管法工艺原理图

吃管法盾构系统由切削头和盾体组成。切割头装有切削齿和滚刀用来破碎管道，切削头的边缘也装有切削具用来保证切削的孔径满足新管道的安装要求。切削头设计为圆锥状，可以通过对旧管道施加一个张力来减少切削具的磨损。切削头和液压驱动系统均安装在盾体之中。切削头和盾体从始发坑进入，始发坑还应配备有一套顶进装置用来提供切削头的前进动力和顶入新管道的压力。

3）管道排出法

管道排出法（由顶管法改进）和管道抽出法（由静拉法改进）的管道更换系统均无须直接破坏现存的旧管道而是直接将管道移到地表，同时将新管道拉入铺设。该工艺只适合于待换的旧管道在结构上还没有完全破坏并且具有一定的抗拉和抗压强度的情况。考虑到摩擦力的因素，一般用于比较短距离的管道更换。

管道排出工艺是使用新管道将旧管道推出（图9-19）。在始发坑中安装顶进设备并将新的更换管道放入。新管道放在和旧管道相反的方向，当新管道被顶入的同时旧管道自然地被推出到接收坑或检修孔中并在这里被破碎。施工中，顶进设备的选择和工作坑的设计均应和需要更换的单根管道的长度一致。

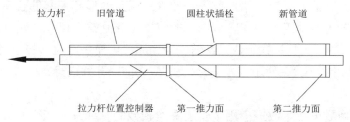

图9-19　管道排出法施工工艺示意图

管道抽出法工艺中，更换的新管道是通过拉入的方式来替换旧管道的。在接收坑中安装一个提供拉力的设备，新管道从始发坑中放入，传递拉力的钢索或钻杆通过旧管道一端连接拉力设备，另一端通过一个特殊设计的连接装置连接到新管道。该连接工具包含一个处于中心的接头、一个拉力盘和一个圆柱状的扩孔头或扩孔塞，该扩孔头可以增大成孔的直径使系统具有等直径或超直径更换管道的功能。

9.4　碎（裂）管法施工对周围环境的影响

9.4.1　土层的扰动变形

碎（裂）管法施工过程中总会产生一定的土层移动，即使是进行等直径的管道更换，也会因爆管头的直径比旧管道略大而导致土层移动（图9-20）。因此应该认识到，并不是只有碎（裂）管法会导致土层的移动变形，即使是采用开挖的方法来更换管道也会因为大量的回填土方而导致土层严重变形。之后的章节将讨论在特殊施工环境下土层的移动情况。

土层的移动出现在土层中土体抵抗力最小的方向上，其位移是关于时间和空间的函数。在爆管施工阶段，土层的偏移达到最大值。在施工完毕后，该偏移会随着时间的增加而消失。土层的这些移动变形一般均是局部的，其消失的快慢与其相对的施工部位的距离有关。

（1）土层的移动变形主要决定于如下因素：

①更换管道的超径程度。

②管道周围土体的类别以及其压实性。

③碎（裂）管法施工的深度。

在没有明显界限的同性质土层中采用碎（裂）管法工艺进行管道更换施工时，若施工深度较小，则土层的偏移方向将直接向上［图9-20a）］。若施工深度较深，则在各个方向的偏移将是均衡的［图9-20b）］。在非常松散的土层中进行小口径的碎（裂）管法管道更换施工时，即使是在0.61m（2ft）的深度，土层的偏移在各个方向上也是均衡的，然而在相当密实的土层中这个深度将导致土层直接向上偏移。

在原有开挖法施工的管沟中，回填土一般会比原状土要松散一些，因此土层的偏移方向将会被管沟的边界所限制［图9-20c）］。但若管道底部的土体较弱，则管道也可能会向下偏移［图9-20d）］。

在施工中，若土层移动在传到地表时不能被减弱，则可能产生地面的隆起或沉降。土层的移动一般倾向于在通过管道轴线的垂直平面上延伸，地面沉降和隆起一般均发生在管道的正上方。此外也存在一些特殊情况。若土层中存在明显不同的两个地层，土层的偏移就会打破垂直方向的均匀而向其中一边偏斜［图9-20e）］。此外，当在松散的土层中使用超径的管道来更换旧管道时，地面的隆起和沉降可能同时发生［图9-20f）］。管道的超径更换会引起管道上方的隆起，施工中产生的振动则会引起管道周围松散土层的密实和沉降。但若施工深度较深，则管道超径所导致的土层移动被管道周围小范围内的土层的密实作用所抵消，在地面上则显示为零沉降。

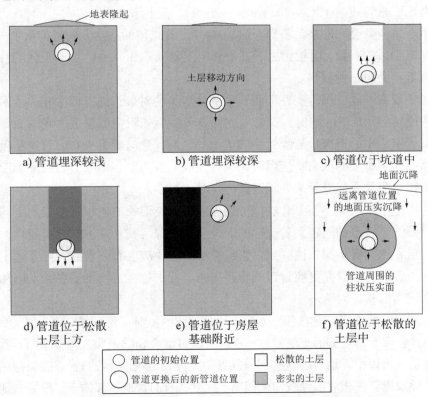

图9-20 施工区域的土层条件对土体移动产生的影响示意图

施工所引起的地表偏移是隆起或沉降一般受到多种因素的影响。对于松散土层或是仍然处于沉降阶段的回填土，则碎（裂）管法施工过程会产生较严重的沉降；对于密实土层且施工深度较浅，特别是采用较大超径比来更换旧管道时，则施工过程可能导致严重的地表隆起。

在黏性土层中施工时，可以较容易估计土层偏移的趋势。但在砂土层中，由爆管头引起的尾部环状间隙可能会引起土层的局部坍塌。

（2）下面列出了可能会产生较严重的地面移动的情况：
①需更换的管道埋深较浅并且土层的移动方向是向上的。
②需更换的管道直径本来就很大的情况下再采用超径管道进行更换。
③在讨论施工可能对邻近的设施造成影响时，若碎（裂）管法在某一最小的深度施工并且施工位置距邻近的设施在一定的距离之内，则应考虑土层移动所产生的影响。

9.4.2 更换管道位置

在大多数情况下更换管道在管线和管道级别上均和原管道一致，然而更换管道的中心轨迹很少能与原来管线中心轨迹一致。因爆管头要比更换管道的直径略大，即爆管头挤压土层得到的孔比更换管道直径大，这就允许更换管道在成孔中处于不同的位置，而这又决定于管道在纵向方向的弯曲程度以及局部的土层移动情况。

新管道的位置一般取决于土层的特征、施工现场情况和铺设工艺。图 9-20 中已经列出了土体移动与新管道铺设的相对位置的关系。若土层的移动方向是朝正上方，则新管道的中心轨迹会比原来管线高 [图 9-20a）、图 9-20c）]。若土体在各个方向上的移动是均匀的，新管道的中心轨迹就会和原来的一致 [图 9-20b）]。若土体的移动方向是朝正下方，则新管道的顶部和旧管道的一致，但相比之下其中心位置要低 [图 9-20d）]，当土体的移动是不对称时，新管道也会向一侧偏移。

根据超径程度不同，爆管头在旧管道中的位置将会对爆管施工产生相应的影响，比如对于超径程度达到 100%的情况，爆管头的底端可能会依附在旧管道的底端而导致爆管头的中心与旧管道的中心偏离。若爆管头的边缘是钝的，此时爆管头将旧管道从顶端开始破碎，而作用在爆管头上的拉力将使爆管头保持正确的方向。当爆管头方向偏离旧管道时，破碎管道的拉力明显要比爆管头处于管道内部时大得多。

在各个深度中采用碎（裂）管法施工均可能因为新旧管道的相对位置的不同而引起更换管道偏离旧管道轨迹的问题。若现存的旧管道的埋深沿其长度方向发生变化，更换的新管道与旧管道相比会有不同轨迹。当对管道更换的最小坡度有要求或需要考虑土层移动和更换管道的位置时，应研究更换管道的轨迹问题。特别是，更换管道在始发坑和接收坑附近容易产生偏离旧管道的轨迹。

若旧管道周围的土层情况在各个方向上均是相同的，则有利于减少碎（裂）管法施工中管道的下沉。若旧管道底部的土层较软，则新管道可能会朝软土层方向移动而导致下沉。采用加长的爆管头可以很好地解决这些问题并保持更换管道轨迹。若旧管道底部存在较多的沉积物，则会导致爆管头相对旧管线向上偏离。此外，若旧管道下部的土层较硬，则会抑制爆管头破碎管道底部从而导致爆管头只是将旧管道从顶端破碎，并且会导致更换管道向旧管道顶部偏离。因此，可以通过改进爆管头提高爆管头对管道底部的破碎力度来解决这种问题。

9.4.3 管道碎屑处理

碎（裂）管法施工中和施工后，管道碎片的大小、形状以及它们在土层中的位置、方向与它们对管道的潜在性破坏密切相关。碎片对管道产生的破坏可能发生在碎（裂）管法施工中，也可能发生在施工后的地下沉降过程中，特别是有外加荷载作用在土层中时。

碎（裂）管法破碎管道所产生的碎片大小和形状是不定的，根据土层的类别可将管道碎片的分布分为两种形式：

（1）若是回填砂土，管道碎片一般分布在更换的新管道的两边和底部。

（2）若回填土是淤泥或黏土，管道碎片则多分布在更换的新管道四周。旧管道碎片一般存在于与新管道距离6mm的位置。

这表明在爆管施工过程中存在有土体流动的过程，因爆管头直径比后面连接的新管道略大，故会在新管道周围产生一个环状空间，而随后这个空间又因为土层的移动而填满。

在分析更换管道周围碎片对其产生的影响时，管道碎片的方向是非常重要的因素，对管道威胁最大的是位于管道上方角度为90°，并具有20°尖端的碎屑，但事实上很少存在上述情况的碎片。

若更换的新管道只是在爆管施工时被划伤，对于在使用中不承压或承受低压的管道影响不大，特别是划伤的深度较浅时。此外，可以通过选用管壁厚度比要求厚度厚一些的管道来抵消划伤对于管道的影响。但对于承压管道的施工一般均使用套管来解决管道划伤问题。

9.4.4 地面振动

所有的碎（裂）管法施工均会引发地表一定区域的振动。TTC已经对于三种不同的碎（裂）管法工艺针对其施工过程中对地面振动的速度的影响进行了大量研究（图9-21），结果表明，只要施工中爆管头和邻近的设施保持几英尺的距离，爆管头所产生的振动就不可能毁坏邻近的设施。

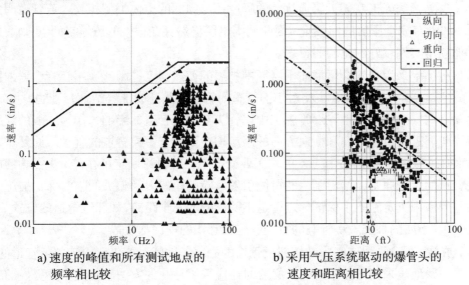

a) 速度的峰值和所有测试地点的频率相比较

b) 采用气压系统驱动的爆管头的速度和距离相比较

图9-21 TTC有关爆管法引起振动的研究

地面振动的程度取决于爆管过程中施加在爆管头上的动力大小，因此也可以说取决于旧管道的尺寸和类型以及采用的超径比。

碎（裂）管法所产生的振动也不会损坏邻近的建筑。美国的矿业部门已经通过研究发现土体微粒普通的最大振动速度是不会超过建筑设施的标准破坏振动指标的。碎（裂）管法施工所产生的振动频率一般均比建筑物的自然频率高得多。TTC的研究表明，碎（裂）管法施工所产生的振动频率范围是30~100Hz，而建筑物的自然频率范围是5~11Hz。此外埋置于地下的管道和建筑比地表的建筑物有更好的抗振性，故振动对于地下管道和建筑的影响一般不予考虑。

地表的振动随着离振动中心的距离的增加而迅速消散。一般认为土体颗粒以每秒127m（5.0in）的速度振动是对地下建筑结构产生破坏的标准极限，然而这个速度是不可能传递到距离爆管头0.75m（2.5ft）以外的区域的。频率范围为30~100Hz，速度为50.8mm/s（2in/s）（对振动敏感性建筑结构产生破坏的极限值）的振动也只能达到距爆管头2.44m（8.0ft）的距离。然而在公共的区域进行管道更换施工时，一般均不可能碰到振动敏感性建筑。

总之，虽然人站在碎（裂）管法施工的现场可能会明显地感觉到地面的振动，但根据TTC测试的结果来看，其产生的振动程度不会破坏邻近的建筑物，除非爆管施工中爆管头距离建筑物非常近。

9.4.5 碎（裂）管法施工对公共设施的影响

爆管施工中所产生的土层移动可能会破坏邻近的管道或结构，其中脆性管道最容易被严重破坏。管道接头部位在受到土层移动影响时也容易产生泄漏。爆管施工区域周围管道受到其影响的程度与管道相对于爆管头的位置有关。在爆管过程中，与需要更换的管线平行的管道只受到短暂的影响。但是若更换管道邻近的管线与其空间的位置是交叉的，则当爆管头穿越时，会导致该管道产生纵向的弯曲变形。

碎（裂）管法施工对邻近管道扰动的程度还与周围的土体类型相关。若管道周围的土层较弱（如没有完全压实的回填土，因此周围土层仍然存在很大的压缩空间），则荷载的传递要比那些压实性较好的土层弱得多。

爆管施工中采用套管会增加向土层周围扩展的荷载强度，因此使用套管会增加破坏邻近管道的风险。这是因为爆管头相对于旧管道的直径必须还要能容纳下套管的厚度。因此，需要遵守一些安全规则来消除爆管施工中爆管头对邻近管道的影响，作为一般的规则，施工管道线与邻近管道在纵向和横向方向的距离均应该大于更换管道的直径。此外，对于油气、输水管道系统，Transco和UK的水工业研究室已经讨论制定了在碎（裂）管法施工中对铸铁管道的保护原则，给出了一些可能引发危险的距离以及相关的临时保护措施，可以根据一些因素来决定施工中保证邻近管道不受影响的安全距离，如邻近管道的位置关系（平行或交叉）、土层的种类、爆管头的直径、施工管线的埋深深度等。

避免在碎（裂）管法施工中破坏邻近管道的先决条件就是施工前弄清邻近管道的位置，除了使用一些地表采用的技术以外，必要时还应采用钻孔的方法来确定需要更换的管道及周围其他管道的具体位置。若需要保护的管道是金属的，则可以采用电磁感应和电磁磁化系数变化等方法来确定其位置。该方法不仅可以确定周围管线的位置，还可以预先知道存在于地层中对碎（裂）管法施工不利的障碍物。

9.4.6 更换新管道上存在的压力

爆管施工中，作用在爆管头上的拉力会导致更换管道上产生一个轴向的压力。更换管道必须能够承受抗拉和抗压作用力，保证管道在施工中不被破坏。TTC 中心对更换管道上的压力进行了研究（图 9-22），测试在气压和液压碎（裂）管法工艺下进行。由于测试只能模拟有限施工条件，故其结果只能对更换管道上的压力做一些预见性的推测。

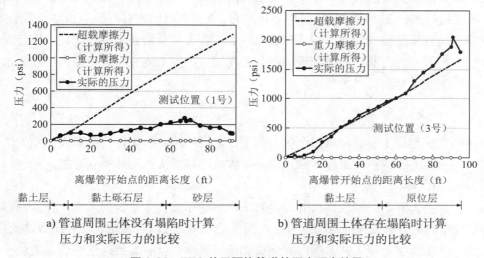

a) 管道周围土体没有塌陷时计算压力和实际压力的比较
b) 管道周围土体存在塌陷时计算压力和实际压力的比较

图 9-22　TTC 关于更换管道的压力研究结果

更换管道的轴向压力的计算应该根据土体和管道接触的两种情况来考虑：

（1）当土层在成孔后没有马上坍塌包住管道时，管道上的压力就是通过管道重力所计算出来的摩擦力。

（2）当更换管道周围的土层坍塌时，管道上摩擦力的计算方法类似于微型隧道法和顶管法中的摩擦力计算方法。摩擦力应该根据管道和土体的摩擦力系数、作用在管道上的正压力和管道的受摩擦力的区域等因素来综合计算。

根据有关资料，作用在更换管道上的实际压力在上述两种情况下的计算值之间。气压和液压碎（裂）管法均会对更换管道产生一个轴向压力［其压力的大小与碎（裂）管法施工长度有关］，但在管道中周期出现的压力级数会小于其平均压力值。超径比和更换管道上存在的压力值没有直接关系，因为爆管头掘进成孔的稳定性是更重要的参数。

若施工现场情况和爆管头施工长度可能会导致更换管道上产生的压力超过其允许压力，则建议在更换管道上直接采用压力检测装置。其检测过程通过安装在爆管头后面的测压元件和应变仪来完成。拉力值的监测和测量也是相当重要的，不仅有助于保护孔壁防止坍塌，而且还能减小管道和土层之间的摩擦阻力。

9.4.7 管道更换长度

所选管材和施工工艺对管道更换的长度有着很大的影响。当使用刚性成节管道时，工作坑可以布设在对环境和成本影响最小的地方。若人井需要更换，工作坑可设在人井位置，在支管处挖掘接收坑。若不更新人井，工作坑可设于支管连接处，人井可作为接收坑。当选用柔性管道时，在施工前通过热熔法将管道连在一起，也能定位工作坑。一般地，污水管爆管的长度由相邻两个人井之间的距离决定，较常见的距离是90～120m。

对于所有的施工方法和管材，爆管头可能穿过一个人井，这个人井可以称为中继人井。此过程必须保证设备穿越中继人井时不受到阻力，这样无须扩大人井井壁的开挖作业，设备不用移去部分结构来保护冲击锤和膨胀器，也能很容易将爆管头从人井中取出。

对于所有的施工方法和管材，均要使用润滑剂来减少拖拉力。业主必须认识到所有管道系统（如材料和接头）的抗拉强度均是有限的。此外，可能的管道更换长度与管道重量、摩擦性能、铺设长度、周围土层与管道表面的效应有关。目前还未能出现让人们接受的方法来评估这些效应，仅基于有限的现场经验发现相应的应力能在很大范围内变化，这就意味着很难确定实际更换管道的长度。

9.4.8 始发坑和接收坑

选用的管材和施工方法影响工作坑（包括始发坑和接收坑）位置的布设。始发坑即爆管头进入旧管道的工作坑，也称为插入坑。接收坑指爆管头在完成爆管并拖入新管后，离开旧管道的工作坑。

当需要更换人井、阀门或接头时，会对工作坑的布设产生很大的影响。在计划布设工作坑时，首先确定管道更换的两端是否存在类似的坑道，可以调换始发坑和接收坑的位置，尽量减少开挖工作量。若人井、阀门和接头能任意更换，就有必要开挖一个始发坑或接收坑。若不更换人井，那就只好在更换管道的另一端开挖工作坑。

（1）若需要使用刚性成节管道，可采用下述方法。

①顶推法：该法与顶管法类似，始发坑必须能安装顶进架，能放入一个管节，以及类似于顶管法需求的其他装置。而接收坑只要求足够大，能移出爆管头就行了，通常与人井大小差不多。

②回拖法：该法使用拖拉绳或回拖钻杆回拖刚性管道穿越地层，回拖力作用于安装在新管尾部的后板上。对于静拉碎（裂）管法，接收坑应足够大，满足回收和在拖拉绳或回拖钻杆上安装后板和放入一个管节所需要的空间。对于气动碎（裂）管法，接收坑的尺寸能满足安装回拖装置和移出爆管头所需要的空间。

（2）若使用柔性管道，需要考虑以下因素。

①始发坑必须有足够的长度，可使管道以允许的角度插入管孔。根据管道生产商提供的弯曲半径（管道最小弯曲半径），设计工作坑的长度，要求管道弯曲后不能受到损坏。

②接收坑要足够大，能安装回拖设备，能移出爆管头，并有足够的作业空间。

（3）在构筑和支撑工作坑时，施工单位应注意以下方面。

①对各种邻近的公共设施进行调查，尽量避免造成破坏。

②作业计划、实施均应考虑附近居民的出行方便。

③施工方要负责因更换管道造成破坏的修复工作。

④必须进行工作坑的支护。

9.4.9 管道扩容

很多自来水和污水管道系统均建立了系统水力流量模型，这有助于快速得到管道系统的反馈信息。建模项目仍保存有很多有用信息，如管道的大小、类型、位置和系统维护频率等。管道位置常存储在地理信息系统内，地理信息系统能提供准确的管道位置、附件、点状修补情况等，有的还存储大量的邻近公用设施的位置和其他管道系统的详细信息。

若水力分析的结论是需要扩大旧管道的直径，就要考虑爆管设备扩孔的能力。管道扩径的可行性与很多因素有关，如土层条件、沟槽几何形态、增加容积大小和爆管长度等。一般地，管道更换爆管设备能将直径增加2个名义尺寸级别[如旧管道是1.83m（6in）管，可以扩大到2.44m（8in）或3.05m（10in）]。尽管成功进行过大于2个名义尺寸的扩径，但NASSCO（National Association of Sewer Service Companies，美国国家污水管道服务公司协会）认为增加3个名义尺寸很难进行施工作业。NASSCO项目设计分类（图9-23）将爆管施工难度分为3个级别（A、B、C）（表9-7），A级容易，C级最难。随着深度增加、长度变大或直径增大均会增加爆管作业难度。

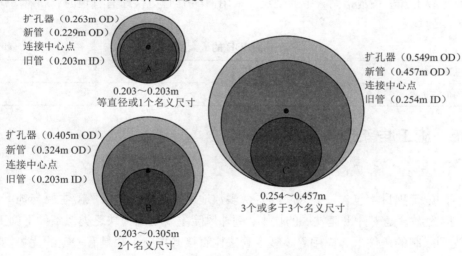

图 9-23 扩径 3 级难度分类

扩径 3 级难度分类　　　　　　　　　　　表 9-7

分类	管道埋深	旧管道直径	新管道扩径	爆管长度
A	<3.6m（12ft）	100~300mm（4~12in）	等直径或1个名义尺寸	<100m（350ft）
B	3.6~5.4m（12~18ft）	300mm~500mm（12~20in）	2个名义尺寸	100~130m（350~450ft）
C	>5.4m（18ft）	500~900mm（20~36in）	3个或多于3个名义尺寸	>130m（450ft）

9.4.10 工法的选择

对于不同的旧管道材质，可参考表9-8选用两种最常用的方法，即气动碎（裂）管法还是静拉碎（裂）管法。

不同管材对应的碎（裂）管法选择　　　　表 9-8

旧管道	气动碎（裂）管法	静拉碎（裂）管法
金属管道，包括铝管、铜管、延性铸铁管、煅烧铁管、钢管或不锈钢管	√	×
塑料管，包括 HDPE 管、MDPE[①]管、PVC 管、CIPP 管或玻璃纤维管	√	√
预应力或钢筋混凝土圆管（PCCP 或 BSCCP）、波纹金属管（CMP）、波纹塑料管	×	×
易碎管道，包括石棉水泥管（AC）、RCP、素混凝土管、CI、VCP	√	√
阀门、不锈钢压箍、修复镶条、点状修补位置[②]	×	×
在已更换管道内回拖铺管	×	√

注：①更换长度有限，与扩径量和地层条件有关。
　　②使用静拉法可能成功，建议采用开挖法。

9.4.11　内衬管材 SDR 选取

当采用碎（裂）管法更新管道时，应按照新建管道的要求设计管道壁厚，根据 TTC 制定的《碎（裂）管法技术指南》中的规定，采用 HDPE 管更换原有管道时，新管 SDR 值应符合表 9-9 的规定。

更新管道 SDR 的最大取值　　　　表 9-9

覆土厚度（m）	SDR	覆土厚度（m）	SDR
0～5.0	21	> 5.0	17

9.5　施工准备工作

9.5.1　可行性和风险评估

所有的施工项目均包含一些风险因素，多数地下管线施工项目风险主要与地下未知条件相关。因为爆管是一种迅速发展的技术，额外风险主要是因为缺乏类似条件下施工经验。在场地受到限制的条件下，应用碎（裂）管法比直接开挖施工法具有一定的优势。在下列条件下，只能考虑采用碎（裂）管法：

（1）深坑开挖。
（2）土层不稳定，地下水较高。
（3）拥挤的公共通道。
（4）交通管制较高或施工受到干扰。
（5）大量需要恢复的路面或地表。
（6）有害土层。
（7）对公众影响较大的地区。

在这些条件下施工，加上场地未知土层条件，需要认真论证，确认应用爆管技术的可行性。计划阶段进行的一系列工作和调查能用于评估爆管施工项目，包括在重力和压力管道系统两方面的应用。在评估应用碎（裂）管法成功铺设管道项目的可行性时，应回顾计划阶段的工作，以评估项目潜在的风险。风险评估应考虑如下因素：

（1）是否很好地掌握现场条件。
（2）已建成管道的调查是否完成，旧管道管材、配件、修复套管和混凝土套管是否确认。
（3）旧管道条件与前期计划是否相适应。
（4）是否确认和定位所有的已有管线。
（5）有没有掌握土层、地下水和地下条件，地下条件变化是不是很大；地下土层和地下水是否有害。
（6）在类似条件下有无进行爆管作业的成功经验。
（7）能否达到铺设精度。
（8）是否确认了所有的许诺。
（9）有无财产需要处理。
（10）是否需要恢复地面，能采取什么措施来监控和避免破坏。
（11）是否存在有资质、有经验的能高质量完成施工任务的施工队伍。

成功评估和确认项目风险，有助于考虑相应的措施来降低风险的影响。因为施工工艺的动态特性，爆管施工项目需要业主、工程师、施工方紧密配合，相关设备、材料也要及时到位。

9.5.2 地质条件

在地质报告中应详细评估场地的地质和地质技术信息。具体信息包括土层类别、地下水状况、地下水位、对已有设施和结构的潜在影响。技术设计应考虑作业坑坑壁受到的反作用力或推力，避免管道铺设操作对邻近结构和设施的破坏，并预测附近设施的沉降和隆起等。

9.5.3 场地条件差异

若场地条件与发包文件中所描述的场地条件存在明显区别，施工方可以声明因条件差异对施工造成的影响，并调整合同规定的价格。

初步调查，如设施定位绘图和地质技术调查等，应降低爆管作业过程中常见问题出现的风险。发包文件对土层条件（如岩石、黏土、砂层、地下水位）做出的适当描述、说明或暗示，一般不属于场地条件改变申诉的范围。场地条件差异的有效申诉一般限定于未知条目（如开挖沟槽大小的改变、未注明的套管、修复、结构等）。发包文件应写清场地条件差异的处理措施，并要求在一定时间内进行申诉，过期无效。

9.5.4 原有管道状况调查

1）接头和附件

必须研究旧管道的竣工图、前期检测和维护记录以及维护人员掌握的信息，对管道附件如自来水管阀门、污水管压力干管、弯头、人井、三通和其他沿线隐藏的障碍必须进行实地确认。

尽管各种接头使用的喇叭口和套管钢环只用在重力管道系统，但是也可能用于压力管道系统。各种金属卡环也用于连接PE管及其附件，形成机械连接，依靠垫圈达到密封效果。为了破碎、劈裂这些金属环可能需要施加很大的力。当遇到这种情况时，可将已进入管孔的管段回拖到设备坑重新施工。有时，不能劈裂或破碎的金属环将聚集在爆管头前方，增加阻力，难以顶推或回拖，导致作业缓慢。

2）点状修复的位置和记录

进行过点状修复的管道也是采用现有爆管技术更换的难点，业主和设计师必须确认和研究管道上进行过的修复位置，应尽可能详细记录每个点状修复的类型，至少包括表9-10中列举出来的内容。

点状修复需记录的信息　　　　　　　　　　表9-10

数据类型	记录信息	数据类型	记录信息
受影响管道的类别和尺寸	类别、直径	固定套筒的类型（CI或DI）、尺寸	类型、直径、长度
管道附近状况	描述	使用管道的类型、尺寸	类型、直径、长度
造成的渗漏、破坏	描述	管道使用夹箍的类型（CI或DI）、尺寸	类型、直径、长度
修复或更换的长度	长度	回填材料	混凝土、石子、流性回填材料、其他

爆管管道更换设备有能力破碎旧管道，但如不使用专门的切削头或设备，则很难破碎用于点状修复的钢套筒、更换过的铸铁管节、钢管、混凝土管或加筋混凝土管套筒。

9.6 施工作业

9.6.1 工作计划

一般地，在项目招标前，业主有责任使用CCTV或其他可以接受的方法对旧管道进行检查。检查结果的提交必须在招标之前进行，并要给施工方足够的时间评价检查结果。检查应依据标准规范进行，并能提供复验性结果。检查结果应包括管道缺陷名称（参照术语表）及其描述。检查记录包括缺陷名称、缺陷程度、每个缺陷的位置和检查完成的时间。数据和位置应在图纸上标明，并提供每节旧管道检查数据的音频描述。项目业主还应提供旧管道竣工图、附近设施定位图、地质技术报告、坑探结果，以保证爆管作业的顺利进行。

爆管作业的工作计划应包括主要计划和应急计划两大部分。主要计划应包括如下内容：

（1）施工许可。

（2）交通管制。

（3）需要作业坑的开挖和支撑。

（4）对邻近结构和设施的保护措施。

（5）降水设计。

（6）旁流。

（7）监督和检查。

（8）公共安全。

（9）弃土处理。

（10）工期，包括作业时间和工作时间。

施工方有责任准备应急计划，包括出现问题的征兆，如设备、材料堆放的位置，需要的旁流，作业坑挖掘，工期冲突等。

若作业过程中出现废弃点，应说明废弃的原因，并制定计划解决问题。若能用开挖法移除障碍，仍能使用碎（裂）管法进行作业，但可能增加地面振动，造成地面沉降或隆起。

施工方、业主和工程师应一起讨论工期安排的细节，并保证工期安排满足合同要求。施工方可根据实际发生的成本分配和水平情况进行工期调整。

9.6.2 作业空间

作业空间有工作坑、工作坑周边区域、管道摆放和处理区域等。作业区域应能提供安全操作设备所需要的空间。所有区域均应进行很好地规划，以用于安全和生产作业。工作坑内的空间应满足起吊设备、材料的要求，并能进行安全的拖拉和顶进作业。始发坑应足够长，允许爆管头与旧管道布设在一条直线上，能将管道弯曲而不产生消极作用。新管道制造厂家应对最小安全弯曲半径提出建议。管道插入点较陡或呈锯齿状可能会造成管道的破坏，应该移除多余的土。

9.6.3 场地布局

场地布局应根据施工方提交的计划进行组织规划，爆管作业的平面图和剖面图，以及交通控制和已有设施均应在规划中有所显示。爆管设备、旁流系统、泥浆设备和新管节应堆放在工作坑附近。

9.6.4 始发坑和接收坑

始发坑和接收坑的布置应全局考虑，注意安全，减少开挖工作量，并关注对交通和特殊项目的影响。自来水主管道系统在街道交汇处存在集束型阀门、消火栓，其间距一般为150ft或稍微短的距离。污水管道系统每隔120～150ft有一个人井。这些人井是工作坑的主要位置，因为阀门、消火栓和人井一般均随着管道更换也要进行更新或修复。

始发坑和接收坑应根据图纸进行构筑，在图纸上应注明挖掘位置、大小、支撑方法（经过专业工程师的论证）、降水（地表水或地下水）、邻近设施和交通控制等。利用已有人井结构作为接收坑时，应确定人井井壁是否能承受铺设管道所施加反力的作用。图9-24为直接利用现有的检查井布设碎管装置案例。

图9-24 利用现有的检查井布设碎管装置案例

工程师应向施工方提供弹性机制来确定铺设管道步骤（如铺设长度、工作坑位置等），但施工方要准备工作计划以备工程师、业主确认。该说明不能规定工作坑的位置，除了施工方不能挖掘工作坑或放置设备的地点，如大的道路交汇口、医院入口、消防队入口等，施工方还应提交下列信息：

（1）拟定设备的类别和大小、操作要求（如空气压力和排气量）、旁流泵或临时服务系统、降水系统、泥浆系统、工作坑布设和防护系统。

（2）过去从事类似项目的经历。

（3）若施工方不具备进行爆管作业的足够经验，可要求设备厂家派技术员进行现场指导。

（4）描述支管定位、断开及爆管后重新连接的方法。

（5）说明排土处理方式。

（6）任意处理弃土的许可证。

（7）泥浆系统描述，包括润滑剂质量安全数据、润滑剂类别（膨润土或聚合物）、混合比例等，添加剂应符合法律法规要求。

（8）在合适安全系数下，分析新管道所受的推力或拉力，注意管道允许拉力强度。

9.6.5 润滑系统

润滑的目的是降低新管道、旧管道和管底界面之间的摩擦阻力，并因此减少铺设新管所需要的拉力或推力。应根据施工计划采取有效措施来保证工作的顺利完成。施工方应按照润滑剂厂家的要求设计润滑系统，并得到业主和专业工程师的认可。

（1）应根据土层条件指定适合每次爆管作业的添加剂。基本上，膨润土用于粗粒土层（砂层和砾石层），膨润土和聚合物的混合润滑剂可用于细粒土层和黏土层。其他的专门添加剂可用于不同的地层条件，如：

①清洁剂，作为黏土层加湿处理剂。

②降低扭矩处理剂，用于扩径时的辅助润滑并能保持地层稳定。

③漏失控制剂，有助于降低泥浆漏失，并能避免地层涌水。

润滑泥浆的供给应参考地层条件和旧管道周围的环境来确定泥浆混合成分、掺加比例以及混合步骤。要求施工方注意沿管道长度地层条件的变化，并添加合适的处理剂使泥浆达到润滑的目的。

（2）一般地，使用泥浆混合器来搅拌润滑剂，进行泥浆泵送使之均布在新管和孔壁之间的环空。润滑泥浆通过爆管头或膨胀器后的喷嘴循环到管道的外部。建议在以下情况使用润滑剂：

①扩径增加了2个名义尺寸和爆管长度超过90m。

②新管道直径超过300mm。

③原有管道位于水以下。

④能自由流动的土层。

⑤由于场地和项目条件的独特性，爆管设备厂家建议使用润滑剂的项目。

⑥膨胀黏土层。

9.6.6　应急计划

施工方应负责准备应急计划，并在施工前得到业主、工程师的检查。应急计划应涵盖以下有关旧管道潜在状态方面的信息：

（1）原有管道结构上出现的问题以及塌陷情况。
（2）原有管道状态与地下实际情况不同。
（3）遇到障碍物或未预料到的干扰。
（4）以前使用不同材料进行过点状修复。
（5）润滑剂漏失。
（6）静拉爆管施工期间工作坑坑壁位移过大。
（7）沉降或隆起过大。
（8）遇到污染地层。

在应急计划中应说明当遇到以上未预料到的情况时所准备的处理措施。

9.6.7　检查和监控

在爆管作业中，应有一个专业的受过培训的监理检查项目施工情况，监督施工方按照提交标书、技术说明和合同文件的要求进行施工。监理要检查进场管道的质量，如壁厚、直径、类别和 DR 值，保证满足制造标准。施工方应提交管道检测结果，对于压力管道系统，应进行压力测试鉴别接头的质量；对于重力管道系统，应根据住房和城乡建设部标准《城镇排水管道非开挖修复更新技术规程》（CJJ/T 210—2014）或 ASTM C 828、ASTM C 924、ASTM F 1417 或其他合适的标准进行低压空气测试。

9.6.8　竣工图和资料

工程师应在设计图纸上标明管道铺设的位置和剖面信息（定线和剖面），并核对实际铺设情况。爆管项目应记录如下资料：

（1）始发坑和接收坑资料：铺设管道沿线人井、滤污器和工作坑的数目。
（2）地面监控系统及监测数据：地面监控系统必须能监测到所有可能的沉降和隆起，可参考当地运输部门和铁路交通标准。
（3）还应记录的其他参数信息：
①新管质量检测结果。
②拉力或推力。
③新管道与原有管道定线剖面的比较。
④润滑剂。
⑤污染土、旧管道的处理。

9.6.9　支管连接

若是使用 PE 管作为新管，应推迟支管的连接，检查位置环空的封堵和插入坑的回填的时间，应比厂家推荐的时间晚，但一般不少于 4h。这段时间用于 PE 管的收缩，因冷却和松弛能降低管道铺设过程中产生的应力。过了松弛时间，就可进行环空封堵。

支管连接的恢复方法有很多种，可使用专门设计的管件。有与管道材料一致的材料制作的鞍座，能形成无渗漏连接。不同类别的热熔鞍座（电热熔鞍座、常规热熔鞍座）的安装应按照厂家建议的步骤进行。新支管的连接有时还必须进行地面开挖（图 9-25）。

图 9-25　支管连接地面开挖

本章参考文献

[1] 马保松. 非开挖工程学[M]. 北京：人民交通出版社, 2008.

[2] ASCE. Geotechnical baseline reports for underground construction[M]. Washington: American Society of Civil Engineers, 1997.

[3] Boot J, Woods G, Streatfield R. On-line replacement of sewer using vitrified clayware pipes[C]// Proceedings of 1987 No-Dig International Conference. London, 1987.

[4] Chapman D N, Ng P C F, et al. Research needs for on-line pipeline replacement techniques[J]. Tunneling and Underground Space Technology, 2007.

[5] Fisk A T, Zlokovitz R. Replacement of steel gas distribution mains with plastic by bursting[C]// Proceedings of 1992 No-Dig International Conference. Washington, 1992.

[6] Fraser R, Howell N, Torielli R. Pipe bursting: the pipeline insertion method[C]//North American Society for Trenchless Technology. Proceedings of 1992 No-Dig International Conference. Washington, 1992.

[7] Howell N. The polyethylene pipe philosophy for pipeline renovation[C]//ISTT. Proceedings of 1995 No-Dig International Conference. Dresden, 1995.

[8] Najafi M, Iseley D T. Overview of pipeline renewal methods[C]//Proceedings of 1999 Trenchless Pipeline Renewal Design & Construction Conference. 1999: 1-2.

[9] Najafi M, Gokhale S, Calderón D R, et al. Trenchless technology: pipeline and utility design, construction and renewal[M]. McGraw-Hill Education, 2021.

[10] Bennett D, Ariaratnam S T, Wallin K. Pipe bursting: good practices guidelines[M]. North American Society for Trenchless Technology, 2011.

[11] Petroff L J. Review of the relationship between internal shear resistance and arching in plastic pipe installations[M]. ASTM, 1990.

[12] Ariaratnam S T, Hahn U H. Simplified model for numerical calculation of pull forces in static pipe-bursting operations[J]. Tunnelling and Underground Space Technology, 2007, 22(5): 644-654.

[13] Simicevic J, Sterling R L. Pipe bursting guidelines of TTC Technical Report[R]. 2001.

[14] 中华人民共和国住房和城乡建设部. 城镇排水管道非开挖修复更新工程技术规程: CJJ/T 210—2014[S]. 北京: 中国建筑工业出版社, 2014.

[15] 李骥韬. 复杂地质下碎裂管法排水管道更新修复施工技术[J]. 兰州工业学院学报, 2020, 27(3): 16-20.

[16] 陶文杰. 城市管网静压裂管法施工技术及对周边环境的影响研究[D]. 重庆: 重庆交通大学, 2019.

[17] 张鹏飞. 吃管法管道更换技术特点与现状分析[C]//中国地质学会非开挖技术专业委员会. 2014: 131-133.

[18] Ariaratnam S T, Lueke J S, Michael J K. Current trends in pipe bursting for renewal of underground infrastructure systems in North America[J]. Tunnelling and Underground Space Technology, 2014, 39: 41-49.

[19] Loss A, Toniolo S, Mazzi A, et al. LCA comparison of traditional open cut and pipe bursting systems for relining water pipelines[J]. Resources, Conservation and Recycling, 2018, 128: 458-469.

[20] Hagg, Dustin, Goodman, et al. Refinements in pipe bursting tooling make it a preferred technique for gas line replacement and upsizing even for steel pipe[C]//North American Society for Trenchless Technology (NASTT). NASTT's 2018 No-Dig Show. 2018.

第10章 喷涂法管道修复技术

喷涂法是通过一个快速回转的喷涂头将浆液喷涂到管道内壁形成管道内衬的管道修复方法。其最早起源于1933年美国的Centriline公司，以水泥砂浆作为喷涂材料。用于供水管道时，内衬表面需要一个辅助设备将其抹平，用于污水管道，只有在圆形断面管道且管道没有变形的情况下才可抹平。但通常这些条件在污水管道中很难满足，故很多情况不必抹平。现在所使用的喷涂法大多数是从该技术发展过来的，通常被称为Centriline技术，即水泥砂浆喷涂法。

随着材料的发展进步，树脂也成为一种喷涂材料并应用在了管道修复中，常用的有环氧树脂和聚氨酯等，该技术无须抹平，将一次性形成5～30mm的内衬，称为树脂喷涂法。这种方法最有代表性的两种技术是CSL喷涂技术和双管喷涂技术。

10.1 水泥砂浆喷涂技术

1850年，在美国首次应用手工涂抹水泥砂浆内衬的铆接钢管。在20世纪30年代早期，"非开挖现场水泥砂浆喷涂法"开始被应用。1934年，在美国新泽西州纽瓦克市，用"非开挖现场水泥砂浆喷涂法"修复了一段长8397m、管径1220mm的铆接钢质主供水管道。修复结果令人满意，现场喷涂水泥砂浆内衬不但消除了原有所有接缝处的渗漏，还将Hazen-Williams C 值从70提高到124（现在由非开挖现场水泥砂浆喷涂法修复的管道C值为130～140，新硬聚乙烯HDPE和新纤维缠绕玻璃钢管FRP的C值约为140），此结果超出了原有新管的过水能力（因为消除了原有接缝处的影响，管壁更加平滑连续）。值得一提的是，在68年后的2002年，当这段管道被重新挖开时，68年前喷涂的水泥砂浆内衬依然完好如初，仅有1mm（1/16in）左右的软化层。

1939年，美国水工业协会（AWWA）公布了《钢质水管车间喷涂水泥砂浆内衬技术规范》。由于技术限制，直到1950年离心式砂浆喷涂机应用以前，"非开挖现场水泥砂浆喷涂法"只能用于600mm以上管径的地下水管。1955年，《现场喷涂水泥砂浆内衬技术规范》公布，最近一次更新是在2000年，即ANSI/AWWA C602-00。

从20世纪50年代中期开始，美国水工业协会（AWWA）就要求大口径主水管采用水泥砂浆内衬。到了1965年，要求所有新安装的钢和铸铁水管必须采用水泥砂浆内衬。由于美国存在大量没有内衬的旧管网，从那时起，随着"现场喷涂水泥砂浆内衬技术"经济有效的优点越来越明显，美国开始了大规模的旧管网翻新改造，先由城市总水管开始，之后是支管。到2004年，洛杉矶市已经基本完成了旧管网翻新改造，巴尔的摩和波士顿大约也完成了一半，南卡罗来纳州的哥伦布市则刚刚开始。

10.1.1 使用范围

水泥砂浆喷涂技术广泛应用于供水管道、钢管或铸铁管道的内衬层施工。这项技术主要应用尺寸从 DN80 开始，几乎包含所有大直径的管道。

近年来，圆形截面管道（包括钢管、铸铁管、水泥管、石棉水泥管或陶土管）的修复施工中也可使用特殊砂浆作为喷涂材料，并且可以根据需要在砂浆内加入纤维。

水泥砂浆喷涂法内衬的厚度根据喷涂材料的不同，一般在 3~40mm 之间，一次性施工长度由管径大小决定，当管道直径为 DN80~DN600 时，修复施工长度最大为 120m，当管径大于 DN600 时，修复施工长度最大可达 600m。

在采用喷涂法修复公称直径变化、角度改变、弯曲和管线变形管段时，可能存在一定的限制，但支管不影响该工法的使用。

10.1.2 水泥砂浆喷涂法的技术特性

1) 非开挖喷涂水泥砂浆内衬和车间喷涂水泥砂浆内衬的性能区别

由于现有新的钢管和铸铁水管均在出厂时喷涂了水泥砂浆内衬，故一般认为现场非开挖喷涂的水泥砂浆内衬和在车间内喷涂的水泥砂浆内衬的技术性能没有区别。实际上，由于采用不同的工艺过程，现场非开挖喷涂水泥砂浆内衬在实际应用中的性能远优于在车间喷涂水泥砂浆内衬。两者工艺过程的主要区别是：

由离心法喷涂的现场非开挖喷涂水泥砂浆内衬的砂和水泥比约为 1:1；而由于大量生产的需要，采用旋转法生产的车间喷涂水泥砂浆内衬的砂和水泥比约为 3:1。因此，现场非开挖喷涂水泥砂浆内衬的强度和耐久性要远优于车间喷涂水泥砂浆内衬。

现场非开挖喷涂水泥砂浆内衬在施工后即恢复供水，一直处于最佳的养护状态。而由于储存、运输等原因，车间喷涂水泥砂浆内衬经历了干湿环境变化，其性能受到影响。由于采用旋转法生产，在生产过程中，车间喷涂水泥砂浆内衬不可避免地产生离析现象。粗骨料向贴近管壁方向聚集，细骨料和水泥向与水接触的表层聚集，试验表明，由于离析作用，水泥和砂的设计比例为 1:2 的车间喷涂水泥砂浆内衬的实际比例由贴近管壁的 1:3.7 变化到表层的 3:1。由此产生的耐久性差别是显而易见的。

德国多特蒙德市在 1972—1980 年对由不同方法喷涂水泥砂浆内衬的水管进行的跟踪检测表明，无论是钢管或是铸铁管，车间喷涂水泥砂浆内衬在几年内均会产生 1~1.5mm 的软化层，而现场非开挖喷涂水泥砂浆内衬在服役 18 年后仍完好如初。

2) 现场非开挖喷涂水泥砂浆内衬的抗变形能力强

水泥砂浆内衬虽然是一种非结构翻新，但这层不足 10mm 的水泥砂浆内衬并非如同想象的那样"弱不禁风"。具体可参考 20 世纪 50 年代的"底特律试验"。该试验对象是一段直径 1800mm（72in）、壁厚 7mm（5/16in）的钢管，内壁喷涂 6mm（1/4in）水泥砂浆内衬并养护充分。试验持续 16 个月，钢管受到了强烈的摇晃、抖动和振动，并不断从钢管边缘切下小块用于检验水泥砂浆内衬的情况。在试验结束时，沿截面方向从钢管顶部均匀缓慢加压，直到钢管产生了沿截面方向 325mm（13in）的变形，之后缓慢撤除压力使钢管恢复原形。在整个试验过程中，水泥砂浆内衬没有任何损坏也没有严重裂缝。

水泥砂浆内衬和清除了污垢的管道内壁有很强的黏结性，而内衬本身的拱形结构也增强了水泥砂浆内衬的抗压特性。水泥砂浆内衬在管道内形成闭合的拱形结构。在管壁的约束作用下，当受到来自管壁的变形作用力时，由于圆形是单位面积周长最小的形状，任何变形均将增加水泥砂浆内衬"拱形结构"的周长，从而使内衬和管道内壁挤压得更加紧密。它们的力学特征是一个受压环（水泥砂浆内衬）被约束在一个受拉环（管道）之中的关系，可有效抵抗变形影响。

3）喷涂水泥砂浆内衬的抗渗漏能力

绝大多数需要修复的地下供水管线均是因管道内外腐蚀严重，渗漏超量，内壁结垢导致过水面积减少，影响输配能力并造成水质污染；只有极少数发生结构损坏而须换管。喷涂水泥砂浆内衬可以有效修补细小渗漏。

1940年，美国俄亥俄州的阿克隆市水务局被该市的一条长22mi[①]、直径900mm和1200mm（36in和48in）的供水主干管的渗漏所困扰。检查发现，管壁被由外向内腐蚀出大量的直径约为6mm（1/4in）的小孔，在决定用喷涂水泥砂浆内衬大规模修复之前，先进行了一段试验段修复。结果表明，直径范围6mm（1/4in）到30mm（1 1/4in）的微小孔洞均可以被水泥砂浆内衬封闭，并在14kg的水压力下不产生渗漏，在加压初期，有轻微的滴水现象，但在72h后，滴水完全停止。

1940年，在底特律市进行了另一项压力试验。一段直径1200mm（48in）、壁厚12mm（1/2in）的铆接钢管，在管壁的不同位置，钻透了大量直径25mm（1in）到155mm（6in）的小孔，之后对钢管内壁喷涂水泥砂浆内衬，水泥砂浆内衬的厚度由一端的6mm（1/4in）到另一端的25mm（1in）逐渐过渡。在对水泥砂浆内衬进行充分养护后，将管的两端封闭并注满水，通过不断增加水压来检测水泥砂浆内衬的耐压强度。孔洞直径最大为155mm（6in），在压力达到21.5kg时破裂，破裂前向外凸出了1.25mm（0.05in），此孔洞处喷涂内衬的厚度为15mm（5/8in）。

由此可见，水泥砂浆内衬不但可以修复接头处和细微渗漏，在正常的工作压力下，还可以防止由于管壁腐蚀而产生的大多数渗漏。

此外，水泥砂浆内衬还有如下优点：

（1）其应用几乎不受管道直径和管段长度的限制，可以用于水泥管、陶土管、钢管、铸铁管、石棉管和砖砌管道中。

（2）除了水泥砂浆外，改进后的砂浆也可以通过改进的机具来使用。

（3）可采用高密度和高强度的砂浆。

（4）同一管段的砂浆喷涂厚度可以变化，管道位移、角度变化、管径和截面变化对喷涂法施工的影响不大。

（5）修复速度快，每天可以完成1～2条长约150m的管道修复。

（6）管道支线对施工干扰小。

对于喷涂法（试验中最大厚度可以达到40mm），砂浆与管道内壁附着情况是很重要的因素，而砂浆中含水量对附着情况影响巨大，若砂浆太干，砂浆对管壁没有足够的湿润能力，从而造成管道内衬的上部出现附着不紧而裂开的情况。若砂浆中含水量太高，则会出现砂浆由于重力从管道内壁上部掉下的情况。这两种情况中，在修复管道的内壁表面特性起到了重要作用。例如，高强度混凝土管道有致密光滑的内壁，在上面喷涂内衬比较困难。故内衬的效果取决于新喷涂的砂浆与原有管道的恒定附着力。

10.1.3 施工工艺

1）准备工作

---

① mi为英里，1mi = 1.609344km。

准备工作一般是在检查井中进行。根据机具的尺寸大小，必要时进行开挖。

需修复的管道包括支管必须彻底清洗，为喷涂做准备。任何情况下，喷涂法要求管道能承受一定的压力，无论管道是破碎或是严重腐蚀，均要按照喷涂设备来决定最小的施工空间，确保喷涂设备能顺利通过不受阻。

2）工作程序

首先将喷涂机具安放到需要修复的管线中并调整好位置，再牵拉喷涂设备以恒定的速度倒着通过管道，此时快速旋转的喷头在管道内喷涂砂浆，喷头由压缩空气或者电动机驱动。砂浆由位于喷头底段的梳形金属盘均匀快速喷出。

喷涂在管道内壁的砂浆迅速被抹平，所用的抹平工具包括光滑的圆筒、光滑球或光滑泥铲等，管道公称尺寸决定采用何种工具。砂浆的输送速度和喷头旋转速度决定了喷涂的厚度。常见的混凝土喷涂技术设备见表10-1。

砂浆喷涂技术设备一览表　　　　　　　　　　表10-1

砂浆运输工具	管道尺寸			
	不可进人管道		可进人管道	
	80≤DN≤200	200≤DN≤600	600≤DN≤900	DN≥900
设备类型	带有平滑器的圆柱形设备（装于滑板上）	带有平滑泥铲的圆柱形设备（装于滑板上）	装有橡胶轮子且带有平滑泥铲的圆柱形设备	
设备驱动方式	非自驱动（通过卷扬机钢丝绳牵拉）	非自驱动（通过卷扬机钢丝绳牵拉）	电动机驱动	
旋转喷头驱动方式	压缩空气	电动	电动	
操作	没有现场作业人员	没有现场作业人员/喷涂过程中使用CCTV摄像头	在管道中有人员监控	
直管最大工作长度	100～200m（视管径不同）	150～220m（视管径不同）	最大为600m	最大为5000m
砂浆输送方式	通过软管和设备的中空轴从搅拌器泵送到喷涂头	通过软管和设备的中空轴从搅拌器泵送到喷涂头	通过软管从搅拌器抽到供应器中，再由螺旋传送器运送到喷头	
质量控制	（1）喷涂硬化过后用CCTV检查；（2）80≤DN≤200：在喷涂过程中通过计算机控制系统监测砂浆流量和卷扬机的拉动速度；（3）DN>200：在喷涂过程中通过CCTV检查		对于DN≥600的所有管道，进行人工检测，之后沿管道检查	（1）管径为DN600～DN900。（2）通过带有内置螺旋传送器的电动供料车将砂浆传送到喷涂机具后的料车，充当供料器。通过螺旋传送器传送到供料器，再由螺旋传送器传送到旋转喷头。（3）与"（2）"不同的是，要通过一个供料车分别将干的砂浆和水供应到混合器。之后将混合砂浆传送到装有具备二次搅拌功能的螺旋传送器的供料车内

对于公称直径小于DN600管道，其喷涂法如图10-1所示，放在中线位置圆柱形的机具可进行遥控作业。机具的移动不需要自身驱动，而是通过绞车的钢丝绳恒定速度牵引在修复管道中移动。气动马达和机具是一体的，其通过一个空心杆来控制喷头，空心杆位于

机具的中轴线位置，向旋转的喷头输送水泥砂浆。

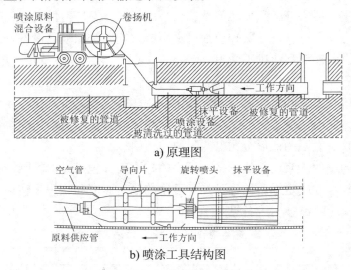

a) 原理图

b) 喷涂工具结构图

图 10-1 不可进入管道喷涂法施工图

用一个圆锥形弹性金属片的光滑圆筒或者一个光滑的球连接在机具后面，其作用是抹平砂浆表面同时减小喷涂层，水泥砂浆通过软管从搅拌机被输送到空心杆。

对于公称直径大于 DN600 的管道，可采用电动内衬机具和气动机具，如图 10-2 所示。它们控制一个漏斗形的存储容器，水泥砂浆通过软管流到容器中。大量砂浆通过螺旋输送机从搅拌机输送到喷头。两个（特殊情况是一个泥铲）同轴独立的泥铲在喷头后面旋转，以设定的弹性力挤压、抹平砂浆，以便得到光滑表面。

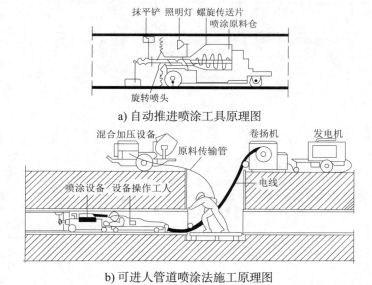

a) 自动推进喷涂工具原理图

b) 可进人管道喷涂法施工原理图

图 10-2 可进人管道喷涂法施工图（DN>600）

电源和砂浆供给管路通过绞车钢丝绳拉动，拉动速度与喷涂机具的速度相适应。操作工控制其他设备使其在管道中自动工作。

对于公称直径大于 DN900 和断面较大的管道，可以通过供应车运输，可通过闭路电视控制供应车，如图10-3所示。对于管道公称直径达到DN6700的管道，施工图见图10-4。

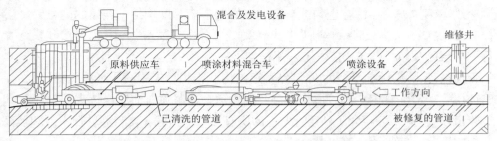

图10-3　可进人管道（DN>900）喷涂法施工图

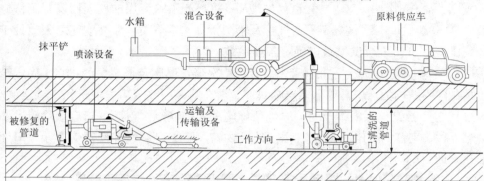

图10-4　DN6700管道施工图

如上所述，Centriline技术要求是圆形截面，其应用范围受到一定的限制。实际上，这一技术也可以应用在椭圆形截面管道修复。

前期专业准备工作和所选用的抹平设备，对于喷涂的质量有着重要影响。光滑圆柱可使大多数喷涂表面达到自由轮廓的效果，抹平铲可达到波浪形或棱纹形的效果。而没有抹平的喷涂表面与橘子皮外形很相似。非专业的喷涂内衬可能达不到理想的效果。

喷涂结束以后，需要将管道两端立即封闭避免砂浆快速变干，应保持内衬的湿度，可达到理想效果，喷涂后过流最早时间应为12h以后。

若采用硬化时间（如3h）很短的特殊喷涂材料，修复管道界面在很短时间就可以投入使用。此外，被喷涂在管道支线口的砂浆必须清除。而需要更换的半圆形截面管道在开挖更换前必须包好。

10.2　离心喷筑砂浆内衬管技术

10.2.1　工艺原理

离心喷筑砂浆内衬管技术（Centrifugal Cast Concrete Pipe，简称CCCP技术），是采用离心喷筑方式在管道内壁形成一个坚固的高性能砂浆内衬。对于超大直径管或异形管，也可采用人工喷涂方式。该技术由美国Action Products Marketing Corp.（AP/M公司）于1976年发明，在北美地区得到大量使用，2014年底引入中国，截至2022年底，该技术已在全国大多数省市普遍应用，相关技术装备和材料均已实现100%国产。

（1）CCCP技术是将预先配制好的高性能复合砂浆泵送到位于管道中轴线上由压缩空

气驱动的高速旋转喷涂器上，浆料在高速旋转离心力作用下均匀甩涂到管道内壁上，同时通过调速绞车牵拉喷涂器沿管道匀速滑行，在管壁形成厚度均匀、连续的内衬，每层喷筑厚度控制在1~2cm。当设计的内衬厚度较大时，可分多层喷筑施工，前一层砂浆终凝后即可进行下一层的喷筑。CCCP技术工艺流程如下：

①管道清理［图10-5a］。彻底清除管道内的淤积物，采用高压水清除管壁上的浮泥、松散腐蚀层等；清除管内全部碎屑物，混凝土管道在灰浆喷筑前应保持表面湿润。

②管道预处理［图10-5b］。对管壁上的所有接口、沟缝、破洞等进行密封和填充，将管壁凸起物去除，使管道内壁平整。

③旋喷器就位［图10-5c］。管道预处理后，将离心喷筑专用的旋喷器安置到待修复管段尾端（牵引端对面），连接好料管、气管及牵引钢绳，调节喷涂器高度使之大致处于管道中轴线高度，在管口进行试喷筑以确定各项参数。

④内衬喷筑［图10-5d］。根据管道直径、单次喷筑厚度及输浆泵的排量，确定牵引速度，确保内衬厚度均匀。需要进行多层喷筑时，须在前一层终凝后方可进行下一层的喷筑。在喷筑过程中，若出现供料不及时，原地暂停施工，待恢复供料后重新启动喷涂设备。若在某个修复段内有管径变化，或局部需要改变内衬厚度，可通过降低牵引速度或增加喷筑层数来达到此目的。

a) 管道高压清洗　　　　　　　　b) 管道预处理

c) 旋喷器安装　　　　　　　　d) 离心喷筑

图10-5　CCCP技术施工流程

（2）CCCP技术可用于对混凝土、陶土、砖砌、金属及塑料管材等各类排水管道的非开挖修复，其主要特点有：

①结构性修复，适用管道直径为600~3000mm。

②全自动旋转离心喷筑，涂层均匀、致密，厚度可调。

③喷筑材料可在潮湿基体表面喷筑，强度高、耐久性好，管道断面损失小。

④内衬与混凝土、砖石砌体等牢固黏结，对基底上的缺陷、孔洞、裂缝等有填充和修补作用，使既有结构得到加强。

⑤内衬厚度可自由调节，管道变径、转弯、台阶、错位等问题均不影响内衬的整体性。

⑥一段修复距离最长可达 200m，不同施工段的内衬可以无缝连接。

⑦对于破坏严重的大直径管道，可在内衬层间添加钢筋网或其他增强材料，以实现更高的结构强度。

CCCP 技术原理如图 10-6，图 10-7 为 CCCP 喷筑现场和喷涂效果图。

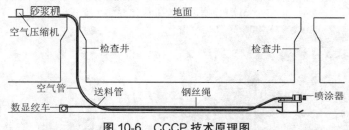

图 10-6　CCCP 技术原理图

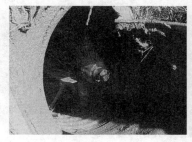 

图 10-7　CCCP 喷筑现场

CCCP 技术主要施工设备为喷筑法非开挖修复系统。图 10-8 为中山大学与武汉中地大非开挖研究院有限公司联合研制的全自动、可视化的喷筑法非开挖修复系统，该系统可用于各类市政检查井、DN300～DN2000 圆形管道的离心喷筑法非开挖修复及大型井室和管涵的人工喷筑法修复。该系统采用了国际同类技术中最先进的设计理念，可实现管道离心喷筑修复过程全自动可视化的作业，并首创实现了旋喷器的自动往复作业，使得一个行走回次可以实现更大内衬喷筑厚度，提高了作业效率，减少了材料浪费。另外，研发的负压上料系统（可兼用于除尘）、36V 直流双向电动旋喷器也均为行业首创。

a) 设备外观　　　b) 全自动管道离心喷筑系统

图　10-8

c) 离心喷筑系统可视化界面

d) 搅拌泵送一体式砂浆机（外加负压上料系统）　　e) 直流电动旋喷器　　f) 气动旋喷器

图 10-8　全自动喷筑法非开挖修复系统

10.2.2　材料与施工

1）内衬材料

CCCP 技术所用的内衬材料主要为高性能复合水泥砂浆材料，根据采用的水泥类型，目前主要分为经改性防腐处理的硅酸盐砂浆体系和铝酸盐砂浆体系。内衬材料除应具备早强、高强、防腐等基本性能外，还应具备优良的泵送性、抗流挂性及水下不分散性等，以保证该材料可在土体、金属、木材、塑料或其他常见建筑材料的表面稳定附着。CCCP 内衬材料主要性能指标见表 10-2。

CCCP 内衬材料主要性能指标　　表 10-2

项目		硅酸盐体系	铝酸盐体系	检验方法
氧化铝含量（%）		—	≥15	《铝酸盐水泥化学分析方法》（GB/T 205—2008）
凝结时间[①]（min）	初凝时间	≥45	≥45	《水泥标准稠度用水量、凝结时间、安定性检验方法》（GB/T 1346—2011）
	终凝时间	≤360	≤360	
抗压强度（MPa）	24h	≥25.0	≥25.0	《水泥胶砂强度检验方法（ISO 法）》（GB/T 17671—2021）
	28d	≥65.0	≥45.0	
抗折强度（MPa）	24h	≥3.5	≥3.5	
	28d	≥9.5	≥5.5	

续上表

项目		硅酸盐体系	铝酸盐体系	检验方法
静压弹性模量（MPa）	28d	≥30,000	30,000	《建筑砂浆基本性能试验方法标准》（JGJ/T 70—2009）
拉伸黏结强度（MPa）	28d	≥1.2	≥1.0	
抗渗强度（MPa）	28d	≥1.5	≥1.5	
收缩率（%）	28d	≤0.1	≤0.1	
抗冻性能（%）	100次冻融循环	强度损失≤25%	强度损失≤25%	
		质量损失≤5%	质量损失≤5%	
耐酸性能[2]	5%硫酸液腐蚀24h	无剥落、无裂纹	无剥落、无裂纹	《水性聚氨酯地坪》（JC/T 2327—2015）

注：[1]有早强要求时，凝结时间由供需双方另行确定。
　　[2]雨水管道修复无须检测耐酸性能。

2）施工过程

（1）管道预处理

修复施工前应对管道进行清淤疏通，并采用高压水对井壁和管壁进行清洗，清除基底松散腐蚀层及其他异物，直至露出新鲜坚实基底；当管道内有漏水时，应结合现场情况进行止水堵漏。基底经高压清洗暴露的凹陷、孔洞和裂隙等缺陷，应采用喷筑材料修补；管壁有结构缺失时，应进行修补使其结构完整，并满足结构安全要求。

（2）材料运输与储存

材料在运往施工现场之前，应保持其原始状态未启封，要求产品来源、出厂代码、技术说明等标识清晰，并按产品说明进行储存。所有必需的工具、设备及其他相关材料应处于良好状态，离施工现场距离较近为宜。

（3）内衬喷筑

①浆料搅拌：在浆料搅拌时，操作人员应佩戴相应的防护用品，避免粉尘吸入及眼睛与干粉或浆料直接接触。施工前，应为管道预处理、搅拌水泥浆、管道清洗、养护准备充足的净水。浆料搅拌的速度应与泵送速度匹配，以确保内衬喷筑连续进行。

②砂浆应按规定的水灰比高速剪切搅拌，搅拌时间不宜少于3min；搅浆用水量不能超出推荐的最大用水量，或不得造成水泥浆离析。在使用过程中，应持续搅拌以保持灰浆有足够的流动性，防止在使用过程中灰浆变硬；灰浆的有效时间视现场情况不同控制在30min以内。每次搅拌的灰浆，应在规定的时间内用完；不能将已经固化的灰浆加水拌和后继续使用。

③使用方法：将旋喷器调整至管道中轴线上，而后开始喷涂混合好的灰浆。当灰浆在离心力作用下逐渐喷筑到管道内壁时，根据设计的喷涂厚度将旋喷器调节到最佳转速。CCCP内衬管的厚度应事先确定好，并用制造商提供的设计指南进行复核。

④在CCCP内衬施工过程中，不论何种原因造成供浆中断，只需要原地停止旋喷器直至恢复供浆。若局部管段需要增加厚度，只需变换旋喷器方向，恢复供浆并以一定的速度往回喷涂，如此往复，直至达到需要的厚度。嵌入式的黏结剂可满足在任一阶段增加喷涂

层的作业要求；一个回次喷涂完成初凝过后，变换旋喷器旋转方向并进行下一回次的喷涂。

⑤在高速离心力作用下，砂浆内衬形成了极为细腻的网纹表面，这样就不需要对其进行额外的抹平或收浆。

⑥高温作业（26℃以上）：在环境温度或管道表面温度超过 37℃时，不应进行喷涂施工。材料应在阴凉处保存，保持待喷筑管道凉爽。在环境温度超过26℃但不到37℃时，若需延长灰浆的使用时间，可使用低温水制浆。在这类高温环境中进行施工，工程人员应确保修复基体表面处于饱和干燥（SSD）状态。

⑦低温作业：在进行喷筑前，作业人员应确保在灰浆喷筑后 72h 内，环境温度不会降低至 7℃以下；在施工过程中，环境温度和基体表面温度均不得低于 7℃。低温将延缓材料的凝固及强度的增长。严禁新喷筑的内衬出现结冰。

图10-9 为某破裂的钢筋混凝土排水管道修复前管内检测情况，图10-10 为采用 CCCP 技术修复管道过程和修复效果图。

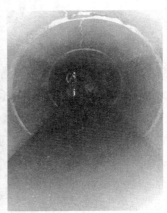

图 10-9　管道修复前

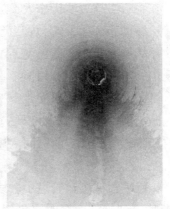

a) 管道修复中　　　　　b) 管道修复后

图 10-10　采用 CCCP 技术修复管道中和修复后

10.2.3　CCCP 设计

目前对于柔性内衬如 CIPP 和 HDPE 内衬壁厚计算基于 Timoshenko 等人的屈曲理论，

考虑内衬在实际上存在褶皱、椭圆度、厚度偏差等缺陷，同时内衬本身又处于旧管包裹保护之中。因此，对用于计算内衬的公式进行了改进，如考虑了椭圆度、旧管的圆周支撑率、内衬的长期弹性模量等。

（1）CCCP 技术最后形成的是一个高性能复合砂浆管道内衬（HPM 内衬），与 CIPP 或 HDPE 等工厂预制内衬最大的不同在于：

①HPM 内衬与旧管内壁紧密无间地黏合或贴合，可阻止既有管道的泄漏并能增强其环向刚度，阻止修复后的管道持续恶化。

②HPM 内衬是刚性内衬，变形量极小，因外部荷载变化造成既有管道受力变形时，会直接传递给内衬，因此 HPM 内衬与其协同受力状态好。在 HPM 内衬设计时，做出以下假设：

a.既有管道形状完整时，管土结构处于临界稳定状态，即在没有额外扰动的情况下，管道短期内不会发生明显变形或坍塌。

b.当上覆地表发生明显沉降或塌陷时，则认为上覆土体已发生剪切破坏，土柱完全施压在管道上方，不考虑土拱效应。

c.既有管道为混凝土管、砖石砌筑管道时，则认为内衬与既有管道结构黏合为整体。

d.既有管道为金属管、塑料管时，则认为内衬与既有管道结构为无缝贴合，不考虑内衬与其的黏结强度。

当既有管道形状完整未发生明显变形时，此时管道自身因腐蚀、渗漏、破裂等问题，若不进行修复，情况将迅速恶化。若既有管道是刚性材料（混凝土管、陶土管、砖砌管道等），当管道的局部或很多部位发生破裂时，应认真评估由断裂的管片形成的环状结构状态，确保结构没有发生凹陷，管基土体仍处于稳定状态。若管基土体不能保持足够的支撑力（如出现大的空洞），则首先应处理空洞问题，之后再考虑是否可以修复。

由于内衬与既有管道是无缝结合的，既有管道在受到外界荷载作用时产生的环向变形将使内衬形成微裂纹，当微裂纹达到一定程度时，则可认为内衬发生了破坏，而内衬本身不会发生变形，因此可能是设计的主控参数导致裂缝产生，裂缝一旦产生，内衬将发生形变，如图 10-11 所示。

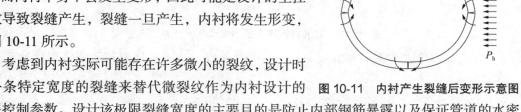

图 10-11　内衬产生裂缝后变形示意图

考虑到内衬实际可能存在许多微小的裂纹，设计时以一条特定宽度的裂缝来替代微裂纹作为内衬设计的极限控制参数。设计该极限裂缝宽度的主要目的是防止内部钢筋暴露以及保证管道的水密性，根据《给水排水工程管道结构设计规范》（GB 50332—2008）极限裂缝宽度取 0.2mm。

根据 Ian Moore 对破碎管道的变形运动学对比研究，破碎的刚性管在荷载作用下表现出柔性管的性质。结合管周土体条件，圆形管道水平直径的变化可按下列公式计算：

$$\frac{\Delta D_H}{OD_p} = 4P_v(1-K)\frac{(1-\nu_s)}{(3-2\nu_s)(1-2\nu_s)M_s} \approx 1.6\frac{P_v}{M_s} \tag{10-1}$$

$$\frac{\Delta D_H}{ID_p} \approx 1.6 \frac{P_v}{M_s}\left(1 + \frac{2t_p}{ID_p}\right) \tag{10-2}$$

式中：P_v——垂直应力（MPa）；

K——侧向土压力系数；

M_s——土的压缩模量（MPa）；

v_s——泊松比；

OD_p——管道外径（mm）；

ID_p——管道内径（mm）；

t_p——管道壁厚（mm）。

式中，1.6 的恒定值是在 $K = 0.45$、$v_s = 0.3$ 的条件下得到的。通过对不同 K、v_s 取值组合的研究得出，恒定值的取值在 1.4～1.7 范围内。

在使用式(10-1)和式(10-2)计算出管道水平直径变形量后，管道的垂向变形量可用下式计算：

$$\Delta D_v = -\Delta D_H\left(1 - \frac{2t_p}{OD_p}\right) \tag{10-3}$$

图 10-12a）显示了圆形管道发生垂向变形的典型特征，假设既有管道在采用内衬修复后，其因外部荷载变化再次变形而使内衬产生了裂缝［图 10-12b)］，并对既有管道变形引发内衬产生裂缝进行极端假设，认为裂缝贯穿了内衬的整个厚度直至旧管内壁。

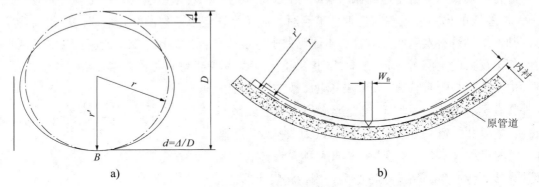

图 10-12 因既有管道变形引发内衬产生裂缝示意图

t 为内衬厚度，裂缝宽度 $W_{fr} = t \cdot \Delta\theta$，$\Delta\theta = 1/r - 1/r'$，从而获得裂缝宽度计算公式如下：

$$W_{fr} = t(1/r - 1/r') \tag{10-4}$$

（2）对于圆形管道而言，最大的曲率半径 r' 在管底部位（B 点），曲率计算公式为：

①当发生正常椭圆变形时：

$$r'/r = (1+d^2)/(1-d) \tag{10-5}$$

②当管外基础条件最差时：

$$r/r' = 1 - 5d \tag{10-6}$$

$$d = \Delta/D \tag{10-7}$$

在该位置的截面弯矩最大，为：

$$M = 0.132 P_v r^2 \tag{10-8}$$

根据固体力学：

$$M/EI = 1/r - 1/r' \tag{10-9}$$

式中：I——内衬转动惯量（mm⁴/mm）；
　　　r——旧管变形前内壁半径（mm）；
　　　r'——变形后底部半径（mm）。

将M/EI代入式(10-9)，令$I = t^3/12$，得出内衬的厚度计算式如下：

$$t = \sqrt{\frac{179 \cdot P_v \cdot r'^2}{W_{fr} \cdot E}} \tag{10-10}$$

若管道已经变形，则W_{fr}和r'之间的关系将更加可信。对人可以进入的管道，假设管底是曲率半径为r'的圆弧，则r'可以通过在管底B点上方水平放置一直尺，并测量直尺中点到管底的垂直距离，则管底处的曲率半径为$r' = e/2 + L^2/8e$，其中L是直尺的长度，e为直尺中点到管壁的垂直距离。

当既有管道为大跨度或非圆形断面时，上部活荷载在经过上部土体的分散传播后，只有部分会作用到管道顶部，实际中可能出现以下两种情况：荷载的传递范围远小于管道跨度和荷载的传递范围大于管道跨度。

对于荷载的传递范围远小于管道跨度的情况，荷载传递的范围可简化为作用在管顶中部最大的弯矩和拉应力（图10-13），可将这类作用力按集中荷载处理。

由集中荷载引起的最大弯矩M位于管顶部位，其计算公式为：

$$M_A = \frac{R_L r}{2\sin\theta}(1 - \cos\theta) \tag{10-11}$$

式中：M_A——管顶弯矩（N·m）；
　　　R_L——管顶集中荷载（N）；
　　　r——平均半径（m）；
　　　θ——1/2 开口角度。

令$S_F = M/I$，则：

$$t = \sqrt{\frac{12 R_L r}{S_F \sin\theta}(1 - \cos\theta)} \tag{10-12}$$

令S_F为内衬的抗折强度，则可以直接解出内衬的设计壁厚。

对于荷载的传递范围大于管道跨度的情况，上部土拱可简化为简支梁，最大的弯矩和拉应力处于中部，如图10-14所示。在此情况下，利用$S_F = M/I$计算内衬的壁厚见下式：

$$t = \sqrt{\frac{0.0372 P_v \cdot r^2}{S_F}} \tag{10-13}$$

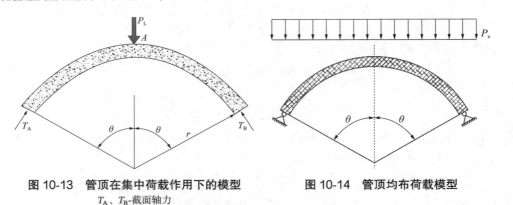

图 10-13　管顶在集中荷载作用下的模型
T_A、T_B-截面轴力

图 10-14　管顶均布荷载模型

10.3　CSL 喷涂技术

（1）CSL 喷涂技术是 1984 年在英格兰为修复 DN225～DN1000 的污水管道而开发的施工技术。喷涂机具主要由三部分组成（图 10-15）：

①溶液混合室。

②胶体形成区。

③发动机和旋转喷涂头。

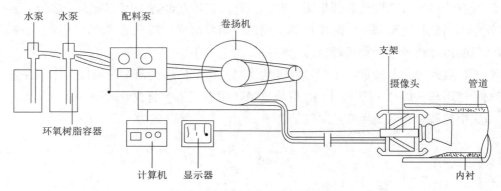

图 10-15　CSL 技术原理示意图

两种聚亚安酯树脂分别被抽到溶液混合室，之后在混合器内进行强烈搅拌。混合腔和旋转喷头之间为胶凝反应区，溶液在该空间内发生第一次反应，增加黏度，防止树脂从管道内壁流下。胶体形成区是由一个传输软管组成，软管的长度根据喷涂管道的直径和流速来确定，一般为 1～3m。通过压缩空气来驱动像漏斗一样的旋转喷头，喷头中间是一些小孔，树脂通过小孔喷出。使用特殊的软管（外径 79mm）来供应原料和控制设备，所用的 11 条电线和供料管被集束在该软管中，该软管具有抗拉和耐磨性能，可拖拉控制闭路电视和喷涂设备通过被修复的管道。

聚亚安酯树脂根据施工要求配制，首先在胶凝区反应，温度约为 20℃，约需 8s，之后喷涂需 3～6min，硬化时间约需 30h。

（2）根据英国标准，树脂和硬化剂的体积比为 2∶1 时，相关性能参数为：

①抗弯强度为 $65N/mm^2$。

②模量 E 为 3600N/mm²。

③延长率为 2.25%。

若树脂和硬化剂的比例关系发生变化，则上述数值也会发生相应的改变。

喷涂结束或停止喷涂作业后，必须马上对喷涂机具进行清洁，防止快速凝结的树脂堵塞管线。为达到清洗目的，可泵送一种清洁液体，通过一个特殊的软管经混合仓流经喷涂机具中。

（3）被修复的管道在喷涂工作结束 24h 后可投入使用。CSL 树脂喷涂技术通常需要 3~4 人来完成。应用该喷涂技术除了需要喷涂内衬机具和闭路电视摄像头外，还需以下设备（整装于一个集装箱中）：

①一个由电动机驱动的鼓形圆筒，同时可被当作卷扬机。

②一个盛装清洗液体的容器。

③用来抽送液体的气动泵（泵装有用来测试特殊的压力、流速和剂量的设备）。

④控制台（操作和控制均是由计算机完成）。

⑤监控器。

若使用高质量的树脂材料，在应用过程中同样会出现问题，特别对于较厚的涂层，因在硬化过程中的树脂收缩以及由于水的存在产生的发泡均会使涂层的密度变成未知，故还必须在现场条件下进行适应性和长效试验研究。

10.4 双管喷涂技术

双管喷涂技术原理与 CSL 喷涂技术一样，也是在英国首先开发使用的。该方法将两种成分的环氧树脂分别通过加热的软管传送到喷涂设备中形成涂层。软管加热是为了确保所需的作业温度。目前该技术仅应用于小直径饮水管道。

双管技术的特点是两种树脂被装满并存储于软管中，而不是通过各自的导管抽送到混合室。软管的长度应和修复管线的长度对应，软管直径取决于所需树脂的数量、内衬厚度、管道直径和混合关系。

将含有不同树脂的两根软管在修复管道中被钢丝绳拉动，树脂被送入喷涂设备中。之后两根管被拉直以便它们与管道内壁不接触。当卷扬机拖拉喷涂机具时，两条软管同时也被剪开。树脂和硬化剂则喷出流到机具中，通过一个靠气压驱动的混合头将溶液混合。

根据生产厂家提供的资料，双管技术适用于 DN250~DN1000 的管道，施工速度 0.5~1.5m/min，双管喷涂技术内衬厚度与管道公称直径关系见表 10-3。

双管喷涂技术内衬厚度与管道公称直径关系　　　　表 10-3

DN	内衬厚度（mm）	DN	内衬厚度（mm）
150	5	400	9
200	5	450	10
250	6	500	12
300	7	600	14
350	8	>600	无

10.5 结构性树脂喷涂修复技术

供水主管道通常存在三种类型的问题：水质污染、泄漏或水流不畅、结构失效。水质污染主要由于水管积垢脱落造成，在终端用户处呈现为褐色或红色的水；水流不畅表现为需要越来越高的系统泵或压力要求；泄漏则是系统有严重腐蚀物和水管积垢的水管的典型症状，同时可能会降低管道或系统的水流容量，并使水泵压力和运营成本增加；结构失效问题主要包括管道内外壁受到腐蚀、侵蚀、金属石墨化，并可能最终转化为小孔、窟窿和横向或纵向的裂缝。这些结构性问题可能导致管道发生故障和断裂，严重的情况下，可能造成重要基础设施损坏或影响串联，如水管爆裂、出水口凹陷、道路损坏等。在进行适当的管道状况评估的同时，采用喷涂法对管道进行结构性修复可有效解决上述问题。

10.5.1 结构树脂喷涂简介

用于供水管道的结构性喷涂内衬修复技术主要根据内部压力对管道的影响，AWWA将内衬结构分为四个等级（结构Ⅰ、半结构Ⅱ、半结构Ⅲ及结构Ⅳ）。结构喷涂内衬被普遍采用，其成本低而效益较高，是可替代传统开挖施工的一种修复方法。

喷涂内衬，包括在施工现场应用环氧树脂、丙烯酸和聚氨酯涂料，旨在修复现有管道基础设施的间隙并弥补其不连续性，而不用完全替换现有管道基础设施。由于喷涂内衬是一种非开挖技术工艺，比传统开挖施工方法有更可观的社会和经济效益优势。需注意该内衬必须能够承受短期负载，如地下水上升、超载压力或内部液体压力（真空压力）下降，以及长期负载，如路堤负载、土壤、地下水和运行负载（水压）。

1990年代，许多涂敷商和承包商采用水性环氧树脂喷涂内衬产品。此类产品凝固慢，至少需要16h的固化时间，此举将中断36h供水服务。从那时起，可快速固化的新一代聚氨酯内衬越来越受欢迎。

3M公司注意到环氧树脂和不饱和聚酯的弊端，因此开发了一种革新性的快速固化聚氨酯产品。喷涂法管道修复材料是一种厚浆型聚氨酯，采用离心式旋转涂敷工艺形成。产品的正确涂敷需要内部表面整齐，避免在接头区域产生不连续性，从而保证整个涂敷长度中的最佳衬砌厚度。最终的效果是形成高强度、非活性、耐腐蚀的衬砌系统，更新基础设施内衬。

喷涂法管道修复技术用以将内衬材料喷涂至现有的配水管道（如压力管和增压输送管）内表面，内衬层通常具有足够的完整性，以承受整个设计使用年限中全部管道的工作压力。

喷涂法管道修复能否成功取决于多种因素，如材料至施工现场的运输、现场环境温度、旧管道内部的清洁程度、旧管道的条件、几何形状以及管道存在的缺陷等。这些参数中，遵循正确的施工程序和技术要求较为重要，图10-16展示了喷涂法管道修复工艺流程。

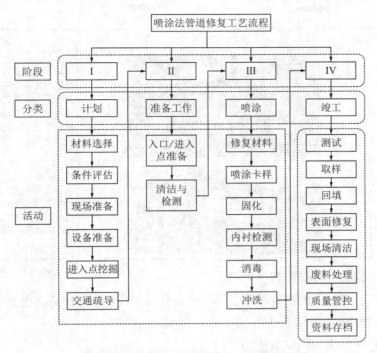

图 10-16　喷涂法管道修复工艺流程示意图

10.5.2　供水管道清洁方法与程序

大多数供水管道中通常会发生沉积物积累、形成生物膜，从而增加了颜色、味道和气味问题的风险，为大肠菌群提供重新生长的场所。为对这些区域进行涂敷，从而避免这些问题，必须对管道内表面进行有效清洗。对管道进行清洁之前，必须切断水流或进行分流，再排空管段，进行清洗。根据管道材料、管道直径、水管结垢程度、之前使用的涂料与进入点位置等因素，选择适当的清洗技术。应注意，若旧管结构状况差、管壁薄，一些清洁方法可能会导致在清理中损坏管段。供水管道常用的清洗方法见表 10-4。

供水管道清洗方法　　　　　　　　　　　　　表 10-4

方法	基本原理	应用说明
高压水射流法		采用高速水射流冲出水管内的沉淀物与薄膜
齿条进给钻孔法		在机械棒底端附加一根连枷。旋转的机械棒与连枷穿过水管，去除水管结垢和沉积物。一般适用于直径为 100~250mm 的管道

续上表

方法	基本原理	应用说明
拖铲法		用于移除硬质沉淀物与结块。该装置包含多个安装于中央轴上的弹簧钢铲。钢铲在通过管道时去除沉淀物。中央轴两端配有挂钩，必要时可回拉钢铲反复刮擦，一般适用于直径为100~610mm的管道
擦除法/插塞法		对于较为柔软的管垢或残留物，通常使用橡胶或用塑料覆盖。使用以上方法清洗后，使用较软的泡沫擦除器移除沉积物和积水

管道清洗工艺的一般操作程序如下：

（1）审查需清洗管道的所有图纸，寻找弯头和阀门位置。若弯头超过22.5°，则清洗设备和之后的喷衬控制软管很难通过，应考虑在弯头位置挖坑。

（2）确认并测试用于隔离系统的阀门。

（3）需要时应清洗废弃开闸阀并放置妥当。

（4）必要时确定清洗过程中用于冲洗管道的水源（不适于高压喷水法）。

（5）施工入口坑和出口坑，隔离并排空管道。

（6）暴露出用于切割的管段。

（7）根据选择的清洗方法要求，开启（远坑处）水流，并在近坑处开始清洗过程（清洗设备入口）。

（8）根据需求重复清洗步骤，确保管道内所有阻塞、管垢、结块和锈蚀均清除干净。

（9）若当地法规要求，需收集所有杂物，妥善进行处理。

（10）使用推液塞去除最后的沉积物，或使用带泡沫清管器的擦水器去除灰尘与积水。

（11）使CCTV摄像头通过管道，确认结果并制作记录视频。如清洗不符合喷涂要求，应重复清洗步骤。

10.5.3 喷涂法管道修复设备和工艺

喷涂法管道修复需使用经认证满足最低设备规范的涂敷设备。主要包括罐体与加热系统、传输与计量泵、可编程逻辑控制与人机界面、传感器与监控系统、供水软管与涂敷离心浇铸头以及静态混合器等。调整所有类型喷头的滑动装置，以保证喷头位于中心，并在水管内平行。图10-17为内衬喷涂机和离心喷头。

1）材料喷涂设备功能要求

喷涂法管道修复材料喷涂设备必须符合规范要求，并满足以下功能要求：

（1）衬砌厚度，单道1.2~8.5mm。

（2）体积混合比例1∶1。

（3）供水管长198.12m（650ft）。

（4）能通过的弯度达22.5°的弯管。

由于其喷涂方法和先进的材料特性，喷涂法管道修复技术的施工不会导致管道截面积显著减少。喷涂法管道修复材料基料和固化剂采用多组件泵和一个旋转的离心喷头进行喷涂，喷涂厚度由管道直径与掩埋深度、水管的水流与喷头回收速度来确定。基料与固化剂成分通过加热的控制管线进入管道内，基料与固化剂在喷头后方的静态混合器混合。成分经过加热，达到合适的喷涂温度和最佳流量。图10-18为该技术的工艺原理。

图10-17　内衬喷涂机和离心喷头

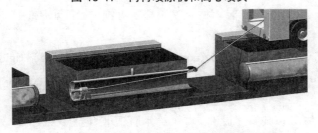

图10-18　喷涂法管道修复技术原理示意图

2）内衬涂层厚度的确定

涂层厚度应在施工前确定并通过批准。内衬层需要的质量保证措施包括符合设计规范和预期的测试结果，参照适用的合同文件和技术指南。内衬喷涂机的打印文档显示了标称内衬层厚度与内衬层变量，如泵速度与推进速度。

静态混合器的功能十分重要，因其有助于保证喷涂材料的充分混合、最佳固化和长时间的持久耐用性。喷涂设备旨在监测准确的流速（体积±5%），且连续3次准确的水流检查必须输入设备电脑，确保设备以正确的混合比例工作。在施工前必须检验喷涂设备功能，确保实现所需的最小设计厚度。可通过正确的维护和校准程序进行验证。

3）喷涂法管道修复材料固化

喷涂法管道修复材料喷涂后，在进行CCTV检测前，至少需10min进行固化。开始消毒与冲洗之前，至少应允许喷涂的内衬层完全固化60min。管道两端应进行密封，防止污染。

4）内衬层的质量检测

建议采用彩色闭路电视检查，检查记录应永久保留。正确校准过的喷涂设备理论上没有问题，但若可能，仍应进行厚度检查，确保管道两端无缺陷，否则可能出现涂层与管道间渗水的现象。

本章参考文献

[1] 马保松. 非开挖工程学[M]. 北京: 人民交通出版社, 2008.

[2] Najafi M, Gokhale S, Calderón D R, et al. Trenchless technology: pipeline and utility design, construction and renewal[M]. McGraw-Hill Education, 2021.

[3] Iseley D T, Najafi M. Trenchless pipeline renewal[M]. Arlington: The National Utility Contractors Association (NUCA), 1995.

[4] 张海丰. 水泥砂浆内衬法修复混凝土重力管道理论与实验研究[D]. 武汉: 中国地质大学, 2020.

[5] 孔耀祖. 原位喷筑法管道和检查井非开挖修复技术研究及应用[D]. 武汉: 中国地质大学, 2017.

[6] 张万辉, 安关峰, 周律, 等. 聚氨酯人工喷涂方法在排水渠箱非开挖修复中的应用[J]. 地质科技情报, 2016, 35(2): 95-99.

[7] 李明明, 刘书明, 郑少博, 等. 环氧树脂喷涂修复对供水管网水质的影响[J]. 中国给水排水, 2015, 31(13): 46-48.

[8] Zhao Y, Ma B, Ariaratnam S T, et al. Structural performance of damaged rigid pipe rehabilitated by centrifugal spray on mortar liner[J]. Tunnelling and Underground Space Technology, 2021, 116: 104-117.

[9] 中华人民共和国住房和城乡建设部. 城镇给水管道非开挖修复更新工程技术规程: CJJ/T 244—2016 [S]. 北京: 中国建筑工业出版社, 2016.

第 11 章 螺旋缠绕法管道修复技术

11.1 螺旋缠绕法简介

11.1.1 定义

螺旋缠绕法是采用机械缠绕的方法将带状型材在原有管道内形成一条新的管道内衬的修复方法。

该工艺专用于污水及雨水管道更新修复,是一种有效的、可靠的、完善的工艺,可分为固定口径法、扩张法和自行缠绕机污水管道更新方法(SPR 法)。

1) 固定口径法

该工艺是将带状聚氯乙烯(PVC)型材,放在现有的检查井底部,通过专用的缠绕机,在原有的管道内螺旋旋转缠绕成一条固定口径的新管,并在新管和原有管道之间的空隙中灌入水泥砂浆(图 11-1)。所用型材外表面布满 T 形肋,以提高其结构强度;而作为新管内壁的内表面则光滑平整。型材两边各有公母锁扣,型材边缘的锁扣在螺旋旋转中互锁,在原有管道内形成一条连续无缝的结构性防水新管。

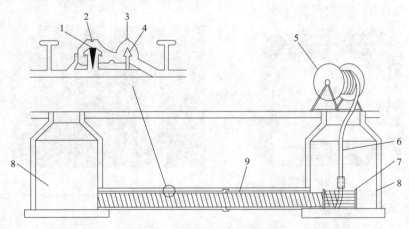

图 11-1 固定直径螺旋缠绕工艺
1-密封胶;2-主锁扣;3-次锁扣;4-黏结剂;5-滚筒;6-型材;7-缠绕机;8-检查井;9-水泥浆

2) 扩张法

该工艺是将带状聚氯乙烯(PVC)型材放在现有的检查井底部,通过专用的缠绕机,在原有的管道内螺旋旋转缠绕成一条新管(图 11-2)。当一段扩张管安装完毕后,通过拉动预置钢线,将二级锁扣拉断,新管开始径向扩张,直到新管紧紧地贴在原有管道的内壁上(图 11-3)。

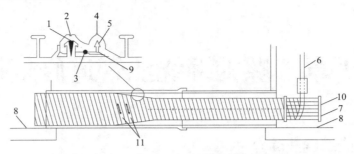

图 11-2 内衬管直径可扩张螺旋缠绕工艺

1-密封胶；2-主锁扣；3-钢丝；4-次锁扣；5-黏结剂；6-型材；7-缠绕机；8-检查井；9-拉出钢丝、次缩扣拉断、衬管扩张；10-牵拉钢丝；11-型材滑动

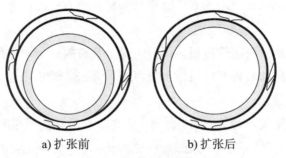

a) 扩张前　　　　　　b) 扩张后

图 11-3 扩张前和扩张后的管道内视图

3）自行式缠绕机 SPR 法

该工艺是导向框架根据管道的内径尺寸和形状设计，滚轮系统沿着框架行走，液压马达推动 SPR 型材并使型材互锁（图 11-4）。

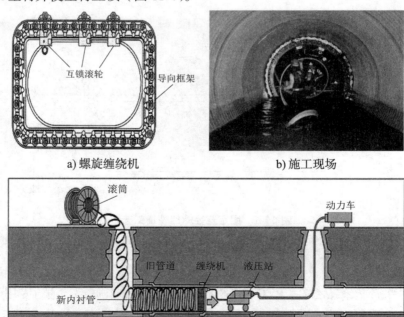

图 11-4 自行式缠绕机 SPR 工法

11.1.2 材料及性能

用于生产 Rib Loc 螺旋缠绕管带状型材的原材料是非塑性聚氯乙烯（UPVC），与用于生产普通雨污水管道的聚氯乙烯材料基本相似。该材料的一些基本技术参数见表 11-1。

材料基本性能参数　　　　　　　　　　　表 11-1

属性	数值	测试标准
弯曲强度	77.2MPa	ASTM D 790
弯曲模量	2980MPa	ASTM D 790
拉伸强度	44MPa	ASTM D 638
拉伸模量	2800MPa	ASTM D 638
变形温度	70℃	ASTM D 648

所有用于 Rib Loc 缠绕管成形的聚氯乙烯型材样品均通过了权威测试机构的抗化学性和抗磨损性测试。测试机构如下：

（1）澳大利亚皇家墨尔本科技大学（RMIT）聚合物技术中心。
（2）德国北莱因威斯特伐利亚州多特蒙德材料测试中心。
（3）澳大利亚国家测试协会成员之一的邓肯检测中心。
（4）南澳大利亚大学。

用于螺旋缠绕管固定口径的带状型材根据美国标准《用于污水管道更新的机制螺旋缠绕衬管的聚氯乙烯带状型材标准》（ASTM F 1697）进行生产和测试。缠绕管型材性能及管道性能见表 11-2、表 11-3，扩张工艺各种型号型材的结构形式及适用管径见表 11-4。

螺旋缠绕管型材性能（扩张工艺）　　　　　表 11-2

型号	宽度（mm）	高度（mm）	壁厚（mm）	中轴距（mm）	截面积（mm²/mm）	惯性矩（mm⁴/mm）
56-7EX	56	6.75	1.90	2.8	3.67	16.0
85-7EX	85	6.80	1.80	2.7	3.38	15.7
85-8EX	85	8.20	1.90	3.4	4.09	27.0
126-13EX	126	13.25	2.30	5.2	5.58	95.6
126-20EX	126	20.00	2.50	6.8	5.81	211.6

螺旋缠绕管管道性能（固定口径工艺）　　　　表 11-3

型号	宽度（mm）	高度（mm）	壁厚（mm）	中轴距（mm）	截面积（mm²/mm）	惯性矩（mm⁴/mm）
126AD20	126	19.8	2.55	6.72	4.73	228.9
91AD25	91	24.9	2.65	8.80	5.42	427.2

注：所有出厂产品均经过严格的检验以确保质量。

扩张工艺各种型号型材的结构形式及适用管径　　　　表 11-4

型材结构示意图	型号	适用管径（mm）
	56-7EX	150
	85-7EX	200～300
	85-8EX	200～450
	126-13EX	375～600
	126-20EX	450～750

11.1.3　螺旋缠绕设备

螺旋缠绕法需要的设备均可以安装在载货汽车上，并在载货汽车（图 11-5）上操作，也可以根据现场需要进行移动和放置。设备包括：

（1）电子自动控制设备。电子自动控制设备用来控制安装过程中的扩张过程。计算机系统可以通过不间断监视计算安装过程来确保 Rib Loc 缠绕管完全扩张（图 11-6）。

图 11-5　载货汽车（运输工具）　　　　图 11-6　电子自动控制设备

（2）在检查井井中制作新管的特殊缠绕机。PVC 型材上的锁扣通过缠绕机缠绕互锁，形成一条连续的防水新管。同时操作员通过控制缠绕机来控制缠绕管的速度（图 11-7）。

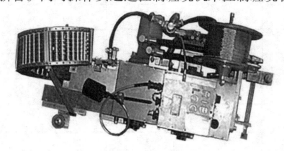

图 11-7　缠绕机

（3）适用于不同口径的缠绕头。缠绕头是用来控制新管口径尺寸的，根据原管道内径的大小进行选用，可以在一定范围内调节尺寸（图 11-8）。同时也可以分成两片，便于运输和放入检查井内。

图 11-8 螺旋缠绕头

（4）驱动缠绕机的液压动力装置和软管。
（5）提供动力和照明的发电机。
（6）空气压缩机和气动密封机。
（7）检查管道及监控施工用的闭路电视。
（8）放置型材的滚筒和支架。
（9）密封剂泵。
（10）拉钢线设备。

11.1.4 使用范围

该修复工艺可用于各种损坏情况的管道，包括：
（1）由于管道沉降和开裂造成的结构损坏。
（2）由于交通和房屋重量增加引起管道负荷超重造成的损坏。
（3）由于管道周围泥土松动造成的损坏。
（4）由于污水中的废气引起的管道腐蚀造成的损坏。
（5）由于流体中的硬块和管壁产生摩擦、磨损造成的损坏。
（6）通过接头或裂缝处进入管道的树根对管道造成损害或发生堵塞。
（7）污水渗漏对周围土质及地下水形成的污染。
（8）由于地下水渗透而造成管道输送能力下降。
（9）由于地表移动造成管道接头错位。
（10）使用了劣质的管材以及施工质量很差。
（11）管道的老化。

螺旋缠绕管工艺应用于两个检查井之间的管段修复，扩张时的扭矩是限制一次性修复管道长度的主要因素。理论上，若能够提供足够的扭矩，则一次性可修复管道的长度是无限的。目前一次性修复管道最长超过 200m，且中间无任何接口。带状型材可连续不断地被卷入，它的长度受到运输条件的限制。

使用不同的设备和型材可修复管道口径范围为 150~2500mm。扩张法主要适用于口径为 150~800mm 的管道。固定口径法主要适用于口径为 450~2500mm 的管道。一般情况下，受型材厚度的影响，原管道口径会缩小 10%，但由于聚氯乙烯表面光滑，且粗糙系数低。因此新的缠绕管输送能力与普通的污水管材料相比，输送能力减小有限，在某些情况下输送能力还可能增加。

11.1.5 优缺点

1）优点

（1）特殊设计的型材，可增加钢片加强内衬管强度，具有独立承载的性能，尤其适用于大口径管道的修复。

（2）抗化学腐蚀能力，材料的属性和质量不受环境影响。

（3）内表面光滑，曼宁系数 $n = 0.009$，可提高管道过流能力。

（4）修复后内衬管柔韧度好，即使在地层出现位移的情况下新管也能正常工作。

（5）设备简单，整体化高，运输及现场安装简洁。

（6）管内有部分水流（最高达 30%）也可施工，减少了管道截流和污水改道的费用。

（7）施工安静，安全（施工中没有加热过程或化学反应过程），无噪声，不污染周围环境。

2）缺点

（1）需要注浆。

（2）不适用于压力管道的修复。

11.2 设计计算

Rib Loc 螺旋缠绕管的施工设计是根据美国《用于污水管道更新的机制聚氯乙烯螺旋缠绕衬管的制作标准》（ASTM F1741），用该标准设计时，结合了柔性埋管的理念。

根据相关标准，Rib Loc 螺旋缠绕管需要根据管道口径，埋深及地下水位等情况，通过计算来检查型材的环形强度以选择不同的缠绕管型材（图 11-9）。计算时选用的所有材料的物理力学参数均采用长期值，以保证其设计使用寿命为 50 年。

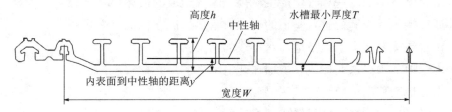

图 11-9 螺旋缠绕带状型材示意图

由于螺旋缠绕内衬管由带肋的带状型材缠绕形成，内衬管管壁纵截面不属于实壁，因此缠绕内衬管不能用管道壁厚 t 作为设计指标。另一方面，带状型材的截面刚度系数可通过弯曲试验获得，而螺旋缠绕带状型材的刚度系数和形成缠绕内衬管的刚度系数相差不大，管径越大其差值越小，因此机械制螺旋缠绕法采用内衬管刚度系数作为设计指标。

11.2.1 半结构性修复设计

缠绕管只用来承受外部静水压力和管道内空气压力，因原有管道已承受其他外力，故缠绕管的设计计算只需考虑是否满足静水压力的要求。缠绕管刚度数值计算如下：

（1）缠绕管道紧贴原有管道时：

$$P = \frac{24KE_LI}{(1-\nu^2)D^3} \frac{C}{N} \tag{11-1}$$

式中：P——外部压力（MPa）；

C——椭圆度修正系数：

$$C = \left[\left(1 - \frac{q}{100}\right) \Big/ \left(1 + \frac{q}{100}\right)\right]$$

q——管道的形状变形百分值：

$$q = 100 \times \frac{D - D_{\min}}{D} \quad \text{或} \quad q = 100 \times \frac{D_{\max} - D}{D}$$

$D_{\min}$——原有管道的最小内径（mm）；

$D_{\max}$——原有管道的最大内径（mm）；

N——安全系数（取 2.0）；

E_L——缠绕管的长期弹性模量（MPa）；

I——缠绕管的转动惯量（mm⁴/mm）；

E_LI——缠绕管的刚度数值（MPa·mm³）；

D——管道的公称直径（mm），$D = D_E - 2(H - y)$；

D_E——原有管道内径（mm）；

H——剖面高度（mm）；

y——管道的轴心深度（mm）；

K——土壤对管道的强度提高系数（土拱效应等）；

ν——泊松比（平均 0.38）。

管道的选择与管道的受力和设计寿命有关，故管道设计遵循在管道寿命内采用最大外荷载情况下的结构设计。

把式(11-1)进行调整，计算管道的刚度数值E_LI：

$$E_LI = \frac{P(1-\nu^2)D^3}{24K} \cdot \frac{N}{C} \tag{11-2}$$

（2）固定管道直径螺旋缠绕法设计（注浆）：

$$E_LI = \frac{pND^3}{8(K_1^2 - 1)C} \tag{11-3}$$

式中：p——外部压力（MPa）；

N——安全系数（取 2.0）；

E_L——缠绕管的长期弹性模量（MPa）；

C——椭圆度修正系数；

I——缠绕管的转动惯量（mm⁴/mm）；

D——管道的公称直径（mm），$D = D_0 - 2(H - y)$；

D_0——缠绕管管道外径（mm）；

H——剖面高度(mm)；

y——管道的轴心深度（mm）；

K_1——未注浆系数（与 1/2 未注浆角度的关系：$\sin K_1\varphi\cos\varphi = K_1\sin\varphi\cos K_1\varphi$，见表 11-5）。

K_1 取值与 1/2 未注浆角度的关系　　　　表 11-5

φ (°)	5	10	15	20	25	30	35	40	45
K_1	51.5	25.76	17.18	12.9	10.33	8.62	7.4	6.5	5.78
φ (°)	50	55	60	65	70	75	80	85	90
K_1	5.22	4.76	4.37	4.05	3.78	3.54	3.34	3.16	3.0

11.2.2　结构性修复设计

在管道完全破损条件下，缠绕管设计用来承受静水压力、土压力和活荷载等所有的外部压力。

（1）缠绕管道紧贴原有管道时的设计计算

$$q_t = \frac{C}{N}\left(32R_w B' E'_S \frac{E_L I}{D^3}\right)^{1/2} + W_L \tag{11-4}$$

式中：q_t——外部总荷载（MPa）；

R_w——抗浮常数，$R_w = 1 - 0.33(H_w/H)$（最小值 0.67）；

H_w——管道水位深度（m）；

H——管道埋深（m）；

W_L——活荷载（MPa）；

B'——弹性常数，$B' = 1/(1 + 4e^{-0.213H})$；

C——椭圆度修正系数；

N——安全系数（2.0）；

E'_S——相互作用土壤弹性模量（MPa）；

E_L——缠绕管的长期弹性模量（MPa）；

$E_L I$——缠绕管的刚度数值（MPa·mm³）；

D——管道的公称直径（mm），$D = D_0 - 2(H - \nu)$。

把式(11-4)进行调整计算管道的刚度数值 $E_L I$：

$$E_L I = \frac{\left(\frac{q_t N}{C}\right)^2 D^3}{32 R_w B' E'_S} \tag{11-5}$$

（2）固定管道直径（注浆）修复法设计要求

固定管道直径、环状空间注浆修复法形成了三个独立的单元：缠绕管、灌注体和原有管道。各个单元均必须在一定的安全保证的基础上承受外部荷载。合同、产品说明与试验数据将有利于管道的设计和安装。

缠绕管的最小刚度数值 $E_L I$ 计算，应满足式(11-2)和式(11-3)的要求。

11.2.3 刚度系数的测试

测试应从平整的带状型材中取样，取样时，不宜切割到肋状物，带状型材的接合处应尽量处在样品的中间位置。样品的宽度不应小于305mm。样品放置按照如图11-10所示。荷载施加在样品带有肋状物的一侧。

试验步骤依照《塑料弯曲性能的测定》（GB/T 9341—2008）中相应的规定进行测试。刚度系数采用式(11-6)进行计算。试验得到的刚度系数大于计算所得管材刚度系数为合格。试验所得刚度系数不宜用于计算管道的环刚度。

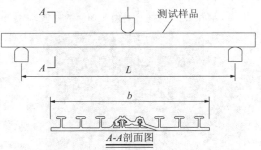

图11-10 机械制螺旋缠绕法带状型材样品测试示意图

$$EI = \frac{L^3 m}{48b} \tag{11-6}$$

式中：EI——刚度系数（MPa·mm³）；
 L——两支撑点间的距离（mm）；
 b——测试样品的宽度，等于带状型材的宽度W（mm）；
 m——加载变形曲线初始直线段的切线斜率。

11.2.4 注浆压力的设计计算

环状间隙在还未注浆时，管道内还未加压或者支撑，最大注浆压力设计计算公式如下：

$$P_{cr} = \frac{24EI}{(1-v^2)D^3} \cdot \frac{C}{N} \tag{11-7}$$

式中：P_{cr}——理论弯曲强度（MPa）；
 N——安全系数（2.0）；
 I——缠绕管的转动惯量（mm⁴/mm）；
 E——缠绕管的弹性模量（MPa）；
 EI——缠绕管的刚度数值（MPa·mm³）；
 D——管道的相似直径（mm）；
 v——泊松比（平均0.38）；
 C——体积变形系数。

11.3 施工工艺

11.3.1 管道预处理

清除管道内所有的垃圾、树根和其他可能影响新管安装的障碍物，此步骤通常采用高压水清洗来完成。需要更新的污水管线通过闭路电视进行检测并录像。所有障碍物均被记录在案并在必要情况下重新清洗。支管的位置也被记录下来等待安装后重新打开。插入管道的支管和其他可能影响安装的障碍物均必须被清除。

11.3.2 水流改道

通常情况下，在 Rib Loc 螺旋缠绕扩张工艺的施工中并不需要设置临排，可以进行带水作业。当水流过大或过急影响工人安全或在业主要求的情况下，需进行水流改道或设置临时排水措施。

待修复管段内的水流可通过各种方法进行控制。例如在上游检查井内用管塞将管道堵住，或在必要情况下将水抽到下游检查井、坑道或其他调节系统（图 11-11）。

图 11-11 控制水流的管塞

Rib Loc 螺旋缠绕管工艺的设备允许在施工过程中暂停，让水流通过。

11.3.3 管道缠绕

1）固定口径法

新管按固定尺寸缠绕时，聚氯乙烯型材被不断地卷入缠绕机，通过螺旋旋转，型材两边的主、次锁扣分别互锁，形成一条固定口径的连续无缝防水新管。当新管到达另一端或检查井后，停止缠绕（图 11-12）。

用于 Rib Loc 螺旋缠绕固定口径管的聚氯乙烯型材可以通过电熔机进行电熔对焊，因此每次缠绕管的长度可更长。

2）扩张法

PVC 型材被不断地卷入缠绕机，通过螺旋旋转，型材两边的主次锁扣分别互锁，形成一条比原管道小的连续无缝防水管。当新管到达另一检查井后，停止缠绕。扩张法施工现场如图 11-13 所示。

图 11-12 固定口径法施工现场

图 11-13 扩张法施工现场

在缠绕过程中，缠绕机不停地重复以下步骤：

（1）将润滑密封剂注入主锁的母扣中。一种有伸缩性的黏结剂在型材生产过程中被涂在次锁的母扣上，以防止新管在缠绕过程中过早地扩张。

（2）卷入高抗拉的钢线。此条钢线以后被拉出时将割断此锁扣使新管扩张，在缠绕过程中钢线并不受拉。

（3）将带状型材卷成一条圆形衬管，直至到达另一端。

管道扩张：在终点处，通过在新管上钻两个洞并插入钢筋来防止新管扭转。当有规律地拉出高抗拉钢线时，次锁被割断，允许互锁的型材沿连接的主锁方向滑动（图11-14）。当继续缠绕并不断拉出钢线时，型材不断沿径向扩张，直至非固定端新管紧贴在原管道管壁。扩张新管在尽头的外表面处用和新管材料相容并符合本地标准的材料密封，通常是聚乙烯泡沫或胶。

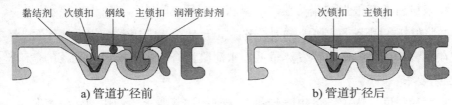

图11-14 扩张法无缝工艺

3）自行式SPR法

移动设备内衬管螺旋缠绕工艺应符合以下规定：

（1）螺旋缠绕设备的轴线应与待修复管道轴线对正。

（2）可通过调整螺旋缠绕设备获得所需要的内衬管直径。

（3）螺旋缠绕设备的缠绕与行走应同步进行。

（4）内衬管缠绕过程中，应在主锁扣和次锁扣中分别注入密封剂和黏结剂。

11.3.4 环空间隙注浆

按固定尺寸缠绕形成的新内衬管可能在母管和衬管之间留有一定的环形间隙，若必要的话，这一间隙需用水泥浆填满（图11-15～图11-17）。

图11-15 封住支管并安装注浆管道

图11-16 建起支撑框架和隔离仓

图11-17 修复后的矩形箱涵

缠绕管本身设计已能承受所有的水流力、土壤、交通荷载以及外部地下水压力。此举意味着水泥浆本身并不需要用来增强缠绕管的强度，因而在计算时也未被考虑在内。环空间隙注浆的作用在于将母管的荷载转移到安装的新管上。

11.3.5 注浆要求

1）注浆材料的性能要求

（1）注浆材料具有很强的流动性，以填满整个环空间隙和母管上的空洞。

（2）注浆材料在固化过程中很小的收缩性（低于1%），以防止固化以后在环面上形成空洞。

（3）在水合作用过程中材料发热量低，水泥浆混合物内不同成分剥落的危险性较小。

2）工艺要求

（1）密度和强度：为了满足 Rib Loc 缠绕管的注浆要求，使用的水泥浆其水泥加水的混合比例是 1：3。测量后的水泥浆密度约为水的 1.5 倍，最小的强度为 5MPa。

（2）分段注浆：由于水泥浆的密度比水高，故使用分段注浆的方法以防止缠绕管漂浮。

在缠绕管安装完成且末端密封后，将水注入缠绕管，淹没至管径一半或以上的位置。之后开始注浆的第一步，注入的水泥浆重量应轻于将缠绕管内部淹没用水的重量。第一步注浆完成后，让水泥浆产生黏合作用从而帮助将缠绕管固定在母管底部。

第二天继续注浆，用量仍然是轻于缠绕管内部淹没用水的重量。之后以同样的程序不断重复直至将环面注满水泥浆。

该方法能够确保通过观察泥浆搅拌器旁边的压力表监控环面是否完全被水泥浆注满。在注浆的最后一步，一旦发现水泥浆从位于衬管另一端的注射管顶流出，应立即关闭注射管阀门。当水泥浆搅拌器上的压力表显示压力升高时意味着水泥浆已全部注满，过量的水泥浆造成了水泥浆内部的压力升高。此时注浆应立即结束以防止损坏已安装好的缠绕管。

然而在现有排水管道内安装 Rib Loc 固定缠绕管，并在注浆阶段淹没 75% 管径位置，按照计算，注浆只需两步即可填满环面。

（3）地下水对水泥浆的影响：若地下水通过母管上的漏洞侵入，并不会造成环面上的空洞。当泥混合物进入环面时，原本处于环面位置上的地下水将增加水与水泥的比例。过量的水将升至水泥浆层的顶部，而原有的水泥/水的混合物将增加密度并降至环面的底部。水泥浆混合物持续不断地泵入环面取代原有过量的水，逐渐增加水泥/水层的厚度。这一步骤持续至所有过量水均从环面处溢出，而只剩下水泥浆混合物。最终的水泥浆密度将高于原来的注浆结果，其浓度也随之增加。

11.4 带状型材管道接口严密性压力测试方法

用于严密性试验的机械制螺旋缠绕内衬管样品的长度不应小于内衬管外径的 6 倍。带状型材接口的严密性压力测试应分别在直线、弯曲、剪切三种不同状态进行。测试方法如下：

11.4.1 直线状态下接口严密性测试方法

（1）按图 11-18 安装内衬管及测试装置，两端出口可用节流阀端盖或其他方法进行密封。

（2）分别按水压试验方法和真空试验方法进行试验。

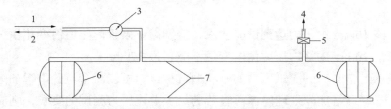

图 11-18　直线状态下接口严密性测试系统示意图

1-进水口；2-排气管；3-压力表；4-出水口；5-封闭阀；6-管塞；7-螺旋缠绕管

11.4.2　弯曲状态下接口严密性测试方法

（1）按产品规定的弯曲半径，适当地弯曲管道，弯曲角度不应小于10°，如图 11-19 所示。

（2）保持该弯曲状态，之后分别按水压试验方法和真空试验法进行试验。

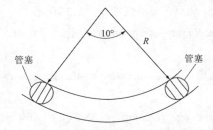

图 11-19　弯曲状态下的接口严密性测试系统示意图

R-管道弯曲外径

11.4.3　剪切变形状态下的接口严密性测试步骤

（1）如图 11-20 所示，将内衬管两端进行固定，并在管道中间施加荷载直至施加荷载的部位向下凹的位移达到管道外径的 5%。

（2）保持这种状态，之后分别按水压试验方法和真空试验法进行试验。

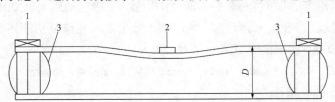

图 11-20　剪切变形状态下的接口严密性测试系统示意图

1-约束荷载；2-施加荷载；3-管塞；D-内衬管外径

11.4.4　水压试验方法

（1）将内衬管中充满水。

（2）缓慢增加水压，直至 74kPa，维持该压力 10min。

（3）仔细观察管外壁，若连接处出现明显可见的泄漏，则说明接缝密封不严。

11.4.5　真空试验方法

（1）采用真空泵将内衬管内空气压力抽至 74kPa。

（2）关闭通气阀门、移走真空管线，观察管内压力变化情况，10min 后，压力变化不应超过 3kPa。

（3）若在该 10min 内压力达到试验要求，应继续记录管内压力值变化情况。

（4）第二个 10min 内管内压力值改变量不应超过 17kPa。

对于不能承受 74kPa 的测试压力的带状型材材料，可以对管道壁进行加固，但接口处不得加固。对管壁进行加固处理的内衬管若满足了上述压力测试的要求，则应认为其接口严密性合格。需说明的是，本试验方法不宜作为常规工程质量控制的必检手段。

本章参考文献

[1] 马保松. 非开挖工程学[M]. 北京：人民交通出版社, 2008.

[2] Iseley D T, Najafi M. Trenchless pipelining renewal[M]. Arlington: The National Utilty Contractors Association, 1995.

[3] Najafi M. Trenchless pipeline renewal: state-of-the-art review[R]. Ruston: Louisiana Tech University, 1994.

[4] Scandinavian Society for Trenchless Technology (SSTT). No-dig handbook[M]. Copenhagen, 2002.

[5] 张淑洁, 王瑞. 现有排水管道修复用机械螺旋缠绕聚乙烯（PE）内衬安装的标准实施规范[J]. 非开挖技术, 2007(1): 41-45.

[6] ASTM. Standard practice for installation of machine spiral wound poly(vinyl chloride) (PVC) liner pipe for rehabilitation of existing sewers and conduit:ASTM F1741-18[S]. Philadelphia.

[7] ASTM. Standard specification for poly(vinyl chloride) (PVC) profile strip for machine spiral wound liner pipe rehabilitation of existing sewers and conduit: ASTM F1697-18[S]. Philadelphia.

[8] 逯仲森. 城镇排水管道非开挖修复技术研究[D]. 武汉：中国地质大学, 2012.

[9] 中华人民共和国住房和城乡建设部. 城镇排水管道非开挖修复更新工程技术规程：CJJ/T 210—2014[S]. 北京：中国建筑工业出版社, 2014.

[10] Wang L, Yan C, Xu J. Spirally wound lining[M]//Technology standard of pipe rehabilitation. Singapore: Springer, 2021.

[11] 许经纶. 螺旋式缠绕制管内衬技术——修复污水管道专用的非开挖技术及实施过程[J]. 上海水务, 2009(2): 53-54.

[12] 赵志宾, 王刚. 螺旋缠绕法在排水管道修复中的应用[J]. 非开挖技术, 2014(2): 114-118.

[13] 李子明. 软土地基排水管道螺旋缠绕修复理论研究[D]. 北京：中国地质大学（北京）, 2020.

[14] 王刚, 王卓. 机械式螺旋缠绕管道非开挖带水修复技术应用案例[J]. 中国给水排水, 2018, 34(6): 120-122.

[15] Ringwood F. Spiral-wound technique comes of age: trenchless technologies[J]. IMIESA, 2015, 40(4): 41-45.

[16] 栗宁. PVC 螺旋缠绕内衬技术在雨水管道修复工程中的应用[J]. 非开挖技术, 2017(4): 51-54.

第 12 章 管片与短管内衬法修复技术

12.1 管片内衬法

12.1.1 方法定义

管片内衬法采用的主要材料为 PVC 材质的管片和注浆料,通过使用连接件将管片在管内连接拼装,之后在原有管道和拼装成的内衬管之间填充注浆料,使新内衬管和原有管道连成一体,以达到修复破损管道的目的,如图 12-1 所示。《城镇排水管道非开挖修复更新工程技术规程》(CJJ/T 210—2014) 中管片内衬法的定义为:将片状型材在原有管道内拼接成一条新管道,并对新管道与原有管道之间的间隙进行填充的管道修复方法。

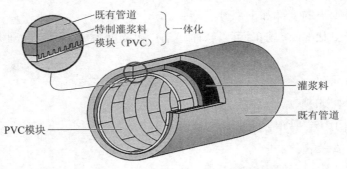

图 12-1 管片内衬法示意图

管片内衬法在日本又被称为 3S 模块法,是 21 世纪初期由日本湘南合成树脂制作开发的大口径管道内衬修补技术,而后逐渐在欧美国家推广使用,目前已是比较成熟的大口径管道非开挖修复技术之一。

12.1.2 适用范围

管片内衬法使用范围见表 12-1。

管片内衬法适用范围　　　　表 12-1

项目	适用范围	备注
可修复对象	圆形、矩形、马蹄形管道,坞工管(渠),检查井,污水池等	
可修复尺寸(mm)	圆形管:直径 800~2600	2600mm 以上也适用
	矩形:(1000×1000)~(1800×1800)	1800mm 以上也适用
施工长度	无限制	
施工流水环境	水深 25cm 以下	直径 800~1350mm、水深 15cm 以下
管道接口纵向错位	直径的 2% 以下	
管道接口横向错位	150mm 以下	
曲率半径	8m 以上	

续上表

项目	适用范围	备注
管道接口弯曲	3°以下	
倾斜调整	可调整高度在直径的2%以下	
工作面	组装时30m²以上、注浆时35m²以上	最小工作面22.5m²

12.1.3 优缺点

1）管片内衬法的优点

（1）PVC模块体积小、重量轻、抗腐蚀性强，可大幅度延长管道使用寿命，施工方便。

（2）使用透明的PVC制品，目视控制注浆料的填充，保证工程质量。

（3）强度高，修复后的管道破坏强度大于修复前的管道；化学稳定性强，耐磨耗性能好。

（4）可进行弯道施工，可以从管道的中间向两端同时施工，缩短工期。

（5）不需要大型的机械设备进行安装，适用于各种施工环境，井内作业采用气压设备，保证作业面，安全施工。

（6）可以对管道的上部和下部分别施工。

（7）出现紧急状况时，随时可以暂停施工；粗糙度系数小，能够确保保修前原有管道的流量。

（8）施工时间短，噪声低，不影响周围环境和居民生活。

2）管片内衬法的缺点

（1）不适用于压力管道修复。

（2）需人工安装管片。

（3）仅适用于大口径管道修复工程。

（4）需二次注浆处理。

12.1.4 材料组成

管片拼装法的材料包括模块和注浆料等。模块和接合部的盖板均采用PVC材质，符合下水道PVC管的标准。

（1）模块

模块的材质为聚氯乙烯塑料（PVC），性能符合排水管道PVC管的标准规定。图12-2和图12-3是国内某公司管片内衬法的模块，其尺寸见表12-2和表12-3。

图12-2 圆形管用模块

图 12-3 矩形管用模块

圆形管模块尺寸　　　　　　　　　　　　　　　　　　　　　　　　表 12-2

原有管道直径（mm）	模块			
	分割数（块）	修复后直径（mm）	模块高度（mm）	模块表面厚度（mm）
800	4	725	23.5	4.5
900	4	820	24	4.5
1000	4	915	29	5
1100	4	1005	29	6
1200	4	1105	29	6
1350	4	1240	32	6
1500	5	1370	36	6
1650	6	1510	39	6
1800	6	1650	43	6
2000	8	1840	48	6
2200	8	2030	53	6
2400	8	2220	58	6
2600	9	2405	60	6
2800	10	2590	68	6
3000	10	2775	73	6

矩形管的模块尺寸　　　　　　　　　　　　　　　　　　　　　　　表 12-3

原有管道尺寸（mm×mm）	模块			
	分割数（块）	修复后尺寸（mm）	模块高度（mm）	模块表面厚度（mm）
1000×1000	12	895×895	40	6
1100×1100	12	986×986	40	6
1200×1200	8	1076×1076	40	6
1350×1350	12	1225×1225	40	6
1500×1500	12	1375×1375	40	6
1650×1650	16	1525×1525	40	6
1800×1800	16	1675×1675	40	6
2000×2000	16	1875×1875	40	6
2200×2200	16	2075×2075	40	6

《城镇排水管道非开挖修复工程施工及验收规程》（T/CECS 717—2020）对 PVC 管片材料的性能要求见表 12-4。

PVC 管片材料性能要求　　　　表 12-4

项目	技术指标	测试标准
纵向抗拉强度（MPa）	>40	《塑料 拉伸性能的测定 第 2 部分：模塑和挤塑塑料的试验条件》（GB/T 1040.2—2022）
维卡软化温度（℃）	>60	《热塑性塑料维卡软化温度（VST）的测定》（GB/T 1633—2000）

（2）注浆料

常用注浆料成分见表 12-5，注浆料应在水中不易分离，具有极好的流动性和固结强度。

注浆料的配制以及成分　　　　表 12-5

材料	成分	质量（g）
水泥	高炉水泥	
砂	最大粒径 1.2mm 的石灰石碎石	1722
混合料	收缩低减材 + 减水剂 + 消泡剂 + 增黏剂	
水	—	365

《城镇排水管道非开挖修复工程施工及验收规程》（T/CECS 717—2020）中规定，填充砂浆注浆料的水灰比应为 21.2%，对填充砂浆的基本要求见表 12-6。

填充砂浆的基本要求　　　　表 12-6

项目	技术指标	测试标准
抗压强度（MPa）	>30	《水泥基灌浆材料应用技术规范》（GB/T 50448—2015）
截锥流动度，30min（mm）	≥310	

12.1.5 内衬管性能及试验方法

1）抗压性能

管片内衬法修复后，复合管的抗压性能应大于等于原有管道强度。对于圆形管道可通过相关标准中混凝土管或钢筋混凝土管的抗压试验来验证。

2）整体性能

内衬管修复后应确认原有管道和内衬管的整体性，反映该性能的指标包括复合管与模块界面的应力状态和注浆料的固着力。试验方法如下所述。

（1）应力状态试验方法

在试件上固定应力测定仪，施加荷载 P 来确认复合管和模块界面的应力状态是否相对连续。

（2）固着力试验方法

将在 70mm×70mm×20mm 底座（砂浆垫块）上面浇筑的 40mm×40mm×10mm 注浆料的试件表面磨平，用环氧树脂系列的黏结剂粘接 40mm×40mm 的钢制夹具，在温度 20℃、湿度 60% 的室内养护 24h 后，进行黏结强度试验（拉伸速度 1mm/min），如图 12-4 所示。

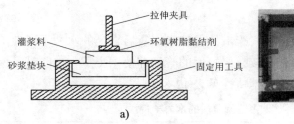 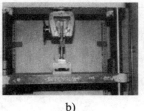

图 12-4 固着力试验

当试件在底座发生断裂，接触面没有发生开裂时，可证明注浆料和砂浆垫块的黏结强度足以确保管道的一体化。

3）化学稳定性

采用排水管道用 PVC 管的化学稳定性试验，确认具有和下水道用 PVC 管同等或以上的性能。

试验方法：将管片的试块放入温度 (60 ± 2)℃的各种化学试液中 5h，之后比较前后的重量变化，变化在 $\pm0.2mg/cm^2$ 以内为合格。

4）耐磨性

耐磨性能采用磨耗轮对塑料的耐磨试验方法，来确认具有和下水道 PVC 管同等或以上的耐磨性能。

试验方法：对管片的试块，按以下条件对磨耗的质量进行测定。磨耗轮：型号 H-18，试验荷载 9.8N，回转速度 60r/min；试验次数连续 1000 次；试验环境：温度 (23 ± 2)℃，湿度 $(50\pm5)\%$。

5）流水性能

通过试验来确认采用 PVC 模块修复的管道内壁的阻力系数。

（1）阻力系数试验

利用直径 1500mm 的 PVC 模块制作试验用管道进行测定，如图 12-5、图 12-6 所示。

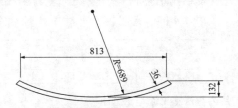 

图 12-5 试验用管道断面图（尺寸单位：mm）　　图 12-6 试验用管道现场
R-管道弯曲半径

根据试验，确认使用 PVC 模块修复的管道的阻力系数 n 为 0.00906～0.00938。由于 PVC 模块具有和 PVC 下水管道同等的阻力系数，因此，可将修复后的复合管的阻力系数 n 定为 0.01。

对采用 PVC 模块修复的管道进行的实际测定的阻力系数数据和计算结果见表 12-7。

PVC 模块修复的管道的阻力系数　　表 12-7

试验	1	2	3	4
流量（m³/min）	2.758	2.596	2.452	2.028
流速（m/s）	0.940	0.926	0.905	0.851
阻力系数	0.00906	0.00929	0.00909	0.00938

（2）修复后管道的流量特性

验证对既有管道采用模块拼装式管道修复技术修复后管道的水力学特性。对修复前后的管道的流速和流量进行计算和比较，修复后的管径即使缩小了，也能满足该管道的设计流速和流量。圆形管修复后的水力学特性见表12-8。

圆形管修复后的水力学特性　　　　　　表12-8

既有管道直径 （mm）	修复后管道直径 （mm）	修复前后的水力学性能比	
		流速υ	流量Q
800	725	1.2	1.0
900	820	1.2	1.0
1000	915	1.2	1.0
1100	1005	1.2	1.0
1200	1105	1.2	1.0
1350	1240	1.2	1.0
1500	1370	1.2	1.0
1650	1510	1.2	1.0
1800	1650	1.2	1.0
2000	1840	1.2	1.0
2200	2030	1.2	1.0
2400	2220	1.2	1.1
2600	2405	1.2	1.1
2800	2590	1.2	1.1
3000	2775	1.2	1.1

12.1.6　管片内衬法施工

管片内衬法施工主要包括管内清洗、组装结构增强材料、模块拼装、模块搬运、管道拼装、支管开孔、设置支撑、注浆撤除支撑、管口处理等步骤，主要施工流程如图12-7所示。

图12-7　管片内衬法施工流程示意图

1）管道预处理

施工前，应对原管道进行清洗，要求原管内无明显沉积、结垢、障碍物与尖锐突起物等。对于腐蚀部位，应清除表面松散结构，保证注浆层与管道坚实的基底接触。对存在渗漏、严重破裂、沉降、变形的部位进行预处理，以满足施工要求。

管片内衬法用于大管径的管道修复，需要人工进入管道内进行施工，施工前应对待修复管段进行堵水、调水，保证管内水位不超过管道垂直高度的30%或500mm。人员下井前应进行管道内气体检测，并应符合相关标准的规定。

2）管片管内拼装

将管片吊入检查井内，在井室内采用连接螺杆拼装成环，拼装时接口应均匀涂抹密封胶，确保接口密封，再将拼接好的环运至管道内，采用螺纹连接方式轴向拼接成管道，同样，拼装时环接口应注意均匀涂抹密封胶，确保接口密封，见图12-8、图12-9。此外，应确保管片拼装后，管片内衬的外径小于原有管道的内径，以进行注浆填充加固。

图 12-8　管片吊入检查井　　　　图 12-9　管片管内拼装

3）注浆填充

管道拼装成型后，注浆施工前进行管道支护。所采用泵的注浆压力不应大于0.02MPa，流量不应大于 15L/min。注浆压力应根据现场情况随时进行调节，可根据材料的承载能力分次进行注浆，每次注浆前制作试块进行试验。注浆开始后，注意观察注浆压力和预留管口的出浆情况，直至填充砂浆完全填充缝隙、管道预留管喷出浆液，确认流出砂浆的密度合格后停止注浆，同时密封预留管，见图12-10。

4）施工完成

施工结束后，采用 CCTV 对修复后的管道进行检测，已修复的内衬管在整个被修复区域内应连续、无裂缝、无凹凸和堵塞，注浆层中没有出现空洞或未注满现象。圆形管道修复后管道内径尺寸应符合表12-8 的要求。采用管片内衬法修复完成后的管道内情况如图12-11 所示。

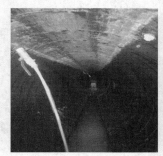 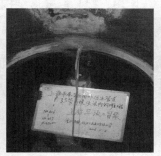 

图 12-10　管内注浆填充施工　　　　图 12-11　管片内衬法修复效果

12.2　短管穿插法

12.2.1　短管穿插法简介

短管穿插法管道修复技术，可用于对原有管道进行整体或局部修复。该技术是将合适尺寸的高密度聚乙烯（HDPE）管插入需要修复的原有管道内，利用原旧管道的刚性和强度为承力结构以及 HDPE 管耐腐蚀、耐磨损、耐渗透等特点，形成"管中管"复合结构，使修复后的管道具备综合性能。修复后管道结构断面如图12-12 所示。

《城镇排水管道非开挖修复工程施工及验收规程》（T/CECS 717—2020）中，对短管穿插法定义为在不开挖路面的情况下，利用检查井，将经过特殊加工的聚乙烯（PE）短管送到原有管道内，并用水泥浆对新管和原有管道之间的空隙进行填充，保证新管道、原有管道共同作用，从而实现对现况管道修复的方法，短管穿插法修复原理如图12-13所示。

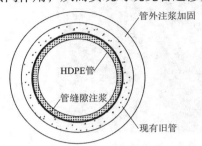 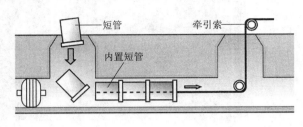

图 12-12　修复后管道结构断面示意图　　　图 12-13　短管穿插法修复原理示意图

HDPE 管是一种热塑性材料（图 12-14），其特点是整体性能好，质量可靠，具有良好的抗化学作用和流动特性，可以提高主体管道的抗压抗冲能力，延长管道的使用寿命至 50 年，大幅度降低综合成本，但管道修复后断面损失较大。

短管穿插法修复速度快，穿插速度可达 20m/h，一次性修复距离长，一次可穿插 1~2km。对于管道非开挖修复特别具有优越性，在准备充分的条件下，可大大缩短原管道的停水时间，并且大幅度降低开

图 12-14　短管穿插法修复用 HDPE 短管及接头形式示意图

挖工作量。必要时，可对新管道与原有管道之间的环状间隙进行注浆处理。在排水管道非开挖修复中，通常与土体注浆技术联合使用，提高修复后结构的承载能力。

12.2.2　工艺原理

（1）短管焊接内衬修复技术适用于局部和整体修复，其可分为短管及管片内衬注浆法和贴壁内衬法；按管道直径又分为小口径管道修复技术和中、大管道修复技术。

（2）根据管道损坏程度、管径及内衬方式决定短管的管径和结构厚度，为非标制作。主要材料为 PE80，生产成缠绕结构壁形式管道，主要考虑施工制作的径向变化及用材的强度和成本降低，达到最经济、最好的效果。

（3）一般轻微的变动，用短管焊接内衬修复不会造成渗漏，如有其他因素造成局部开裂，修补亦无须大面积进行，只需对渗漏部位进行堵漏。因该内衬管材的原有性能保证了抗拉、柔变的要求，只要保证施工质量，一般可以保证永不渗漏（地震引起的土壤变动、材料的使用期、地面严重超荷原因除外）。

12.2.3　适用范围

（1）适用管材为钢筋混凝土管、球墨铸铁管和其他合成材料的雨污排水管道。

（2）小口径管道修复技术适用于管径 350~700mm；中口径管道修复技术适用于管径 800~1500mm；大口径管道修复技术适用于管径 1600~2400mm 及以上排水管道局部和整体修理。

（3）适用管道结构性缺陷呈现为破裂、变形、错位、脱节、渗漏、腐蚀，且接口错位应小于等于 4cm，管道基础结构基本稳定、管道线形没明显变化、管道壁体坚实不酥化。

（4）适用于对管道内壁局部砂眼、露石、剥落等病害的修补。

（5）适用于管道接口处在渗漏预兆期或临界状态时预防性修理。

（6）适用于对窨井损坏修理。

（7）不适用于管道基础断裂、管道破碎、管节脱口呈倒栽式状、管道接口严重错位、管道线形严重变形等结构性缺陷的修理。

（8）不适用于严重沉降、与管道接口严重错位损坏的窨井。

12.2.4 优缺点

1）优点

（1）施工工艺简单，操作方便，对专业操作水平要求不高。

（2）几乎不需要投资购置新的专用设备，投资少、成本低。

（3）施工速度快，对道路交通和周边环境的影响较小。

（4）可用于少量水流情况下排水管道的修复施工。

（5）HDPE 短管内衬耐腐蚀性能好；修复后结构强度高，整体性好，质量可靠。

2）缺点

（1）管道过流断面面积损失较大。

（2）HDPE 内衬穿插完成后需要二次注浆。

（3）施工时 HDPE 管承插口容易出现破损、错台、脱节等问题。

12.2.5 短管穿插法施工

短管穿插法主要施工工艺流程如图 12-15 所示。

（1）管道预处理

短管穿插法施工前，应对原管道进行彻底清淤，清除管道内所有可能影响内衬管道安装的结垢、垃圾等。若原管道存在渗漏、地质条件差等问题，应对管道进行堵漏处理和管周围土体注浆加固，增强修复结构的稳定性。此外，为保障短管内衬顺利拉入或顶推进入，应对原管道内存在的凸起障碍物、接头变形、错口等情况进行处理。

（2）短管内衬安装

短管内衬安装一般采用牵拉法和顶推法两种施工方法。牵拉法主要是采用卷扬机牵引短管逐节就位，并通过牵引力将管道接口对接到位。顶推法是在工作井中布置液压千斤顶等顶进设备，将短管逐渐向前顶进的方式，类似于顶管法施工。和牵拉法施工相比，顶推法施工简便，易于操作，两种安装短管内衬的方法如图 12-16 所示。

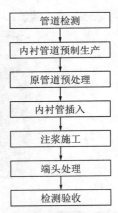

图 12-15 短管穿插法主要施工工艺流程

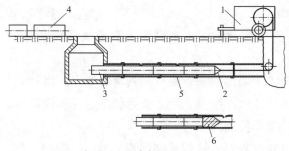

a) 牵拉法

1-卷扬机；2-牵拉头；3-连接后的具有端部承载能力的内衬管；4-存放的短管；5-原有管道；6-具有复原功能的牵拉头

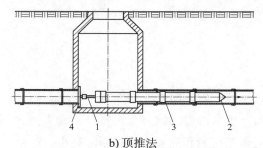

b) 顶推法

1-顶推装置；2-导向头；3-拼接后的内衬管；4-反力板

图 12-16 短管安装方式

内衬管顶推或牵拉施工时应缓慢、匀速、连续置入待修复管道内部。顶推或牵拉时的最大作用力不应大于内衬管的设计压力或拉力以及接口的允许最小拉力，无设计值时，最大顶推或牵拉力不应大于内衬管允许压力或拉力的 50%。

HDPE 内衬管道逐节送至检查井后，把加工好的 HDPE 管材，在接头位置安装好遇水膨胀密封橡胶圈，并涂刷密封胶，用牵引或者顶推设备把 HDPE 管置入管道。HDPE 内衬管道承插口位置不能留有缝隙，短管穿插法现场安装如图 12-17 所示。内衬管安装完成后，对管道端头部位进行处理，准备对环状间隙注浆。

 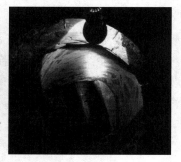

图 12-17 现场短管材料准备和井下安装

（3）间隙注浆

为了使内衬管道和原管道紧密结合、共同受力，在内衬短管与原管之间的间隙内填充水泥浆液。内衬管与原有管道的环状间隙注浆所用浆液应严格按照标准配制，浆液 30min 截锥流动度不应小于 310mm，并应满足固化过程收缩量小、放热量低的要求，还应符合《水泥基灌浆材料应用技术规范》（GB/T 50448—2015）的规定。

在注浆过程中,需采取措施防止内衬管出现偏移、保证注浆的密实度,可采用分批注浆方法,注浆压力不应大于 0.4MPa,且应小于内衬管可承受的外压力。当条件不能满足时,可对内衬管进行支护或采取其他保护措施。在上游管道顶部预留出浆孔,当有浆液流出,确认注浆合格后,停止注浆。内衬管和原管道的环形间隙应饱满,不得出现松散、空洞等现象。内衬管应保持在管道中心位置,不得出现移动和变形。之后对注浆孔和管道端口进行处理,达到养护时间后开始通水。管道修复前后运行一段时间管道内部情况对比如图 12-18 所示。

a) 修复前　　　　　　　　b) 修复后

图 12-18　管道修复前后运行状况对比

短管穿插法既可以对排水管道进行整体修复也可以进行局部修复,且修复后的管道结构性可得到加强,延长管道使用寿命。大量的工程实践表明,修复后管道防渗加固效果明显,抗腐蚀性增强,可以有效防止原管道渗漏带来的地面塌陷、环境污染等问题。

本章参考文献

[1] 吴坚慧, 魏树弘. 上海市城镇排水管道非开挖修复技术实施指南[M]. 上海: 同济大学出版社, 2013.

[2] 中华人民共和国住房和城乡建设部. 城镇排水管道非开挖修复更新工程技术规程: CJJ/T 210—2014[S]. 北京: 中国建筑工业出版社, 2014.

[3] 马保松. 非开挖工程学[M]. 北京: 人民交通出版社, 2008.

[4] 王海峰, 赵丹丹. 模块拼装式管道修复技术(即"3S"工法)简介及应用实例[J]. 中国科技纵横, 2010(6): 14, 5.

[5] 孙跃平, 杨后军. 3S 模块拼装技术在上海市大口径排水管道修复中的应用[J]. 非开挖技术, 2018(2): 79-82.

[6] Iseley D T, Najafi M. Trenchless pipelining renewal[R]. Arlington: The National Utility Contractors Association, 1995.

[7] Najafi M, Gokhale S, Calderón D R, et al. Trenchless technology: pipeline and utility design, construction and renewal[M]. McGraw-Hill Education, 2021.

[8] 遆仲森. 城镇排水管道非开挖修复技术研究[D]. 武汉: 中国地质大学, 2012.

[9] 费婷. 短管内衬法在城市管道修复中的设计与分析[J]. 城市道桥与防洪, 2019 (6): 175-177, 20.

[10] 胡昱. 解析城市排水管网短管内衬法快速修复施工技术[J]. 中国战略新兴产业, 2018(10): 63-64.

[11] 王伟. 城市排水管网短管内衬法快速修复施工技术应用研究[J]. 市政技术, 2018, 36(2): 129-131.

[12] 訚西锋, 杨树春, 李笑男, 等. 排水管网改造工程短管内衬法非开挖修复技术[J]. 市政技术, 2017, 35(S2): 13-17.

[13] 王克. 短管内衬修复技术在北京污水管网改造中的应用研究[D]. 长春: 吉林大学, 2018.

[14] 余家兴, 杜鹏. 北京地区排水管道短管内衬修复关键施工技术研究[J]. 非开挖技术, 2016(5): 56-59.

第13章 薄壁不锈钢内衬法管道修复技术

13.1 薄壁不锈钢内衬法简介

13.1.1 薄壁不锈钢内衬法的定义及工艺

薄壁不锈钢内衬法是以薄壁不锈钢材料作为内衬层进行管道修复的方法。它是一种新兴的、主要用于给水管道的非开挖修复技术,最早起源于河北保定金迪双维管道内衬技术有限公司,由该公司的焊接专家侯贤忠于2003年发明并获国家专利"局部开挖的旧管道的不锈钢衬里管修复方法和修复管道结构"(ZL02123519.8)。之后经过一系列的试验和工程实践,形成了用于小口径(一般是指口径DN600以下)给水管道修复的"缩径→涨径"工艺(图13-1)以及用于大口径(一般是指口径DN800以上)给水管道的人工进入管道内将不锈钢管坯组对焊接成整体内衬层的工艺(图13-2)。截至2013年,采用该技术已修复了约30km的给水管道,采用的不锈钢内衬壁厚范围为0.6～2.0mm。

a) 管道逐节焊接、缩径和穿插示意图

b) 缩径成U形不锈钢内衬管

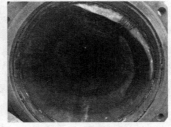

c) 气压涨径后的不锈钢内衬最终修复效果

图13-1 小口径的"缩径→涨径"工艺示意图

对于小口径的"缩径→涨径"管道修复工艺,适用于人不可进入管道内部作业的小口径管道。该工艺是将卷制好的不锈钢管坯焊接成筒状管节,每节管坯长度可根据实际需要灵活调整,一般为2～3m,管坯长度应与工作坑的尺寸相匹配,之后在工作坑内逐节焊接管节,并经过变形设备将其缩径变形后拉入原有管道,最后通过加压和胀轧工具使整体内衬层胀圆并紧贴在原有管道内壁上。对于有支管的待修复管段,该工艺无法直接处理,需单独开挖进行支管连接处理。

大口径的管内组对焊接工艺则适用于修复人可进入管道内部作业的大口径管道。该工艺是将不锈钢板卷制成管坯后将管坯逐节运送到原有管道内,每节管坯长度可根据实际需要灵活调整,一般为2~5m,管坯长度应与工作坑的尺寸相匹配,再采用人工进入管内组对焊接的方法将不锈钢管坯焊接成整体内衬层,如图13-2所示。对于有支管的修复管段,该工艺人可直接进入管道内部处理支管,无须再单独开挖。

a) 人工进入管内组对焊接不锈钢管坯　　b) 管坯焊接完成后的不锈钢内衬最终修复效果

图13-2　大口径的管内组对焊接工艺示意图

当采用不锈钢内衬法对给水管道进行修复时,为增强内衬不锈钢管与原有管道的整体性和可靠度,可对不锈钢管与原有管道的间隙注浆。注浆时,可在不锈钢内衬管内注满水并维持适当的水压,以支撑不锈钢内衬管,避免注浆间隙中的注浆压力过大,引起不锈钢内衬管屈曲变形。

13.1.2　材料及设备

不锈钢内衬法所用内衬不锈钢材的选型应符合国家标准《流体输送用不锈钢焊接钢管》(GB/T 12771—2019)的规定,对应的不锈钢板材和焊材的性能应符合国家标准《不锈钢冷轧钢板和钢带》(GB/T 3280—2015)和《不锈钢焊条》(GB/T 983—2012)的相关规定。

最常用的内衬不锈钢材牌号为06Cr19Ni10(304型),其力学性能应满足表13-1的要求。对于管道耐腐蚀要求高、高氯环境等情况,可参照表13-2的规定选择牌号为06Cr17Ni12Mo2(316型)或022Cr17Ni12Mo2(316L型)的不锈钢材。不锈钢内衬层厚度和周长应根据设计要求确定,板材原材料尺寸应以方便施工为选择原则,用于预制管坯的板材下料尺寸应根据设计尺寸划线剪裁。用于焊接的不锈钢焊材应与所用不锈钢内衬材料相匹配。

薄壁不锈钢内衬法所用管节、半成品、构(配)件等,在运输、保管和施工过程中,必须采取有效措施,防止其损坏、锈蚀或变质。不锈钢材料应存放在远离被油污、酸、碱、盐等化学品污染的仓库内保存。板材或预制好的管坯不得叠放,防止受压后发生变形褶皱。

管材的力学性能（304型）　　　　　表 13-1

序号	性能		测试依据标准
1	管材抗拉强度	≥520MPa	《金属材料　拉伸试验　第1部分：室温试验方法》（GB/T 228.1—2021）
2	管材延伸率	≥35%	
3	管材屈服强度	≥310MPa	
4	管材面积缩减	≥30%	

常用内衬不锈钢材及其用途　　　　　表 13-2

牌号	适用条件	用途
06Cr19Ni10（304型）	氯离子含量≤200mg/L	饮用净水、生活饮用冷水、热水、空气、燃气等管道
06Cr17Ni12Mo2（316型）	氯离子含量≤1000mg/L	耐腐蚀要求高于304型场合的管道
022Cr17Ni12Mo2（316L型）		海水或高氯介质

不锈钢内衬法的主要设备有焊机、缩径设备、打压泵、撑管器、绞车等，如图 13-3 所示。

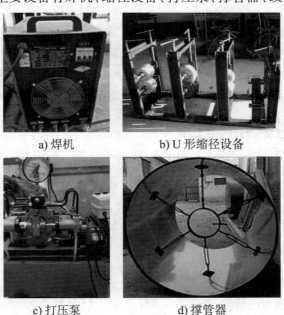

a) 焊机　　　b) U形缩径设备

c) 打压泵　　　d) 撑管器

图 13-3　不锈钢内衬法所用主要设备示意图

13.1.3　薄壁不锈钢内衬法的优缺点

1) 优点

（1）内衬不锈钢的卫生性能高，对水质无污染。

（2）可有效地解决管道漏损问题。

2) 缺点

（1）无法独立承受管道所受外力，只能与原有管道联合承受内外部压力。

（2）内衬管耐负压能力有限，当管道运营过程中产生瞬间水锤负压时，内衬管易在瞬间负压作用下从外管剥离甚至发生撕裂。

（3）为了保证内衬管与外管的整体性和可靠性，常需对内衬管与原有管道的间隙注浆，且注浆作业的质量较难控制。

13.2 薄壁不锈钢内衬法设计

13.2.1 内衬管直径选择

不锈钢内衬管的直径应根据原有管道内径确定，在不影响施工的情况下，应尽量使内衬管外径与原有管道内径一致。用于焊接的不锈钢焊材应与所用不锈钢内衬材料相匹配。

13.2.2 内衬管的壁厚选择

不锈钢内衬不可用于修复结构严重破损的管道，即不适用于进行结构性修复，只适用于进行半结构性修复或非结构性修复。进行半结构性修复时，内衬管应设计与原有管道联合承受内外部压力。进行非结构性修复时，内衬管应设计只起到防腐作用，无特定承压能力。

关于不锈钢内衬管的壁厚设计，相关的不锈钢管设计标准及研究基本处于空白状态。但针对该问题，依托国家工程建设行业标准《城镇给水管道非开挖修复更新工程技术规程》（CJJ/T 244—2016），标准编制组进行了相应的给水管道薄壁不锈钢内衬修复技术内衬层耐负压试验研究，具体试验过程及结论可参见本章第13.4节的相关内容。

13.3 薄壁不锈钢内衬法施工

不锈钢内衬法的基本工作步骤如下：
（1）原有管道检测与评估。
（2）工作坑开挖。
（3）断管。
（4）管道预处理。
（5）不锈钢内衬管制作或不锈钢管坯卷制。
（6）内衬焊接安装（小管径"缩径→涨径"或大管径管内组对焊接）。
（7）焊缝探伤检测。
（8）环状空隙注浆（不必要的情况下可以省去）。
（9）端口处理和连接。
（10）管道压力试验。
（11）管道冲洗消毒。
（12）工作坑回填和地面复原。

不锈钢内衬法的小口径"缩径→涨径"和大口径管内组对焊接，施工工艺流程分别如图13-4、图13-5所示。

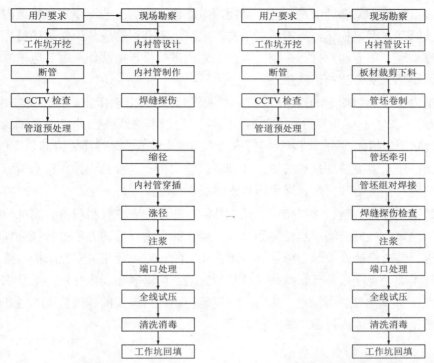

图 13-4 小口径"缩径→涨径"施工工艺流程示意图

图 13-5 大口径管内组对焊接施工工艺流程示意图

13.3.1 工作坑开挖与断管

工作坑的开挖应按下列要求确定：

（1）工作坑的坑位应避开地上建筑物、架空线、地下管线或其他构筑物。

（2）工作坑不宜设置在道路交汇口、医院入口、消防队入口处。

（3）工作坑宜设计在管道变径、转角、消火栓、阀门井等处。

（4）一个修复段的两个工作坑的间距应控制在施工能力范围内。

（5）工作坑的尺寸应根据旧管道的埋深、管径的大小、内衬管牵引通道的需要、施工空间的要求综合确定。

工作坑开挖时，需停水断管。当停水对用户供水产生影响时，应及时通知用户。当停水时间较长时，应考虑设置临时供水旁路。断管时应采取合理的泄压排水措施，并对截管断面采取适当的端部处理和封堵措施。

13.3.2 管道预处理

不锈钢内衬修复施工开始前，应对原有管道进行预处理。管道预处理前应对管道进行 CCTV 检测或管内目测，并制定合理的预处理方案。

管道预处理技术主要包括机械清洗、喷砂清洗、高压水射流清洗及管内修补等，可根据需要采用一种或多种方法组合进行管道预处理。

机械清洗主要分敲除、刮除、磨除等工艺类型，根据不同的管道材质、不同的结垢情况,可合理选择单一或多种清洗工艺;当使用敲除管壁锈垢工艺时不宜在管道内壁某一断面停留过长时间,严禁损坏原有管道;清洗产生的污水和污物应从工作坑内排出,并按国家现行标准处理,不应随意排放;当工人进入管内进行机械清洗作业时,应采取保障作业空间、通风等相关安全防护措施。

当管道内径小于200mm时,宜采取喷砂除锈工艺进行清洗作业;磨料应选用无毒、干净的石英砂,压缩空气必须经过油气分离器除油;当使用喷砂除锈工艺时在管道末端应安装集尘器,严防扬尘超标;除锈结束后向管内送入高压旋转气体,排净管内的杂质和水渍。

当采用高压水射流清洗进行管道预处理时,应安排专业人员操作高压水射流设备,应合理选择清洗操作压力和流量,避免高压水流损伤管壁。

对于管道内存在裂缝、接口错位、缺口孔洞、变形、管壁材料脱落、腐蚀瘤等局部缺陷,可采用注浆、机械打磨、点位加固、人工修补等管内修补的方法进行预处理。当工人进入管内进行管内修补作业时,应采取保障作业空间、通风等相关安全防护措施。

对于严重缺陷无法修补且影响修复质量的缺陷,应采取加固或开挖更换缺陷管段的方法进行处理。对于支管、变径管、阀门、三通等影响内衬施工的障碍,应通过开挖或其他手段进行预处理,保障内衬施工的连贯进行。

13.3.3 内衬管制作及安装

1)小口径"缩径→涨径"工艺

小口径"缩径→涨径"工艺,需先在管外按设计尺寸将不锈钢管节逐段制作好,之后需对管节逐节焊接、缩径和穿插[图13-1a)],直至缩径内衬管延续到出口坑位置,之后通过水压或气压等方法作用于内衬管内部使之胀圆,贴合原有管道管壁。最后应对端部不锈钢内衬管与原有管道管壁间进行严格满焊密封。对于有支管的管段,应开挖单独处理。

2)大口径管内组对焊接工艺

大口径管内组对焊接工艺,需按设计尺寸卷制好不锈钢管坯,之后通过工作坑将管坯逐节运送到管道内部进行组对焊接(图13-2),直至内衬管延续到出口坑,焊接作业完毕后应进行焊缝探伤。焊缝探伤合格后,应对端部不锈钢内衬管与原有管道管壁间进行严格满焊密封。对于有支管的管段,可直接在管内进行人工处理,无须单独开挖。

13.3.4 注浆

为了增强内衬不锈钢管与原有管道的整体性和可靠度,可对不锈钢管与原有管道的间隙进行注浆。注浆材料可为水泥浆、树脂等。注浆时,可在不锈钢内衬管内注满水并维持适当的水压,以支撑不锈钢内衬管,避免注浆间隙中的注浆压力过大引起不锈钢内衬管屈曲变形。注浆压力、注浆孔设置、注浆工艺等应根据实际管道状况、注浆要求、注浆设备能力等综合确定。

13.3.5 端口处理与连接

管道修复后,应根据不同的工艺对管道施工接口进行相应的密封、连接、防腐处理。工作坑处的内衬管端口与原有管道之间应进行密封处理,确保地下水不从工作坑进入原有管道与内衬管间的环状空隙，同时应防止工作坑处内衬管与原有管道脱离。对于内衬后不能及时连接的管道端口，应采取封堵包覆等措施保护管道端口，防止水或杂物进入管道内。修复后的管段重新与相邻管段之间连接时应保证连接密封性良好，并采取有效的管道外防腐措施。

13.4 给水管道薄壁不锈钢内衬层耐负压试验研究

13.4.1 试验背景

我国城市的地下给水管网纵横密布，随着管道使用年限的增加，许多地下管道出现腐蚀、老化、漏水、水质恶化、甚至爆管等各种问题，采用薄壁不锈钢内衬对旧管道进行修复是近年来出现的一种全新的经济性好、卫生性能高的管道修复方法。

然而，在给水管道实际运营过程中若突然开启和关闭泵或阀门、爆管引起邻近管道失压、管道位置起伏较大等因素均会使管内产生很大的瞬间负压，此时在原有旧管道的破损部位会对内衬的薄壁不锈钢产生很大的瞬间外压，由于不锈钢内衬壁厚薄、环刚度低，不足以承受管道运营时产生的较大的瞬间负压，易发生屈曲变形，从而使管道失效。在实际工程中，薄壁不锈钢内衬耐负压能力不足造成管道失效的工程事故已有发生，造成的后果和经济损失巨大。例如，上海市复兴公园水库泵站的管道薄壁不锈钢内衬修复工程案例，其旧管道口径为1200mm，采用管内组对焊接工艺所安装的不锈钢内衬壁厚为2.0mm，由于开泵造成管道内部出现瞬间水锤负压，使得薄壁不锈钢内衬层瞬间快速剥离主管道，内衬被严重压扁，并出现局部撕裂，造成内衬完全失效（图13-6）。

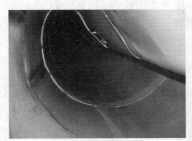 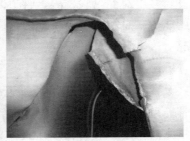

a) 内衬被压扁　　　　　　　b) 内衬被撕裂

图 13-6　薄壁不锈钢内衬在负压作用下屈曲失效

13.4.2 试验目的

针对薄壁不锈钢内衬层耐负压能力不足的问题，通过负压模拟试验，来观测和评估薄壁不锈钢内衬的耐负压能力，并通过增加内支撑环来探寻解决薄壁不锈钢内衬在负压下屈曲变形问题的有效途径，最终从工艺和经济性等角度对薄壁不锈钢内衬修复工艺用于给水管道修复的可行性和适用性提出科学评价，同时为优化该工艺提出合理化建议。

13.4.3 试验方法及试验组设计

1）试验方法

如图13-7所示，将薄壁不锈钢内衬管衬装在钢管内壁，并在钢管上开进气孔模拟管道破损部位，外部大气压力通过钢管上进气孔作用于不锈钢内衬管外，再利用真空泵抽吸空气来降低不锈钢内衬管内部压力，使得内衬管内部压力低于外部大气压，以模拟管道运行过程中出现的内衬层内部压力低于其外部压力的负压情况，同时利用红外摄像头及负压连续记录仪来实时观测和记录薄壁不锈钢内衬层耐负压能力。

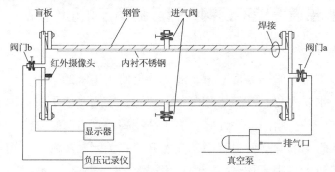

图 13-7 连续负压及瞬间负压试验装置

注：1. 进气阀：DN800 钢管上下前后共设置四个，DN500 钢管共设置三个（左上、右上、下部），DN300 钢管共设置三个（左上、右上、下部）；进气阀的开闭的个数及时间根据试验需要在试验过程中灵活调整。
2. 真空泵：试验所用真空泵可以根据试验需要在试验过程中灵活调整其抽气速度。
3. 红外摄像头：用于实时观察试验过程中薄壁不锈钢内衬层的变化情况。
4. 负压记录仪：用于实时监测试验过程中不锈钢内衬管内部压力情况。
5. 焊接：在钢管的端部，薄壁不锈钢内衬层与钢管壁为满焊密封，要求严格密封。
6. 连续负压：指先打开部分或全部进气阀，再用真空泵连续缓慢地抽气，观察不锈钢内衬的变形情况。
7. 瞬间负压：指开始关闭所有进气阀，之后用真空泵抽气直到管道内部达到指定负压值后停止，此时快速打开一个进气阀门，观察在此瞬间负压情况下不锈钢内衬的变形情况。

具体地，设置多组对照试验，测试管道薄壁不锈钢内衬层在不同管径和壁厚情况下承受外压或负压的能力，观察薄壁不锈钢内衬层在负压、瞬时负压及安装内支撑环等不同条件中的变形情况。

2）试验组设计

此次试验共设置 6 组。对于 DN800 管道，人可进入管道内部，其不锈钢内衬管是将不锈钢板卷制成管坯后将其运送到原有管道内，再采用人工进入管内组对焊接的方法将不锈钢管坯焊接成整体内衬层。而对于 DN500、DN300 管道则是先在钢管外部将不锈钢板焊接成圆管，再经过压制成 U 形使断面缩小，之后拉入钢管内部对之打压涨径，使之恢复圆管状态并贴合钢管内壁。

由于有多组对比试验，出于节约成本的考虑，每种管径的钢管数量仅为一个，钢管可重复试验多次，不会影响试验结果；由于不锈钢板价格高，部分不锈钢内衬管在一次试验中经负压变形后还要再次打压涨径使之再次进行另一次试验，需注意的是经过变形再打压恢复圆形的不锈钢内衬管，会有局部乃至整体缺陷，重复进行试验会对试验效果有较大影响，故诸如此类的试验组得到的试验数据仅作为参考数据，不可作为准确试验数据。

（1）DN800 厚 1.2mm 不锈钢内衬连续负压试验：取一段长度 10m、外径 813mm、壁厚 12mm 的钢管。用贴补的方法在管道内搭接焊不锈钢内衬层，厚度为 1.2mm。在钢管中部上下左右四个方向均装上 DN50 进气球阀，在一端的法兰盲板上装上红外摄像头和连接负压记录仪的阀门 b，在另一端的法兰盲板上装上连接真空泵的阀门 a。组装好的试验装置如图 13-7 所示，试验过程中只打开管道中部四个进气阀中的一个，真空泵采用的抽气方式为连续缓慢抽气，在缓慢抽气过程中需观察不锈钢内衬层的变形情况及同步的压力情况。

（2）DN500 厚 1.2mm 不锈钢内衬连续负压试验：取一段长度 10m、外径 508mm、壁厚 8mm 的钢管。用贴补的方法在管道内搭接焊不锈钢内衬层，厚度为 1.2mm。在钢管中部对称地装上三个 DN50 进气球阀，在一端的法兰盲板上装上红外摄像头和连接负压记录仪的阀门 b，在另一端法兰盲板上装上连接真空泵的阀门 a。组装好的试验装置如图 13-7，试验过程中只打开管道中部三个进气阀中的一个，真空泵采用的抽气方式为连续缓慢抽气，在缓慢抽气过程中观察不锈钢内衬层的变形情况及同步的压力情况。

（3）DN500 厚 1.2mm 不锈钢内衬瞬间负压试验：取一段长度 10m、外径 508mm、壁厚 8mm 的钢管。用贴补的方法在管道内搭接焊不锈钢内衬层，厚度为 1.2mm。在钢管中部对称地装上三个 DN50 进气球阀，在一端的法兰盲板上装上红外摄像头和连接负压记录仪的阀门 b，在另一端法兰盲板上装上连接真空泵的阀门 a。组装好的试验装置如图 13-7 所示，试验过程中先关闭管道中部三个进气阀，之后用真空泵抽气至薄壁不锈钢内衬管内负压达到某一特定负压值为止（此负压值参照前面连续负压试验结果确定）；真空泵停止抽气后，此时迅速打开三个进气阀中的一个，并观察不锈钢内衬层的变形情况及同步的压力情况。

（4）DN800 厚 1.2mm 不锈钢内衬加支撑环连续负压试验：取一段长度 10m、外径 813mm、壁厚 12mm 的钢管。用贴补的方法在管道内搭接焊不锈钢内衬层，厚度为 1.2mm。在不锈钢内衬管内对称地点焊固定两个加厚不锈钢支撑环，间距 3m，两个支撑环的尺寸均为长 50mm、厚 5mm。在钢管中部上下左右四个方向均装上 DN50 进气球阀，在一端的法兰盲板上装上红外摄像头和连接负压记录仪的阀门 b，在另一端的法兰盲板上装上连接真空泵的阀门 a。组装好的试验装置如图 13-8 所示，试验过程中只打开管道中部四个进气阀中的一个，真空泵采用的抽气方式为连续缓慢抽气，在缓慢抽气过程中观察不锈钢内衬层及加厚不锈钢支撑环的变形情况及同步的压力情况。

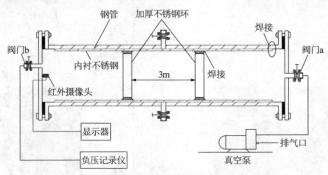

图 13-8 增加支撑环试验装置

注：1. 加厚不锈钢环：尺寸为长 50mm、厚 5mm，起支撑薄壁不锈钢内衬的作用，两个不锈钢环对称地焊接在管道中部的进气阀两侧，间距 3m；支撑环与薄壁不锈钢内衬层的焊接只需点焊固定即可。支撑环只适用于人可进入管道内部的大管径管道，因而本试验中只对 DN800 管道加支撑环。
2. 其余试验装置同图 13-7。

（5）DN300 厚 1.0mm 不锈钢内衬连续负压试验：取一段长度为 10m、外径 325mm、壁厚 8mm 的钢管。用贴补的方法在管道内搭接焊不锈钢内衬层，厚度为 1.0mm。在钢管中部对称地装上三个 DN50 进气球阀，在一端的法兰盲板上装上红外摄像头和连接负压记录仪的阀门 b，在另一端的法兰盲板上装上连接真空泵的阀门 a。组装好的试验装置如图 13-7 所示，试验过程中只打开管道中部三个进气阀中的一个，真空泵采用的抽气方式为连续缓慢抽气，在缓慢抽气过程中观察不锈钢内衬层的变形情况及同步的压力情况。

（6）DN800 厚 1.8mm 不锈钢内衬加支撑环进行连续负压试验：取一段长度 10m、外径 813mm、壁厚 12mm 的钢管。用贴补的方法在管道内搭接焊不锈钢内衬层，厚度为 1.8mm。在不锈钢内衬管内对称地点焊固定两个加厚不锈钢支撑环，间距 3m，两个支撑环的尺寸均为长 50mm、厚 5mm。在钢管中部上下左右四个方向均装上 DN50 进气球阀，在一端的法兰盲板上装上红外摄像头和连接负压记录仪的阀门 b，在另一端的法兰盲板上装上连接真空泵的阀门 a。组装好的试验装置如图 13-8 所示，试验过程中只打开管道中部四个进气阀中的一个，真空泵采用的抽气方式为连续缓慢抽气，在缓慢抽气过程中观察不锈钢内衬层及加厚不锈钢支撑环的变形情况及同步的压力情况。

13.4.4 试验仪器和材料

主要试验仪器和材料见表 13-3。

主要试验仪器和材料　　　　表 13-3

序号	试验仪器和材料	序号	试验仪器和材料
1	钢管 （1）DN800 厚 12mm：10m×1。 （2）DN500 厚 8mm：10m×1。 （3）DN300 厚 8mm：10m×1 	4	红外线摄像头 
2	真空泵（带变频，最大抽气速率 15L/s）  	5	不锈钢板（牌号 304） （1）厚 1.8mm：24m²。 （2）厚 1.2mm：24m² + 18m²。 （3）厚 1.0mm：9m²（图片只显示了一部分不锈钢管坯） 
3	加厚不锈钢环（宽 50mm、厚 5mm，共两个） 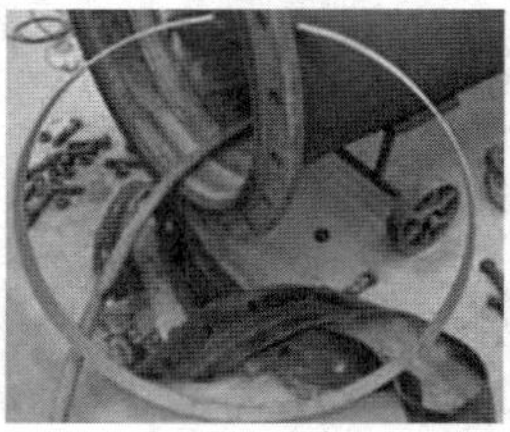	6	等离子焊机 

续上表

序号	试验仪器和材料	序号	试验仪器和材料
7	负压记录仪（量程：−0.1～0.1MPa）	11	薄壁不锈钢管压成 U 形的实物
8	试验记录台（左为连续记录仪，右为红外摄像电脑显示屏）	12	钢管内安装不锈钢内衬效果（中间两个环为加厚不锈钢支撑环，对面盲板上为安装好的红外摄像头及负压记录预留孔）
9	法兰盲板红外摄像头引线及负压记录仪连接孔	13	端部不锈钢内衬与钢管壁满焊密封
10	钢管中部设置的进气阀		

13.4.5 试验过程及现象

试验过程及现象见表 13-4，试验开始时与结束时内衬变化对比见表 13-5。综合上述试验结果，可归纳出如下几点规律：

（1）DN300、DN500 这两组不锈钢内衬由于管径较小，人员不可进入管道内部安装，需经过"U 形缩径→涨径"，但在经过该过程之后，会对不锈钢的性能造成很大影响，并留下局部缺陷，导致在很小的负压作用下发生明显的局部变形。试验组（2）、（5）均为按"U 形缩径→涨径"工艺安装的不锈钢内衬，均在很小的负压作用下发生明显的局部变形。

（2）DN800 组钢管，人员可进入管道内部新安装的不锈钢内衬，其内衬安装质量好，耐负压性能较强。例如，DN800 厚 1.8mm 的不锈钢内衬在安装支撑环的情况下，可承受约 −0.055MPa 的压力；DN800 厚 1.2mm 未加支撑环的不锈钢内衬大致可以承受 −0.03MPa 的压力。

（3）内衬变形过程一般规律如下：对于有局部缺陷的不锈钢内衬，在很小的负压作用下缺陷部位将发生明显变形；对于内衬完好的无局部缺陷的不锈钢内衬，会在负压达到某一特定临界值时，突然发生快速整体变形；对于加支撑环的完好无局部缺陷的不锈钢内衬，会在负压达到某一特定临界值时，不锈钢内衬和支撑环一起突然快速发生整体变形。

（4）瞬间负压试验的内衬变形极快，与实际工程中的瞬间水锤负压作用情况较为类似。

（5）不锈钢内支撑环对不锈钢内衬有一定支撑作用，但支撑作用也有一定限度。

试验过程及现象记录 表 13-4

试验序号	试验名称	试验条件描述	试验过程与内衬变形现象描述	内衬开始变形时临界真空度（MPa）[1]
1	DN800 厚 1.2mm 不锈钢内衬连续负压试验	试验前的内衬不锈钢已经过多次反复预试验，有多处局部缺陷	以 3.75L/s 的抽气速度，抽气2min 6s后，在局部缺陷位置发生局部变形	约 −0.01
2	DN500 厚 1.2mm 不锈钢内衬连续负压试验	试验前的不锈钢经过"U 形缩径→涨径"，有明显的局部缺陷	以 3.75L/s 的抽气速度，抽气仅数秒后，即在局部缺陷位置发生局部变形	接近 0
3	DN500 厚 1.2mm 不锈钢内衬瞬间负压试验	试验前的不锈钢已经过多次试验以及"U 形缩径→涨径"，有明显的局部缺陷	在−0.04MPa 的瞬间压力下，快速发生整体变形	—
4	DN800 厚 1.2mm 不锈钢内衬加支撑环连续负压试验	试验前的内衬不锈钢已经过多次反复试验，有多处局部缺陷	以 3.75L/s 抽气速度，抽气约3min，两支撑环外有较大缺陷的一端发生明显较大变形，支撑环未明显变形	约 −0.02
5			继续抽气约 4.5min，先是两支撑环之间内衬变形，紧接着两支撑环也明显变形	约 −0.025
6	DN300 厚 1.0mm 不锈钢内衬连续负压试验	试验前不锈钢经过"U 形缩径→涨径"，经气压涨径后，下部 U 形凹陷无法完全涨圆	以 3.75L/s 抽气速度，抽气仅数秒后，即在 U 形凹陷位置发生变形	接近 0
7	DN800 厚 1.8mm 不锈钢内衬加支撑环连续负压试验	本次试验的不锈钢为人进入管道内部新安装的完好不锈钢内衬	开始不变形，以 3.75L/s 的速度抽气约 25min 后，至某时刻内衬和两支撑环一起瞬间快速发生整体变形	约 −0.055
8	DN800 厚 1.2mm 不锈钢内衬连续负压试验（之前）[2]	试验所用不锈钢为人进入管道内部新安装的完好不锈钢内衬	开始不发生变形，抽气较长时间后，至某时刻瞬间快速发生整体变形	约 −0.03

注：[1]此处真空度是指相对真空度，相对真空度 = 绝对压力 − 当地大气压。负压记录仪的精度只能精确到−0.01MPa，小数点后第三位为估读值。
　　[2]DN800 厚 1.2mm 不锈钢内衬连续负压试验为早前单独进行的一次预试验，试验的内衬为人员进入管道内部新安装的完好内衬（无支撑环）。

试验开始时与试验结束时的不锈钢内衬变化对比 表 13-5

试验序号	试验名称	试验开始时不锈钢内衬图	试验结束时不锈钢内衬图
1	DN800 厚 1.2mm 不锈钢内衬连续负压试验	试验前的内衬不锈钢已经过多次反复预试验，有多处局部缺陷	在约−0.01MPa 的真空度下，内衬先后在 4:00 和 8:00 方向发生局部变形

续上表

试验序号	试验名称	试验开始时不锈钢内衬图	试验结束时不锈钢内衬图
2	DN500 厚 1.2mm 不锈钢内衬连续负压试验	试验前的不锈钢内衬经过"U形缩径→涨径",有明显的局部缺陷	在极微小的真空度下(接近0),内衬在左上方的局部凸出位置发生局部变形
3	DN500 厚 1.2mm 不锈钢内衬瞬间负压试验	试验前的不锈钢内衬已经过多次试验和"U形缩径→涨径",有明显的局部缺陷	在0.04MPa的瞬间外压作用下,上方的不锈钢内衬快速发生整体变形
4	DN800 厚 1.2mm 不锈钢内衬加支撑环连续负压试验	试验前的内衬不锈钢内衬已经过多次反复试验,有多处局部缺陷	在约-0.025MPa的真空度下,8点方向的内衬和支撑环一起发生整体变形
5	DN300 厚 1.0mm 不锈钢内衬连续负压试验	试验前不锈钢经过"U形缩径→涨径",经气压涨径后,下部沿整个径向10m的U形凹陷无法完全涨圆	在极微小的真空度下(接近0),内衬从下方凹陷位置发生缓慢隆起
6	DN800 厚 1.8mm 不锈钢内衬加支撑环连续负压试验	开始时红外摄像视频截图	结束时红外摄像视频截图

续上表

试验序号	试验名称	试验开始时不锈钢内衬图	试验结束时不锈钢内衬图
6	DN800 厚 1.8mm 不锈钢内衬加支撑环连续负压试验	开始时内衬实物图（从摄像头端拍摄） 本次试验的不锈钢为人员进入管道内部新焊接安装的完好不锈钢内衬，无局部缺陷	结束时内衬实物图（从非摄像头端拍摄） 当真空度达到约−0.055MPa 时，内衬和两个支撑环一起在 7:00 方向瞬间快速发生整体变形，在此之前内衬无任何明显变形

13.4.6 结论

本试验的最终结论如下：

（1）对于小口径不锈钢内衬安装的"缩径→涨径"工艺，会造成不锈钢内衬的明显局部缺陷，导致在很小的负压作用下发生不锈钢的局部变形，其耐负压能力严重不足。此外，小口径给水管道一般支管较多，需单独开挖处理支管，常常出现一个修复管段需多次开挖的情形，这也是小口径的"缩径→涨径"工艺的一大缺陷。考虑到上述缺陷，不提倡采用"缩径→涨径"工艺修复给水管道。

（2）对于大口径不锈钢内衬安装的管内组对焊接工艺，其无须进行"缩径→涨径"，其内衬贴合旧管道外壁较紧密，内衬管内表面光滑连续，无局部缺陷，结构较可靠，可承受一定的负压。此外，管道支管可直接在管内进行人工处理而无须单独开挖。考虑到上述优点，提倡采用管内组对焊接工艺对大口径给水管道进行修复。

（3）目前在实际工程中所采用的不锈钢内衬壁厚一般为 0.6~2.0mm，而上海市复兴公园水库泵站的 DN1200 给水管道，采用管内组对焊接工艺安装的不锈钢内衬壁厚为 2.0mm，但仍发生内衬在水锤负压下剥离、撕裂的现象。可见，目前在工程实际中所采用的不锈钢内衬壁厚偏薄，内衬管环刚度较低，不足以承受管道运营过程中出现的水锤负压。

本试验结果表明：DN800 厚 1.2mm 的不锈钢内衬其可承受的压力约为−0.03MPa（3.0m 水头），DN800 厚 1.8mm 加支撑环的不锈钢内衬其可承受的压力约为−0.055MPa（5.5m 水头）。而《给水排水工程管道结构设计规范》（GB 50332—2002）中规定压力管道运营过程中可能出现的真空负压的标准值取 0.05MPa（5.0m 水头）。可见，在没有支撑环的情况下，对于 DN800 管道，不锈钢内衬厚度为 1.2mm 或 1.8mm 时，均不足以承受《给水排水工程管道结构设计规范》（GB 50332—2002）规定的−0.05MPa 压力。

综合比较上述两点分析可知，目前在实际工程中采用的薄壁不锈钢内衬的壁厚偏薄，不足以承受给水管道运营过程中出现的水锤负压，应适当增加不锈钢内衬的厚度。

13.4.7 展望

薄壁不锈钢内衬作为一种新兴的管道修复工艺，其存在耐负压能力不足的缺陷，如何有效解决这个问题，需在经过多次试验和实际工程应用中不断摸索和完善。

本次试验为以后的薄壁不锈钢内衬修复工程的适用性和施工工艺的优化提供了重要借鉴，但仍有很多值得进一步探索的地方。解决任何一个比较棘手的工程问题，一般均不会通过一次试验就能得到彻底解决，往往要通过多次反复试验和对比才能形成比较成熟的解决方法。

关于如何解决薄壁不锈钢内衬层耐负压能力不足的问题，目前主要有以下几种可供参考的解决思路：

（1）通过在薄壁不锈钢内衬和原有管道间隙注浆，增加内衬与原有管道的整体性，进而增加修复后管道的耐负压能力。因此将涉及注浆材料、注浆工艺、注浆成本、间隙注浆充填程度以及注浆对提高不锈钢内衬耐负压能力的最终效果等多个问题，均需在以后的试验和工程实践中进行摸索和检验。

（2）通过在薄壁不锈钢内衬管内部间隔设置加固内支撑环，该方法只适用于人可进入管道内部的较大直径管道（一般要求管道不小于DN800）。加固内支撑环会在一定程度上增加不锈钢内衬的耐负压能力，但也会使施工工艺变得略微复杂，且由于环的存在造成内壁不光滑，在一定程度上影响了管道的过流能力。但具体可行性，尚需在实践中验证。

（3）通过在原有管道内壁每隔一段焊接一条不锈钢带，再将不锈钢内衬管段搭接焊接在不锈钢带上，此举就可分段依附于原有管道管壁的不锈钢内衬，从而增加不锈钢内衬的耐负压能力。但不锈钢带与水泥管等材质为非金属的管道内壁的焊接性差，因而该方法只适用于待修管道为金属材质的管道，且只适用于人可进入管道内部的较大直径管道（一般要求管道不小于DN800）。具体的可行性，尚需在实践中进行验证。

（4）增加不锈钢内衬层的厚度。由于薄壁不锈钢内衬管的环刚度低，可通过增加内衬管壁厚来提高其环刚度，进而增加了其耐负压能力。但由于不锈钢材价格昂贵，若内衬管壁厚增加，将大幅提高工程成本。因此，选择合理的内衬管壁厚至关重要，既要求内衬壁厚足以承受水锤负压，又要求经济成本尽量较低，应在今后的试验研究、理论研究及工程实践中继续进行探索。

（5）对内衬修复后的管段间隔设置进排气阀。进排气阀与不锈钢内衬管内部相通，当水锤负压产生时，管外空气通过进排气阀进入内衬管内缓解过大负压，减轻负压对内衬的影响。管内正压过大时，进排气阀也可向外排气，缓解过大正压，但由于给水管道运营中产生的水锤作用十分迅速，而进排气阀的进排气速率有限，因而对过大的水锤压力的缓解作用也有限。进排气阀在缓解负压措施的可行性，尚需在实践中验证。

本章参考文献

[1] 侯贤忠，侯可欣，侯欣田. 局部开挖的旧管道的不锈钢衬里管修复方法和修复管道结构：ZL02123519.8[P]. 2003-01-01.
[2] 姚黎光，周建中，朱凤翔，等. 大口径给水管道不锈钢薄板内衬修复技术与工程实践[J]. 给

水排水, 2006(3): 90-92.

[3] 续青. 不锈钢薄板内衬技术在大口径供水管道修复中的工程实践[J]. 城镇供水, 2012(5): 40-42.

[4] 王成全, 葛延超, 杨欣. 不锈钢内衬技术在潍坊市供水管网改造中的应用[C]//第六届中国城镇水务发展国际研讨会论文集. 2011.

[5] 韩雁飞. DN800供水管道采用不锈钢内衬技术工程实例探析[J]. 中国新技术新产品, 2011(1): 72.

[6] 王景凯, 谢天强, 徐依亮, 等. 不锈钢内衬修补技术在供水管线改造中的应用[J]. 齐鲁石油化工, 2006(S1): 18-20.

[7] 郑小明, 张严甫, 李长俊, 等. 给水管道薄壁不锈钢内衬层耐负压试验研究[J]. 中国给水排水, 2015, 31(23): 59-63, 68.

[8] 周维. 管道薄壁不锈钢内衬屈曲失效理论与试验研究[D]. 武汉: 中国地质大学, 2017.

[9] Zhou W, Li C, Ma B, et al. Buckling strength of a thin-wall stainless steel liner used to rehabilitate water supply pipelines[J]. Journal of Pipeline Systems Engineering and Practice, 2016, 7(1).

[10] Dong S, Zhou W, Zhang H, et al. An updated structure for a stainless steel liner and the estimation of its buckling strength[J]. Tunnelling and Underground Space Technology, 2018, 72: 9-16.

[11] Lu C, Ariaratnam S T, Yan X, et al. Buckling behavior of thin-walled stainless-steel lining wrapped in water-supply pipe under negative pressure[J]. Applied Sciences, 2021, 11(15): 67-81.

第 14 章 刚性锚固塑料内衬法管道修复技术

14.1 刚性锚固塑料内衬法简介

14.1.1 方法定义及使用情况

刚性锚固塑料内衬法是将带锚固键的塑料垫衬裁剪与焊接成一条新的管道内衬,安装在原有管道内,并对内衬与原有管道的间隙进行填充的一种管道修复方法,刚性锚固塑料内衬法修复管道断面如图 14-1 所示。

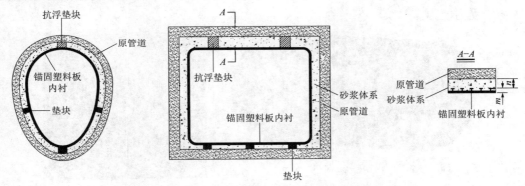

图 14-1 刚性锚固塑料内衬法修复管道断面示意图
m-锚固件高度;n-锚固件上部的水泥砂浆最小厚度

国内刚性锚固塑料内衬法修复技术源于深圳巍特环境科技股份有限公司,经过近些年不断发展改进后,内衬修复材料性能更加可靠,修复后结构承载能力明显增强,用于市政管道非开挖修复施工优势十分明显。

刚性锚固塑料内衬法所用主要内衬材料中,塑料衬垫指的是带有"V""Y"等形状锚固键的高密度聚乙烯(HDPE)、聚丙烯(PP)、聚偏氟乙烯(PVDF)及乙烯三氟氯乙烯共聚物(ECTFE)等高分子塑料片材。塑料衬垫作为固定在注浆层中的永久模板,在间隙中的浆料固化后,塑料衬垫与原管道内壁结合在一起,形成新的管道结构,从而起到防渗、防腐蚀、加固的作用。注浆厚度可根据实际需要进行调整,还可在修复结构层内安装预应力钢丝,提高结构强度。

相对于其他非开挖管道修复技术,刚性锚固塑料内衬法具有自身特有的优势,如可用于 DN300 以上各类材质的排水管道和各类断面形式渠箱的修复,抗变形能力强,可根据管道状况进行半结构性或结构性修复,具有对环境无污染等特点,在我国目前已有大量应用案例。国内一些学者对刚性锚固塑料内衬法修复给排水管道开展了相关研究,如刚性锚固塑料内衬法加固球墨铸铁供水管道承插式接口的性能、修复混凝土管道后整体结构承载能力等。研究表明，该技术修复承插式给水管道后，能显著提高管道接口的抗拉、抗弯承载力，可明显提高混凝土管道结构破坏极限承载力和最大变形量，以上研究表明刚性锚固塑料内衬法管道修复技术的可靠性。

14.1.2 材料及性能

选择合理的管道内衬是管道内衬法非开挖修复施工的关键。刚性锚固塑料内衬法管道修复技术主要内衬材料有塑料衬垫和注浆料，注浆料可选用水泥基注浆料或环氧树脂注浆料，施工后形成如图14-2所示的衬垫和环状间隙充填层共同构成的结构，也称为刚性锚固塑料内衬管。当采用水泥基材料作为注浆料时，内衬结构结合了热塑性塑料的优点（柔韧性、延展性、耐腐蚀）和混凝土的特点（强度高、刚性好）。塑料衬垫为内部注浆层混凝土结构的长期保护提供了一个高质量的解决方案，而且塑料衬垫材料具有良好的耐酸碱和耐化学腐蚀性能，能够防止混凝土的劣化从而延长管道的使用寿命，塑料衬垫材料如图14-3所示。独特设计的"V"形、"Y"形等形状的锚固键，有利于修复后结构形成一个整体，提高协同受力能力。

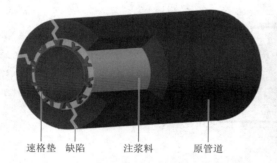 

图14-2 刚性锚固塑料内衬法修复管道结构示意图　　图14-3 速格垫材料示意图

《城镇排水管道非开挖修复工程施工及验收规程》（T/CECS 717—2020）中，对刚性锚固塑料内衬法用塑料衬垫产品的分类和材料性能进行了规定，见表14-1、表14-2。

塑料衬垫的物理力学性能指标　　表14-1

项目	类型
材质	高密度聚乙烯（HDPE）
	聚丙烯（PP）
	聚偏氟乙烯（PVDF）
	乙烯三氟氯乙烯共聚物（ECTFE）
厚度	2.0mm、3.0mm、5.0mm
颜色	黑色、黄色、蓝色、白色

塑料衬垫和原管道之间充填的水泥基注浆料主要由水泥、专用外加剂、高分子聚合物材料配合组成。具有低水胶比、高流动性、零泌水、微膨胀、耐久性好的特点，水泥基注浆料性能指标见表14-3。

塑料衬垫的物理力学性能指标　　　　表14-2

项目	材质				测试依据标准
	PE	PP	PVDF	ECTFE	
密度（g/cm³）	0.95	0.9	1.7	1.6	《塑料 非泡沫塑料密度的测定 第1部分：浸渍法、液体比重瓶法和滴定法》（GB/T 1033.1—2008）
拉伸屈服应力（MPa）	≥20	≥25	≥25	≥30	《高分子防水材料 第1部分：片材》（GB 18173.1—2012）
断裂伸长率（%）	≥400	≥300	≥80	≥250	
弹性模量（MPa）	≥600	≥900	≥200	≥1600	《塑料拉伸性能的测定 第3部分：薄膜和薄片的试验条件》（GB/T 1040.3—2006）
球压入硬度（MPa）	≥36	≥45	≥80	—	《塑料 硬度测定 第1部分：球压痕法》（GB/T 3398.1—2008）
锚固键抗拉拔力（N）	≥500	≥500	≥500	≥500	《城镇排水管道非开挖修复工程施工及验收规程》（T/CECS 717—2020）

注：塑料衬垫产品的密度误差为±5%。

水泥基注浆料的性能　　　　表14-3

项目		性能要求	测试依据标准
凝胶时间	初凝（min）	≤100	《普通混凝土拌合物性能试验方法标准》（GB/T 50080—2016）
	终凝（h）	≤12	
截锥流动度（mm）	初始值	≥340	《水泥基灌浆材料》（JC/T 986—2018）
	30min	≥310	
抗压强度（MPa）	2h	≥12	《水泥胶砂强度检验方法(ISO法)》（GB/T 17671—2021）
	28d	≥55	
抗折强度（MPa）	2h	≥2.6	
	28d	≥10	
28d 弹性模量（MPa）		≥30 000	《混凝土物理力学性能试验方法标准》（GB/T 50081—2019）
24h 自由膨胀率（%）		0~1	《混凝土外加剂应用技术规范》（GB 50119—2013）
泌水率（%）		0	《普通混凝土拌合物性能试验方法标准》（GB/T 50080—2016）
对钢筋的锈蚀作用		无	《水泥基灌浆材料》（JC/T 986—2018）

刚性锚固塑料内衬法注浆材料还可应用环氧树脂，环氧树脂注浆料的性能应符合表14-4的要求。

环氧树脂注浆料的性能　　　　表14-4

项目	性能要求	测试依据标准
20℃初凝时间（h）	≤2	《水泥标准稠度用水量、凝结时间、安定性检验方法》（GB/T 1346—2011）
28d 抗压强度（MPa）	≥60	《树脂浇铸体性能试验方法》（GB/T 2567—2021）
28d 抗拉强度（MPa）	≥20	
28d 黏结强度（MPa）	≥3.5	《建筑防水涂料试验方法》（GB/T 16777—2008）

14.1.3 使用范围及优缺点

1）使用范围

刚性锚固塑料内衬法可用于 DN300 以上各类材质的排水管道和各类断面形式的渠箱修复，根据内衬材料的不同，还可用于给水管道修复。塑料衬垫可根据实际管道状态加工，因此，刚性锚固塑料内衬法还可用于带转折的管道、变形的管道。根据原管道的破坏程度，可用于埋地管道的结构性修复和半结构性修复。

2）优缺点

（1）优点

①耐腐蚀性能优异。所采用的塑料衬垫是一种高分子树脂材料，具有良好的耐酸碱性及耐化学腐蚀性。

②修复后整体结构强度高。采用的水泥基注浆料为特制的材料，固化后强度高。塑料衬垫、注浆层与原管道结构形成整体结构，共同受力。

③适用范围广。适用于任何断面形状的管涵修复，且适合多种材质管道，如混凝土管，钢管，玻璃钢管，各种塑料管及砖砌，石砌涵管等。

④具有一定变形能力。塑料衬垫具有较强的抗拉伸性能和抗撕裂强度，可适应一定程度的管道变形。

⑤抗渗性能优越。可有效解决管道内渗、外渗的问题。

⑥施工便捷、周期短，无须大面积开挖，对行人和道路交通影响小，综合成本低，社会经济效益好。

（2）缺点

注浆材料固化需要一定时间，相比于 CIPP、热塑成型修复（FIPP）等技术，施工周期较长，对管道正常使用有一定影响。内衬结构厚度较大，减小了原管道的过流断面。

14.2 刚性锚固塑料内衬法设计

刚性锚固塑料内衬法管道修复技术可用于圆形和异形管道的结构性修复、半结构性修复、防渗和防腐处理。采用刚性锚固塑料内衬法进行管道结构性修复时，其设计使用寿命不得低于 50 年。进行半结构性修复时，其设计使用寿命应不低于原管道的剩余设计使用期限。对于混凝土管道，半结构性修复后的最长设计使用年限不宜超过 30 年。刚性锚固塑料内衬法修复后的管道结构应满足内外承载力和变形的要求，过流能力应满足使用要求。

14.2.1 半结构性修复设计

当刚性锚固塑料内衬法用于埋地管道半结构性修复时，应按式(14-1)计算注浆层厚度，并应保证衬垫厚度不小于 2.0mm，注浆层厚度不小于 13.0mm。

为防止内衬层发生屈曲破坏，要求锚固键能提供的抗拉拔强度，经折减后仍大于地下最高水位压力。即

$$\sigma_t \geq N\gamma_w h_w \tag{14-1}$$

式中：σ_t——锚固于注浆体中的锚固键应能提供的抗拉拔强度（MPa），根据《城镇排水管道非开挖修复工程施工及验收规程》（T/CECS 717—2020）中试验方法确定；

N——安全系数，建议取值≥2；

γ_w——地下水的重度；

h_w——原管道底部以上最高地下水位高度（m）。

通过式(14-1)求得所需的最小σ_t值，之后根据锚固键的抗拉拔检测方法，求出所需的锚固键高度，即为注浆层所需的最小厚度。

按照上述方法确定注浆层所需的最小厚度后，分别根据《城镇排水管道非开挖修复更新工程技术规程》（CJJ/T 210—2014）和《城镇给水管道非开挖修复更新工程技术规程》（CJJ/T 244—2016）中关于内衬管的半结构性设计方法，确定用于排水管道和给水管道修复时注浆层的厚度。

14.2.2 结构性修复设计

刚性锚固塑料内衬法用于结构性修复时，注浆层应能同时承受所有的外部荷载，包括外部地下水压、上覆土压力和地表活荷载等。将注浆层作为保护层，按《城镇排水管道非开挖修复更新工程技术规程》（CJJ/T 210—2014）、《城镇给水管道非开挖修复更新工程技术规程》（CJJ/T 244—2016）和《给水排水工程管道结构设计规范》（GB 50332—2002）中管道的结构性修复设计方法进行计算。

14.3 刚性锚固塑料内衬法施工

刚性锚固塑料内衬法管道修复技术的主要施工流程如下：

（1）管道预处理。

（2）塑料衬垫铺设安装。

（3）塑料衬垫内部注水支撑。

（4）注浆施工。

刚性锚固塑料内衬法修复宜按图 14-4 所示的施工工艺流程进行施工。

14.3.1 施工准备

施工前应遵循当地的相关规定，完成施工场地准备、检查井准备或工作坑的开挖与支护、管道断管等工作。当管道内需采取临时排水措施时，应符合下列规定：

（1）对原有管道的封堵应符合《城镇排水管渠与泵站运行、维护及安全技术规程》（CJJ 68—2016）的规定。

（2）当管堵采用充气管塞时，应随时检查管

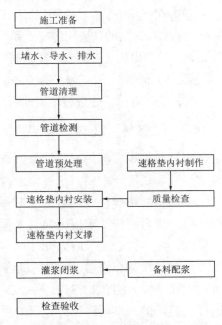

图 14-4 刚性锚固塑料内衬法施工工艺流程图

堵的气压,当管堵气压降低时应及时充气。

(3)当管堵上、下游有水压力差时,应对管堵进行支撑。

(4)临时排水设施的排水能力应满足修复工艺的施工要求。

(5)塑料衬垫、注浆材料、气囊等材料应在使用前进行检查,合格后方可使用。

14.3.2 管道预处理

采用刚性锚固塑料内衬法修复给水管道时,金属管道预处理宜采用超高压溶剂水射流或喷砂处理,对于侵蚀较浅的部分,需要凿毛处理。混凝土或钢筋混凝土结构宜采用高压清洗车清洗工作段表面,清洗掉表面的所有杂质、油污、松散结构,保证混凝土管道表面的基底结构坚实。塑料管材宜根据管材表面强度用高压清洗车清洗管道内表面,清洗掉表面的所有杂质、油污、松散结构。

刚性锚固塑料内衬法修复排水管道时,金属结构宜采用超高压溶剂水射流,用高压冲洗车或绞车进行管道清淤。混凝土或钢筋混凝土结构宜采用高压清洗车清洗,当圆形管道的管径大于或等于800mm,或异形管道的截面高度大于或等于800mm且宽度大于或等于600mm时,也可采用人工清淤。塑料管材宜根据管材表面强度用高压清洗车清洗,使管道露出原材质结构。对检查井内剩余的砖、石、部分淤泥等残留物进行人工清理,直到清理完毕为止。管道预处理施工后原有管道内应无沉积物、垃圾及其他障碍物,不应有影响施工的积水,管道内表面应洁净、无渗水、无尖锐凸起物。处理清洗产生的污水和污物应从检查井内排出,污物处理应符合《城镇排水管渠与泵站运行、维护及安全技术规程》(CJJ 68—2016)的有关规定。

当采用人工清淤时,施工人员进入检查井前,井室内必须使大气中的氧气进入检查井中或用鼓风机进行换气通风,使用气体探测仪进行测试,达不到有害气体安全标准的,不得允许人员下井作业,令施工人员进入井内必需佩戴安全带、防毒面具及氧气罐等防护用具。

对于存在严重破裂、局部坍塌等结构性缺陷的原管道,修复施工前,应对该部分进行局部加固处理。原有管渠的基层用混凝土和砂浆预处理时,应充分养护、硬化,并应做到表面坚固、密实、无尖锐突出物。管道内存在孔洞、裂缝、接口错位、腐蚀、渗水等局部缺陷时,可采用化学注浆、局部加固、人工修补等方法进行预处理。若通过检测发现原有管道外存在土体空洞等缺陷时,应对空洞部分进行填实加固。其他局部严重缺陷可采取局部开挖更换方法处理。

14.3.3 塑料衬垫铺设安装

塑料衬垫根据实际情况提前预制焊接成型,一般采用热熔焊接,焊接应通过测量及计算确定尺寸和长度。塑料衬垫焊接成内衬层时,不得削去焊接区域的锚固键。

(1)塑料衬垫制作完成后,应对预制好的衬垫进行检查,发现破损立即修补或更换。对衬垫尺寸进行测量,确保内衬与工程实际规格相符合。对搭接部位进行检查,焊缝须平整、牢固,如不符合要求应立即处理。

(2)衬垫检测合格后,用卷扬机将塑料衬垫拉进管道。《城镇排水管道非开挖修复工程施工及验收规程》(T/CECS 717—2020)中规定:牵引衬垫前,应先用无纺布类材料将衬垫进行包裹保护,再用铁丝将包裹的衬垫绑扎,牵引时钢丝绳应与绑扎的铁丝连接,不得直接与衬垫连接。置入衬垫时的速度不应超过0.2m/s。牵拉操作应一次完成,不应中途停止，进入管道的衬垫应保持平整，不得扭曲。

（3）衬垫铺设后，在管道两端进出口处安装密封条，并通过锚固板及螺栓将速格垫内衬垫固定在管道壁上，同时安装注浆管。将管道封闭后注入水，利用水的重力和压力将衬垫支撑起来，使其充满整个管道。

14.3.4 注浆施工

根据工程需要，可选用静压注浆法或压力注浆法，对内衬与原管道间的间隙进行注浆填充。采用静压注浆时，注浆漏斗的设置高度及内水压力应按下列公式计算。

（1）注浆漏斗的设置高度

$$H_g = H_0 + iL \tag{14-2}$$

式中：H_g——注浆漏斗安装高度，指自漏斗顶面至原管道内壁顶面之间的距离（m）；
H_0——注浆漏斗最低安装高度（m），宜取 5m；
i——待修复管道纵向坡度；
L——注浆段的管道长度（m）。

（2）速格垫内衬的内水压力

内水压力应与注浆压力保持平衡，按式(14-3)进行计算。

$$P_w = P_0 + \gamma_g H_g \tag{14-3}$$

式中：P_w——作用在内衬上的内水压力（kN/m²）；
P_0——注浆期间的维稳超压（kN/m²），宜取 0.05kN/m²；
γ_g——浆体的重度（kN/m³）。

压力注浆时，闭浆管的管口最小高度应高于管顶 1m。注浆压力和内水压力应按式(14-3)进行控制计算。

当注浆浆体到达闭浆管管口后，观察到浆体自内衬与原有管道间的环状间隙稳定且全断面充满流出后，方可停止注浆。对注浆断面较大或注浆距离较长的箱涵、方沟，宜采取分段分次注浆、先底后顶的分步注浆措施。

待浆液固化后，拆除堵头，放空内部支撑水体，进行端部处理，检查验收。堵头的拆除时间应根据现场注浆材料试样的凝固时间确定。试样与内衬管应处于相同环境下，试样固化后的强度不足以承受地下水头压力时不能拆除堵头。

14.3.5 质量检验与验收

（1）排水管道刚性锚固塑料内衬法修复工程的质量验收应符合《给水排水管道工程施工及验收规范》（GB 50268—2008）、《城镇排水管道非开挖修复更新工程技术规程》（CJJ/T 210—2014）的有关规定和设计文件的要求。单位工程、分部工程、分项工程以及分项工程验收批的质量验收记录应符合《给水排水管道工程施工及验收规范》（GB 50268—2008）的有关规定。

（2）施工现场所用原材料的规格、尺寸、性能等应符合工程设计要求，每一个单位工程的同一生产厂家、同一批次产品均应按设计要求进行性能检测，符合要求后方可使用。使用的计量器具及检测设备应鉴定合格，且在鉴定有效期内，并应记录现场检验和抽样检验的过程及结果，再进行存档。检验记录内容应包括工程编号、项目名称、施工单位名称、施工负责人、施工地点、管道规格、管材类型、修复长度、材料名称、生产厂家、生产日期、质量检验项目等。

（3）注浆前的每道工序完成后，经检查合格，方可进行下道工序的施工，并应采取成品保护措施。检查不合格时，应进行返工，并经重新检验其质量后再决定是否进行下道工序。

（4）作业过程中，应进行过程控制和质量检验，并应有完整的施工工艺记录。之后记录速格垫的焊接温度、搭接宽度、气囊内水压力、注浆压力、注浆用量、注浆用时、拆模时间等。当采用水泥基注浆材料时，应随注浆施工制作检验试块，试块制作方法宜符合《普通混凝土力学性能试验方法标准》（GB/T 50081—2019）的规定。

14.4 刚性锚固塑料内衬法管道修复案例

14.4.1 工程概况

深圳市南山海德三道雨水管修复工程，待修复管道为 DN800 波纹管，长度 28.3m。CCTV 检测结果发现管道内部出现近 2m 的坍塌破裂，管内缺陷情况如图 14-5 所示。因地理位置及交通压力，不可采用开挖施工，经过对比分析，选择刚性锚固塑料内衬法进行管道修复。

14.4.2 管道非开挖修复方案

本方案施工工艺流程如下：
（1）待修复管道进行 CCTV 检测。
（2）内部塌陷位置进行预处理，清理管内杂物、管道内壁清洗。
（3）塑料衬垫制作。
（4）成型后的衬垫安装。
（5）注浆施工。

14.4.3 塑料衬垫现场制作

施工前，应准确测量原管道尺寸和长度，确定衬垫的管径、长度、弯曲度等。根据实际情况（图 14-5），按照设计要求和施工方案将衬垫焊接成型（图 14-6），焊缝应满足设计要求。

图 14-5 修复前管道内部情况　　图 14-6 速格垫内衬现场焊接

14.4.4 衬垫安装

衬垫焊接成型后，施工前采用钢架支撑，钢支架应搭设牢固，支架滚轮应坚固、光滑。衬垫牵引置入待修复管道时，应和气囊同时安装（图14-7）。衬垫应连续平稳拉入，尽量保持表面平整，不可扭曲。将衬垫与待修复管道的结构基层固定，在管道两端进出口处安装密封条，并通过锚固板及螺栓将速格垫端口固定在管道壁上，同时安装好注浆管、回浆管、排水排气管等预埋件并进行封堵。

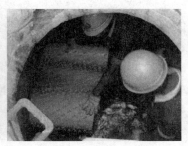

图 14-7 衬垫安装

14.4.5 衬垫固定密封及注水支撑

衬垫两端使用法兰盘、压条、堵漏材料等方式封口。封口完成后，气囊两端用挡板将其固定。之后向垫衬管内部注水，利用水的重力和压力将衬垫管道支撑起来，使其充满整个管道，且气囊膜内的水压力应保持恒定。针对管径确定水压力（图14-8）。

14.4.6 注浆施工

本工程采用静压注浆法进行注浆施工，浆料制备完成后，从注浆孔向衬垫与原管道侧环间隙注入水泥基注浆料（图14-9），使其完全填充间隙，从而使衬垫管与原管道形成一个整体，共同受力。注浆结束后，进行闭浆，闭浆管高度比上游管道口顶部高出1.5m，待闭浆管出浆即可。注浆层按照要求养护完成后，拆除气囊，进行端部处理。

14.4.7 修复后的效果

内衬施工完成后，采用CCTV对管道内衬安装情况进行检测，修复后管道内部情况如图14-10所示。通过刚性锚固塑料内衬法对管道进行整体修复，修复后管道无破裂、渗漏、塌陷等缺陷。在修复管道的同时，注浆料可进入原管壁塌陷破损等缺陷部位，进一步加固原管道。

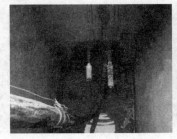

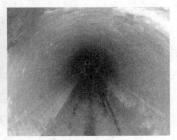

图 14-8 速格垫内衬内注水作业 图 14-9 注浆作业 图 14-10 修复后管道内部情况

本章参考文献

[1] 中国工程建设标准化协会. 城镇排水管道非开挖修复工程施工及验收规程: T/CECS 717—2020[S]. 北京: 中国建筑工业出版社, 2020.

[2] 钟紫蓝, 王书锐, 甄立斌, 等. 经垫衬法修复后铸铁管道接口力学性能试验[J]. 哈尔滨工业大学学报, 2019, 51(6): 141-147.

[3] 钟紫蓝, 王书锐, 杜修力, 等. 管道承插式接口轴向力学性能试验研究与数值模拟[J]. 工程力学, 2019, 36(3): 224-230.

[4] 李子明, 王鸿鹏, 马孝春, 等. 垫衬法修复钢筋混凝土管道的模型试验研究[J]. 非开挖技术, 2018(5): 43-46.

[5] 王书锐. 垫衬法加固前后地下供水管道抗震易损性分析[D]. 北京: 北京工业大学, 2019.

[6] 王雪. 垫衬法修复管道承载性状研究[D]. 北京: 中国地质大学(北京), 2019.

[7] 中华人民共和国住房和城乡建设部. 城镇排水管道非开挖修复更新工程技术规程: CJJ/T 210—2014[S]. 北京: 中国建筑工业出版社, 2014.

[8] 中华人民共和国住房和城乡建设部. 城镇给水管道非开挖修复更新工程技术规程: CJJ/T 244—2016 [S]. 北京: 中国建筑工业出版社, 2016.

[9] 非开挖技术网. 给排水管道非开挖垫衬法再生修复施工新技术 [EB/OL]. (2020-03-16) [2021-12-15]. http://trenchlesstechnology.cn/display.php?id=153.

[10] 于芳, 黄雷, 尹剑辉, 等. 非开挖垫衬法在市政给排水管道修复施工中的应用[J]. 建筑施工, 2016(5): 624-626.

[11] 江章景. 矩形排水管道结构检测评价与修复技术研究[D]. 北京: 中国地质大学(北京), 2020.

[12] 王斌, 魏强. HDPE 速隔垫衬法在城市排水箱涵修复中的应用[J]. 陕西水利, 2020(10): 144-146, 151.

第 15 章 热塑成型法管道修复技术

15.1 热塑成型法管道修复技术简介

15.1.1 方法定义及使用情况

热塑成型法管道修复技术（Formed-in-Place Pipe，FIPP）指的是将工厂预制的内衬管材加热软化后，牵引置入原有管道内部，通过加热加压使其与原管紧密贴合并塑造成型，之后冷却形成内衬管的修复技术。

中国工程建设标准化协会团体标准《城镇排水管道非开挖修复工程施工及验收规程》（T/CECS 717—2020）中将热塑成型法定义为采用牵拉方法将生产压制成"C"形或"H"形的内衬管置入原有管道内，之后通过静置、加热、加压等方法将衬管与原有管道紧密贴合的管道内衬修复技术。

热塑成型法管道修复技术主要利用热塑性高分子材料可多次加热成型、重复使用的特点，在施工现场将工厂生产的 FIPP 内衬管加热软化后再拉入待修管道内部，以原管道为模具，之后二次加热加压，最终形成和原管道紧密贴合的内衬管，如图 15-1 所示。

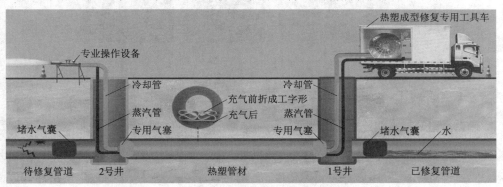

图 15-1 热塑成型法管道修复技术示意图

热塑成型法内衬管具有良好的抗冲击性、柔韧性和一定的刚度，内衬管成型后强度高，可单独承受所有的外部荷载，包括静水压力、土压力和交通荷载等。热塑成型内衬管具有卓越的密闭性能，该技术不仅可应用于重力管道修复，还可用于压力管道，修复的类型包括结构性修复和半结构性修复。

该技术自 1988 年开始在美国广泛应用，被称为"热成形衬管法"。国外的热成型衬管法主要是指使用新型 PVC 或 PE 管材，插入旧管后加热膨胀成形紧贴在旧管内壁上，形成内衬结构，其包括折叠成形法（Fold and Formed，F&F）、变形复原法（Deformed and Reformed，D&R）和热熔膨胀法（Fused and Expanded，F&E）三种方式。在国外目前该技术的使用管径范围是 100~760mm（4~30in），一次性修复长度可达 460m（1500ft），适用于污水管线、饮用水管线、煤气管线和工业管道的结构性和非结构性修复。

随着内衬材料和施工技术的发展创新，国内由赵伟博士研发的新型 FIPP 内衬管，目前已可以生产 1200mm 大直径的内衬管，该技术已处于世界领先水平。

热塑成型衬管法相比传统的穿插法、原位固化法等有独特的优势，例如与原管道超紧密贴合（图 15-2）、一次性修复距离长、可修复非圆形截面形状的管道［图 15-3a）］、带 90°转角管道、变径管道［图 15-3b）］等，因此为埋地管道修复提供了一种经济环保、安全可靠的方法。

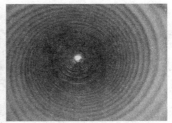

图 15-2　热塑成型法修复后内衬管与原管道紧密贴合

a) 矩形管道　　　　　　　b) 变径管道

图 15-3　热塑成型法应用于非圆形管道和变径管道

15.1.2　材料及设备

根据加热后材料表面的性能变化情况，通常将塑料分为热塑性与热固性塑料。热塑性塑料在加热时材料发生软化，温度降低后材料硬化。由于热塑性塑料中的树脂分子链均是线型或带支链的结构，分子链之间无化学键产生，故无论是温度升高软化还是冷却变硬，均属于物理变化。因此，这一过程可多次反复进行而材料本身性能却不发生变化。

热塑成型修复技术采用的内衬管道主要以聚氯乙烯树脂为主要成分，并添加各种辅助剂实现预期性能，通过挤塑方式在工厂进行预制生产，折叠后缠绕在木质或钢质的轮盘之上，如图 15-4 所示。内衬管的各项性能，包括材料力学参数、管壁厚度等均是在严格控制的工厂流水线上决定的，现场安装仅通过加热加压对生产出的管材进行形状上的改变，使其紧贴于待修管道的内壁，不改变管材的力学性能参数，从而大大提高了非开挖管道修复的工程质量。与热固性树脂相比，热塑性材料的另一项主要优势是可再研磨重复利

图 15-4　工厂预制生产的 FIPP 内衬

用,且可在正常环境下存放时间较长,任何性能均不减损。

在内衬管道的质量监控方面,由于现场安装不改变管材除形状外的任何材料特性,在安装之前可完成大部分产品的质量监控,如热反复测试材料生产缺陷(图15-5)、丙酮浸泡测试材料塑化效果(图15-6),以及材料的弯曲和拉伸性能测试(图15-7、图15-8)等。

图15-5 热反复测试生产缺陷

图15-6 丙酮浸泡测试材料塑化效果

图15-7 弯曲模量与弯曲强度测试

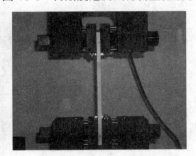
图15-8 拉伸模量和拉伸强度测试

ISO 11296对紧密贴合内衬法用聚氯乙烯内衬管的材料性能和物理性能的规定见表15-1、表15-2。

聚氯乙烯内衬管的材料性能　　　　　　表15-1

序号	项目	要求	试验参数		试验方法
1	密度(kg/m^3)	1300~1450	试验温度	23℃	《塑料 非泡沫塑料密度的测定 第1部分:浸渍法、液体比重瓶法和滴定法》(GB/T 1033.1—2008)中方法A
2	拉伸弹性模量	厂家声明值[①][②],且≥1200MPa	试样形状	类型1	《塑料 拉伸性能的测定 第2部分:模塑和挤塑塑料的试验条件》(GB/T 1040.2—2022)
			试验速度	(5±0.5)mm/min	
3	拉伸屈服应力	厂家声明值[①],且≥20MPa	试样形状	类型1	《热塑性塑料管材 拉伸性能测定 第1部分:试验方法总则》(GB/T 8804.1—2003)《热塑性塑料管材 拉伸性能测定 第2部分:硬聚氯乙烯(PVC-U)、氯化聚氯乙烯(PVC-C)和高抗冲聚氯乙烯(PVC-HI)管材》(GB/T 8804.2—2003)
			试验速度	(5±0.5)mm/min	
4	断裂伸长率	厂家声明值[①],且≥70%	试样形状	类型1	《热塑性塑料管材 拉伸性能测定 第1部分:试验方法总则》(GB/T 8804.1—2003)《热塑性塑料管材 拉伸性能测定 第2部分:硬聚氯乙烯(PVC-U)、氯化聚氯乙烯(PVC-C)和高抗冲聚氯乙烯(PVC-HI)管材》(GB/T 8804.2—2003)
			试验速度	(5±0.5)mm/min	

续上表

序号	项目	要求	试验参数			试验方法
5	落锤冲击（TIR）	≤10%	试验温度	(0±1)℃		《热塑性塑料管材耐外冲击性能 试验方法 时针旋转法》（GB/T 14152—2001）
			落锤类型	d 90		
			公称直径 DN（mm）	重锤质量（kg）	冲击高度（mm）	
			110	1.0	1600	
			125	1.25	2000	
			160	1.6	2000	
			200	2.0	2000	
			250	2.6	2000	
			≥315	3.2	2000	

注：①厂家声明值可远高于最小值。
②厂家声明值决定了环刚度和SDR之间的关系。

聚氯乙烯内衬管的物理性能 表15-2

序号	项目	要求	试验参数			试验方法
1	维卡软化温度	厂家声明值[1]，且≥55℃	试样数量[2]	3个		《热塑性塑料管材、管件 维卡软化温度的测定》（GB/T 8802—2001）
			起始温度	起始温度选取预期维卡软化点温度减50℃的温度与(23±2)℃中的较大者		
2	纵向回缩率[3]	≤5%，管材应无气泡、无裂纹	试验温度	(150±2)℃		《热塑性塑料管材纵向回缩率的测定》（GB/T 6671—2001）中方法A（液浴试验）
			浸泡时间	e_n ≤8mm	15min	
				e_n >8mm	30min	
			或			
			试验温度	(150±2)℃		《热塑性塑料管材纵向回缩率的测定》（GB/T 6671—2001）中方法B（烘箱试验）
			e_n	试验时间		
			e_n ≤4mm	30min		
			4mm< e_n ≤16mm	60min		
			e_n >16mm	120min		
3	二氯甲烷浸渍试验[4]	试样表面无破坏	试验温度	(15±1)℃		《硬聚氯乙烯（PVC-U）管材 二氯甲烷浸渍试验方法》（GB/T 13526—2007）
			试样数量	1个		
			浸渍时间	30min		
			最小壁厚	1.5mm		
4	DSC（耐二氯甲烷的替代测试方法）[4]	≥185℃	试样数量[2]	4个		《硬聚氯乙烯管材 差示扫描量热法（DSC） 第1部分：加工温度的测量》（GB/T 33466.1—2016）

注：①通用聚氯乙烯管材，维卡软化温度的要求为≥79℃。
②本表给出的试样数量是表中所述的特性确定值所需的试验数量。制造商的质量计划中应规定工厂生产控制和过程控制所需的试样数量。
③仲裁时，使用方法B。
④二氯甲烷浸渍试验与DSC选做一项测试，仲裁时，使用二氯甲烷浸渍试验。

除了上述 ISO 11296 标准中的要求，热塑成型内衬管在使用前，内外表面应光滑、平整、无裂口、凹陷和其他影响内衬管性能的表面缺陷，衬管中不应含有可见杂质。工厂折叠型的内衬管，在生产阶段，允许在一定可控范围内同一个横截面上的壁厚不同，只要在施工后的壁厚满足要求即可，安装前的平均壁厚不应小于出厂值，需符合国家标准《塑料管道系统 塑料部件尺寸的测定》（GB/T 8806—2008）的有关规定。内衬管的短期弯曲性能和拉伸性能应按照《塑料 弯曲性能的测定》（GB/T 9341—2008）、《热塑性塑料管材 拉伸性能测定 第 2 部分：硬聚氯乙烯（PVC-U）、氯化聚氯乙烯（PVC-C）和高抗冲聚氯乙烯（PVC-HI）管材》（GB/T 8804.2—2003）中的规定对内衬管道的弯曲模量、弯曲强度和拉伸强度、断裂伸长率进行测试，热塑成型内衬管的力学性能应符合表 15-3 的规定。

热塑成型内衬管材料性能要求 表 15-3

力学指标	性能要求	测试依据标准
弯曲模量（MPa）	≥1600	《塑料 弯曲性能的测定》（GB/T 9341—2008）
弯曲强度（MPa）	≥40	《塑料 弯曲性能的测定》（GB/T 9341—2008）
拉伸强度（MPa）	≥30	《热塑性塑料管材 拉伸性能测定 第 2 部分：硬聚氯乙烯（PVC-U）、氯化聚氯乙烯（PVC-C）和高抗冲聚氯乙烯（PVC-HI）管材》（GB/T 8804.2—2003）
断裂伸长率（%）	≥25	《热塑性塑料管材 拉伸性能测定 第 2 部分：硬聚氯乙烯（PVC-U）、氯化聚氯乙烯（PVC-C）和高抗冲聚氯乙烯（PVC-HI）管材》（GB/T 8804.2—2003）

15.1.3 使用范围及优缺点

1）使用范围

热塑成型法管道修复技术适用于 DN100～DN1200 各种用途的管道修复，例如给水、排水、燃气管道修复等。热塑成型内衬管道加热软化、再次加压膨胀后可以与原管道超紧密贴合，适用于变径、带角度、严重错位、腐蚀的各种材料的管道修复，例如混凝土管、铸铁管、HDPE 管等。内衬管道最大可允许通过 90°转折的管道。热塑成型内衬管成型后强度高，可单独承受所有的外部荷载，因此其可用于动荷载较大，地质活动比较活跃地区的管道修复，例如铁路、高速公路的管道修复。

2）优缺点

（1）优点

热塑成型法管道修复技术作为一种新型的市政管道修复方法，主要有以下优点：

①内衬管在工厂预制，无须现场固化，施工质量容易保证。
②内衬管与原有管道紧密贴合，不需注浆处理。
③修复后内衬管道连续、内壁光滑，有利于减小流量损失。
④施工设备简单，占地面积小，施工速度快，工期短。
⑤适用范围广，可用于变径、带角度、严重错位、腐蚀的各种材料管道修复。
⑥内衬管强度高，韧性好，抗腐蚀能力强，修复后管道质量稳定性好，使用寿命长。
⑦一次性修复管道距离长，减少开挖工作井数量。
⑧对输送介质无污染，经济环保，节约资源，可用于给水管道修复。

（2）缺点

热塑成型法管道修复技术采用的内衬管道属于热塑性高分子材料，可多次加热成型，重复使用，但热塑性塑料管道耐热性较差，使用时应避免高温，否则会造成管道变形，影响管道的正常使用。

15.2 热塑成型法内衬管设计

15.2.1 内衬管的直径及长度

内衬管的长度和直径应在施工前检查确认是否符合设计要求，长度应满足检查井中心间距、内衬管道两端插入封堵气囊和内衬翻边施工所需的长度以及内衬牵拉等要求。

内衬管的外直径应略小于原管道内直径，用于非变径管道的修复时，出厂时的截面周长应为原有管道内周长的80%~95%，并保证在施工完毕后内衬管的厚度不低于设计要求，以保证修复质量。

15.2.2 内衬管壁厚设计

目前，热塑成型法用于重力管道和压力管道的壁厚设计方法主要依据的是《城镇排水管道非开挖修复更新工程技术规程》（CJJ/T 210—2014）、《城镇给水管道非开挖修复更新工程技术规程》（CJJ/T 244—2016）和美国标准《Standard Practice for Renewal of Existing Pipelines and Conduits by the Inversion and Curing of a Resin-Impregnated Tube》（ASTM F 1216）。重力管道和压力管道的修复设计说明如下：

1）重力管道热塑成型内衬设计

本书第8章中已对原位固化法内衬管道壁厚的设计理论和设计方法进行了详细介绍，与之一致的热塑成型法用于重力管道的半结构性修复和结构性修复时，也可采用上述计算方法，具体参考第8章内容。

2）压力管道热塑成型内衬设计

EN13689标准将压力管道内衬设计分为独立承压内衬管和相互作用型内衬管，即结构性和半结构性设计。其中，相互作用型内衬管道设计主要用于半结构性修复，内衬管道需依赖主管道共同承担外部地下水压力、真空压力以及原有管道破损部位内部水压，内衬通过与主管道紧密接触，将全部或部分内压应力转移到现有管壁上，具有能够长期承担跨越主管道中腐蚀穿孔或接头间隙的能力。

美国材料与试验协会标准ASTM F1216中提出一种CIPP内衬修复压力管道的设计方法。对于部分破坏的压力管道，基于将管道内衬作为边缘固定、均匀受压圆板覆盖在管道中既有孔洞上的假设，推导了管道内衬设计方程。在此假设下，孔洞及周围的弯曲应力控制设计壁厚，究其本质，此为一种跨越孔洞的内衬设计。若孔洞尺寸过大，往往将原管道视为完全破坏的压力管道进行设计。

采用热塑成型法进行半结构性修复时，内衬设计用来承受由地下水引起的地下水静力荷载及跨越原管壁上任何孔洞的内部压力和真空压力。《城镇给水管道非开挖修复更新工程技术规程》（CJJ/T 244—2016）中规定，内衬管道承受外部地下水压力和真空压力的壁厚应按照下列公式计算。

$$t = \frac{D_0}{\left[\dfrac{2KE_L C}{(P_w+P_v)N(1-\nu^2)}\right]^{\frac{1}{3}}+1} \tag{15-1}$$

$$C = \left[\frac{1-\dfrac{q}{100}}{\left(1+\dfrac{q}{100}\right)^2}\right]^3 \tag{15-2}$$

$$q = 100 \times \frac{D_E - D_{\min}}{D_E} \quad \text{或} \quad q = 100 \times \frac{D_{\max} - D_E}{D_E} \tag{15-3}$$

式中：t——内衬管壁厚（mm）；
$\quad D_0$——内衬管平均外径（mm）；
$\quad K$——加强系数，通常情况下取 $K=7$；
$\quad E_L$——内衬管道的长期弹性模量（MPa），宜取短期模量E的50%；
$\quad C$——椭圆度修正系数；
$\quad q$——原有管道的椭圆度（%）；
$\quad P_w$——内衬管管顶地下水压力（MPa）；
$\quad P_v$——真空压力（MPa），取值宜为0.05MPa；
$\quad N$——安全系数；
$\quad \nu$——泊松比；
$\quad D_E$——原有管道的平均内径（mm）；
$\quad D_{\min}$——原有管道的最小内径（mm）；
$\quad D_{\max}$——原有管道的最大内径（mm）。

根据式(15-1)计算所得壁厚满足式(15-4)时，按式(15-5)对原管道的壁厚进行校核。

$$\frac{D_h}{D_0} \leqslant 1.83\left(\frac{t}{D_0}\right)^{0.5} \tag{15-4}$$

式中：D_h——原管壁上孔洞直径（mm）。

$$P_d = \frac{5.33}{(DR-1)^2}\left(\frac{D_0}{D_h}\right)^2 \frac{\sigma_L}{N} \tag{15-5}$$

式中：P_d——管道设计压力（MPa），应按管道工作压力的1.5倍计算；
$\quad \sigma_L$——FIPP内衬管道长期弯曲强度。

若不满足式(15-4)，应按照式(15-6)对内衬壁厚设计值进行校核。

$$t \geqslant \frac{\gamma_Q P_d (D_0 - t)}{2 f_t \sigma_{TL}} \tag{15-6}$$

式中：γ_Q——设计内水压力的分项系数；
$\quad f_t$——抗力折减系数；
$\quad \sigma_{TL}$——FIPP内衬管道长期抗拉强度。

采用热塑成型法进行结构性修复时，内衬管道设计应符合现行国家标准《给水排水工程管道结构设计规范》（GB 50332）的有关规定。ASTM F1216中按照厚壁圆筒理论将其设计为完全独立承压的内衬管道结构，即结构性修复设计。

$$P = \frac{2\sigma_{\text{TL}}}{(\text{DR}-2)N} \tag{15-7}$$

3）FIPP 内衬用于压力管道的承载性能试验研究

实际上，ASTM F1216 关于压力管道 CIPP 内衬设计的理论是假设原管道管壁上孔洞是规则的圆形，而埋地管道的腐蚀孔洞多是不规则的形状，如图 15-9 所示。对于这种假设，由于主管道缺陷形状不规则，且在运行过程中尺寸会继续发展变化，因此内衬在设计之初应充分考虑此影响因素。

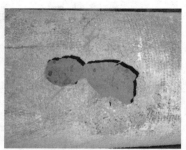

图 15-9　埋地压力钢管腐蚀孔洞

为评估采用 FIPP 内衬修复后结构的稳定性，选择具有大孔径缺陷的主管道进行修复，以模拟实际工程中内衬跨越埋地压力管道腐蚀孔洞、支管连接部位等位置的缺陷。

（1）试验简介

在钢管上制造规定尺寸的圆形孔洞，将工厂预制生产的 FIPP 内衬管安装到钢管中，管道两端将衬管翻边至法兰盘，并用盲板密封。选择自来水作为加压介质，通过室内加压试验装置向修复后管道内持续加压，直到内衬管道破坏为止。试验采用压力传感器持续监测试验中内部压力的变化；采用应变片监测孔洞处内衬在压力变化过程中的应变情况；采用高速工业相机连续监测内衬的变形和破裂情况。室内加压试验装置如图 15-10 所示。

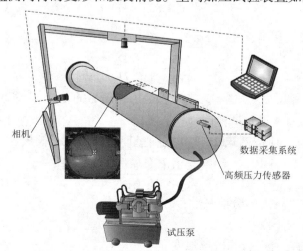

图 15-10　室内加压试验装置

（2）试验材料及主要设备

本试验用设备主要有试压泵（0~10MPa）、高频压力传感器（0~5MPa）及应变、位移和压力采集系统等。选择高速工业相机对孔洞位置的 FIPP 内衬进行同步拍照,以便观察内衬的变形量和破裂情况。试验所用钢管和内衬管的尺寸规格见表 15-4。

FIPP 内衬管尺寸规格   表 15-4

钢管尺寸	编号	内衬外径 D（mm）	孔洞直径 d（mm）	内衬平均壁厚（mm）
DN200	DN200-150	205	150	3.50
DN200	DN200-200	205	200	3.40
DN300	DN300-300	305	300	4.82
DN400	DN400-400	405	400	5.68

（3）试验过程及试验现象

①试验预处理。

首先在钢管中部制造出规定尺寸的圆形孔洞,并将钢管内壁清理干净,准备进行内衬安装。

②内衬安装。

将 FIPP 内衬管通过热塑成型方式进行安装,内衬完全充气与钢管紧密贴合成型后,采用专用操作工具对内衬两端进行处理,将内衬管翻边至法兰盘上,以便于试验系统的密封。

③监测点布置。

在孔洞位置的 FIPP 内衬表面布置应变片和标记点,用于试验过程中内衬表面应变和位移的监测,每个监测点布设纵向和环向两个应变片,内衬监测点布置如图 15-11 所示。压力传感器布置在管道一侧盲板上,实时监测整个试验过程中内部压力。

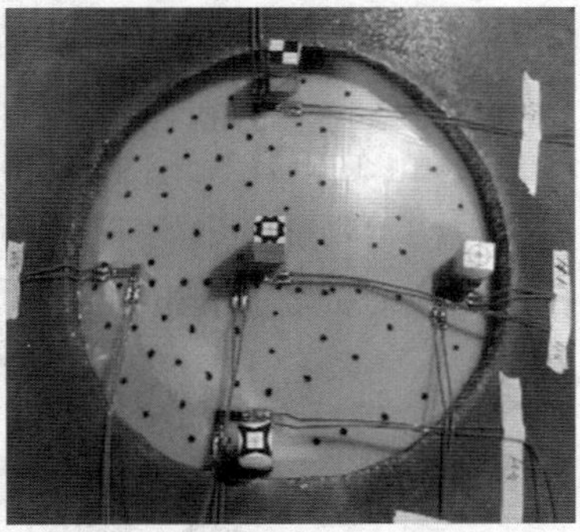

④注水加压。

试验系统连接完成后,开始向管道内注水加压。首先向管道中注满水并确保空气完全排出以及系统密封完好后,打开试压泵开始加压。测试开始后,加载速度应保持不变。试验过程中应时刻注意压力和孔洞位置内衬的变化情况。当观察到内衬表面开始出现轻微变形后,记录此时的压力大小。之后继续加压,内衬的凸起变形逐渐加大,直到内衬破裂,记录此时的失效压力。

图 15-11 内衬监测点布置示意图

⑤试验结果。

四组试验均加载至内衬出现破裂,各组试验的失效压力和孔洞位置内衬表面中心点的竖向位移如表 15-5 所示,试验过程中压力变化曲线如图 15-12 所示。根据相机拍摄到的结果,孔洞位置 FIPP 内衬的破裂形式如图 15-13 所示。

试验结果   表 15-5

编号	孔洞位置内衬最大变形（mm）	开始变形压力（MPa）	失效压力（MPa）	内衬破裂情况
DN200-150	9.17	1.44	2.22	破裂,图 15-13a）
DN200-200	15.56	1.13	1.65	破裂,图 15-13b）
DN300-300	38	1.1	1.51	破裂,图 15-13c）
DN400-400	53.14	1.26	1.47	破裂,图 15-13d）

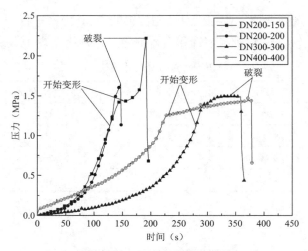

图 15-12 试验压力变化曲线

为测试孔洞尺寸对内衬失效压力的影响，DN200管道设置的缺陷尺寸分别为直径150mm 和200mm 的圆形孔洞，在加载试验中均达到破裂状态。试验压力变化曲线如图 15-12 所示，可得在 0~138s，二者压力曲线变化趋势相同，DN200-150 组的压力出现一段上升平缓区域，是由于内衬开始出现屈服与法兰部位轻微滴漏所致。从 200mm 孔径试验组看出，内衬出现初始局部变形后，在变形区域传播阶段的压力变化没有十分明显，说明 DN200 管道在 150mm 和 200mm 缺陷孔径下内衬凸起变形量不大，试压泵基本可提供损失压力。两组试验内衬管道出现初始局部变形的压力分别是 1.44MPa、1.13MPa，失效压力分别为 2.22MPa、1.65MPa。孔洞直径增大了 50mm 后初始局部变形压力和失效压力分别降低了 21.53% 和 25.68%。

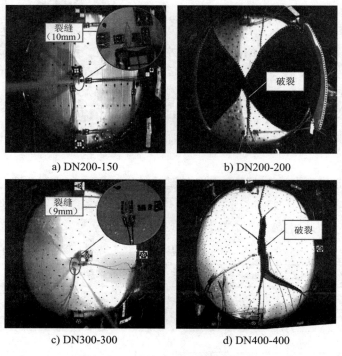

图 15-13 试验后内衬表面破裂情况

根据图 15-13 中内衬最终的破裂状态可以看出，DN200-150 组和 DN300-300 组的破裂形式为轴向裂缝，且破裂位置在中心点附近。DN400-400 组主要破裂形状沿轴向分布，根据相机拍摄到的照片，在内衬临近大面积破裂之前中心点处先出现一条轴向小裂缝，之后内衬快速出现大面积的爆裂。DN200-200 组最终的破坏形式比较分散，一方面是由于内衬壁厚较薄，另一方面是由于孔洞尺寸过大，对内衬的约束作用减弱，其沿中心点附近同样出现一条较长的轴向裂缝。虽然相机未拍到破裂之前中心点处是否出现轴向裂缝，但根据试验后取出的内衬管道（约有 0.8m 轴向开裂），其主要破裂方向也是轴向破裂。因此，上述四组试验内衬的失效类型均可归纳为主要受环向应力拉伸失效。

根据内衬的失效形式，对内衬表面关键点的环向应变进行研究，内衬表面中心点环向应变与压力关系如图 15-14 所示。根据试验观察到的情况，当内衬未出现明显变形前，内衬表面的环向应变和轴向应变近似呈线性变化。当压力逐渐增加、内衬出现明显变形时，内衬表面的应变和位移开始迅速增大，此时压力增加速度由于内衬的鼓起变形出现减缓，压力继续上升至临近失效阶段，内衬表面的应变快速上升，而后超出应变片量程，应变监测点失效。当压力达到失效压力时，内衬表面中心点达到最大竖向变形，内衬出现破裂，加压前后内衬情况如表 15-6 所示。由于 FIPP 内衬具有良好的韧性和强度，在内压作用下可产生较大的变形，且孔洞尺寸越大，内衬表面最大竖向位移也越大。

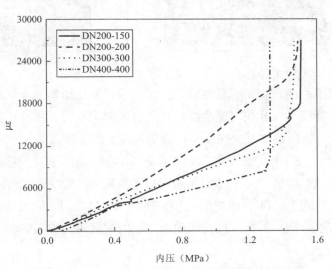

图 15-14 中心点的环向应变

试验前后内衬表面竖向变形对比　　表 15-6

编号	试验前图示	试验后图示
DN200-150		

续上表

编号	试验前图示	试验后图示
DN200-200	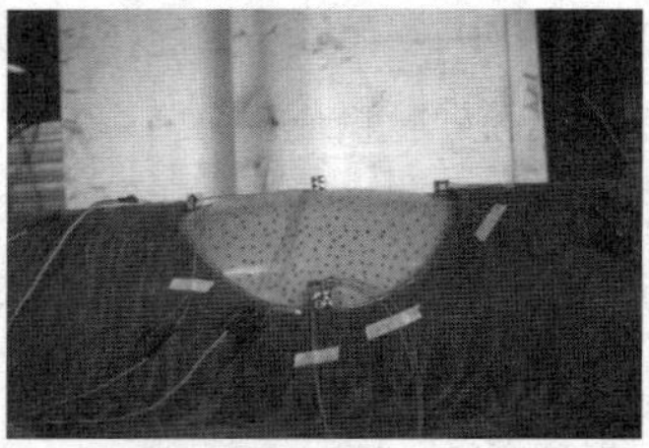	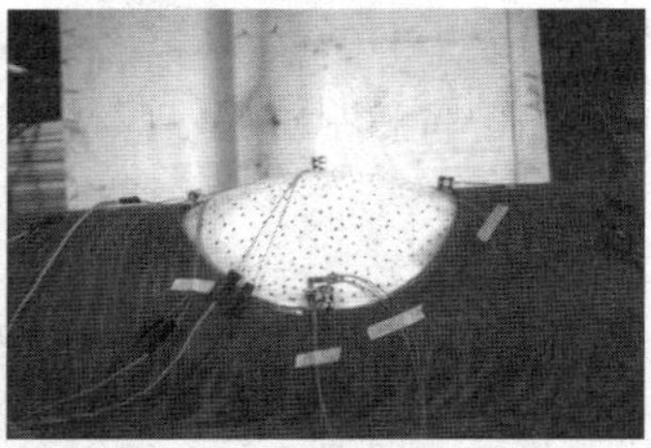
DN300-300	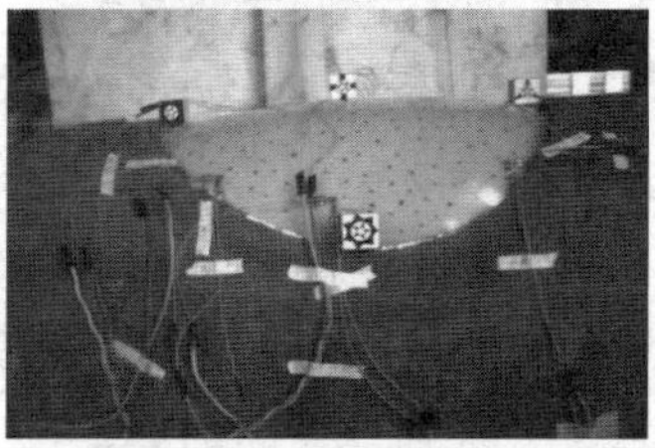	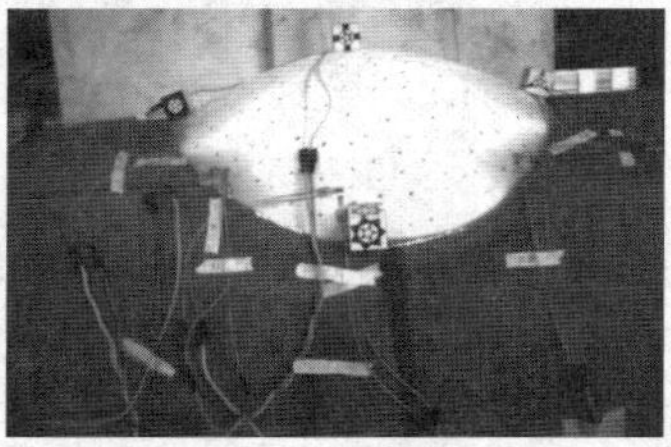
DN400-400	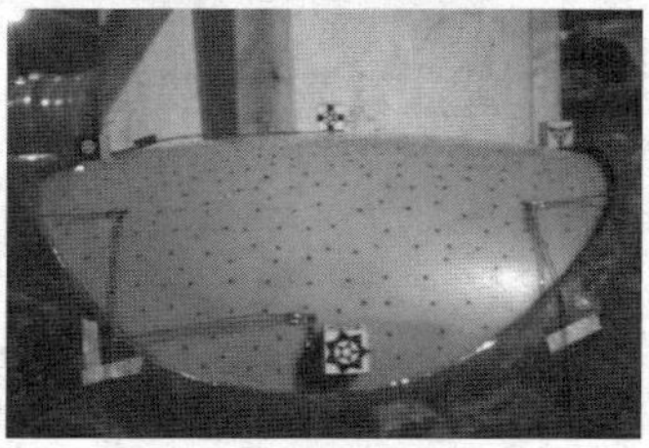	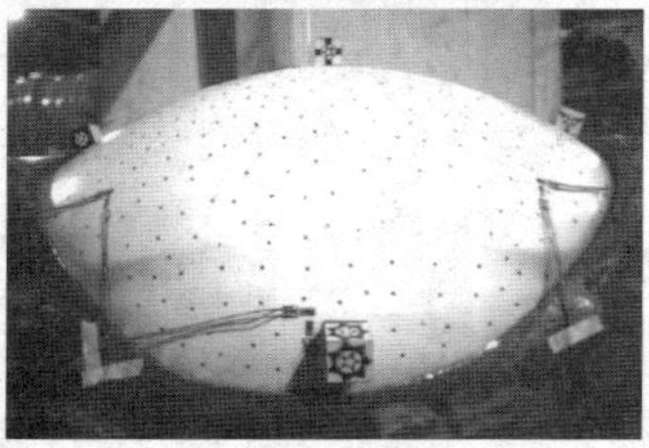

根据试验结果得出如下结论：

a. 埋地给水管道腐蚀孔洞是常见的缺陷类型，对修复后结构的承压能力影响较大，考虑到实际埋地管道管壁腐蚀孔洞可能会继续扩大，试验中孔洞的尺寸远超过运行管道可能出现的腐蚀孔洞尺寸。因此本试验在孔洞尺寸的选择上为保守试验，同时 DN200-150 组和 DN200-200 组试验对比表明孔洞尺寸大小对承受内压有明显的影响。本试验证明了 FIPP 内衬修复后可以有效地解决压力管道腐蚀孔洞这一常见缺陷类型。

b. 在内压加载作用下，FIPP 内衬的破裂形式是轴向破裂。缺陷尺寸较大时，会在出现轴向破裂后扩大破裂范围。因此，内衬环向应力是内衬管道失效破坏和非开挖修复壁厚设计的主要影响因素。

c. 孔洞处内衬未出现明显变形前，应变随压力上升近似线性变化，在达到变形压力后，应变变化出现波动，应变和位移变化速度明显加快，近似垂直上升，且孔洞尺寸越大，该现象越明显。试验表明在同种管径下，圆形孔洞尺寸越大，内衬管道越容易发生弯曲变形，内衬的失效压力随着d/D值的增大而减小。

根据试验结果，即使是在最大尺寸的圆形孔洞情况下，试验中的 FIPP 内衬管道可承受的压力仍远大于正常运行压力，表明 FIPP 内衬管道用于压力管道的结构性修复是可行的。

本次试验研究提出了一种测试非开挖修复压力内衬承压能力的方法，但由于热塑成型法管道修复技术开始在国内应用不久，试验中仅考虑圆形孔洞一种缺陷对 FIPP 内衬的承压能力进行了初步探索。对于 FIPP 内衬管道在不同缺陷尺寸、不同缺陷形状下的承压能力、耐负压水平等尚需大量试验研究，根据试验结果对 FIPP 内衬管道的设计方法和相关理论进行完善。

15.3 热塑成型法施工

15.3.1 施工准备

在进行热塑成型法施工前，应对原有管道进行检测、评估和预处理，并确定内衬管道的设计壁厚和出厂壁厚。

若施工不能利用原有管道检查井，或者待修复管段存在支管、阀门等设施必须开挖工作井时，应根据施工设备和操作空间要求提前确定工作井位置和尺寸。

（1）施工管段通风

内衬管道拖入前，需对待修复管道进行清洗。在清洗过程中，如需人员在井下作业，井下气体浓度应满足《城镇排水管道维护安全技术规程》（CJJ 6—2009）中的规定。井下作业前，应开启作业井盖和其上下游井盖进行自然通风，且通风时间不应小于 30min。

（2）堵水、调水

管道修复施工应避开雨天进行，若待修复管道内过水量很小，修复期间可在上游采用堵水气囊或砂袋进行临时封堵，以防止上游来水流入待修复管道。当上游来水量相对较大时，则需要通过水泵进行导流。由于采用热塑成型法修复管道速度快，在管内流量较小的时候，通常无须进行导流。

（3）清洗

待修复管道主要是通过高压水进行冲洗，根据管道本身的结构情况和淤积情况来调节清洗压力。当待修复管段为给水管道时，需要对原管道内壁结垢等杂质进行清理。清洗后的管道应确保衬管可以顺利通过。

（4）内衬管的运输和存放

热塑成型内衬管在工厂生产后，缠绕在木质或钢质的轮盘上，根据管径的不同，一段可为几十米，甚至上百米，其卷盘方式和电缆的卷盘方式类似，如图 15-4 所示。卷盘后的热塑成型内衬管为运输提供了极大的便利，因此一辆卡车可运送数公里的内衬管到施工现场，在运输过程中，内衬管不需任何遮盖，或进行低温保存等特殊处理。现场储存时也可在常温下进行长时间储存，短时间可露天储存，长期储存时建议室内储存，或用篷布遮盖，以避免日光长期照射。

15.3.2 内衬管现场预热

现场施工时，在对修复管道进行清洗和预处理的同时，开始对轮盘上的热塑成型内衬管进行预加热，通常可以将内衬管轮盘放入预制的蒸箱或是用塑料篷布覆盖进行预热，如图 15-15 所示。

根据所需预加热内衬管的长度和管径，预加热时间一般需 1~3h，衬管软化后即可准备拖入待修复管道。

15.3.3 内衬管的拖入

当待修复管道的清洗和预处理结束且内衬管的预热完成后,可开始向待修复管道内拖入衬管,如图15-16所示。在拖入过程中,下游工作井位置的卷扬机通过钢丝绳对上游卷盘上的内衬管进行牵拉,上下游的施工人员应相互配合,保证将内衬管顺利拖入待修管道之中。

图 15-15　FIPP 内衬管现场预热　　图 15-16　FIPP 内衬管拖入
待修复管道

15.3.4 专用管塞安装

当内衬管完全拖入待修复管道后,准备在内衬管道两端插入专用管塞。由于内衬管在拖入的过程中会冷却硬化,需在管道上游用水蒸气继续对内衬管两端进行加热,在内衬管软化后,用专用管塞封堵内衬管的两端,如图15-17所示。管道下游的管塞连接阀门、温度和压力监测仪表,并在管道上游通过管塞中间的通气管向内衬管道继续充入水蒸气加热内衬管。

图 15-17　内衬管道管塞的安装

15.3.5 内衬管的成型

专用管塞封堵完成且继续加热至内衬管软化后,下游通气管的阀门根据温度和压力的情况逐渐关小,内衬管内部的水蒸气压力将内衬管胀起。内衬管逐渐恢复到生产时变形前的圆形,之后在水蒸气的压力下继续膨胀,直至紧贴于待修管道的内壁。

施工过程中下游的温度一般不超过95℃,而压力则由管道的长度和管道的直径决定,压力一般不会超过 0.05MPa。在内衬管成型过程中,应在管道的上游检查井实时观察衬管复原状况,观察到内衬管紧贴于待修管道后,应停止蒸汽发生器输送水蒸气。

15.3.6 内衬管的冷却和端口处理

在原位成型法内衬管道被充气紧贴于原管道内壁之后，在保持压力的情况下，通过专用管塞的通气管向内衬管内部输入冷空气冷却衬管。通入冷气过程中，下游的温度表显示温度降到40℃以下时可以释放压力，如图15-18所示。压力卸掉后，取出专用塞子，将两端多余的内衬管切除，内衬管伸出原管道的长度应大于10cm，伸出部分宜呈喇叭状或按照设计要求处理。给水管道修复后应进行端口翻边处理，如图15-19所示。

图 15-18 释放压力

图 15-19 端口翻边处理

15.4 热塑成型法给水管道修复案例

15.4.1 工程概况

厦门市某给水管道修复工程，原管道为DN600钢管，是该片区的供水主管道。该段管道因跨越河流，因此存在四处30°转角。经CCTV检测，发现该条管道有渗漏、腐蚀、严重结垢情况，影响了管道过流能力，管道内部检测情况如图15-20所示。由于待修管道所处道路交通繁忙，且从桥底跨越，大面积开挖更换新管施工难度大，成本较高，因此多方案比选后，选择采用热塑成型法对该段管道进行修复。

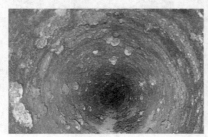
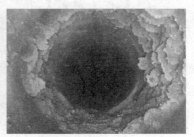
图 15-20 管道内部结垢和管道焊缝接头

15.4.2 管道非开挖修复方案

本工程原位热塑成型修复技术施工流程如下：
（1）管道预处理、清洗。清除管道内壁结垢和杂物，排除积水。
（2）FIPP内衬管现场预热。采用水蒸气对管道加热，工具车上的加热设施保持90℃左右加热1~3h，直至管道软化可拉入原管道施工。

（3）内衬管拖入待修复管道。软化后内衬管通过卷扬机拉入管道内部，边拖入边加热，防止一次修复距离过长内衬管道硬化。

（4）端头封堵。内衬管拖入后使用专用管塞封堵管道两端，安装牢固。

（5）FIPP内衬管热塑成型。采用水蒸气对内衬管加热加压，保证内衬管紧贴于待修管道内壁，之后快速冷却，管道硬化成型。

（6）端口处理。切除两端多余内衬管，衬管末端翻边至原管道的端口，有利于压力管道接口处紧密连接。

（7）工程验收通过、清洗消毒后投入使用。

15.4.3 管道预处理

本段管道内部腐蚀结垢严重，在原位热塑成型修复技术施工前，需对原管道内部的结垢和杂物进行清理，并采用高压冲洗设备清洗，清理后内壁应光滑平整，保证内衬管拉入过程中不会划伤破损，进行预处理后的给水管道内部情况如图15-21所示。

图15-21 预处理后给水管道内部情况

15.4.4 修复后的效果

采用热塑成型法修复后，经CCTV检测，管道内壁表面光滑，与原管道贴合紧密，如图15-22所示。本段工程设计壁厚为9mm，修复后对原管道过流断面影响非常小。因翻边处理有利于压力管道的接口密封连接，故对管道端口进行翻边处理，如图15-23所示。

图15-22 修复后管道内部　　图15-23 管道接头翻边

此外，钢管内衬高分子内衬管道具有优越的抗腐蚀性能，避免了钢管的继续腐蚀，此性能不仅保证了钢管的后续使用安全，而且提升了水质。

15.4.5 工程验收

根据《城镇给水管道非开挖修复更新工程技术规程》（CJJ/T 244—2016），修复完成后需要进行CCTV检测、水压试验、水质检验、内衬管材力学性能取样检测，闭水试验按照《给水排水管道工程施工及验收规范》（GB 50268—2008）。经检测，该段内衬管道的力学性能、闭水试验和水质检验均符合标准规定。

15.4.6 工程总结

FIPP修复技术在DN600给水管道中的成功应用，证明了这项新技术用于给水管道和带角度管道修复的可行性。修复操作后延长了管道使用寿命，并可保证管道的长期正常运行。本工程采用 FIPP 修复技术有以下优点：

（1）施工周期短。本工程在晚上 10:00 左右开始施工，次日早上施工完毕，对道路交通和周边环境影响小。

（2）一次修复距离长。本次施工一次修复距离 30m，内衬管道拖入带转折原管道一次完成，用时较少。

（3）适用狭窄场地施工。本工程施工场地有限，且周边有商铺和绿化带，FIPP 修复技术仅需一辆修复专用车即可完成整条管道修复，占用场地小，施工设备便捷。

（4）适用带角度管道修复。该段管道带约 30°角，修复后即使转折处内衬管也与原管道内壁紧密贴合，无褶皱出现。

（5）绿色环保。FIPP 修复技术使用的管材符合 ASTM、ISO 标准，且管道热塑成型通过水蒸气来完成，无任何有害物质排放，在施工过程中不会对环境产生任何影响。若施工过程中内衬管材出现破损等问题，可将其加热变软后取出，材料回收利用。

15.5 热塑成型法排水管道修复案例

15.5.1 工程概况

上海市某道路排水管道修复工程，待修复管段为 DN1000 管道，长度为 18m，管材为钢筋混凝土，埋深 4m。经检测发现本段管道存在多处渗漏、腐蚀、破裂等缺陷。本段管道的上游检查井位于主干道路交叉口，另一检查井邻近小区建筑物。该路段车流量较大，若采用明挖修复对道路交通和小区居民影响较大。为避免管道缺陷引起的路面沉降等二次灾害，因此选择经济效益好、对环境影响小、修复质量可靠的热塑成型法管道非开挖修复技术对本段管道进行修复。

15.5.2 管道修复方案

本工程原位热塑成型修复技术施工流程如下：

（1）CCTV 检测和清淤施工。对待修复管段进行预处理，清除管道内壁杂物和腐蚀位置的松散结构。修复前管内检测情况如图 15-24 所示。

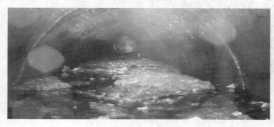

图 15-24 清淤施工前后管道内部检测情况

（2）内衬管现场预热软化。由于本段管道管径较大，加热温度为 90~95℃，加热时长为 1~3h。

（3）内衬管道拖入。

（4）专用管塞安装。

（5）内衬管加热加压充气膨胀成型。

（6）内衬管冷却成型和端头处理。

热塑成型法修复技术用于排水管道时，FIPP 内衬与原管道紧密贴合，无须二次注浆填充。修复后，内衬管与原管道的端口切割整齐后，用快干水泥等材料对管口位置进行处理，提高防渗效果。

15.5.3 过流能力评估

本修复工程采用 FIPP 内衬的壁厚为 11mm，修复后管道的过流能力与修复前管道的过流能力的比值应按式(15-8)计算：

$$B = \frac{n_e}{n_L} \times \left(\frac{D_1}{D_0}\right)^{\frac{8}{3}} \times 100\% \tag{15-8}$$

式中：B——管道修复前后过流能力比；

n_e——原有管道的粗糙系数，取 0.015；

n_L——内衬管的粗糙系数，取 0.010；

D_1——内衬管的内径（mm）；

D_0——内衬管平均外径（mm）。

修复后管道内径为 978mm，计算可得管道修复前后过流能力比为 141.36%，修复后管道内径减小很少（图 15-25），FIPP 内衬表面光滑，过流能力显著增加。

15.5.4 修复后的效果

修复后 FIPP 内衬管道与原管道紧密贴合，有效避免了管道渗漏引起的管周土体流失、地下水土污染等问题，延长了管道的使用寿命，保证了管道的正常运行（图 15-25）。

图 15-25 修复后管道内部检测情况

本章参考文献

[1] 马保松. 非开挖工程学[M]. 北京：人民交通出版社，2008.

[2] 周达飞. 高分子材料成型加工[M]. 北京：中国轻工业出版社，2000.

[3] Najafi M, Gokhale S, Calderón D R, et al. Trenchless technology: pipeline and utility design, construction and renewal[M]. McGraw-Hill Education, 2021.

[4] 杨莹. 热塑性复合材料——可循环利用和快速加工[J]. 玻璃钢, 2012(2): 39-45.

[5] International Organization for Standardization. Plastics piping systems for renovation of underground non-pressure drainage and sewerage networks-part3: lining with close-fit pipes: ISO 11296-3[S]. 2018.

[6] 中国工程建设标准化协会. 城镇排水管道非开挖修复工程施工及验收规程: T/CECS 717—2020[S]. 北京: 中国建筑工业出版社, 2020.

[7] ASTM. Standard practice for rehabilitation of existing pipelines and conduits by the inversion and curing of a resin-impregnated tube: ASTM F 1216[S]. ASTM, Philadelphia.

[8] 中华人民共和国住房和城乡建设部. 城镇排水管道非开挖修复更新工程技术规程: CJJ/T 210—2014 [S]. 北京: 中国建筑工业出版社, 2014.

[9] 中华人民共和国住房和城乡建设部. 城镇给水管道非开挖修复更新工程技术规程: CJJ/T 244—2016 [S]. 北京: 中国建筑工业出版社, 2016.

[10] 廖宝勇. 原位热塑成型修复技术在给排水管道非开挖修复中的应用[J]. 建设科技, 2019(23): 60-63.

[11] 廖宝勇. 城市供水管网非开挖修复更新技术[J]. 建设科技, 2019(23): 55-57.

[12] 中华人民共和国住房和城乡建设部. 给水排水管道工程施工及验收规范: GB 50268—2008[S]. 北京: 中国建筑工业出版社, 2009.

[13] 全国塑料标准化技术委员会. 塑料管道系统 塑料部件尺寸的测定: GB/T 8806—2008 [S]. 北京: 中国标准出版社, 2009.

[14] 全国塑料标准化技术委员会. 塑料 弯曲性能的测定: GB/T 9341—2008[S]. 北京: 中国标准出版社, 2009.

[15] 全国塑料制品标准化技术委员会. 热塑性塑料管材 拉伸性能测定 第 2 部分: 硬聚氯乙烯(PVC-U)、氯化聚氯乙烯(PVC-C)和高抗冲聚氯乙烯(PVC-HI)管材: GB/T 8804.2—2003 [S]. 北京: 中国标准出版社, 2003.

[16] 中华人民共和国住房和城乡建设部. 城镇排水管道维护安全技术规程: CJJ 6—2009[S]. 北京: 中国建筑工业出版社, 2009.

[17] 张建良. 高抗冲聚氯乙烯与 PVC-U 管主要力学性能对比[J]. 工业用水与废水, 2006, 37(6): 71-74.

[18] 刘琳, 刘勇, 黄宁君. 新型原位热塑成型管道非开挖修复技术应用案例[J]. 中国给水排水, 2021, 37(6): 134-137, 142.

第 16 章 管道局部修复技术

当管道的结构完好,但存在局部缺陷(如裂隙或接头损坏等)时,可考虑使用局部修复的方法。本章将着重介绍不锈钢发泡筒法、PVC 六片管筒法、点状 CIPP 法、不锈钢快速锁法、化学稳定法和机器人修复技术等管道局部修复技术。

16.1 不锈钢发泡筒修复技术

不锈钢发泡筒修复技术是在渗漏点处安装一个外附海绵的不锈钢套筒,海绵吸附发泡胶,安装完成后发泡胶在不锈钢筒与管道间膨胀从而达到止水目的的工艺。此主要过程是不锈钢筒预制,海绵固定并刷浆,再安装。不锈钢发泡胶卷筒直接通过检查井进入地下管道,在修复部位形成一道不锈钢内衬,来维护破损管道的结构强度并对管道局部渗漏进行密封。

优点:灵活方便,安装快捷,修复一处只需 20min 左右,无须开挖工作坑,可带水作业,止水效果好,能增强修复管道的结构强度。

(1) 不锈钢发泡胶卷筒如图 16-1 所示,其性能如下:

①可修复直径范围在 150~1350mm 之间的管道。

②长度规格为 460mm、600mm、900mm 和 1200mm,并可根据客户的需要生产相应的尺寸。

③已维修部位可防止如硫化氢、盐酸和海水等一般化学物品的腐蚀。

④强度符合 AWWA M11 管道连接标准,经 WRC 测试,可恢复破损管道的原有强度。

图 16-1 不锈钢发泡胶卷筒

(2) 该技术所需要的施工设备和材料(图 16-2)如下:

①CCTV 闭路电视。

②空气压缩机。

③卷扬机。

④中间可通水的气囊。

⑤不锈钢发泡胶卷筒。

⑥发泡胶和油漆滚筒。

⑦手动气压表及带快速接头的软管。

图 16-2　不锈钢发泡胶卷筒修复技术配套设备和材料

（3）不锈钢发泡筒的安装准备工作包括：
①在去工地现场之前，检查所有设备是否运转正常，并对设备工具列清单。
②熟悉安装过程，检查录像中修复点的情况，如有必要，清理一切可能影响安装的障碍物。
③准备空的录像带或光盘。

（4）不锈钢发泡胶卷筒的安装过程（图16-3）如下：
①将卷筒套入气囊。在海绵及白边上均匀涂上发泡胶。
②用橡皮筋将海绵圈好，以方便在水下拖行。
③转动卷筒将有标签的部位向上，往气囊少量充气以固定卷筒，连接所有的线缆。

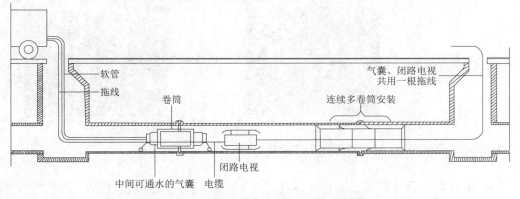

图 16-3　不锈钢发泡筒的安装过程示意图

④将闭路电视、卷筒及气囊一起放入检查井中，拖动至管道内的修复部位。通过闭路电视的监视荧幕可监控卷筒的运行和安装。
⑤将手动气压表调到所需气压。气流通过时会发出轻微的响声，当响声停下来，安装便完成。
⑥放气，将所有设备取出。

（5）不锈钢发泡胶卷筒可用于修复以下管道故障：
①部分脱落的管道。
②调整错位的管道接口。
③封闭管道上的孔或洞。

④管道内或接口处的裂缝。
⑤防止管道周围树根的生长。
⑥维修有分支的管道。
⑦封闭无用的管道。

不锈钢发泡筒管道修复实例见表 16-1。

不锈钢发泡筒管道修复实例　　　　　表 16-1

项目	修复前	修复后
维修顶部坍塌的管道		
调整错位的管道接口		
密封渗漏		

16.2　PVC 六片管筒修复技术

PVC 六片管筒修复技术由加拿大林克派普（Link-Pipe）公司研发而成，可对大口径管道进行点状修复，属结构性修补技术，修补管径范围在 900～2800mm 的大口径的输水管道、下水管道及排洪管道。管筒是采用聚氯乙烯制造而成，一般由六片弧形组件组成，上下两片大主件加上两边两套合页，每片组件两边均有槽式接口用于固定管筒。该方法的主要优点是设备简便，安装快捷，无须开挖工作坑，无须排水，可带水作业，恢复管道结构强度，可阻止树根的生长。但其缺点是只适合于修复 900mm 以上的大口径管道。

PVC 管筒采用坚硬的聚乙烯材料制成，可达到国际塑料工业 PVC 1120-B 强度标准。聚酯胶用来填充 PVC 管筒与管道之间的环形间隙，以保证被修补管道的韧性。当不需保证管道的韧性时，可用水泥胶浆替代聚酯胶。O 形橡胶圈可采用氯丁橡胶、天然橡胶或丁钠橡胶以适应不同的化学环境。

PVC 管筒可修复各种异形管道，如鸡蛋形、马蹄形、椭圆形等。

(1) PVC 管筒可用于以下管道故障的修补：

①纵向的、环形的及多重管道裂缝。

②翻新部分或全部倒塌的管道。

③封闭管道内的渗漏。

④调整移位的管道接口。

⑤封闭无用的管道。

⑥阻止管道周围树根的生长，以避免对管道的破坏，且不污染环境。

(2) PVC 管筒的安装设备主要包括垂直千斤顶、水平千斤顶和液压泵。PVC 管筒安装过程（图 16-4）如下：

①将管筒放置于修补点。

②将 O 形橡胶圈放入管筒两边外侧的小半圆沟内。

③放置垂直千斤顶，将上部弧形组件 A 往上推紧。

④放置水平千斤顶于两边的合页（B 和 C）之间，并将两边合页推开完成安装。总有一边的合页先被推开，当后一对合页被弹开时会有一声巨响，说明安装紧密。

⑤圆形橡胶圈的弹力将管筒逼紧防止松动。

⑥安装后管筒外径与管道内之间的环形间隙要用聚酯胶或水泥胶浆灌入填满。

   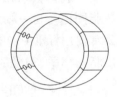

a) 管筒放置前状态　　b) 推弧形片　　c) 推合页　　d) 安装后的管筒

图 16-4　PVC 管筒的安装过程

16.3　点状 CIPP 修复技术

点状 CIPP 修复技术与原位固化法管道修复技术类似，也使用相同或类似的材料，主要用于修复局部破损管道，已有超过 30 年应用历史。

施工时，将短衬管包扎在一个可膨胀的滚筒上，用绞车拉入待修复的部位。之后利用气压使滚筒膨胀，与旧管紧密贴合。待树脂固化后（可在常温下固化，或利用热水、蒸汽加速固化），释放气压使滚筒收缩并收回（图 16-5）。

a) 确定并清洁要修复的位置　　b) CIPP 就位并修复

图 16-5

c) 修复完成

图 16-5 点状 CIPP 修复技术的工艺过程

16.3.1 主要特性

点状 CIPP 修复技术包含一个加强衬管，其由两层玻璃纤维编织粗纱和一层位于两者之间的聚酯层构成，将三层材料用聚酯线以 25mm 的间距按锯齿形缝合在一起。在现场切割衬层，并用环氧树脂浸泡，以适应旧管的特殊要求。衬层材料吸附充足的树脂，当压缩衬层时，树脂能填充凸凹不平的管壁、封堵裂隙，因此能在旧管和衬层间形成良好的密封层。

修复管径范围为 50~1500mm，若人工进入管道进行修复，对管径没有限制，最大修复长度为 15m，应用较广泛的修复长度范围为 1~4.5m。衬层最小厚度一般是 3mm(1/8in)，最大厚度一般为 9.5mm (3/8in)，较厚的衬层可用于特殊情况下的修复工程。

树脂固化时间一般为 1~4h，且与所用树脂类型和管径大小有关。很多原位固化工程承包商常使用标准 CIPP 衬管和树脂材料进行点状 CIPP 修复。

树脂固化后，衬管能承受 200kPa(30psi) 的外部水压，甚至更大，此值与设计要求有关。

16.3.2 点状 CIPP 修复技术优缺点

（1）点状 CIPP 修复技术优点

①点状修复技术已制定相关标准，可参考 ASTM F 1216 设计标准。

②适用最大管径为 1500mm (60in)。

③施工长度范围一般以 1~4.5m 为宜。

④衬管能紧密黏结在旧管上。

⑤减少渗漏，避免树根进入管道。

⑥一般不需要旁流系统。

⑦能提供结构性修复。

⑧修复段尾呈光滑锥形。

（2）点状 CIPP 修复技术缺点

①尽管修复部位结构强度有所提高，但是检查井之间整个管段的结构强度没有得到加强。

②与其他局部修复技术相比，成本略高。

③可能降低旧管水力学性能。

16.3.3 施工方法

多数点状 CIPP 技术限定于先用合适的树脂浸泡编织衬管，包扎在可膨胀滚筒上后，拉入到待修复位置，之后向滚筒充水、蒸汽或空气，加压使之紧贴在旧管管壁上，之后进行树脂固化。此过程可采用加热固化系统，也可使用常温固化系统。虽点状 CIPP 可看作短型的软衬修复，但编织衬管和树脂材料的强度较高，与全部铺设新管相比，材料经济性好得多。衬管常用材料聚酯针状毛毡（不编织），可在衬管材料里掺入玻璃纤维或加一层玻璃纤维。有些修复系统使用多层结构衬管，其中玻璃纤维能提高其衬管强度，毛毡则起到携带树脂的作用。

聚酯树脂可用于全长衬管，但局部修复技术常使用环氧树脂。环氧树脂不溶于水，而聚酯树脂在固化前会受到水的影响。此过程与技术相关，故在设计铺设衬管时不需要截水分流。环氧树脂的缺点是造价太高，且固化条件要求也比较严格。很多基于环氧树脂的修复系统需要加热固化，而聚酯树脂一般在常温环境下就可完成固化。

修复衬管可以是正圆形的，也可以是矩形的，后者包扎在可膨胀滚筒上，当滚筒膨胀时可卷出贴附在旧管管壁上。矩形衬管修复时，要求接头部分留有一定的搭接长度，但这对修复效果的影响并不是太大。

编织衬管的树脂浸泡操作可在现场进行，或者预先在工厂浸泡好后再运送到修复现场。一般在现场进行浸泡，此过程应谨慎操作，避免卫生风险和溢漏化学药品。树脂混合浸泡时，尽可能密封进行操作，混入空气将对材料产生损害作用，若混入空气过多，固化后树脂会含有比较多的孔隙，不可能完全避免空气混入，尤其是使用黏稠树脂时，因此有些修复系统为了尽量避免空气混入，而采用真空浸泡技术。

无论是加热固化系统还是常温固化系统，基本上均要求在滚筒膨胀前应限制材料温度的升高。温度升高可能使固化过早进行，或在衬管到位前材料已经硬化了，达不到修复的目的。树脂材料一经混合，便开始放热固化，材料温度加剧升高。树脂混合后要立即投入使用，勿搁置在容器里。浸泡时还应注意材料的表面温度，浸泡后应将衬管迅速拖拉到位，并立即进行滚筒膨胀作业。

滚筒一般是弹性材料的，例如橡胶材质。此过程是内压先令滚筒膨胀，之后将衬管挤压在旧管管壁上。大多常温固化系统形成膨胀作用使用的是压缩空气，利用加热固化系统混合空气和蒸汽，或使用热水，加热介质在滚筒和地面上的加热设备间往复循环。因为滚筒既受到静水压力，还受到泵压作用，故加压不能过大，尤其是对于热水膨胀系统。

固化时间与树脂配方、衬管厚度、滚筒内温度（加热固化系统）、旧管管壁温度有关。地下水位高，可能形成吸热源，降低衬管外表面温度，故固化时间会有所延长。固化完成后，收缩滚筒，将之收回。检查衬管，重新连接支管进行工作。

16.4 不锈钢快速锁修复技术

16.4.1 技术原理

不锈钢快速锁修复技术是将专用不锈钢片拼装成环，再通过扩充不锈钢圈将橡胶圈挤压到原管道缺陷部位后固定形成内衬的管道修复技术。该技术可用于 DN300～DN1800 管道的局部修复，管径DN600及以下的快速锁应采用专用气囊进行安装，DN800及以上的快速锁宜采用多片式快速锁结构进行人工安装。不锈钢快速锁安装如图16-6所示。

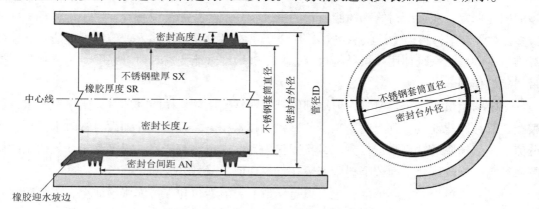

图16-6　不锈钢快速锁安装状态示意图

16.4.2　不锈钢快速锁修复技术优缺点

1）优点

（1）整个内衬修复过程安全可靠，无须开挖修复。

（2）施工时间短，快速方便，安装完成即可通水使用。

（3）抗化学能力强，耐酸碱腐蚀，不锈钢圈结构强度高。

（4）使用的安装工具少，施工快捷方便。

（5）施工中没有加热过程或化学反应过程，对周围环境无污染。

（6）当缺陷长度较长时，可进行连续搭接修复，理论上可以无限延长。

2）缺点

不锈钢快速锁修复技术无法用于管道变形和接头错位严重情况时的修复。

16.4.3　使用范围

（1）原管道管体局部渗漏、管道接头脱节等。

（2）管壁破裂损坏。

（3）管道内树根侵入。

（4）环向裂缝和纵向裂缝。

（5）封堵不再需要的支线接口。

16.4.4　材料性能

不锈钢快速锁由C304型或C316型不锈钢套筒、三元乙丙橡胶套和锁紧机构等部件构成。DN600及以下的不锈钢套筒应由整片钢板加工成型，安装到位后通过特殊锁紧装置固定。DN600以上的不锈钢套筒应由2～3片加工好的不锈钢环片拼装而成，在安装到位后通过专用锁紧螺栓固定。橡胶套为闭合式，橡胶套外部两侧应设有整体式的密封凸台，其性能指标应符合现行国家标准《橡胶密封件　给、排水管及污水管道用接口密封圈》（GB/T 21873）的有关规定。不锈钢快速锁修复技术参数见表16-2和表16-3。

气囊安装不锈钢快速锁修复技术参数　　　　表16-2

型号	橡胶套直径（mm）	不锈钢套筒长度（mm）	适用管径		管封段长度（mm）	不锈钢套筒			橡胶套	
			最小值（mm）	最大值（mm）		钢板厚度（mm）	套筒卷曲直径（mm）	最大扩张直径（mm）	厚度（mm）	密封台高度（mm）
300	235	400	295	315	310	1.2	238	305	2	7
400	323	400	390	415	310	1.5	325	406	2	8
500	420	400	485	515	310	2.0	425	505	2	9
600	500	400	585	615	310	2.0	510	605	2.5	9

人工安装不锈钢快速锁修复技术参数　　　　表16-3

型号	环片数	套筒长度（mm）		适用管径		不锈钢套筒			橡胶套			
		短款	长款	最小值（mm）	最大值（mm）	钢板厚度（mm）	套筒卷曲直径（mm）	最大扩张直径（mm）	厚度（mm）	密封台高度（mm）	密封段的长度（mm）	
											短款	长款
700	2	200	300	670	730	3	610	715	3	11	140	240
800	2	200	300	770	830	3	710	815	3	11	140	240
900	2	200	300	870	930	3	810	915	3	11	140	240
1000	2	200	300	970	1030	3	910	1015	3	11	140	240
1100	2	200	300	1070	1130	3	1010	1115	3	11	140	240
1200	2	200	300	1170	1230	3	1110	1215	3	11	140	240
1300	2	200	300	1270	1330	3	1210	1315	3	11	140	240
1400	3	200	300	1370	1430	4	1310	1415	3	11	140	240
1500	3	200	300	1470	1530	4	1410	1515	3	11	140	240
1600	3	200	300	1570	1630	4	1510	1615	3	11	140	240
1700	3	200	300	1670	1730	4	1610	1715	3	11	140	240
1800	3	200	300	1770	1830	4	1710	1815	3	11	140	240

16.4.5 施工工艺

1）DN600及以下管道施工工艺

（1）准备

不锈钢快速锁修复材料由不锈钢片及橡胶密封圈组成，安装设备包括修补气囊及CCTV定位机器人，如图16-7所示。

a) 修复材料　　　　　　　　　　b) 安装设备

图16-7　不锈钢快速锁材料及设备

（2）定位

将不锈钢片及橡胶密封圈装在修补气囊上，在机器人的检测下，将修补气囊牵拉进入管道，到达缺陷位置，如图16-8所示。

（3）充气膨胀

向修补气囊内充气，使修补气囊带动不锈钢圈上的自锁装置沿不锈钢片单向滑移运动，将橡胶圈挤压在管道缺陷部位，定位后自锁装置自锁稳定，如图16-9所示。

图16-8　不锈钢快速锁安装　　图16-9　不锈钢筒自锁

（4）气囊放气回收

待不锈钢圈将橡胶圈紧紧挤压至原有管道后，释放气囊的压力，待气囊回缩后将气囊收回，并用CCTV检测机器人检测修复后的状态。

2）DN600以上管道施工工艺

（1）准备

大口径管道不锈钢快速锁修复材料由不锈钢片及橡胶密封圈组成，如图16-10所示。施工时需人工进入管道内部安装，所需辅助工具包括扳手、固定螺栓、扩充器、锤头等，如图16-11所示。施工前应检测不锈钢片、橡胶圈外观质量、规格型号是否匹配。

图16-10　不锈钢快速锁材料　　图16-11　不锈钢快速锁安装工具

（2）拼装

首先将不锈钢片（两片或三片）从检查井放入管道内部，送到待修复位置。拼装前应检测不锈钢片是否发生损坏，确保无损坏后将不锈钢片拼装成较原有管道直径小的不锈钢圈（图16-12），再将橡胶圈密封圈套在不锈钢圈上，如图16-13所示。该过程需保证密封圈边缘与不锈钢圈边缘平齐，避免产生偏移现象，并保证橡胶圈在竖立过程中不发生滑落。

图16-12　拼装不锈钢圈　　图16-13　套橡胶密封圈

（3）对位

将套好橡胶圈的不锈钢圈竖起对准缺陷位置，如图 16-14 所示。该过程需检测竖立过程中橡胶圈有无发生偏移，如发生偏移应进行校正。之后调节不锈钢圈位置使缺陷位置位于密封圈中心，保证橡胶圈覆盖缺陷位置。

（4）扩张

对准缺陷位置后，采用专用扩张器卡在上下两片不锈钢片上的卡槽上，通过调节扩充器中间的主螺丝使不锈钢圈扩张，待扩充一段距离或达到螺栓调节行程时，需调节扩充器两端的辅助螺栓，保证不锈钢圈均匀扩充，不发生偏移、跑位现象，之后采用不锈钢圈上的螺栓临时固定，如图 16-15 和图 16-16 所示。重复上述步骤继续使不锈钢圈扩张直至橡胶密封圈紧压在管道内壁上，确保不出现渗水现象，再将不锈钢片上的螺栓拧紧固定。

（5）效果

管道修复后效果如图 16-17 所示。若缺陷位置较长，则应该连续进行修复。

图 16-14 不锈钢圈对位

图 16-15 不锈钢圈扩张

图 16-16 螺栓固定

图 16-17 修复后效果

16.5 化学稳定法

注浆是最古老的管道修复方法之一，本节将简要介绍化学溶液注浆和树脂注浆。

16.5.1 化学溶液注浆

化学溶液注浆最初发展和应用于 1955 年，从那时起，便用来封堵污水管、检查井、池、拱、隧道等的渗漏。数十年的经验和近年的发展表明了该技术依然是最好、最经济的方法之一，能长期防止地下水渗到结构完好的污水管道系统。

化学溶液注浆能在管道渗漏部位和检查井处形成一个防水套圈（图 16-18）。化学溶液注浆封堵渗漏不是简单填充接头

图 16-18 注浆套圈示意图

和裂缝，而是化学材料进入到周围土层，与土发生胶结，形成一个防水团块，不会挤入污水管道。

黏附在管道或检查井外面的不透水套圈能牢固稳定在原地，只有挖掘或长久日晒才能清除掉。若地下水水压增加，套圈受压，则黏附结构更牢固，更能增加抗渗能力。

若土壤内长时间失水，注浆体也会变干。然而，当土壤水分恢复时，注浆体会吸收水分，恢复至原来状态。渗漏的检查井和污水管周围土壤水分含量足够高，能避免凝胶出现严重的失水收缩。

多数结构性完好的污水管道系统内渗，是通过接头、检查井、支管接头以及支管接口下首段管道发生的。阻止此类渗漏最好、最经济的方法是化学溶液注浆法。

树根常常侵入污水管道系统，破坏性比较大，修复起来成本较高。它们能从微小的裂缝进入管道，快速生长，生命力更强。树根的生长能扩展裂缝、使稳定性好的管道产生位移，造成一系列破坏，如引起渗漏，使污水处理设施超载运行，黏粒黏附在管壁上，冲蚀管侧填充材料等。

机械切除只能临时性清洁管道，清理之后树根能继续生长。化学处理能杀死树根，阻止其继续生长。但是化学抑制剂在一年内就会被冲刷干净，就不再产生抑制作用。然而，当在化学溶液注浆时用一种特殊的生长抑制剂，加入注浆体内，便不会再流失。经过处理，树根不能进入管道。

化学稳定法一般用于修复污水管道，也用于连接点漏水和环形裂纹的修复或密封小孔和修复径向裂纹，其也可通过特殊的工具和技术用于管道接点和检查井内壁修复。一些化学稳定法被用来填补水泥管、砖砌管、陶土管和其他类型管材污水管外的空隙。除了水泥管，其他管道中出现的空隙会引起管道周围土层横向支撑力的减小和管道的移动，从而导致管道整体稳定性的迅速破坏。但化学稳定法不能较好地封堵由管道沉降或变形引起的连接点漏水和环形裂纹。因此，化学稳定法一般是用来控制因管道接头漏水或者管壁的环形裂缝引起的地下水渗漏，不能用来有效密封管道接头附近的管道纵向裂缝，修复具有良好结构条件的管道主要考虑使用化学稳定法，如图16-19所示。

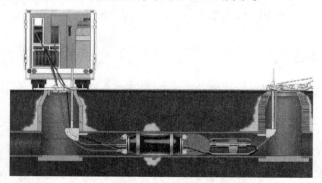

图 16-19　化学稳定法示意图

1）用于外部修复的化学稳定法

根据管径大小，可考虑直接开挖管道或者从管道内部来进行管道外部修复。该方法适合解决较大的地下水流动、土体流失，土体沉降和土体中空洞等问题。

用于外部修复的化学稳定法是由三种或更多可溶于水的化学品混合而成的，混合后可以在催化作用下形成可凝胶。化学浇筑所用液体产生的固体沉积物不同于由液体中的悬浮物组成的水泥浆或泥浆。混合溶液的反应，可以是在溶液中所含物质间发生反应，也可以是溶液中所含物质跟周围的物质发生反应。由于化学反应会引起液体减少和凝固，从而封堵漏水点，同时将空隙填满。

2）用于内部修复的化学稳定法

内部修复主要是在管道内部进行，可通过远程控制或者人进入管道内来完成。

用于内部修复的化学稳定法主要用来减少渗漏。它可用于密封因腐蚀而漏水的管道接头、维修过的接头和管道结构的保养。由于稳定法不具备结构修复的能力，因此不适于修复出现纵向裂缝或变形的管道。化学稳定法常用于修复小口径管道，对于中等口径和大口径管道也可以通过使用特殊设备来完成接头的修复，可通过密封圈和CCTV摄像头来完成浇筑。密封圈是由中空金属圆柱体构成的，中心两端各有一个可膨胀的橡胶圈。把溶液注入管道接头两个可膨胀橡胶圈之间的空隙中。根据密封圈型号的不同，泥浆和溶液混合到上述的空隙中，通过管道接头的漏洞压入周围的土体中。溶液取代地下水填满土体颗粒之间的空隙。

远程CCTV主要用在管道接头定位密封圈并且在密封操作前后检查接头。通过绳子来拉动密封圈和CCTV，从而使其在检查井间行走。此外，使用空气或者水测试仪器来检测密封效果。对于人可进入的污水管道，检查井和结构、漏水接头可以通过一个喷嘴形状的喷嘴器来喷射化学溶液。

根据可凝胶或者泡沫来进行多种不同的化学溶液分类，每种溶液均有大量不同类型的添加剂，如传导剂、催化剂、抑制剂和大量的填料。溶液的配方通常是水和化学制剂。因为土和地下水含量的不同，所配出混合剂的可靠性很大程度上取决于试验和误差大小，而非科学原理。当有地下水时，可以用高浓缩的化学制剂来抵消水的稀释作用。

影响溶液性能的参数包括黏度控制、可凝胶变化时间、温度、pH值、溶液的含氧量和特定金属的接触、紫外线、含有少量的盐、地下水的流速、设备的性能、其他水和土的条件。

溶液特性在以下几个方面发生变化：外观、溶解性、溶胀性和收缩性、腐蚀性、稳定性、浓度。溶液的添加剂也会影响到黏性、密度、颜色、浓度、收缩性等特性。因此，采用合理的公式表示溶液特性，必须考虑环境条件，要以实际情况为依据。影响浇筑效果的另一个因素是设备的合理操作，比如密封圈、水泵、水箱、搅拌机和敷用物等的使用。作业前应先将混合好的溶液分别装入两个箱子，其中一个是溶液箱子，另一个是装催化剂的箱子。装溶液的箱子装的有水、溶液和缓冲剂，而另一个催化剂箱子装有水、氧化剂和大量的填料。

3）用于接头的化学稳定密封法

接头出现明显的渗漏或在接头测试中出现损坏现象，应进行接头密封处理，使用的设备（图16-20）包括注浆泵、软管和注浆塞等。接头密封可通过向接头部位强力灌

图16-20 接头化学注浆示意图

注化学密封材料，而不应从地面喷射或注入密封材料，此做法可能破坏管道衬里，同时也不能开挖路面或土壤来进行密封作业，会影响交通、邻近地下设施，对将要修复管道造成更大的破坏等。

注浆塞穿越破坏接头就位时，要借助各种量测工具和 CCTV 设备。要求其定位必须精确，否则不能在注浆点形成有效密封。该过程要在合适的压力下控制注浆塞的膨胀，封堵破坏接头的两端，向隔绝区域通过胶管泵入密封材料，控制泵送压力超过地下水压力。泵送单元、计量设备、注浆塞等的设计要依据漏失类型和大小进行。

在进行封堵每个接头时，注浆塞应膨胀至隔绝区域压力读数为零，之后重新膨胀，重新检测接头密封性能。若不能读零，就应清除残余注浆材料，调整仪器、设备，以读取精确的隔绝区域压力。

进入管道内的残余密封材料会降低管道内径，使接头处管流受到限制。接头修复内表面应与其他管壁一样平滑。注浆施工完成后，应清理管道内残余的注浆材料。

4）化学稳定液

应用最广泛的化学稳定液是丙烯酰胺、丙烯酸、丙烯酸酯、甲酸酯树脂等。所有的可凝胶对污水管道中的化学物质均有抵抗力；所有的可凝胶均对收缩缝极为敏感；除了甲酸酯树脂，其他的可凝胶对脱水极为敏感。但可通过使用化学添加剂来最大程度降低上述缺点。在合成物中添加不同化学试剂，有以下重要区别：丙烯酰胺比其他可凝胶毒性更强；只有在对管道处理和放置或安装过程当中才考虑到浇注的毒性；无毒的甲酸酯树脂是由 EPA 推荐的用于可饮用水管道中；甲酸酯树脂以水作为催化剂，而其他的可凝胶是用其他化学品作为催化剂的。因此，在修复过程中，甲酸酯树脂必须避免与水接触。

（1）以丙烯酰胺为主要成分的可凝胶

丙烯酰胺溶液以一定比例混合，在反应一定程度之后，会从溶液中产生一种可凝胶。在应用丙烯酰胺溶液之前需要考虑如下标准：预期的结果、浇筑区的特性、设备的应用范围、可选择的工序、喷射施工方案。

喷射施工方案包括可凝胶的注入次数、丙烯酰胺的用量、注入点的布置。工作开始后，施工方案要根据遇到的情况及时调整。根据工程使用情况，到目前为止，还没有发现不能形成可凝胶的土层或岩层。尽管如此，注入的溶液要一直保留在注入区直到发生凝胶过程。在干燥的土体和流动的地下水中注入的溶液通常有分散的趋势。在干燥的土体中重力和毛细管力会分散注入的溶液，可能导致可凝胶失效。正如管道接头的稳定法，通过在浇筑前使土壤饱和、缩短可凝胶使用时间、减少使用次数，可避免分散注入的溶液。而在土壤空隙中，干燥的土体不如地下水位以下的土体稳固效果明显。

当多次注入可凝胶且注入时间较长时，在湿润的土壤中会使注浆体周边发生稀释。流动的地下水可扭曲球状体的正常形状，并使其沿着水流方向流动。在水流湍急的状况下，通过缩短凝胶时间、减少使用次数，能使稀释达到最小化。在有空隙的地层或者在裂缝中，可将如黏土或水泥这样的固体物加入溶液中，更有效阻碍地下水流动，最典型的方式就是在饱和或半饱和土壤中添加丙烯酰胺。

丙烯酰胺主要是用来减少漏水，而不是用来增加结构强度，它能够通过稳固周围的土壤直接完善结构的整体性。丙烯酰胺是一种有毒的化学物品,可以通过伤口、呼吸道和吞食被人体吸收。由于丙烯酰胺具有毒性,若没有专业技术员监督,在处理和使用丙烯酰胺的时候会存在潜在的危险。

（2）以丙烯酸为主要成分的可凝胶

丙烯酸浆体是加入了许多不同种类丙烯酸树脂的水溶液,不同种类的浆体有着不同的应用范围,和催化剂混合反应之后会形成黏性可凝胶。凝胶反应时间可以严格地进行控制,在流水条件下可控制到几秒,在正常条件下也可以是几个小时。

此溶液对于污水管道接头、检查井和结构会产生较好的效果。丙烯酸溶液在没有凝结之前有和水相似的黏性。这些溶液在水中有膨胀的趋势,可以产生不漏水的密封效果。

（3）以丙烯酸酯为主要成分的可凝胶

丙烯酸酯溶液和之前提到的溶液十分相似。丙烯酸酯可凝胶的标准成分重量比例是：水61%、丙烯酸酯溶液35%、TEA2%、AP2%。

在漏水控制极其严格的情况下,建议的标准成分重量比例是：水56%、丙烯酸酯溶液35%、TEA2%、乙烯乙二醇2%。

需注意的是丙烯酸酯溶液在水溶液中饱和浓度是40%。

（4）以聚氨酯为主要成分的可凝胶

聚氨酯溶液是一种预聚物的溶液,通过与水的反应进行修复。在反应过程中可凝胶保留它的吸水性,即它吸收水并将其保留在可凝胶中。在修复过程中,可凝胶抑制水的流动。因为预聚物是由水修复的,故可以避免水引起的其他过早的污染。此溶液提供强效可凝胶的体积比为5∶1到15∶1,小于这个比率将会产生泡沫反应,而大于这个比率会产生弱效可凝胶。

（5）以聚氨酯为主要成分的泡沫

聚氨酯泡沫主要用来阻止流向管道内的渗漏。这类漏水点来自基础或墙壁的裂缝,墙壁、枕梁或上部结构安设的接头,或者沿管道渗漏到检查井中,以一定的压力注入浆体到先前挖好的孔中,经固化后形成柔性的衬垫或塞子,封堵渗漏途径。当混合等量水后,注浆材料迅速膨胀,形成坚韧的闭孔橡胶体。在某些应用中,所用材料事先没有与水混合,就需要等量的水进行最后的修复。

16.5.2 树脂注浆法

另外一种化学稳定法是树脂注浆法。将一根管子放到管道中,推或拉到损坏的区域,管子随后膨胀起来紧贴住管道内壁,树脂被释放到损坏区域的周围。根据损坏区域的大小,过量的树脂穿过管壁被压入土壤中,在管壁外形成密封。修复设备保持在修复位置90～120min,等树脂充分硬化后,再移走。整个过程通过CCTV辅助来进行远程控制。需24～36h,不受缺少施工压力、存在水或空气等影响。

树脂注浆系统被分为两类：第一种主要用来密封管道,阻止管道内外渗漏；第二种主要用于修复受损管道结构,恢复管道结构强度。修复重力管道接头漏水的常规方法是使用一台特殊的密封设备,该设备具有检测漏水点和喷射修复溶液的功能。根据接头损坏的数量,为了确定和修复特殊的损坏点,应进行局部检测或者全面检测。底端具有膨胀功能的密封设备穿过管道接头，增压后将接头隔离。空气或者水压力作用到密封设备的中心截面上，可以测定接头的压力损失比率。若损失比率超过了一个临界值，密封胶则由密封设备注射到接头中，随后重新测定损失值。

虽然有许多种密封设备设计类型，但大多数还是采用两部分聚氨酯溶液或者用一种水反应的聚亚氨酯。无论采用哪种设备，注入的浆体均不具备内在强度，而是将漏水接头周围的土壤变成不透水的土体，既避免了漏水，又提高了结构的稳定性。

需要注意的是发生反应溶液的毒性，目前在一些国家认为丙烯酰胺密封溶液有害身体健康，尽管丙烯酸酯溶液与上述溶液名字相似，但是它却有与之不同的化学特性，而且是安全的。

聚亚氨酯溶液具有亲水性，作为一种溶液既可以和土壤中的自由水反应，又可以和密封设备注入的水反应。因使用了纯净水，苯乙烯-丁二烯橡胶溶液通常是以 1∶4 的比率与水混合，从而提高修复溶液的适应性，降低缩水程度，其比率会影响材料的特性（比率高于 1∶5 容易产生泡沫，而稍低的比率会产生一种可凝胶）。通常情况下进行管道密封时推荐聚亚氨酯溶液与水的比率为 1∶8。

许多聚亚氨酯溶液含有丙酮，用来降低溶液黏性，提高浆体混合性能。在储藏材料时应考虑到丙酮的易燃性。另一种不同类型的树脂喷射系统通常采用环氧树脂或者水泥浆，这种树脂可用来加强和重新连接管道的结构，也可用于密封防止渗水。最初旨在修复破损不严重或者破损范围不大的管道，但目前其可应用于破坏程度严重的管道。通过采用一个可膨胀的密封设备隔离管道破坏的区域，并将快速凝固的环氧树脂喷射到管壁有裂缝、破裂或空洞的地方。密封机要等到树脂凝固后才可被拉走，且通常留下薄的树脂套圈。

16.5.3 注入和排出技术

另一种用于密封的方法是结合注入和排出技术进行，它可一次性地修复主管道、支管和检查井。

操作过程如下：

（1）首先要密封隔离破坏区，之后用一种既环保又安全的化学溶液（通常是硅酸钠）填充到检查井中。

（2）在一定时间之后化学溶液渗入到裂缝和漏水接头中，溶液就被抽出来，再将第二种专用的化学溶液填充到破坏区内，和第一种溶液的残留物发生反应形成一种防水的可凝胶。

（3）接着抽出第二种溶液，清洗管道中的所有残留物。当配合使用由密封设备喷射出的密封剂时，将会使检查井和管道漏水点周围的土体转变为不透水的土层。

由于设备和材料体积的要求，注入和排出技术更多应用于大规模的漏水修复工程，故在一次性管道修复方面具有一定优势。

16.6 机器人修复技术

机器人修复技术是一种使用遥控的修复装置（机器人）来进行各种工作的方法，例如，切割管道的凸出物（包括树根）、打开管道的支管口、向间隙内注浆等。

遥控的修复装置一般为轮式结构，并配有各种施工工具，有时还包括照明和闭路电视摄像系统等。

16.6.1 主要特性

机器人修复是非开挖管线修复技术中最新（始于20世纪90年代）的方法之一。机器人修复系统在瑞典得到快速发展，主要应用于重力管道系统，包括磨削机器人（图16-21）和充填机器人。磨削机器人用来清除管道内的侵入物；也可研磨裂缝，为修复材料填充提供良好表面。填充机器人能向磨削过的裂缝里填充环氧砂浆，并能抹平填充材料表面，形成光滑内壁。机器人修复技术适用的管径范围是200~750mm，较小型号机器人的应用管径范围是200~400mm，而较大型号机器人的应用管径要大于300mm。机器人在管道内的定位采用各种轮轴机构。

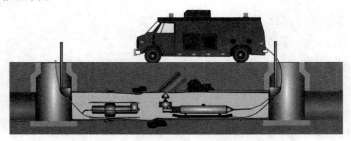

图 16-21 磨削机器人工作原理示意图

机器人点状修复可独立使用，也可作为其他更新方法的预处理技术。独立应用时，用来修复径向、轴向或蜘蛛网式的裂缝。其作业过程也能用来修复破损接头、滑脱接头、断开接头、突起式的支管连接、嵌入式的支管连接、树根及汇集式管道系统内发现的其他外来杂物等。机器人修复操作过程中使用的注浆材料是环氧树脂，在进行注浆操作前，应清除各种油脂，环氧树脂才能黏结在管壁上，并永久密封修复部位。

磨削头一般是液压驱动的，低速运作，能提供高扭矩磨削。磨削头上可安设各形状的金刚石、硬质合金等，以适于不同的材料，如陶土、混凝土、聚合材料、钢材等。一些比较有力的磨削机器人能切断钢质加筋材料。切削齿的冷却一般由磨削刀盘中心喷射水来完成。

轮轴一般由电动马达驱动，如磨削头回转和伸展。利用磨削头上的CCTV监控机器人作业过程，还可增加一个位置较远的摄像机来检查前方管道情况。一些磨削机器人能从空心杆喷射密封混合物，避免应用填充机器人时因砂浆受到某种影响出现的渗漏现象。机器人上还可安设高压水喷射设备，清除堆积的磨削污物。

通常磨削裂缝后，可使裂缝宽、深达到25~35mm。磨削后要彻底清洁修复区域，因灰尘、软泥或堆积物砂浆黏附在管壁上不利，且突出的支管、注浆沉积物、硬垢也应清理干净。

环氧砂浆的性质非常重要，其主要应用于潮湿区域。这种砂浆的两种成分可以在装入机器人上的铁罐之前混合，也可以分别装在机器人上，使用时再进行混合。填充机器人为自驱式的，带有机载摄像机。通过遥控喷嘴和抹刀系统来填充环氧材料，由压缩空气推动活塞从铁罐中挤出填充材料。此外，也可通过压在管壁上的软盘或模板喷射填充材料。

除了填充磨削机器人磨削出来的沟槽外，填充机器人也能用于在连接状态不好的接头处灌注环氧材料，封堵主管与支管连接处的渗漏。有些修复系统可以使用特制的模板或护罩，作为临时性闸门，使缺陷接头在环氧砂浆中得到重塑，形成一个新的接头，也可插入可膨胀挡块来辅助支管接头重塑和截流。

机器人的所有动作均由小车内置控制器来完成，还包括管缆绞车、空气压缩机、液压组件和其他辅助设备的动作。此外还要应用到吊葫芦，用来在检查井中升降机器人。机器人主要动力源是一个拖车式的大发电机，其修复系统具备多种功能，但一次性投资较大。

16.6.2 机器人修复技术优缺点

1）机器人修复技术的优点

（1）一种设备可进行多种作业。

（2）施工时可保持管道的正常工作。

（3）施工速度快。

2）机器人修复技术的缺点

（1）需要专用的设备。

（2）一次性投资较大。

16.6.3 施工方法

在CCTV监控下，操作员按指键发出各种命令，完成机器人点状修复各种动作。

（1）将机器人在缺陷区域就位，并调查缺陷状况，寻找最佳开始位置。若存在渗漏现象，需制定化学注浆方案。接着进行裂缝磨削作业。磨削作业的作用：

①清洁裂缝，清除各种污染物。

②切槽具有不利于裂缝的进一步扩展的特性。

③切槽提供喷射环氧树脂的平面。

（2）用环氧树脂填充切槽。进行此步作业时，要保证切槽完全充满环氧材料、表面与管壁之间平滑无凹陷。一旦环氧材料固化（1~2h，完全固化需要8d），管线可恢复运行。

本章参考文献

[1] 马保松. 非开挖工程学[M]. 北京：人民交通出版社，2008.

[2] 中华人民共和国住房和城乡建设部. 城镇排水管道非开挖修复更新工程技术规程：CJJ/T 210—2014[S]. 北京：中国建筑工业出版社，2014.

[3] Najafi M, Gokhale S, Calderón D R, et al. Trenchless technology: pipeline and utility design, construction and renewal[M]. McGraw-Hill Education, 2021.

[4] Water Pollution Control Federation. Operation and maintenance of wastewater collection systems[S]. Washington, 1995.

[5] Scandinavian Society for Trenchless Technology (SSTT). No-dig handbook[M]. Copenhagen, 2002.

[6] Stein D. Rehabilitation and maintenance of drains and sewers[M]. Berlin: Ernst & Sohn, 2001.

[7] 王新妍. 不锈钢双胀圈局部修复技术在排水管道中的应用[J]. 市政技术, 2020, 38(3): 189-192.

[8] 廖宝勇, 王清顺, 逯仲森. 一种大管径管道非开挖局部修复装置: 204986210U[P]. 2016-01-20.

[9] 廖宝勇. 城市供水管网非开挖修复更新技术[J]. 建设科技, 2019(23): 55-57.

第17章 检查井修复技术

17.1 概述

17.1.1 背景介绍

作为排水系统的重要组成部分,检查井被誉为排水管道的"窗户"。由于排水管道多数采取重力流方式,且管道内的水流状况时刻均是变化的,管道内经常会有污泥、垃圾等沉积,定期对排水管道进行疏通和清洗对排水系统是极为必要的。因此,在城镇排水管道建设时,对于重力流管道,一般每隔30~50m距离会设置一口检查井,通过它管道维护人员可以方便、快速地对排水管道进行检测、疏通和维护。

据统计,截至2010年,美国有超过2亿口市政检查井,其中有4000万口左右的检查井使用超过了50年,使用了30~50年之间的数量约有5000万口,且每年花费1亿美元用于检查井的维护和修复,但实际每年至少需要5亿美元才能对失效的检查井进行修复。据国家统计局数据显示,截至2019年底,我国城市排水管道总长约74.4万km,见表17-1。若按平均每40m设一口检查井,我国城市排水检查井数量约为1859.95万口(表17-2),其中超过800万口检查井使用寿命超过了10年。由于近十几年来全国多数城市均经历了翻天覆地的变化,房地产、道路、轨道交通等建设在各地如火如荼地开展,加之城市私家车保有量的飞速增长、居民用水量不断增加,而之前建设的城市道路、排水管道等基础设施在急速发展的大环境下,很多管道设施已承担不了当前环境下的各类荷载,很大一部分管道设施在远没有达到设计使用年限时就已发生了破坏,因此交通及地下管道均存在极大的安全隐患。

全国及部分城市排水管道长度(单位:km) 表17-1

地区	年份			
	2019年	2015年	2010年	2005年
全国	743981.9	539567	369553	241000
北京	17992	15500	10172	6474
天津	22069	19500	15140	10889
上海	21754	16900	11483	6933
广州	28792.9	10204	8501	—
武汉	10849	9202	7543	—

注:数据来自国家统计局及各地统计局发布的统计年鉴。

全国及部分城市市政检查井数量估计(单位:万口) 表17-2

地区	年份			
	2019年	2015年	2010年	2005年
全国	1859.95	1348.92	923.88	602.50

续上表

地区	年份			
	2019年	2015年	2010年	2005年
北京	44.98	38.75	25.43	16.19
天津	55.17	48.75	37.85	27.22
上海	54.39	42.25	28.71	17.33
广州	71.98	25.51	21.25	—
武汉	27.12	23.01	18.86	—

现实中分布在城市各个角落的检查井数量庞大且破坏随处可见。检查井的直观破坏如在井口周边形成沉降坑、路面破坏或井盖破坏，会对交通和行人造成一定的安全风险。而位于井盖下面的，不为一般人所发现的破坏如井壁漏水、井体结构破坏等，轻则造成地下水进入排水管或井内污水渗入周边土体，重则引发井外土体流失，导致地层及检查井的坍塌破坏。此外，建设及设计部门历来将检查井作为排水管道的附属设施，未给予足够重视，因此检查井很多采用的是红砖砌筑，很大一部分甚至未进行砂浆抹面施工，不具任何抗渗能力，是目前国家黑臭水体防治的重点对象之一（图17-1）。美国Hampton在对全市约11000口检查井进行修复后，经调查发现，渗入排水管网的地下水量减少了18%。

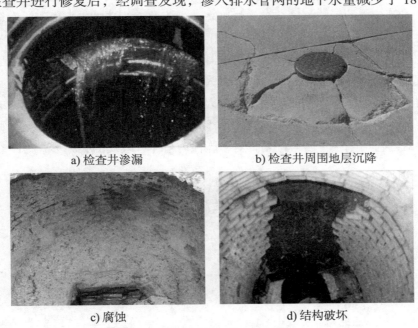

a) 检查井渗漏　　b) 检查井周围地层沉降

c) 腐蚀　　d) 结构破坏

图17-1 常见的检查井失效形式

17.1.2 检查井的外力破坏

检查井主要受到车辆荷载、侧向土压力及地下水压力等外部荷载作用。一般认为，对于运行已久的检查井，其周围土体已充分压实和固结，对井内新的内衬不会产生额外的侧向压力。但旧井渗漏问题普遍，渗漏引发土体流失而产生的空洞会导致旧井坍塌。地下水渗入是导致旧井结构破坏的主因，故要求新的内衬能够完全承受外部的地下水压力且不发生渗漏。土压力和水压力可视为径向的对称荷载，对于内衬造成的破坏形式表现为压碎或屈曲。

车辆荷载是检查井修复时考虑的另一个重要因素，由于其作用方式时刻都在发生变化，会对检查井结构产生复杂的作用力。潘永清等人在杭州市内对272口检查井进行了调查，并对沉陷、破坏等进行了测量，通过数值模拟方法就交通荷载对检查井破坏规律进行了分析。研究表明，频繁的交通荷载会使检查井井口附近产生交替的拉、压、剪等多种应力形式，从而导致检查井浅层井筒部分的破坏和路面开裂，如图17-2所示。

图17-2　检查井上部井筒的典型破坏形式

大量的研究表明，车辆荷载的影响深度主要集中在地表以下1m范围内，当有人工路面构造时，车辆荷载的影响深度会被大幅削减。由于路面构造的支撑作用，车辆荷载的扩散方式会发生明显变化，因此产生的侧向土压力会大幅度减小。图17-3显示的是四种不同形式路面构造对车辆荷载的影响，分别为混凝土路面、沥青路面、碎石路面及原状土体，路面构造及其下部土体的弹性模量比值分别为100、50、10、1。应力曲线表明路面刚性越大，交通荷载的影响深度和幅度越小，在有人工路面的情况下，车辆荷载主要的影响深度在路面以下1m范围以内，这一深度通常位于检查井的收口段以上部位。车辆荷载引起的侧向应力会对内衬产生一个压弯作用，对于脆性内衬体，表现的破坏形式为断裂。

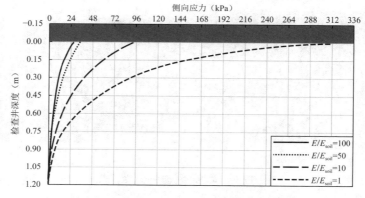

图17-3　不同路面构造对车辆荷载传递的影响

注：车载轮压为47.5kN；E/E_{soil}表示路面材料与下部土体的弹性模量之比。

17.1.3　检查井非开挖修复策略

为便于对检查井修复方式进行选择，对检查井破坏的缺陷等级进行了初步的定义，并对不同缺陷等级的修复方式做了基本要求，见表17-3。

检查井结构评估及修复策略　　　　　表 17-3

缺陷等级	1~2	3~7	8~10
缺陷特征	渗漏/点状破坏 结构良好 （1）孤立的漏点； （2）井壁部位由外往内渗； （3）井盖组件移位或破损； （4）无明显腐蚀现象； （5）爬梯破损； （6）流槽轻微损坏； （7）地下水位低	严重渗漏，结构受损 缺陷等级 1~2 且有以下任意情况 （1）井壁面积 15%以上区域渗漏或渗漏达到 $1m^3/h$； （2）井壁结构层脱落； （3）有应修补的空洞； （4）结构发生腐蚀； （5）流槽局部损坏； （6）流槽破裂； （7）地下水位高	结构破坏 缺陷等级 1~7 且有以下任意情况 （1）井壁部分缺失； （2）混凝土井壁腐蚀超过 25mm； （3）钢筋裸露； （4）承受重车荷载； （5）检查井位于敏感区域，需要进行低成本的永久性修复以降低相关风险
修复策略	（1）封堵漏水部位； （2）修复井盖组件； （3）修补流槽及其边沿	（1）封堵漏点； （2）填充空洞； （3）采用水泥基材料进行修复； （4）化学腐蚀环境下应在内衬表面涂覆有机防腐涂层	（1）采用水泥基材料进行结构性修复； （2）化学腐蚀环境下应在内衬表面涂覆有机防腐涂层； （3）拆除重建

（1）检查井主要修复方式

①硅酸盐水泥基改性复合砂浆内衬（加防 H_2S 腐蚀添加剂）。

②玻璃纤维增强水泥内衬。

③铝酸盐防腐水泥。

④聚合物（聚氨酯、环氧树脂、聚脲等）。

⑤环氧砂浆涂层、环氧沥青，聚合物板材（如 PVC 板）。

⑥聚氨酯弹性体（主要用于接缝密封）。

⑦原位固化法。

⑧聚氨酯注浆井外加固。

（2）修复技术分类

上述检查井修复技术，可归纳为四类：

①无机浆料类。

主要包括改性砂浆、玻璃纤维增强水泥、防腐水泥，地聚物等类型。无机浆料类修复材料优点在于材料本身需要水化，对修复表面潮湿度基本没要求。此外与修复基体（砖砌、混凝土）能较好地黏合，不易脱落。北美地区最常用高性能复合砂浆添加 H_2S 防腐剂的方案修复检查井，由于材料性能优异，可实现对检查井的结构性修复。欧洲国家更多使用铝酸盐水泥对检查井结构进行防腐性修复。地聚物是 20 世纪 70 年代欧美开始研究的新材料，具有耐腐蚀性好，力学性能优异等特点，但由于材料制备过程复杂，要持续获得性能稳定的材料比较困难。

②聚合物类。

以环氧树脂、聚氨酯、聚脲等树脂材料为主，以及部分树脂改性产品如环氧砂浆、环氧沥青等。聚合物自身的耐酸碱特性好，主要用于腐蚀防护，早期多用于金属构件、建筑结构等防腐，目前国外大量地将其引入排水设施的腐蚀防护中，尤其当排水设施面临工业污水腐蚀时。

聚合物自身具有较好的防腐性，但受工作环境、防护结构材质等影响较大，且聚合物涂层通常只有几十微米到几毫米厚，防腐涂层自身的耐久性很差，涂层脱落、老化问题普遍。此外，树脂施工对基体洁净度和干燥度要求苛刻，在地下排水设施修复中实施难度极大，成本高。此外，树脂通常采取人工喷涂的方式，操作人员需要穿着防护服在狭小的空间进行作业，施工环境恶劣，要保证喷涂质量对工人的素质要求非常高，且施工人员本身还面临一些安全风险，如图17-4所示。

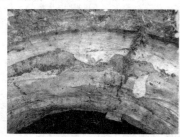 

图17-4 检查井结构树脂防腐涂层老化与施工

③原位固化法。

按照检查井的结构尺寸制作聚酯毛毡袋子，施工前将其充分浸渍树脂后置入检查井内，并往袋内注水使其撑开并贴紧检查井内壁，并将水加热使树脂固化，形成内衬。内衬固化完成后，将井口及管口等部位切除，最后安装踏步。该技术实施起来非常复杂、成本高，最大的弊端在于，检查井结构不规则，在形状变化、转角等部位内衬与原结构难以有效贴合。此外，在管道接入和踏步安装等地方，需要将固化好的内衬切开，使内衬整体结构发生破坏，后续的有效密封十分困难，否则很难达到预期的修复目的。

④注浆法。

通过向井外注浆，在井外形成一个止水帷幕的同时起到加强土体的效果，实现对老旧检查井的防渗和加固。采用的浆料主要有水泥浆液和聚合物浆液，如图17-5所示。注浆法在堵水和加固外部土体方面具有明显优势，但由于井外地层的多样性，不能保证浆液能完全将井包围住，对井身结构的加固作用也比较小，因此常用于结构主体良好的情况。

图17-5 检查井外部注浆加固

17.2 离心喷筑法检查井修复技术

17.2.1 技术简介

离心喷筑法检查井修复技术（简称"井盾技术"）由美国 Action Products Marketing

Corporation（APM 公司）于 1985 年发明，其通过气动高速旋喷器产生的离心力将调配好的内衬浆料均匀、连续地喷筑到待修复检查井内壁，同时通过卷扬悬吊旋喷器在井内上下往复移动，在井壁形成均匀连续的内衬，如图 17-6 所示。

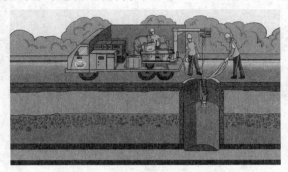

图 17-6　井盾技术工艺原理示意图

该技术适用于检查井的结构性修复。由于腐蚀、渗漏等原因造成结构退化的检查井进行非开挖修复，修复中使用的水泥基材料 24h 抗压强度不应小于 20MPa。其主要技术特点如下：

（1）可实现检查井的结构性修复，根据检查井埋深、地下水位、车辆荷载等条件，设计足够的内衬厚度，从而满足检查井各种荷载的要求。

（2）高性能复合砂浆材料，纤维增强、强度高、抗渗及耐久性好。

（3）内衬材料可在潮湿表面喷筑，并与检查井内壁黏结为整体，旧的结构与新的内衬协同受力状态好，原结构受力状态得到改善，修复后的结构寿命更长。

（4）多层喷筑成型，内衬厚度均匀、致密性好，内衬整体性和抗渗性能优异。

（5）全自动离心喷筑，无须人员进入，不受井深度影响，安全快捷。

（6）井盾修复过程不开挖，对地表几乎没有干扰。

17.2.2　修复设备

井盾技术的主要施工设备有旋喷器、一体式砂浆喷涂机、提升卷扬机、空压机、发电机、除尘系统等，气动型井盾修复施工车如图 17-7 所示。旋喷器是井盾技术的核心设备，目前主要有气动和电动两种形式，其中电动旋喷器又分为低压直流驱动和交流驱动两种类型，不同类型的旋喷器如图 17-8 所示。

图　17-7

图 17-7　气动型井盾修复施工车

a) 气动双向旋喷器　　b) 36V 直流电动　　c) 交流电动单向
　　　　　　　　　　　双向旋喷器　　　　　旋喷器

图 17-8　不同类型的旋喷器

相比而言，电动旋喷器省去了空气压缩机，配套设备更简单，但气动旋喷器在以下几方面的优势较为明显。

（1）安全性好。检查井、提升泵站等地下排水设施，其内部通常为潮湿环境，且污水井即使在修复前经过清洗或修补，依然不能排除井内有沼气聚集。但将电动旋喷器放入井内，存在燃爆风险，这是北美地区禁止采用电动旋喷器的主要原因。此外，旋喷器在井内要上下往复运行，地面操作人员要频繁地提升下放电缆，若电缆在井内或地表被磨破，将对操作人员造成安全隐患。而压缩空气驱动的旋喷器，排出的是空气，不存在燃爆的风险，且对井内空气还能起到置换作用。

（2）转速弹性大、设备更安全。对检查井修复时，旋喷器是通过卷扬提升在井内上下运动，当井较深时，施工时很难看到井底，难免会使旋喷器触碰到井底，电动旋喷器在未及时断电时，在数千转转速下其叶轮很容易打坏；而气动旋喷器一旦阻力变大，即使卡死也不会造成损坏。

（3）双向旋转、转速可变。气动旋喷器可通过换向阀实现旋转叶轮的正反转，从而使喷涂浆料覆盖基面的每个部位；电动旋喷器一般为单向旋转，浆料始终以同一个方向甩出，当井壁凹凸不平时，凸起处背面会因凸起阻挡而产生空洞区，双向旋转就很好地解决了井壁凹凸不平可能引起的少喷、漏喷或空鼓现象。此外，气动旋喷器转速可以通过改变气量和气压进行调节，最高转速可达10000r/min，而电机驱动转速一般在3000r/min左右。

（4）气动旋喷器体积小，清洗保养方便。搅拌和泵送设备是井盾的主要施工设备，为确保喷涂浆料的均匀性，首先要求设备能够进行精确计量加水，从而确保每次搅拌好的浆料均具有相同的流动性。此外，应尽量选用螺杆式砂浆泵，其主要优势是浆料输送平稳，没有明显的压力脉冲，不足在于输送压力低，仅适用于短距离的砂浆输送。两种常见的一体式砂浆喷涂机如图17-9所示。

a) 轮式一体式砂浆喷涂机　　　　b) 撬装式一体式砂浆喷涂机

图17-9　两种常见的一体式砂浆喷涂机

17.2.3　内衬材料

检查井离心喷筑法修复所用的内衬材料主要为高性能复合水泥砂浆材料，根据采用的水泥类型，目前主要分为经改性防腐处理的硅酸盐砂浆体系和铝酸盐砂浆体系，其中硅酸盐砂浆体系通常具有更高的结构强度，更适用于高地下水压环境下的结构修复和加固。内衬材料除应具备早强、高强、防腐等基本性能外，还应具备优良的泵送性、抗流挂性及水下不分散性等，以保证该材料可在土体、金属、木材、塑料或其他常见建筑材料的表面稳定附着。内衬材料主要性能指标见表10-2。

17.2.4　井盾施工

1）检查井预处理

井盾施工前，需要对待修复检查井内壁进行比较彻底的预处理，以提高内衬与井壁的黏结力。检查井预处理应符合以下要求：

（1）在检查井清洗前，应在井底铺设网袋，用于收集井壁高压清洗时掉落的大块杂物，以免被冲入管道。

（2）井壁应无污泥、垃圾、油脂等异物，且井壁上的腐蚀层或松散层均应清除，检查井内既有的有机涂层或内衬，应清除干净，以增强内衬与基体的黏结力。

（3）当井壁漏水时，应结合具体情况，采用快硬水泥或化学注浆等方式进行堵漏。

（4）大裂缝、凹陷坑、结构脱落等部位应用砂浆填实抹平，避免产生空鼓。

（5）若井壁外围存在空洞，应采取注浆等方式将其填充，确保井外地层稳定。

（6）若检查井有整体下沉或者基础缺失，应采取地基处理或重构井底等方式，使检查井基础稳固。

（7）修复井底时，要切断上游来水；若需更换井内踏步，应在修复前实施。

2）内衬施工

（1）用于检查井修复的内衬灰浆材料在进场前应提供完整的出厂合格证、检测报告、材料成分表等资料。

（2）按材料供应商推荐的水灰比搅拌灰浆材料，拌和用水应为洁净的自来水，搅拌时间2～3min至浆料均匀；浆料中需要额外使用的添加剂，应预先混合到拌和用水中。配制好的浆料应在30min内使用完，严禁将超过使用期的浆料重新搅拌使用。

（3）当环境温度高于37℃时，应保证搅拌好的浆料温度不高于32℃，以避免浆料过快干硬；当环境温度低于5℃时，应采用热水搅浆，使浆料温度不低于20℃，以便浆料正常凝固。

（4）可采用人工喷涂或离心的方式施工检查井内衬；施工前应使检查井壁保持潮湿状，但不宜有明显水滴或流水。

（5）采用离心喷筑方式时，将可双向旋转的旋喷器置于井口中心，启动旋喷器及灰浆泵，待浆料从旋喷器均匀甩出时，吊臂卷扬匀速下放旋喷器直至井底后切换方向提升旋喷器完成一个回次；下放和提升速度应控制在使每次涂层厚度保持1～3mm，通过多回次喷涂达到设计的内衬厚度。

（6）在多回次离心喷筑时，应使旋喷器一半时间正转，另一半时间反转，避免凹凸不平表面的少喷、漏喷现象。

（7）采用离心喷筑施工的检查井内衬层表面宜保持离心喷筑时的原状，在表面严重不平整或出现塌落等缺陷时采取人工刮抹修整。

（8）采用人工喷涂的内衬，喷涂完后应使用抹子将涂层刮平压实，但不宜往复过多刮抹；修复井底时，应采用人工喷涂施工。

（9）检查井施工完成后，应及时关闭井盖，并在井口周边放置警示桩，施工完24h内避免车辆直接碾压井盖造成对井内衬的振动破坏。

检查井修复现场和修复完成的检查井如图17-10所示。

 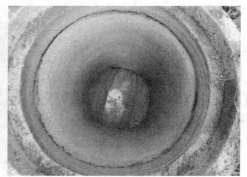

a) 检查井修复现场　　　　　　　　b) 修复完成的检查井

图17-10　检查井修复现场和修复完成的检查井

3）内衬养护

（1）新施工的内衬应在无风、潮湿的条件下养护；避免新施工的内衬受阳光直晒或高温环境下水分过早蒸发。

（2）在炎热干燥蒸发强烈的环境中，内衬表面宜采取覆盖或喷洒养护剂等方式养护；养护剂应符合现行《水泥混凝土养护剂》（JC 901）的相关要求。

（3）施工过程中内衬灰浆不得出现结冰现象，且应确保内衬施工完成后24h内不出现结冰现象。

17.2.5 井盾设计

1）基本设计原则

（1）对既有圆柱形检查井内壁进行水泥基材料内衬修复，内衬层厚度设计计算的主要考虑因素有：

①修复材料的强度、密度。
②修复材料的弹性模量。
③静荷载和动荷载。
④土体类型。
⑤地下水压力。
⑥检查井当前结构状况。
⑦检查井周边环境后期可能发生的变化。
⑧直径和深度。

（2）用于内衬层厚度计算对所用修复材料的相关性能应满足以下最低要求：

①24h抗压强度不小于20MPa。
②24h弹性模量不小于1000MPa。
③致密性要求：快速氯离子渗透值小于1000C。

当检查井的原始井壁厚度显著减小时，结构性内衬层的厚度至少应与损失的井壁壁厚相等。假如混凝土预制检查井的原始壁厚为130mm，由于各种原因使壁厚减少了40mm，则修复的内衬层厚度应至少为40mm，使井壁恢复原始厚度，即使该厚度可能大于设计值。

检查井结构最容易受上部或者附近的车辆动荷载以及周边地下水压力荷载的影响，鉴于二者是内衬层设计计算的关键因素，只要设计的强度能分别克服上述荷载的影响，就足以满足其他所有影响因素的要求。研究表明，车辆动荷载最大的影响深度为0.6~1.0m。地下水压力随着深度增加而增大，深度越大、水压力越大，需要的内衬也应更厚。抵抗水压作用需要的内衬厚度与水位深度大概成正比关系，且检查井直径越大，需要的内衬越厚，以达到一定的结构加固系数（与塑料管的SDR值类似）。

对比外部的对称压力引起的环向压应力以及外部压力引起的弹性失稳现象，当内衬半径与壁厚之比大于10时，屈曲失稳是结构的临界破坏模式。在这种情况下，结构的屈曲失稳是确定内衬层厚度的关键条件。

检查井结构在垂直方向的受力，主要由车辆从检查井旁边通过时产生的动荷载传递给地下结构，其中最显著的情况是单个车轮压在井盖引起检查井结构的受力。由车轮荷载引起的侧向应力随井深变化的关系曲线如图17-11所示。

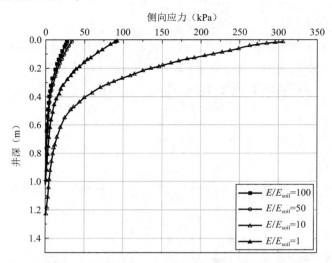

图 17-11　由车轮荷载引起的侧向应力随井深变化的关系曲线（单轮荷载：47.5kN）

2）抗折设计

井盾可视为在旧井内原位制作的薄壁筒体，内衬需要同时克服车辆荷载产生的侧向力。对于薄壁筒体而言，在存在外部约束的情况下，薄壁筒体可以承担高于其独立抵抗弯矩的能力，提高的幅度视外部约束条件，可用支撑系数表述约束的作用。若将内衬看成铺设的管道，所附着的原始结构好比管道外部的基础。由于内衬是采取离心方式在检查井内壁原位喷筑形成的，与原结构紧密黏结为一体，原结构对内衬各个部位的保护均能达到最好，内衬受到的约束理论上应该是最好的。按管道铺设的相关设计理论，在最佳的管道基床条件下，基础对管道约束对应的支撑系数一般可取 3，即薄壁筒体结构在约束条件下可承担其独立状态下 3 倍的压力值。

Seely 对无约束的闭合薄壁砂浆筒体抗外压特性进行了理论和试验研究，采取Winkler-Bach 公式计算纤维增强砂浆弯曲梁的抗折强度极限等于该砂浆的挠曲强度。图 17-12 展示了砂浆的 28d 挠曲强度与直径 1220mm 砂浆内衬抗外压（实线）强度计算值的对比，从中可发现，试验值与理论计算值吻合度很高。对于约束下的薄壁内衬抗外压特性，Wang 在超静定结构研究得出，理论值与实测值基本呈 3 倍的关系，从另一方面验证了支撑系数假设的正确性。图 17-13 显示了不同砂浆抗折强度下，内衬厚度与内衬抗压强度的关系曲线，可以看出，厚度对内衬的抗压强度影响明显，基本呈指数关系。

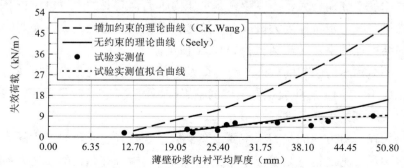

图 17-12　薄壁砂浆筒体抗外力试验值与理论值的对比曲线

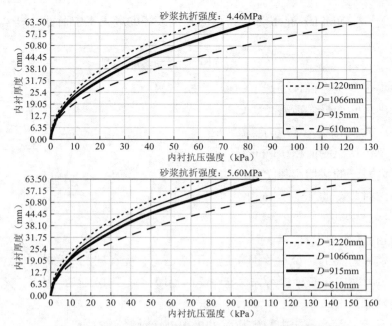

图 17-13 不同抗折强度下内衬厚度与抗压强度的关系曲线

D-内衬直径

由于井盾是紧密黏附在旧的检查井内壁，可将其简化为固定拱的超静定问题，如图 17-14 所示。为计算井盾抵抗侧向荷载作用破坏的能力，Saunders 等人使用变形协调相关理论对超静定固定拱受弯构件进行了详细的理论推导，超静定固定拱受弯构件 [图 17-15a)] 的受力问题可分解为A点固定、在拱顶施加荷载的悬臂梁 [图 17-15b)] 和在固定端B施加弯矩M_B、H_B和V_B的悬臂梁 [图 17-15c)]。由于B端固定，因此在B点的旋转、x、y向的变形均为0，即$\Delta H = \Delta V = 0$，$\Delta \Phi = 0$。

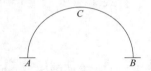

图 17-14 固定拱超静定力学分析模型

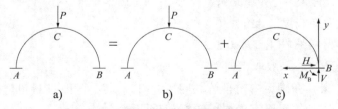

图 17-15 超静定固定拱受弯构件受力分解

超静定固定拱的弯矩可表达为下式：

$$M = M_S + (M_B + H_B y - V_B x) \tag{17-1}$$

式中：M——固定拱任何部位的弯矩；

M_S——由荷载在静定构件上的弯矩。

通过变形协调关系及柱比法推导得出超静定固定拱的弯矩计算公式如下：

$$M = M_s - \left[\frac{\sum \dfrac{M_s d_s}{EI}}{A} + \frac{\left(\sum \dfrac{M_s y d_s}{EI}\right) y}{I_x} + \frac{\left(\sum \dfrac{M_s x d_s}{EI}\right) x}{I_y} \right] \tag{17-2}$$

将式(17-2)代入 Winkler-Bach 方程得出固定拱破坏的最大集中荷载计算公式如下：

$$P = \frac{\sigma}{\frac{M}{\alpha r} \cdot \left(1 + \frac{1}{z}\frac{y}{r+y}\right)} \tag{17-3}$$

式中：M——集中荷载在拱顶处产生的最大弯矩（N·m）；

P——破坏时的最大荷载（N）；

σ——内衬上的最大弯应力（kPa）；

α——单位截面的面积（mm²）；

r——内衬环的平均半径（mm）；

y——内衬厚度的一半（mm）；

z——截面模量。

3）内衬抗径向压力设计

内衬设计需要考虑的一个重要因素是地下水压力，受径向的对称围压会在薄壁筒上产生环向压应力。由薄壁圆筒理论可知，当圆筒的径厚比大于 10 时，其引发的破坏形式表现为屈曲或者材料屈服。

经过理论推导，最终得出内衬破坏时的极限外压计算公式如下：

$$q' = 0.807 \cdot \frac{Et^2}{Lr} \sqrt[4]{\left(\frac{1}{1-\nu^2}\right)^3 \cdot \frac{t^2}{r^2}} \tag{17-4}$$

将式(17-4)进行变形可得到在特定环境下内衬壁厚计算公式为：

$$t = \sqrt[2.5]{\frac{q' \cdot L \cdot r^{1.5}(1-\nu^2)^{0.75}}{0.807E}} \cdot F_s \tag{17-5}$$

式中：q'——外部压力（kPa）；

t——内衬平均厚度（mm）；

E——内衬材料弹性模量（kPa）；

r——内衬的平均半径（mm）；

L——内衬有效长度（mm）；

ν——内衬材料泊松比，取 0.26；

F_s——安全系数，一般取 1.5。

从公式可以看出，在确定内衬抵抗环向压力时，仅需要知道内衬材料的弹性模量，而抗折强度和抗压强度则用于确定内衬的短期和长期稳定性。

4）计算案例

假设直径 1200mm 检查井，$\nu = 0.26$，$F_s = 1.5$，砂浆的弹性模量 $E = 1.8 \times 10^6$ kPa（24h 强度），有效井深 $L = 1500$mm，代入式(17-5)；同时将不同弹性模量砂浆内衬在特定水压下的内衬厚度值列于表 17-4。

不同砂浆强度对应水压下的内衬厚度 表 17-4

弹性模量（MPa）	内衬厚度（mm）	水头高度（m）	弹性模量（MPa）	内衬厚度（mm）	水头高度（m）
1800	13	3	1800	28	10
1800	18	6	1400	19	3

续上表

弹性模量（MPa）	内衬厚度（mm）	水头高度（m）	弹性模量（MPa）	内衬厚度（mm）	水头高度（m）
1400	25	6	1000	28	6
1400	30	10	1000	35	10
1000	22	3			

（1）假设 $q' = 15\text{kPa}$（1.5m 水头）：

$$t = \sqrt[2.5]{\frac{15 \times 1500 \times 600^{1.5} \times (1-0.26^2)^{0.75}}{0.807 \times 1.8 \times 10^6}} \times 1.5 = 13\text{mm}$$

（2）假设 $q' = 30\text{kPa}$（3m 水头）：

$$t = \sqrt[2.5]{\frac{30 \times 1500 \times 600^{1.5} \times (1-0.26^2)^{0.75}}{0.807 \times 1.8 \times 10^6}} \times 1.5 = 17\text{mm}$$

（3）假设 $q' = 100\text{kPa}$（10m 水头）：

$$t = \sqrt[2.5]{\frac{100 \times 1500 \times 600^{1.5} \times (1-0.26^2)^{0.75}}{0.807 \times 1.8 \times 10^6}} \times 1.5 = 28\text{mm}$$

表17-5、表17-6是将 MS-10000 型号砂浆在不同时期强度代入计算公式得到的内衬厚度的最小推荐值。

不同强度等级内衬抵抗交通荷载需要的厚度　　　　　表17-5

直径（m）	深度（m）	轻载		重载	
		24h	7d	24h	7d
		内衬厚度（mm）			
0.6	0.3	25	20	32	32
	>0.6	15	15	15	15
0.9	0.3	25	25	45	40
	>0.6	15	15	15	15
1.2	0.3	32	25	45	45
	>0.6	15	15	15	15

不同强度等级内衬抵抗静水压力需要的厚度　　　　　表17-6

深度（m）	直径0.6m		直径0.9m		直径1.2m	
	24h	7d	24h	7d	24h	7d
	内衬厚度（mm）					
1.2	15	15	15	15	15	15
2.4	15	15	15	15	20	15
3.6	15	15	20	15	20	15
5.0	15	15	20	20	25	20
6.0	20	15	20	20	25	20
9.0	20	20	25	19	25	25
12.0	20	20	25	25	32	25

图 17-16 中的值是采用检查井专用内衬材料不同养护期强度计算出的，在不同交通荷载、检查井尺寸、深度及地下静水压状态下的内衬厚度推荐值，计算时加上静水压力从地表开始计算。由于现场喷筑的内衬厚度很难精确控制，ASTM F2551 的要求内衬的最小厚度为 12.5mm（0.5in），内衬厚度以 6.35mm（0.25in）为级数来增减厚度。目前国内实际操作时，为配合国内公制习惯，规定现场喷筑的最小内衬厚度为 15mm，内衬厚度以 5mm 为级数增减；如实计算厚度为 18mm，实际施工时的厚度采用 20mm。

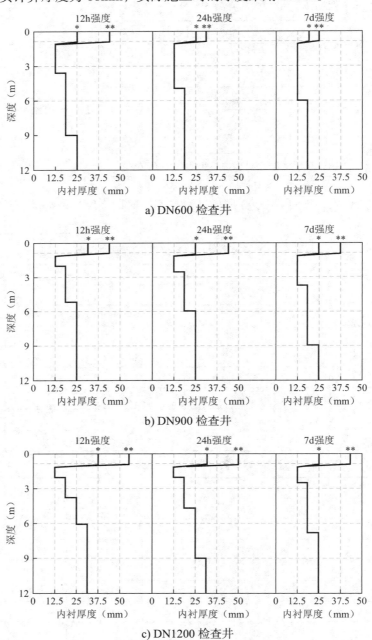

a) DN600 检查井

b) DN900 检查井

c) DN1200 检查井

图 17-16 采用不同养护期强度计算得出的推荐内衬厚度

*-轻载和静水压力引起的荷载；**-重载和静水压力引起的荷载

17.3 检查井模筑法原位更新技术

17.3.1 技术简介

美国 AP/M 公司于 1978 年左右推出了检查井模筑法原位更新技术（PERMAFORM®），用于对严重损坏的砖砌、石砌或预制混凝土检查井进行原位结构替代的更新技术。PERMAFORM®是一种内部成型技术体系，通过在既有井内安装与井结构相似的模板，模板和既有井壁间隙控制在 75mm 左右。之后在间隙内喷筑细骨料混凝土并充分捣实，在不开挖、不断流的前提下重建了一个全新的、无缝且能独立承担全部荷载的新井——"井中井体系"，且旧井井壁最薄弱的位置最终形成的是新井井壁厚度最大的位置，如图 17-17 所示。

该方法不受井的直径、深度以及管道形状等限制，施工过程不需要移除原来的圆锥形收口段，该技术主要优势有：

（1）修复过程不需要开挖，不扰动周围土体，路面不会出现裂缝。

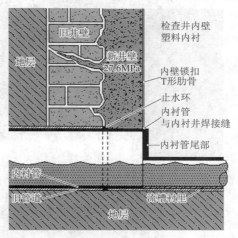

图 17-17 PERMAFORM®更新后的检查井典型截面图

（2）新喷筑的混凝土完全填充旧井壁上的孔洞和裂缝，墙体最薄弱处修复后变成最厚实部分。

（3）新井壁无接缝，不会出现渗漏破坏，主要的破坏因素完全消除。

（4）新的混凝土内衬井是独立设计的结构形式，完全可以独立承担各种外部荷载。

（5）施工干扰小、周期短。

（6）任何管道材质，在与内衬井连接部位均能实现完全密封。

（7）内衬井内壁可锚固塑料防护层。

17.3.2 施工流程

在施工时，将模块化的钢模板按顺序在井内安装，之后将混凝土仔细地灌注到模板里，混凝土灌注应结合井深实际，确定是否一次性灌注完成或分段灌注，在混凝土充分凝固后，将模板拆除。出于防腐要求，一些井会要求喷筑的检查井表面加衬塑料防护层，该塑料防护层带有锚固键，在钢模组装过程中固定在钢模外侧，混凝土喷筑时锚固键深入混凝土层从而使塑料防护层与新喷筑的混凝土检查井结合为一个整体，模板拆除后对塑料防护层搭接部位进行检测和黏合，确保不留下张口的缝隙，如图 17-18 所示。

具体施工主要分为以下几个步骤：

（1）采用高压水对旧的检查井内壁进行彻底清洗。

（2）及时移除松动或者不完整的砖块，以保证钢模与原井壁有足够的间隙。

（3）对井壁明显的渗漏点进行封堵，渗漏严重的需考虑化学注浆封堵。

(4) 对接入井内的支管进行断流,并隔离好管口。
(5) 安装钢模板及抗腐蚀塑料防护层。
(6) 喷筑混凝土应尽量一次完成。
(7) 混凝土养护,并在达到预定强度后拆除模板。
(8) 检查施工缝,重点对管口连接部位进行检查、修补。
(9) 对塑料防护层接缝进行焊接黏合,使防护层成为整体。

a) 钢模安装

b) 塑料防护层安装

c) 钢模拆除后塑料防护层接缝处理

d) 完成的新井

图 17-18 检查井模筑法钢模板安装及塑料防护层搭接缝处理

17.3.3 结构性破坏和失稳的检查井修复设计

新喷筑 76mm(3in)壁厚的井壁,完全填充既有结构存在的空洞,设计强度完全可以承受垂向和侧向轴对称荷载的作用。作用在检查井正上方或周边的车辆动荷载,是对结构产生瞬时垂直荷载的主因。坚实的路面能够将垂向应力广泛地传递给地基,此举能减少检查井结构所承受的荷载。这类道路结构的更大意义在于可大幅削弱通过土体传递到检查井上的水平侧向压力。

通过 Spangler 理论可计算出作用在垂直井壁上的水平侧向压力。该理论指出,交通荷载的最大影响范围在道路底板以下 0.6~0.9m。轴对称荷载是由土压力、地下水压力或二者的组合作用引起。对于年代久远的检查井而言,其周围土体已充分压实和固结,因此对新的内衬井不会产生侧向压力。然而,年代久远的老井泄漏问题普遍,由于周边土体掏空造成的空洞经常导致检查井结构坍塌。因此,地下水渗入是导致检查井结构破坏的主要原因,图 17-19 显示了井身结构在垂向上的压力分布;对于新的内衬井而言,首先是要保证内衬井不渗漏,并且能完全承受外部的地下水压力。

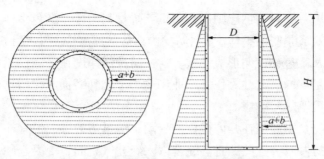

图 17-19 检查井受到三角形分布的侧向压力

a-主动土压力；b-地下水压力；D-检查井直径；H-检查井深度

井壁的抗弯曲破坏强度可根据下式计算：

$$P_c = \frac{24EI}{D^3} \tag{17-6}$$

$$I = \frac{t^3}{12} \tag{17-7}$$

式中：P_c——抗屈曲破坏强度（MPa）；

E——弹性模量（MPa）；

D——更新的检查井直径（mm）；

t——混凝土墙体厚度（mm）；

I——惯性矩（mm^4/mm）。

取较为保守的安全系数为 10，表 17-7 通过计算总结了 76mm 墙厚的检查井结构在任何深度所允许的抗压曲破坏强度P_a。

允许的抗屈曲破坏强度 P_c 和抗压曲破坏强度 P_a 表 17-7

检查井直径（in/m）	P_c（psi/MPa）	P_a（psi/MPa）
36/0.91	3005/20.7	300.5/2.07
42/1.07	1821/12.5	182.1/1.25
48/1.2	1185/8.2	118.5/0.82
54/1.37	814/5.6	81.4/0.56

17.3.4 PERMAFORM®更新材料

1）硅酸盐水泥混凝土

使用普通硅酸盐水泥混凝土，粗骨料粒径应小于12.5mm，最终抗压强度应达到30MPa。在混凝土中可掺入超级增塑剂等外加剂，以利于混凝土的喷筑和固结。同时，混凝土中应掺入聚丙烯纤维以提高抗弯强度和黏聚力。可使用高强度、速凝水泥浆在检查井底部对喷筑模板进行固定和密封，从而确保在内衬井喷筑过程中不影响正常过水。

2）塑料防护层

在腐蚀环境中，塑料防护层通过整体式肋骨与新喷筑的混凝土井壁紧密牢固结合，形成密闭的防腐蚀层。用于市政污水环境最常见的塑料内衬为白色、高分子量的增塑氯乙烯材料。而在工业环境，塑料防护层则通常由聚乙烯材料制成，颜色多样。两种塑料腐蚀防护层均与混凝土喷筑成紧密的整体。塑料防护内衬层的厚度应不小于1.65mm，且能够应对强酸、强碱、盐水及微生物代谢形成的酸。这一防护层厚度在经受住了40多年的持续考验，依然能够保持足够的气密性。作为工业用途，考虑到磨损和化学物质的影响，为了安全起见也可以采用更厚的防护层。

塑料防护层事先紧密固定在井内模板的外围，塑料防护层上带有外伸的T形肋骨，在喷筑新的混凝土内衬井时，这些肋骨会完全嵌入新井壁里面，混凝土硬化后，使塑料防护层与混凝土内衬紧密牢固地结合为一个整体。此外，由于喷筑过程一次成型，且混凝土具有足够的抗渗性能，因此外部的地下水没有任何通道渗入并影响塑料防护层。嵌入井壁的塑料防护层，1sq in的抗拔力超过100lb（1lb = 0.4536kg）。由于有害微生物和化学物质被塑料防护层完全隔离，新喷筑的混凝土内衬井将不会因这类原因发生破坏。

17.4 原位固化内衬修复技术

原位固化内衬修复技术应用范围广，它可以用于由砖块灰浆、预制和堆砌等各种方法构筑的各种类型的检查井（筒形检查井、偏心检查井或同心检查井）。该技术可用于检查井顶部，通常称为孔口或整体的修复。

该工法所使用的内衬是由经过真空浸渍的聚酯编织物构成的，浸渍的材料通常为硅酸盐树脂或聚酯树脂，具体根据使用环境确定。在环境温度下，该内衬会在大约1h完全固化，固化后的内衬有良好的耐化性能，能有效阻隔井壁的渗入渗出，并能对原结构起到补强的作用。

17.4.1 内衬材料

用于检查井原位固化内衬修复的内衬材料应符合以下要求：

（1）内衬材料要求长度上连续，由单层或者多层，弹性，具吸收性的纺织物组成，并符合当前结构轮廓。

（2）内衬暴露在井内的表面应覆有不渗透的透明弹性薄膜。

（3）内衬应具有足够的力学性能，并满足冻融等实际工况的要求。

（4）饱和浸透的内衬应厚度均匀，实际树脂浸渍量应超过设计用量，确保按照设计压力进行安装时，固化后的厚度不低于设计要求。

（5）内衬应该根据具体使用部位或检查井标号进行标记，并记录安装日期。

（6）内衬是结合检查井实际结构制作的完整的袋状结构，从井盖井底整体固化成型；编织物的接缝处采用专用胶带密封。

17.4.2 树脂体系

树脂体系由抗腐蚀的硅酸盐树脂和催化剂组成，当树脂固化时，能产生很强的黏结力，使之与已处理过的墙体表面紧密黏合。此外，树脂能抵抗冻融破坏，且树脂体系固化后物理性质应满足表17-8的要求。

原位固化检查井结构性质　　　　　　　　　表17-8

力学性质	试验方法	要求
抗压强度	ASTM D 695	≥10.3MPa（1500psi）
结合性	剥离试验	混凝土破坏为止
硬度	ASTM D 2240	≥74MPa
冻融抵抗度	模拟冻融过程	无裂缝或者结合损伤

17.4.3 设计考虑因素

（1）原有结构承担土压力以及活荷载。

（2）检查井内衬只承受静水压力，故内衬周围外部受到的压力是一致的，使内衬被压缩。基于此，内衬的最小设计厚度t_{min}按照式(17-8)计算：

$$t_{min} = \frac{\gamma H D F_s}{2C} \tag{17-8}$$

式中：H——内衬的高度（m）；

D——内衬直径（m）；

F_s——安全系数，建议值为2；

C——内衬抗压强度（MPa）；

γ——水的重度，$\gamma = 9.81 kN/m^3$。

17.4.4 施工作业

（1）安全防范措施

所有的安全防范措施必须满足或者超过职业安全与健康标准，包括交通、防护用品、密闭场地（若需要的话）、小型工具、化学用品安全技术说明书、急救箱等。

（2）准备工作

所有需要安装内衬的墙面必须进行严格的压力冲洗，压力最小值为 34.5MPa@18.9L/min 高压清洗机。此外可选的结构表面清洗方法（如喷砂清洗）应该与压力冲洗共同使用。原有的墙体应该用磨砂机或者喷砂法净化。

大的空隙以及缺失砖块部位应用水凝水泥填充，以此保证内衬被压时有着力点。小的空隙以及砂浆脱落的位置可不用处理，因为这些区域将会被多余的树脂填充。内衬修复处的台阶应该被移除。

建议内衬进行几次现场冻融循环测试，或者在冰箱中模拟，不出现裂缝或者结合破坏。内衬应该进行外表检查，确保黏结度，树脂浸透饱和度以及完全的固化保证内衬表面光滑，无裂缝以及大的空洞。

（3）真空浸渍

内衬在现场受控制条件下被真空浸透（达到饱和）。树脂在出厂之前应该在制作工厂预先测试，树脂的用量必须充足，能够充分填充内衬所有空隙，满足其公称厚度以及直径。目测检查过程中，不允许内衬出现未被浸入树脂或者浸入不饱和的区域。

（4）安装设备

内衬被置入检查井后，安装设备应该立刻插入内衬中，检查井顶部的限位环能够使安装设备进入正确深度，之后对气囊充气增压，安装设备保持在当前位置，加压直到内衬完全固化。

（5）固化

当内衬被紧密地压在结构墙体上后，在环境温度下自然固化。固化的时间受到树脂体系，地面条件（温度和湿度等级）以及气候因素影响。一般情况下，固化大概需要1h。在固化记录中，应该记录固化时间、压力、树脂用量以及其他相关信息。若采用热水或者蒸汽固化的树脂，固化和保压时间可能更长。

（6）修整

固化完成后，移除安装设备，然后修整井盖处的内衬，使之与井盖平整。

（7）形成完整的内衬

采用原位固化法修复的内衬结构检查井，从井盖处一直到底部的托臂重叠部位应是连续的。内衬应具有与先前表面结构相适应的光滑表面，具有气密性和水密性，能抵抗腐蚀。

17.4.5 案例介绍

Poly-Triplex®原位固化技术是一种原位固化用检查井衬里。该衬里在施工现场用环氧基树脂浸泡后下放进待处理的检查井结构中，并在现场准备可移动的气囊，然后环氧树脂将在162.78℃固化。施工步骤如图17-20所示。

图17-20　Poly-Triplex®原位固化内衬现场施工

图17-20a）为在100%的快速固化固体环氧树脂中浸渍检查井防护衬里；图17-20b）为将检查井防护衬里手动下放入检查井预定位置；图17-20c）为用便携式鼓风机吹胀衬里并保持膨胀状态直至衬里固化；图17-20d）为检查井防护衬里完成固化，永久修复检查井上部损坏。

本章参考文献

[1] Jadranka S. Currently available products and techniques for manhole rehabilitation[M]. Louisiana Tech University, 2011.

[2] Najafi M. Structural evaluation of no-dig manhole rehabilitation technologies[J]. Trenchless Technology, 2013, 2.

[3] Joanne B H. Manhole inspection and rehabilitation[M]//ASCE. Manuals and reports on engineering practice. ASCE Publications, 2009.

[4] 孔耀祖. 原位喷筑法管道和检查井非开挖修复技术研究及应用[D]. 武汉：中国地质大学，2017.

[5] 周维，马保松. 国外常用的检查井修复方法介绍[C]//2014 年非开挖技术会议论文集. 北京：《非开挖技术》杂志社，2014: 5.

[6] 闫帅军. 污水检查井内气体组分及其变化实验研究[D]. 西安：西安建筑科技大学，2014.

[7] 杜健. 交通荷载作用下检查井沉降的理论及其数值模拟与试验研究[D]. 杭州：浙江大学，2010.

[8] Mitchell J. City of Hampton takes a big bite out of its I&I problems[J]. Trechless Technology, 2008(4).

[9] 潘永清，饶勤波，张仪萍. 城市道路检查井结构破坏原因分析[J]. 交通标准化，2011(19): 134-138.

[10] 周进. 车行道检查井的沉降规律及处治措施[D]. 重庆：重庆大学，2013.

[11] 芦英强. 城市道路检查井质量通病的成因及其防治方法[J]. 国防交通工程与技术，2004(3): 52-54.

[12] 李敏. 城市道路中检查井病害的成因及防治对策[J]. 公路与汽运，2015(3): 147-149.

[13] 张静毅. 大连市城市道路检查井变形机理与对策研究[D]. 大连：大连海事大学，2010.

[14] 刘深华. 基于振动理论分析城市道路检查井纵向位移研究[D]. 杭州：浙江大学，2007.

[15] 饶勤波. 交通荷载下检查井受力变形研究[D]. 杭州：浙江大学，2010.

[16] Boot J C. Elastic buckling of cylindrical pipe linings with small imperfections subject to external pressure[J]. Tunnelling and Underground Space Technology, 1997(12): 3-15.

[17] Boot J C, Guan Z W, Toropova I. The structural performance of thin-walled polyethylene pipe linings for the renovation of water mains[J]. Tunnelling and Underground Space Technology, 1996(11): 37-51.

[18] Li Z, Wang L, Guo Z. Elastic buckling of cylindrical pipe linings with variable thickness encased in rigid host pipes[J]. Thin-Walled Structures, 2012(51): 10-19.

[19] Madryas C, Szot A. Structural sensitivity of circular sewer liners to geometrical imperfections[J]. Tunnelling and Underground Space Technology, 2003, 18(4): 421-434.

[20] Boot J C, Naqvi M, Gumbel M. A new method for the structural design of flexible liners for gravity pipes of egg-shaped cross section: theoretical considerations and formulation of the problem[J]. Thin-Walled Structures, 2014(85): 411-418.

附 录

国外管道修复相关标准规范列表　　　　　　附表 1

序号	标准名称	标准编号
1	Classification and Information on Design and Applications of Plastics Piping Systems used for Renovation and Replacement 《修复和更新用塑料管道系统的分类、设计信息和应用》	ISO 11295—2017
2	Plastics Piping Systems for Renovation of Underground Non-pressure Drainage and Sewerage Networks—Part 1: General 《地下无压排水管网修复用塑料管道系统　第 1 部分：总则》	ISO 11296-1：2018
3	Plastics Piping Systems for Renovation of Underground Non-pressure Drainage and Sewerage Networks—Part 2: Lining with Continuous Pipes 《地下无压排水管网修复用塑料管道系统　第 2 部分：连续管道内衬法》	ISO 11296-2：2018
4	Plastics Piping Systems for Renovation of Underground Non-pressure Drainage and Sewerage Networks—Part 3: Lining with Close-fit Pipes 《地下无压排水管网修复用塑料管道系统　第 3 部分：紧密贴合内衬法》	ISO 11296-3：2018
5	Plastics Piping Systems for Renovation of Underground Non-pressure Drainage and Sewerage Networks—Part 4: Lining with Cured-in-place Pipes 《地下无压排水管网修复用塑料管道系统　第 4 部分：原位固化内衬法》	ISO 11296-4：2018/AMD 1:2021
6	Plastics Piping Systems for Renovation of Underground Non-pressure Drainage and Sewerage Networks—Part 7: Lining with Spirally-wound Pipes 《地下无压排水管网修复用塑料管道系统　第 7 部分：螺旋缠绕内衬法》	ISO 11296-7：2019
7	Plastics Piping Systems for Renovation of Underground Drainage and Sewerage Networks under Pressure—Part 1: General 《地下压力排水管网修复用塑料管道系统　第 1 部分：总则》	ISO 11297-1：2018
8	Plastics Piping Systems for Renovation of Underground Drainage and Sewerage Networks under Pressure—Part 2: Lining with Continuous Pipes 《地下压力排水管网修复用塑料管道系统　第 2 部分：连续管道内衬法》	ISO 11297-2：2018
9	Plastics Piping Systems for Renovation of Underground Drainage and Sewerage Networks under Pressure—Part 3: Lining with Close-fit Pipes 《地下压力排水管网修复用塑料管道系统　第 3 部分：紧密贴合内衬法》	ISO 11297-3：2018
10	Plastics Piping Systems for Renovation of Underground Drainage and Sewerage Networks under Pressure—Part 4: Lining with Cured-in-place Pipes 《地下压力排水管网修复用塑料管道系统　第 4 部分：原位固化内衬法》	ISO 11297-4：2018
11	Plastics Piping Systems for Renovation of Underground Water Supply Networks—Part 1: General 《地下供水管网修复用塑料管道系统　第 1 部分：总则》	ISO 11298-1：2018
12	Plastics Piping Systems for Renovation of Underground Water Supply Networks—Part 2: Lining with Continuous Pipes 《地下供水管网修复用塑料管道系统　第 2 部分：连续管道内衬法》	ISO 11298-2：2018
13	Plastics Piping Systems for Renovation of Underground Water Supply Networks—Part 3: Lining with Close-fit Pipes 《地下供水管网修复用塑料管道系统　第 3 部分：紧密贴合内衬法》	ISO 11298-3：2018
14	Plastics Piping Systems for Renovation of Underground Water Supply Networks—Part 4: Lining with Cured-in-place Pipes 《地下供水管网修复用塑料管道系统　第 4 部分：原位固化内衬法》	ISO 11298-4：2018
15	Plastics Piping Systems for Renovation of Underground Gas Supply Networks—Part 1: General 《地下燃气管网修复用塑料管道系统　第 1 部分：总则》	ISO 11299-1：2018

续上表

序号	标准名称	标准编号
16	Plastics Piping Systems for Renovation of Underground Gas Supply Networks—Part 2: Lining with Continuous Pipes 《地下燃气管网修复用塑料管道系统 第2部分：连续管道内衬法》	ISO 11299-2：2018
17	Plastics Piping Systems for Renovation of Underground Gas Supply Networks—Part 3: Lining with Close-fit Pipes 《地下燃气管网修复用塑料管道系统 第3部分：紧密贴合内衬法》	ISO 11299-3：2018
18	Plastics Piping Systems for the Trenchless Replacement of Underground Pipeline Networks—Part 1: Replacement on the Line by Pipe Bursting and Pipe Extraction 《地下管网非开挖更换用塑料管道系统 第1部分：碎（裂）管法和移除法原位管道替换》	ISO 21225-1：2018
19	Plastics Piping Systems for the Trenchless Replacement of Underground Pipeline Networks—Part 2: Replacement of the Line by Horizontal Directional Drilling and Impact Moling 《地下管网非开挖更换用塑料管道系统 第2部分：水平定向钻和冲击矛法非原位管道替换》	ISO 21225-2：2018
20	Manual for Determining the Remaining Strength of Corroded Pipelines 《腐蚀管道剩余强度计算手册》	ANSI/ASME B31G-2012
21	Cast Iron Fittings for Solvent Drainage Systems 《排水系统铸铁管道配件》	ASME/ANSI B16.45
22	Spray-in-place Polymeric Lining for Potable Water Pipelines, 4 in (100 mm) and Larger 《4英寸（100mm）以及更大直径供水管道的原位喷涂聚合物内衬》	ANSI/AWWA C620-19
23	Stainless Steel Drainage Systems for Sanitary DWV, Storm and Vacuum Applications, above and below Ground 《地上和地下卫生排水、排污及放气（DWV），雨水和真空设备用不锈钢排水系统》	ANSI/ASME A112.3.1
24	Pipe Life and Renewal Prioritization: Asset Management Practices 《管道寿命和重修优化：资产管理实践》	AWWA ACE68798
25	Standard Specification for Cast Iron Soil Pipe and Fittings 《铸铁污水管道和配件规范》	ASTM A74-21
26	Standard Specification for Ductile Iron Gravity Sewer Pipe 《球墨铸铁重力污水管道规范》	ASTM A746-18
27	Standard Specification for Corrugated Steel Pipe, Metallic-Coated for Sewers and Drains 《污水和排水沟用金属涂层波纹钢管的标准规范》	ASTM A760/A760M-20
28	Standard Specification for Corrugated Steel Pipe, Polymer Precoated for Sewers and Drains 《污水和排水管用预涂聚合物波纹钢管的标准规范》	ASTM A762/A762M-2017
29	Standard Practice for Installing Factory-made Corrugated Steel Pipe for Sewers and Other Applications 《污水管及其他类似用途用工厂预制波纹钢管安装标准》	ASTM A798/A798M-17
30	Standard Practice for Installing Corrugated Steel Structural Plate Pipe for Sewers and Other Applications 《污水管及其他类似用途安装波纹钢板结构管道的标准实施规范》	ASTM A807/A807M-19
31	Standard Specification for Post-applied Coatings, Pavings and Linings for Corrugated Steel Sewer and Drainage Pipe 《波纹钢排水管和污水管后涂敷层、铺设和内衬规范》	ASTM A849-15
32	Standard Practice for Application of Asphalt Coatings to Corrugated Steel Sewer and Drainage Pipe 《波纹钢污水管和排水管上沥青覆层涂敷规程》	ASTM A862/A862M-98
33	Standard Specification for Hubless Cast Iron Soil Pipe and Fittings for Sanitary and Storm Drain, Waste and Vent Piping Applications 《下水管、雨水管、污水管和排气管道用无衬套铸铁管和配件》	ASTM A888-21a

续上表

序号	标准名称	标准编号
34	Standard Practice for Life-cycle Cost Analysis of Corrugated Metal Pipe Used for Culverts, Storm Sewers and Other Buried Conduits 《涵洞、雨水管和其他埋地管道用波纹金属管的寿命周期成本分析规范》	ASTM A930-09（2020）
35	Standard Specification for Composite Ribbed Steel Pipe, Precoated and Polyethylene Lined for Gravity Flow Sanitary Sewers, Storm Sewers and Other Special Applications 《重力流污水管、排水管及其他特殊用途预涂聚乙烯内衬复合肋钢管的标准规范》	ASTM A978/A978M-08（2013）
36	Standard Practice for Structural Design of Reinforcements for Fittings in Factory-made Corrugated Steel Pipe for Sewers and Other Applications 《污水管和其他应用的波纹钢管配件的加固结构设计规范》	ASTM A998/A998M-18
37	Standard Specification for Reinforced Concrete Culvert, Storm Drain and Sewer Pipe 《钢筋混凝土管涵、雨水管和污水管的标准规格》	ASTM C76/C76M-20
38	Standard Specification for Reinforced Concrete Arch Culvert, Storm Drain and Sewer Pipe 《钢筋混凝土拱形涵洞、雨水管和污水管的标准规范》	ASTM C506M-20e1
39	Standard Specification for Reinforced Concrete Elliptical Culvert, Storm Drain and Sewer Pipe 《钢筋混凝土椭圆涵洞、雨水管和污水管的标准规范》	ASTM C507-20
40	Standard Practice for Determining Chemical Resistance of Thermosetting Resins Used in Glass-fiber-reinforced Structures Intended for Liquid Service 《测定用于液体用途的玻璃纤维增强结构中使用的热固性树脂的耐化学性的测试标准》	ASTM C581-15
41	Standard Specification for Reinforced Concrete D-load Culvert, Storm Drain and Sewer Pipe 《钢筋混凝土D型涵洞、雨水和污水管道规范》	ASTM C655-19
42	Standard Practice for Testing Concrete Pipe Sewer Lines by Low-pressure Air Test Method 《低压空气试验法测试混凝土污水管道标准实施规程》	ASTM C924-02
43	Standard Practice for Infiltration and Exfiltration Acceptance Testing of Installed Precast Concrete Pipe Sewer Lines 《预制混凝土管道的渗入渗出测试标准》	ASTM C969-19
44	Standard Practice for Non-reinforced Concrete Specified Strength Culvert, Storm Drain and Sewer Pipe 《额定强度的混凝土涵洞、排水排污管道规范》	ASTM C985-19
45	Standard Practice for Joint Acceptance Testing of Installed Precast Concrete Pipe Sewer Lines 《预制混凝土排水管道接头测试标准》	ASTM C1103
46	Standard Practice for Least Cost (Life Cycle) Analysis of Concrete Culvert, Storm Sewer and Sanitary Sewer Systems 《混凝土涵洞、排水排污系统的生命周期效益分析标准》	ASTM C1131-20
47	Standard Specification for Flexible Transition Couplings for Underground Piping Systems 《地下管道系统柔性连接标准》	ASTM C1173-18
48	Standard Specification for Vitrified Clay Pipe and Joints for Use in Microtunneling, Sliplining, Pipe Bursting and Tunnels 《用于微型隧道、穿插内衬、爆管和隧道用陶土管及接口标准》	ASTM C1208/C1208M-18
49	Standard Test Method for Concrete Pipe Sewerlines by Negative Air Pressure (Vacuum) Test Method 《混凝土排水管线的空气压力（真空）测试标准》	ASTM C 1214-19
50	Standard Specification for Manufacture of Reinforced Concrete Sewer, Storm Drain and Culvert Pipe for Direct Design 《直接设计用钢筋混凝土下水道、雨水沟和涵管的制造标准规范》	ASTM C1417-19
51	Standard Specification for Precast Reinforced Concrete Monolithic Box Sections for Culverts, Storm Drains and Sewers 《用于涵洞、排水排污的预制混凝土箱形断面标准》	ASTM C1433-20

续上表

序号	标准名称	标准编号
52	Standard Specification for Thermoplastic Elastomeric (TPE) Gasket Materials for Drain, Waste and Vent (DWV), Sewer, Sanitary and Storm Plumbing Systems 《排水、废弃物和排气、下水道、卫生和雨水管道系统用热塑性弹性体垫片材料的标准规范》	ASTM C1440-21
53	Standard Specification for Storm Drain Resilient Connectors between Reinforced Concrete Storm Sewer Structures, Pipes and Laterals 《钢筋混凝土雨水管结构、管道和横向排水管之间弹性连接件标准》	ASTM C1478-20
54	Standard Specification for Precast Reinforced Concrete Monolithic Box Sections for Culverts, Storm Drains and Sewers Designed According to AASHTO LRFD 《美国公路运输管理员协会设计的涵洞、雨水排水沟和下水道的预制钢筋混凝土整体箱形截面标准规范》	ASTM C1577-15
55	Standard Specification for Rigid Poly(Vinyl Chloride) (PVC) Compounds and Chlorinated Poly(Vinyl Chloride) (CPVC) Compounds 《硬质聚氯乙烯（PVC）化合物和氯化聚氯乙烯（CPVC）化合物的标准规范》	ASTM D1784-06
56	Standard Specification for Poly(Vinyl Chloride) (PVC) Plastic Pipe, Schedules 40, 80 and 120 《40、80和120型聚氯乙烯（PVC）塑料管道标准》	ASTM D1785-17
57	Standard Specification for Polyethylene (PE) Plastic Pipe, Schedule 40 《聚乙烯（PE）塑料管道标准》	ASTM D2104-01
58	Standard Test Method for Adequacy of Fusion of Extruded Poly(Vinyl Chloride) (PVC) Pipe and Molded Fittings by Acetone Immersion 《丙酮浸渍法测定挤压制聚氯乙烯（PVC）管及其配件的可熔性测试标准》	ASTM D2152-17
59	Standard Practice for Underground Installation of Thermoplastic Pipe for Sewers and Other Gravity-flow Applications 《用于下水管道或重力排水系统的热塑性管道的安装标准》	ASTM D2321-20
60	Standard Specification for Thermoplastic Gas Pressure Pipe, Tubing and Fittings 《热塑性压力输气管道、软管及其配件的标准》	ASTM D2513-20
61	Standard Specification for Reinforced Epoxy Resin Gas Pressure Pipe and Fittings 《环氧树脂加强型压力输气管道及其配件标准》	ASTM D2517-18
62	Standard Specification for Plastic Insert Fittings for Polyethylene (PE) Plastic Pipe 《聚乙烯（PE）塑料管道内插配件标准》	ASTM D2609-21
63	Standard Practice for Heat Fusion Joining of Polyolefin Pipe and Fittings 《聚乙烯（PE）塑料管及其配件可熔性接口的操作规程》	ASTM D2657-07
64	Standard Practice for Underground Installation of Thermoplastic Pressure Piping 《热塑型压力管道地下安装规程》	ASTM D2774-21
65	Standard Specification for Filament-wound "Fiberglass" (Glass-fiber-reinforced Thermosetting-resin) Pipe 《玻璃纤维缠绕（玻璃纤维增强热固性树脂）管标准》	ASTM D2996-17
66	Standard Specification for Centrifugally Cast "Fiberglass" (Glass-fiber-reinforced Thermosetting-resin) Pipe 《离心铸造"玻璃纤维"（玻璃纤维增强热固树脂）管的标准规范》	ASTM D2997-21
67	Standard Specification for Type PSM Poly(Vinyl Chloride) (PVC) Sewer Pipe and Fittings 《PSM型聚氯乙烯（PVC）排水管及配件标准》	ASTM D3034-16
68	Standard Specification for "Fiberglass" (Glass-fiber-reinforced Thermosetting-resin) Sewer Pipe 《"玻璃纤维"（玻璃纤维增强热固性树脂）污水管标准规范》	ASTM D3262-20
69	Standard Test Method for Chemical Resistance of "Fiberglass" (Glass-fiber-reinforced Thermosetting-resin) Pipe in a Deflected Condition 《玻璃纤维管道抗化学腐蚀性测试标准规程》	ASTM D3681-18
70	Standard Specification for Fiberglass (Glass-fiber-reinforced Thermosetting-resin) Manholes and Wetwells 《用于检查井的玻璃纤维（玻璃纤维增强热固性树脂）标准》	ASTM D3753-20

续上表

序号	标准名称	标准编号
71	Standard Specification for "Fiberglass" (Glass-fiber-reinforced Thermosetting-resin) Sewer and Industrial Pressure Pipe 《用于排水管和工业压力管的玻璃纤维（玻璃纤维增强热固性树脂）管道标准》	ASTM D3754-19
72	Standard Test Method for Long-term Ring-bending Strain of "Fiberglass" (Glass-fiber-reinforced Thermosetting-resin) Pipe 《"玻璃纤维"（玻璃纤维增强热固性树脂）管的长期环弯曲应变的标准试验方法》	ASTM D5365-18
73	Standard Specification for Cured-in-place Thermosetting Resin Sewer Piping Systems 《原位固化热固性树脂污水管道系统的标准》	ASTM D5813-04
74	Standard Specification for Polymer Concrete Pipe 《聚合物混凝土管标准》	ASTM D6783-05a
75	Standard Specification for Chlorinated Poly(Vinyl Chloride) (CPVC) Plastic Pipe, Schedules 40 and 80 《40 和 80 型氯化聚氯乙烯（CPVC）塑料管标准》	ASTM F441/F441M-20
76	Standard Specification for Chlorinated Poly(Vinyl Chloride) (CPVC) Plastic Pipe (SDR-PR) 《氯化聚氯乙烯（CPVC）塑料管（SDR-PR）标准规范》	ASTM F442-20
77	Standard Specification for Smooth-wall Poly(Vinyl Chloride) (PVC) Conduit and Fittings for Underground Installation 《地下安装用光滑壁聚氯乙烯（PVC）管及配件标准》	ASTM F512-19
78	Standard Guide for Insertion of Flexible Polyethylene Pipe into Existing Sewers 《柔性聚乙烯管穿插法修复现有污水管道标准指南》	ASTM F585-16
79	Standard Specification for Poly(Vinyl Chloride) (PVC) Large-diameter Plastic Gravity Sewer Pipe and Fittings 《大直径聚氯乙烯（PVC）重力排水管道及配件标准》	ASTM F679-21
80	Standard Specification for Polyethylene (PE) Plastic Pipe (DR-PR) Based on Outside Diameter 《基于外径的聚乙烯（PE）塑料管（DR-PR）标准》	ASTM F714-21a
81	Standard Specification for Poly(Vinyl Chloride) (PVC) Profile Gravity Sewer Pipe and Fittings Based on Controlled Inside Diameter 《基于控制内径的聚氯乙烯（PVC）型材重力排水管道和配件的标准》	ASTM F794-21
82	Standard Specification for Polyethylene (PE) Large Diameter Profile Wall Sewer and Drain Pipe 《大直径聚乙烯（PE）污水管和排水管的标准》	ASTM F894-19
83	Standard Specification for Poly(Vinyl Chloride) (PVC) Corrugated Sewer Pipe with a Smooth Interior and Fittings 《内部光滑的聚氯乙烯（PVC）波纹污水管和配件的标准》	ASTM F949-20
84	Standard Practice for Rehabilitation of Existing Pipelines and Conduits by the Inversion and Curing of a Resin-impregnated Tube 《采用树脂浸渍软管翻转和固化法修复现有管道的标准实施规程》	ASTM F1216-16
85	Standard Specification for Folded Poly(Vinyl Chloride) (PVC) Pipe for Existing Sewer and Conduit Rehabilitation 《排水管道修复用折叠聚氯乙烯（PVC）管的标准规范》	ASTM F1504-21
86	Standard Specification for Deformed Polyethylene (PE) Liner 《缩径 PE 管道内衬标准》	ASTM F1533-20
87	Standard Practice for Rehabilitation of Existing Sewers and Conduits with Deformed Polyethylene (PE) Liner 《采用变形聚乙烯（PE）内衬修复现有污水管道的标准实施规程》	ASTM F1606-19
88	Standard Specification for Poly(Vinyl Chloride) (PVC) Profile Strip for Machine Spiral-wound Liner Pipe Rehabilitation of Existing Sewers and Conduit 《机械螺旋缠绕法修复排水管道和管涵用 PVC 带状型材标准》	ASTM F1697-18
89	Standard Practice for Installation of Poly(Vinyl Chloride)(PVC) Profile Strip Liner and Cementitious Grout for Rehabilitation of Existing Man-entry Sewers and Conduits 《采用聚氯乙烯（PVC）带状型材和水泥灌浆修复人工可进入现有排水管道的标准实施规程》	ASTM F1698-21

续上表

序号	标准名称	标准编号
90	Standard Specification for Poly (Vinyl Chloride) (PVC) Profile Strip for PVC Liners for Rehabilitation of Existing Man-entry Sewers and Conduits 《人工可进入现有排水管道修复用 PVC 内衬的 PVC 带状型材的标准》	ASTM F1735-21
91	Standard Practice for Installation of Machine Spiral Wound Poly (Vinyl Chloride) (PVC) Liner Pipe for Rehabilitation of Existing Sewers and Conduits 《机械螺旋缠绕法修复排水管道和管涵用 PVC 内衬的安装实施规程》	ASTM F1741-18
92	Standard Practice for Rehabilitation of Existing Pipelines and Conduits by Pulled-in-place Installation of Cured-in-place Thermosetting Resin Pipe (CIPP) 《拉入式原位固化法修复现有管道的标准操作规程》	ASTM F1743-17
93	Standard Specification for Poly (Vinyl Chloride)(PVC) Closed Profile Gravity Pipe and Fittings Based on Controlled Inside 《基于可控内径的聚氯乙烯紧密贴合重力管道和配件的标准规范》	ASTM F1803-15
94	Standard Practice for Installation of Folded/Formed Poly (Vinyl Chloride) (PVC) Pipe Type A for Existing Sewer and Conduit Rehabilitation 《排水管道修复用折叠/成型聚氯乙烯（PVC）A 型管道安装的标准实施规程》	ASTM F1867-06
95	Standard Specification for Folded/Formed Poly (Vinyl Chloride) Pipe Type A for Existing Sewer and Conduit Rehabilitation 《现有下水道和管道修复用折叠/成型聚氯乙烯 A 型管标准》	ASTM F1871-20
96	Standard Practice for Installation of Folded Poly(Vinyl Chloride) (PVC) Pipe into Existing Sewers and Conduits 《采用折叠式聚氯乙烯（PVC）管道修复排水管道的标准》	ASTM F1947-21a
97	Standard Practice for Rehabilitation of Existing Pipelines and Conduits by the Pulled in Place Installation of Glass Reinforced Plastic Cured-in-place (GRP-CIPP) Using the UV-light Curing Method 《拉入式紫外光原位固化法修复现有管道的标准实施规程》	ASTM F2019-20

国内管道修复相关标准规范列表　　　　　　　　　　　　　　附表 2

序号	标准名称	标准编号
1	《非开挖修复更新用塑料管道系统　总则》	GB/T 37862—2019
2	《纤维增强塑料性能试验方法总则》	GB/T 1446—2005
3	《纤维增强塑料拉伸性能试验方法》	GB/T 1447—2005
4	《纤维增强塑料弯曲性能试验方法》	GB/T 1449—2005
5	《塑料　拉伸性能的测定　第 1 部分：总则》	GB/T 1040.1—2018
6	《塑料　拉伸性能的测试　第 2 部分：模塑和挤塑塑料的试验条件》	GB/T 1040.2—2022
7	《塑料　拉伸性能的测试　第 4 部分：各向同性和正交各向异性纤维增强复合材料的试验条件》	GB/T 1040.4—2006
8	《塑料　拉伸性能的测试　第 5 部分：单向纤维增强复合材料的试验条件》	GB/T 1040.5—2008
9	《纺织品　织物拉伸性能　第 1 部分：断裂强力和断裂伸长率的测定（条样法）》	GB/T 3923.1—2013
10	《树脂浇铸体性能试验方法》	GB/T 2567—2021
11	《塑料　弯曲性能的测定》	GB/T 9341—2008
12	《给水排水管道工程施工及验收规范》	GB 50268—2008
13	《城镇排水管道维护安全技术规程》	CJJ 6—2009
14	《钢质管道聚乙烯内衬技术规范》	SY/T 4110—2019
15	《给水用聚乙烯（PE）管道系统　第 1 部分：总则》	GB/T 13663.1—2017

续上表

序号	标准名称	标准编号
16	《给水用聚乙烯（PE）管道系统 第2部分：管材》	GB/T 13663.2—2018
17	《城镇燃气管道非开挖修复更新工程技术规程》	CJJ/T 147—2010
18	《城镇排水管道检测与评估技术规程》	CJJ 181—2012
19	《城镇排水管道非开挖修复更新工程技术规程》	CJJ/T 210—2014
20	《城镇给水管道非开挖修复更新工程技术规程》	CJJ/T 244—2016
21	《城镇排水管道非开挖修复工程施工及验收规程》	T/CECS 717—2020
22	《给水排水管道原位固化法修复工程技术规程》	T/CECS 559—2018
23	《塑料管道系统 塑料部件尺寸的测定》	GB/T 8806—2008
24	《热塑性塑料管材 拉伸性能测定 第2部分：硬聚氯乙烯（PVC-U）、氯化聚氯乙烯（PVC-C）和高抗冲聚氯乙烯（PVC-HI）管材》	GB/T 8804.2—2003